Exilforschung · Ein internationales Jahrbuch · Band 36

Exilforschung
Ein internationales Jahrbuch

**Herausgegeben im Auftrag der Gesellschaft für Exilforschung/
Society for Exile Studies von Bettina Bannasch, Doerte Bischoff,
Burcu Dogramaci, Claus-Dieter Krohn und Lutz Winckler**

Exilforschung
Ein internationales Jahrbuch

36 / 2018

Ausgeschlossen
Staatsbürgerschaft, Staatenlosigkeit und Exil

Herausgegeben von
Doerte Bischoff und Miriam Rürup

edition text + kritik

Redaktion der Beiträge:

Prof. Dr. Doerte Bischoff
Walter A. Berendsohn-Forschungsstelle für deutsche Exilliteratur
Von-Melle-Park 3
20146 Hamburg
buero.exil@uni-hamburg.de

Prof. Dr. Miriam Rürup
Institut für die Geschichte der deutschen Juden
Beim Schlump 83
20144 Hamburg
miriam.ruerup@igdj-hh.de

Rezensionen:

Prof. Dr. Claus-Dieter Krohn
cdkrohn@web.de

Dieser Band erscheint seit 2021 als Print-on-Demand-Titel (POD) und E-Book (PDF) bei De Gruyter.
ISBN POD 978-3-11-077999-8
e-ISBN (PDF) 978-3-11-078063-5

Bibliografische Information der Deutschen Nationalbibliothek

Die Deutsche Nationalbibliothek verzeichnet diese Publikation in der Deutschen Nationalbibliografie; detaillierte bibliografische Daten sind im Internet über www.dnb.de abrufbar.

ISBN 978-3-86916-721-3

Umschlaggestaltung: Thomas Scheer, Stuttgart

Das Werk einschließlich aller seiner Teile ist urheberrechtlich geschützt.
Jede Verwertung, die nicht ausdrücklich vom Urheberrechtsgesetz zugelassen ist,
bedarf der vorherigen Zustimmung des Verlages. Dies gilt insbesondere für Vervielfältigungen, Bearbeitungen, Übersetzungen, Mikroverfilmungen und die Einspeicherung und Verarbeitung in elektronischen Systemen.

© edition text + kritik im Richard Boorberg Verlag GmbH & Co KG, München 2018
Levelingstraße 6a, 81673 München
www.etk-muenchen.de

Satz: Olaf Mangold Text & Typo, 70374 Stuttgart
Druck und Verarbeitung: Laupp & Göbel GmbH, Robert-Bosch-Straße 42, 72810 Gomaringen

Inhalt

Erwin Rotermund 1932–2018   7

Doerte Bischoff und Miriam Rürup
    Ausgeschlossen: Staatsbürgerschaft,
    Staatenlosigkeit und Exil
    Zur Einleitung   9

I. Inklusion, Exklusion, Migration: Konstellationen von Flucht und Staatsangehörigkeit in historischer Perspektive

Andreas Fahrmeir   Staatsangehörigkeit und Nationalität,
    Rang und Bürokratie   23

Claus-Dieter Krohn   Bürgerrechte, Flüchtlinge, Staatenlosigkeit
    und Asyl in Europa und den Vereinigten Staaten
    von Amerika   35

Corry Guttstadt   Passlos, staatenlos, rechtlos
    Jüdische EmigrantInnen in Deutschland und
    in der Türkei zwischen antisemitischer
    Verfolgung durch das NS-Regime und türkischer
    Bevölkerungspolitik   53

Sonja Wegner   Grenzüberschreitungen mit und ohne
    Staatsbürgerschaft
    Erfahrungen von Flüchtlingen
    nach Uruguay 1933–1945   81

II. Grenzen der Anerkennung: Gender, Religion, Ethnie

Viola Alianov-Rautenberg
    Migration und Marginalität
    Geschlecht als strukturelle Kategorie in
    der deutsch-jüdischen Einwanderung nach
    Palästina/Eretz Israel in den 1930er Jahren   105

Lidia Averbukh   Konstruktion von Gruppenidentitäten innerhalb
    des israelischen Staatsbürgerschaftsrechts   118

Esther Weizsäcker — Wiedereinbürgerungsansprüche und Perpetuierung von Diskriminierung Nachkommen während der NS-Zeit geflohener Emigrantinnen und Emigranten im deutschen Staatsangehörigkeitsrecht — 135

III. Eindeutige Identifizierungen? Passregime und Bürokratie in der literarischen und künstlerischen Reflexion

Doerte Bischoff — Kriegszustand
Logiken des Militärischen und die Macht der Pässe in literarischen Reflexionen über Staatsbürgerschaft seit 1918 — 165

Burcu Dogramaci — Die Kunst der Passfälschung
Exil, Flucht und Strategien der Grenzüberschreitung — 184

Charlton Payne — Style and Index
Viktor Shklovsky's Defamiliarization of Identity in the Age of Statelessness — 210

Burkhardt Wolf — Staatsbürgerschaft und bürokratische Form
Österreichs Juden in Heimrad Bäckers *nachschrift* — 222

IV. Zugehörigkeit und Demokratie jenseits nationalstaatlicher Regelungen: aktuelle Perspektiven

Lena Laube — Was ist (m)ein Pass wert?
Ungleiche Mobilitätsrechte, der strategische Erwerb von Staatsbürgerschaft und Migrations- und Grenzdiplomatie — 243

Julia Schulze Wessel — Aushandlungen der Teilhabe
Demokratie, Exil und die Cities of Sanctuary — 268

Gianluca Solla — Ohne
Noten zur Poetik und Politik der Migrationen — 284

Rezensionen — 293
Kurzbiografien der Autorinnen und Autoren — 316

Erwin Rotermund 1932–2018

Erwin Rotermund gehörte zwischen 1990 und 2008 der Herausgeberredaktion des Jahrbuchs *Exilforschung* an. Als Ratgeber und Kritiker hat er die Arbeit der Redaktion bis 2012 begleitet. Auf seine Initiative gehen insbesondere die Bände *Künste im Exil* (1992), *Aspekte der künstlerischen Inneren Emigration 1933 bis 1945* (1994), *Exil und Avantgarden* (1998), *Film und Fotografie* (2002) und *Autobiografie und wissenschaftliche Biografik* (2005) zurück. Er hat wesentlich dazu beigetragen, die Exilforschung als interdisziplinäre Literatur- und Kulturwissenschaft zu begreifen. Erwin Rotermund war einer der wenigen Literaturwissenschaftler, der Geschichte und Poetik der deutschen Literatur vom Barock bis zum 20. Jahrhundert überblickte und die Ästhetik der anderen Künste, insbesondere der Musik, in seine Interessen einbezog. Exilforschung stand für ihn hermeneutisch im literatur- und sozialgeschichtlichen Zusammenhang dieses übergreifenden Horizonts. Das Grundthema seiner Forschungen war das Verhältnis von Kunst und Gesellschaft oder, mit dem Titel einer 1994 erschienenen Aufsatzsammlung, von *Artistik und Engagement*. Rotermund verstand darunter nicht ein von außen an die Kunst herangetragenes, sondern in Form und Funktion der künstlerischen Werke selbst angelegtes Verhältnis. Daher seine Vorliebe für die Satire und die Ironie als künstlerische Formen ästhetischer Subversion und humanistischer Gesellschaftskritik.

Von Erwin Rotermund stammt eine der ersten literaturgeschichtlichen Darstellungen der Exilliteratur: Er hat für die von Viktor Žmegač herausgegebene *Geschichte der deutschen Literatur vom 18. Jahrhundert bis zur Gegenwart* einen kritischen Überblick zur *Deutschen Literatur im Exil 1933–1945* verfasst (1984). Darin und in den Aufsätzen zur Prosa von Anna Seghers, Leonhard Frank, Ernst Glaeser und Grete Weil, zu den Exildramen von Friedrich Wolf, Ferdinand Bruckner und Ödön von Horvath, in den Sammelbänden zum Exilwerk Rudolf Franks (2002) und Carl Zuckmayers (2012, zusammen mit Heidrun Ehrke-Rotermund) geht es im Wesentlichen um den Nachweis, dass Kunst und Literatur im Exil ohne ein im Humanismus begründetes Engagement undenkbar sind. Ein besonderes Interesse gilt neben der exilspezifischen Themenwahl den ästhetischen Diskursen: den Erzählformen einer politisch intervenierenden Literatur, dem Gattungswechsel des historischen Dramas zum Zeitstück, der sozialen Konkretisierung der Affekte in der Lyrik.

Als einer der ersten Forscher hat Erwin Rotermund auf diskursive und formgeschichtliche Zusammenhänge zwischen der Exilliteratur und der Literatur der Inneren Emigration hingewiesen und so dem Versuch entgegengearbeitet, die gesamte in Deutschland erschienene Literatur – nach dem bekannten Diktum Thomas Manns – dem Faschismusverdacht zu unterstellen. Die in dem zusammen mit seiner Frau, Heidrun Ehrke-Rotermund, verfassten literaturgeschichtlichen Überblick zur *Literatur im ›Dritten Reich‹* (1984) und in einer Reihe von Aufsätzen vorgestellten Interpretationen und methodischen Überlegungen werden von Erwin Rotermund und Heidrun Ehrke-Rotermund in dem 1999 erschienenen opus magnum *Zwischenreiche und Gegenwelten. Texte und Vorstudien zur ›Verdeckten Schreibweise‹ im ›Dritten Reich‹* zu einer exemplarischen Gesamtdarstellung oppositioneller Prosa zusammengefasst. Die Widersprüchlichkeit der Texte, die in der Zweideutigkeit (Walter Benjamin) ihrer ästhetischen Struktur begründet ist, muss interpretativ für jedes Werk und seinen Autor aus dem zeitgeschichtlichen Entstehungs- und Erfahrungshorizont erschlossen werden. Untersucht werden Ernst Jüngers *Marmorklippen*, Werner Krauss' im Gefängnis geschriebener Roman *PLN Die Passionen der halykonischen Seele*, Reinhold Schneiders *Las Casas vor Karl V.*, Essays sowie Kunst- und Literaturkritiken, Kommentare von Gerhard Nebel, Reinhard Linfert, Hans Gerth, Rudolf Pechel, Satiren von Werner Finck. Der innovative methodische Zugriff ermöglicht einen eindrucksvollen Blick in ein bis dahin weitgehend unbekanntes Universum oppositionellen Schreibens – ›literarische Zwischenreiche‹, deren Autonomieanspruch fragil war, ästhetische und ideologische Überschneidungen und Koinzidenzen mit dem herrschenden Literaturbetrieb und seinem Diskurs nicht ausschloss. Damit öffnet sich ein Forschungsfeld, das auch für die Exilforschung und die Einbindung ihres Gegenstands in ein vieldeutiges, durch universale und traditionell-nationale Diskurse bestimmtes kulturelles Kräftefeld relevant ist, aber erst noch erschlossen werden muss.

(Der ausführlichere Nachruf erscheint im »Argonautenschiff«. Jahrbuch der Anna-Seghers-Gesellschaft.)

Lutz Winckler

Doerte Bischoff und Miriam Rürup

Ausgeschlossen: Staatsbürgerschaft, Staatenlosigkeit und Exil
Zur Einleitung

Vor 1914 hatte die Erde allen Menschen gehört. Jeder ging, wohin er wollte und blieb, solange er wollte. Es gab keine Erlaubnisse, keine Verstattungen, und ich ergötzte mich immer wieder neu an dem Erstaunen junger Menschen, sobald ich ihnen erzählte, daß ich vor 1914 nach Indien und Amerika reiste, ohne einen Paß zu besitzen oder überhaupt je gesehen zu haben. Man stieg ein und aus, ohne zu fragen und gefragt zu werden, man hatte nicht ein einziges von den hundert Papieren auszufüllen, die heute abgefordert werden. Es gab keine Permits, kein Visen, keine Belästigungen; dieselben Grenzen, die heute von Zollbeamten, Polizei, Gendarmerieposten dank des pathologischen Mißtrauens aller gegen alle in einen Drahtverhau verwandelt sind, bedeuteten nichts als symbolische Linien, die man ebenso sorglos überschritt wie den Meridian in Greenwich.[1]

Was Stefan Zweig aus der rückblickenden Perspektive des Exilanten hier in seinen von Wehmut nach einer untergegangenen Welt und einem verloren gegangenen Gefühl der Zugehörigkeit geprägten Erinnerungen beschreibt, ist die Umbruchsituation, die die Zwischenkriegszeit maßgeblich bestimmte. Als Folge der Nationalisierungsprozesse des 19. Jahrhunderts entstand eine moderne Form von Staatsangehörigkeit, die Individuen und Nationalstaat eng aneinanderband. Während es spätestens seit der Französischen Revolution Regelungen zur Staatsangehörigkeit gab, die staatsbürgerliche Rechte zusicherten, aber auch an Kontrolle und Pflichten (etwa den Militärdienst) geknüpft waren, wurde gerade deren lückenlose Geltung und Durchsetzung als Prinzip staatlicher Macht zum Charakteristikum des 20. Jahrhunderts. Ein Aspekt der umfassenden Mobilmachung im Ersten Weltkrieg, der in dieser Hinsicht immer wieder als Zäsur beschrieben worden ist, war die Einführung eines allgemeinen Passzwangs, womit die Tendenz zu einer Erfassung und Klassifizierung von Menschen unter der Kategorie nationaler Zugehörigkeit radikalisiert wurde. Diese neuen Regulierungen wurden nach Kriegsende nicht etwa aufgehoben, sondern vielfach noch verschärft.

---

1 Stefan Zweig: Die Welt von Gestern. Erinnerungen eines Europäers. Frankfurt a.M. 1975, S. 294.

Zugleich manifestierten sich totalitäre Tendenzen im Europa der Zwischenkriegszeit häufig in einer Zunahme von Grenz- und Mobilitätskontrollen, mit denen Staaten die Freizügigkeit ihrer eigenen Bürger, aber auch Zugangsrechte für ›Fremde‹ spürbar einschränkten. Das faschistische Italien etwa versuchte, Emigration zu verhindern, indem es die Ausgabe von Auslandspässen drastisch reduzierte. Gleichzeitig dehnte es seinen Zugriff noch auf diejenigen aus, denen die Flucht vor Repressionen ins Ausland gelungen war. Kurt Tucholsky hat am Beispiel eines historisch verbürgten Falls Ende der 1920er Jahre das Zusammentreffen beider Effekte staatlicher Regulierung von Mobilität als Symptom einer Entwicklung beschrieben, die die »absolute Souveränität der Staaten« ad absurdum führe.[2] Denn nicht nur waren die Handlungs- und Bewegungsmöglichkeiten von Geflüchteten ohne die von ihren Heimatländern ausgestellten Pässe auch im Asylland sehr begrenzt. Die überall ähnlichen Staatsangehörigkeitsgesetze, die Schutz nur für anerkannte eigene Staatsbürger, nicht aber für Flüchtlinge vorsahen, führten dazu, dass diese in ein rechtliches Niemandsland »zwischen den Staaten«[3] gerieten. In seinem Artikel »Wahnsinn Europa« zeichnet Tucholsky den Gerichtsprozess gegen einen Exilanten in Paris nach, der den italienischen Konsulatsvertreter erschossen hatte, nachdem alle Bemühungen, seine Frau ebenfalls nach Frankreich ausreisen zu lassen, an den Restriktionen der Behörden gescheitert waren. Der Angeklagte, dessen Exil keinen Gewinn an Bewegungsfreiheit bedeutet, sondern ihn erst recht mit deren radikaler Beschneidung konfrontiert, wird dabei als einer von 150.000 in Paris ohne Pass lebenden Italienern beschrieben: »Mussolini hat diese Leute sämtlich ihrer Nationalität beraubt, und was das heute in dem papierwütigen Europa bedeuten will, weiß nur der, der einmal darunter gelitten hat.«[4]

In nahezu allen europäischen Staatsangehörigkeitsgesetzen fanden sich diverse Klauseln, die eine Ausbürgerung seitens der staatlichen Obrigkeit ermöglichten. Gründe hierfür waren vor allem: permanenter Aufenthalt im Ausland, Naturalisierung im Ausland und Annahme einer anderen Staatsangehörigkeit, die Übernahme eines öffentlichen Postens in einem anderen Staat oder der Eintritt in eine fremde Armee. Parallel dazu bürgerten einige Länder ihre Staatsangehörigen als Strafe wegen verschiedener Vergehen aus oder nahmen (und nehmen bis heute) eine zuvor erfolgte Naturalisierung unter bestimmten Bedingungen wieder zurück. Im Ersten Weltkrieg begannen europäische Staaten Gesetze zu verabschieden, die ihnen die Denaturalisierung und Denationa-

---

2 Kurt Tucholsky: Wahnsinn Europa. In: Ders.: Gesamtausgabe. Texte und Briefe. Hg. v. Antje Bonitz u. a. Bd. 10: Texte 1928. Reinbek b. Hamburg 2001, S. 612–621, hier: S. 621. Zum Grundsatz staatlicher Souveränität als Basis staatlicher Macht und Gestaltungsanspruchs in der Zwischenkriegszeit vgl. Dieter Gosewinkel: Schutz und Freiheit? Staatsbürgerschaft in Europa im 20. und 21. Jahrhundert. Frankfurt a. M. 2016, S. 230.
3 Tucholsky: Wahnsinn Europa (s. Anm. 2), S. 615.
4 Tucholsky: Wahnsinn Europa (s. Anm. 2), S. 615.

lisierung ihrer Bürger erlaubten. Derartige Gesetze – die bald zu einer daraus resultierenden Staatenlosigkeit als Massenphänomen führen sollten – markieren eine entscheidende Wende in der Geschichte des modernen Nationalstaats: das definitive Ende jeder Vorstellung der Unantastbarkeit von staatsbürgerlicher Zugehörigkeit.

Dass die Verweigerung eines Passes dem Verlust der Nationalität gleichkommt, wie Tucholsky anmerkt, ist an sich schon eine bemerkenswerte Feststellung, impliziert sie doch, dass das vom Staat gewährte Identitätspapier allein über nationale Zugehörigkeit entscheidet. Andere Aspekte wie Sprache und Kultur, die in der Rhetorik der Nation im 19. Jahrhundert eine wichtige Rolle spielen und vielfach ausdrücklich auch als Grundlage und Referenzkategorien für die Schaffung der Nationalstaaten beschworen wurden, treten dahinter zurück. Diese Tendenz findet sich auch in B. Travens *Totenschiff* von 1926 beschrieben, dem wohl eindrücklichsten Roman der Zwischenkriegszeit über die existenzielle Bedeutung von Staatsbürgerschaft und die Folgen, die sich aus der Verweigerung von Pässen ergeben. Als der Protagonist dem amerikanischen Konsul in Frankreich, von dem er die Ausstellung eines Passes erhofft, gegenüber argumentiert, er könne doch an der Sprache hören, dass er Amerikaner sei, entgegnet dieser:

> Das ist kein Beweis. Nehmen Sie hier den Fall Frankreich. Hier leben Tausende, die Französisch sprechen und keine Franzosen sind. Hier gibt es Russen, Rumänen, Deutsche, die ein besseres und reineres Französisch sprechen als der Franzose selbst. Hier sind Tausende, die hier geboren sind und keine Staatsbürger sind. Andererseits sind drüben Hunderttausende, die kaum Englisch sprechen können und über deren amerikanische Staatsbürgerschaft auch nicht der geringste Zweifel besteht.[5]

Diese Hinweise konfrontieren zumal die deutsche Leserschaft des in den 1920er Jahren viel rezipierten Romans mit Formen von Staatsbürgerschaft, die nicht auf der Annahme kultureller Homogenität beruhen, wie sie für klassische Einwanderungsländer typisch sind. Zugleich legen sie aber auch eine veränderte Perspektive auf die Situation in Europa nahe. Migration und Flucht, aber auch territoriale Verschiebungen infolge von Kriegen und Verträgen werden als die prägenden Ereignisse der gegenwärtigen Situation in den Blick gerückt, die nun vor allem durch staatlich sanktionierte Bürokraten geregelt und kontrolliert erscheint. Die Ablösung staatlicher Zugehörigkeit von einer kulturell gedachten Gemeinschaftsvorstellung spielt dann besonders auch für das Exil aus NS-Deutschland eine wichtige Rolle. Gerade weil der hier betroffenen Gruppe eine

---

5 B. Traven: Das Totenschiff. Die Geschichte eines amerikanischen Seemanns [1926]. Hamburg 1954, S. 46.

große Zahl von z. T. sehr prominenten Schriftstellern, Theaterkünstlern und Journalisten angehörte, die mit der deutschsprachigen Kultur zugleich ›ihr‹ Land zu repräsentieren beanspruchten,[6] wird der empfundene Bruch mit den vertrauten und als selbstverständlich erachteten Regeln der Zugehörigkeit besonders wortmächtig artikuliert. Unter den Hunderten von ausgebürgerten jüdischen und nicht-jüdischen Literaten und Literatinnen waren Kurt Tucholsky, Thomas und Heinrich Mann ebenso wie Lion Feuchtwanger, Bertolt Brecht, Alfred Döblin, Else Lasker-Schüler, Nelly Sachs, Alfred Kerr, Oskar Maria Graf oder Erich Maria Remarque. Thomas Manns viel zitierter Ausspruch, ›wo ich bin, ist Deutschland‹, kann auch als Versuch einer emphatischen Behauptung kultureller Bestimmung des Nationalen sowie seiner ›natürlichen‹ Verbindung mit einem Land oder Staatsgebilde verstanden werden, die von den Nationalsozialisten illegitimer- und unnatürlicherweise missachtet und zerschlagen werde. Anlässlich der Aberkennung seiner Ehrendoktorwürde durch die Universität Bonn 1936, mit der diese den neuen Gesetzen entsprechend auf die Ausbürgerung des Nobelpreisträgers reagierte, schrieb Mann in einem Brief an den dortige Dekan, dass diejenigen, die sich erdreisteten, »mir mein Deutschtum abzusprechen«, nur ihre eigene Lächerlichkeit offenbarten. »Sie haben die unglaubwürdige Kühnheit, sich mit Deutschland zu verwechseln! Wo doch vielleicht der Augenblick nicht fern ist, da dem deutschen Volke das Letzte daran gelegen sein wird, nicht mit ihnen verwechselt zu werden.«[7] Vor allem im Rückblick wird dabei aber doch deutlich, dass die Verschiebungen, die sich durch die Deterritorialisierung der deutschen Kultur ereignen, nicht einfach temporär und damit prinzipiell rückgängig zu machen waren, sondern vielmehr tiefe Spuren hinterlassen. Die Verschränkung von Volk, Kultur, Sprache, Territorium und Staat lässt sich danach häufig nicht mehr als zentraler Bezugspunkt des eigenen Selbstverständnisses betrachten.

Tatsächlich haben viele Exilanten und Exilantinnen früher oder später eine neue Staatsbürgerschaft erhalten und angenommen, manchmal einem Bedürfnis folgend, ihrer Verbundenheit mit dem Asylland, das vielen eine neue Heimat wurde, Ausdruck zu verleihen, manche aus rein pragmatischen Gründen, um Schutz zu genießen und reisen zu können. Auch für Juden und Jüdinnen, die sich vor 1933 nicht ausdrücklich zionistisch engagiert hatten, wurde unter dem Druck der Verfolgung die Auswanderung nach Palästina vielfach eine Option, an die sich die Hoffnung auf die Etablierung eines jüdischen National-

---

6 Peter de Mendelssohn verweist darauf, dass der Ausschluss aus der deutschen Akademie für Dichtung und schließlich der deutschen Staatsbürgerschaft »alles [betraf], was in der außerdeutschen Welt Rang und Namen hatte und für sie die deutsche Literatur repräsentierte«. Peter de Mendelssohn: Unterwegs mit Reiseschatten. Essays. Frankfurt a. M. 1977.
7 Thomas Mann: Briefwechsel mit Bonn. In: Ders.: Gesammelte Werke in 13 Bänden. Hg. v. Peter de Mendelssohn. Bd. XII: Reden Aufsätze 4. Frankfurt a. M. 1990, S. 785–792, hier: S. 789.

staats knüpfte. Dass Thomas Mann und Heinrich Mann 1936 die tschechoslowakische Staatsbürgerschaft annahmen, was ihnen die Flucht aus Europa erleichterte, folgte solch praktischen, durchaus existenziellen Erwägungen ebenso wie Stefan Zweigs Annahme der britischen, Anna Seghers Annahme der mexikanischen Staatsbürgerschaft oder Brechts Entscheidung, 1950 österreichischer Staatsbürger zu werden, um seine exilbedingte Staatenlosigkeit zu beenden. Allein die Tatsache, dass in diesen Jahren Staatsbürgerschaft zunehmend als etwas erschien, das man verlieren, das man aber wie Albert Einstein auch aus freien Stücken zurückgeben konnte (womit er seiner Ausbürgerung zuvorkommen wollte) und das man darüber hinaus, wenn nicht beliebig, so doch prinzipiell und manchmal mehrfach wechseln konnte, deutet darauf hin, dass sich das Verständnis von Staatsbürgerschaft in Europa in dieser Zeit wandelte. Anstatt mit der Geburt ein für alle Mal gegeben zu sein, löste sie sich für viele Exilanten von Kategorien wie Volkszugehörigkeit, kultureller Gemeinschaft und Territorialität. Den konkreten Erfahrungen im Exil geht dabei für viele die Konfrontation mit einer völkisch-rassistischen Auffassung von Staatsbürgerschaft voraus, die deren massenhaften Entzug legitimierte und damit traditionelle Verknüpfungen von Natalität, Staat und Territorium lockerte.

Grundlage der Ausbürgerung war im Fall Thomas Manns wie bei anderen Exilanten das »Gesetz über den Widerruf von Einbürgerungen und die Aberkennung der deutschen Staatsangehörigkeit« vom 14. Juli 1933. Dort heißt es in Paragraph 2: »Reichsangehörige, die sich im Ausland aufhalten, können der deutschen Staatsangehörigkeit für verlustig erklärt werden, sofern sie durch ein Verhalten, das gegen die Pflicht zur Treue gegen Reich und Volk verstößt, die deutschen Belange geschädigt haben.«[8] Doch nicht nur diejenigen, die zum Zeitpunkt der Erklärung bereits ins Ausland geflohen waren, suchte das Gesetz zu treffen, vor allem war es auch gegen jene gerichtet, die vor 1933 als Flüchtlinge und Migranten nach Deutschland gekommen und erst vor Kurzem eingebürgert worden waren. Ihre Einbürgerung sollte widerrufen werden können, wenn sie »nicht als erwünscht anzusehen« sei. Das betraf vor allem aus Osteuropa stammende Juden, die infolge des Krieges, der russischen Revolution und des Zerfalls der österreichischen Monarchie in der Zwischenkriegszeit in den Westen gekommen waren.[9] Joseph Roth hat ihnen in seinem Essay »Juden auf Wanderschaft« bereits 1927 ein Denkmal gesetzt: »Sie zahlten Steuern, bekamen ›Meldezettel‹, wurden registriert und bekannten sich zu einer ›Nationalität‹, zu einer ›Staatsbürgerschaft‹, die ihnen mit vielen Schikanen ›erteilt‹

---

8 http://www.documentarchiv.de/ns/1933/deutsche-staatsangehoerigkeit_ges.html [abgerufen: 30.7.2018].

9 Vgl. Michael R. Marrus: Die Unerwünschten/The Unwanted. Europäische Flüchtlinge im 20. Jahrhundert. Berlin 1999, S. 76.

wurde.«[10] Dass nur kurze Zeit später Schikanen ersonnen werden sollten, um ihnen die mühsam erworbene Staatsangehörigkeit wieder abzuerkennen, was sie schließlich zur Flucht vor drohenden Deportationen und damit in eine zweite Emigration zwang, konnte Roth zu dem Zeitpunkt allenfalls ahnen. Die sich schon in den 1920er Jahren abzeichnende, nach der Machtübernahme der Nationalsozialisten dann sukzessiv auch rechtlich kodifizierte Entwicklung hin zu einer ethnonational und rassistisch begründeten Idee von Staatszugehörigkeit bedeutete dann jedoch auch für die seit Generationen in Deutschland lebenden Juden die schrittweise Aushöhlung und schließlich den Verlust staatsbürgerlicher Rechte und insgesamt die Auflösung zentraler Prinzipien tradierter Staatsangehörigkeit.[11] Teil der 1935 in Kraft gesetzten Nürnberger Rassegesetze war das »Reichsbürgergesetz«, das die deutsche Bevölkerung in sogenannte »Reichsbürger« mit vollen politischen Rechten und sonstige Staatsangehörige unterteilte. Dass das Kriterium der ›Rassenzugehörigkeit‹ für diese Unterscheidung maßgeblich war, wurde hier bereits deutlich, in den folgenden Zusatzverordnungen zu diesem Gesetz dann ausdrücklich spezifiziert. Bis 1945 trugen weitere Gesetze und die Einführung neuer Kategorien wie ›Staatsbürger auf Widerruf‹ oder ›Schutzangehörige‹ zu einer Verschärfung dieser Tendenz bei, die in der totalen Entrechtung gipfelte.

Zu der perfiden Logik der nationalstaatlichen Ordnung gehörte es, dass selbst die Pässe der im Herkunftsland Ausgebürgerten häufig im Exil noch die Bedingung für die Regelung von Visaformalitäten und für Grenzübertritte blieben. Die Markierung jüdischer Ausweispapiere mit einem roten J, dem sogenannten Judenstempel, der durch die im Oktober 1938 erlassene »Verordnung über Reisepässe von Juden« verpflichtend wurde, machte jüdische Reisende und Exilsuchende an jeder Grenze potenzieller Transit- und Aufnahmeländer sofort als ›Abgestempelte‹ kenntlich. Manche Länder, die wie die Schweiz die Aufnahme jüdischer Flüchtlinge begrenzen wollten, oder wie Polen, dessen antisemitische Politik sich ebenfalls in neuen Bestimmungen zur Staatsangehörigkeit polnischer Juden manifestierte,[12] erhielten damit Informationen, die ihren eigenen Interessen in die Hände spielten und die Bewegungsmöglichkeiten jüdischer Flüchtlinge zusätzlich begrenzte. In beiden Weltkriegen wurden Geflüchtete außerdem als ›Enemy Aliens‹ interniert, nicht selten zusammen mit den Parteigängern derjenigen Systeme, von denen sie verfolgt wurden. Bis heute müssen Flüchtlinge und Exilanten sich außerhalb ihres ursprünglichen

---

10 Joseph Roth: Juden auf Wanderschaft [1927]. Köln 1985, S. 16. Zu den Schwierigkeiten, mit denen die oft aus traditionellen Verhältnissen kommenden Juden angesichts der nationalstaatlichen Pass-Bürokratie konfrontiert waren, heißt es dort: »Ein halbes jüdisches Leben verstreicht in zwecklosem Kampf gegen Papiere.« Ebd., S. 47.
11 Vgl hierzu Gosewinkel: Schutz und Freiheit? (s. Anm. 2), S. 268–374.
12 Tobias Brinkmann: Migration und Transnationalität. Paderborn 2012, S. 129.

Herkunftslandes weiterhin als dessen Angehörige ausweisen. Vor dem Hintergrund einer verbesserten internationalen Rechtsgrundlage für die Belange staatenloser Flüchtlinge, wie sie vor allem in der Genfer Flüchtlingskonvention von 1951 formuliert wurden, kann dies inzwischen zur Gewährung besonderer Rechte führen, vor 1945 waren derartige internationale Abkommen und nationale Asylgesetzgebungen vielfach aber vollkommen unzureichend, sodass Flüchtlingshilfe häufig nicht-staatlichen Initiativen und Organisationen überlassen blieb.[13] Die Gefahr, vom Fluchtort wieder in das Herkunftsland abgeschoben zu werden, wo den Betroffenen Internierung und im schlimmsten Fall der Tod drohte, war etwa nach 1940 nicht nur im besetzten Frankreich akut, sondern auch in den Gebieten des Vichy-Regimes, das Sammellager für Flüchtlinge einrichtete, den Vermerk ›Juif‹ in Pässe stempeln ließ und nicht zuletzt bei der Judenverfolgung mit den Deutschen kollaborierte.

Gerade in der von politischen Umstürzen und Neuordnungen, gewaltsamen Annexionen und Grenzverschiebungen gezeichneten Landkarte Europas in der ersten Hälfte des 20. Jahrhunderts kam zu den expliziten Ausbürgerungen das Problem, dass das Herkunftsland vieler Flüchtlinge, in dessen konsularischer Vertretung sie möglicherweise noch eine Verlängerung von Pässen hätten beantragen können, gar nicht mehr existierte. Dies stürzte viele Flüchtlinge in eine ausweglose Situation, konnte aber auch dazu veranlassen, die unübersichtliche Lage im Sinne der Hilfesuchenden zu nutzen. Lisa Fittko, die vielen Exilanten in Südfrankreich half, über die Pyrenäen zu fliehen und Ausreisepapiere für Übersee zu bekommen, beschreibt, wie nach der Schließung des tschechischen Konsulats in Marseille dort weiter tschechische Pässe für Flüchtlinge ausgestellt wurden, womit die Grenze zu Fälschung und Illegalität überschritten war.[14] »Bei uns in Europa hat kaum mehr jemand die Staatsbürgerschaft seines Ursprungslandes«[15], erklärt der namenlose Protagonist in Anna Seghers Roman *Transit*, damit sowohl auf die unübersichtliche Situation staatlicher Grenzen und Zugehörigkeiten anspielend wie wohl auch auf die zunehmend genutzten Möglichkeiten der Weitergabe, Reproduktion und Fälschung von Pässen. Hier eröffneten sich in begrenztem Maße Räume der Selbstbehauptung und Kreativität, indem Künstler als Fälscher in Erscheinung traten und Pässe als Vorlage und Inspiration transformierender künstlerischer Gestaltungen dienten.

---

13 Eine wichtige Ausnahme ist die Einführung des sogenannten Nansen-Passes im Auftrag des Völkerbundes, der vor allem staatenlosen russischen Flüchtlingen seit 1922 begrenzte Rechte gewährte. Mehrere der folgenden Beiträge gehen näher auf diese besondere Initiative ein.
14 Lisa Fittko: Mein Weg über die Pyrenäen. Erinnerungen 1940/41. München 2004, S. 128 f.
15 Anna Seghers: Transit. Berlin 2001, S. 103. Vgl. hierzu auch Gosewinkel: Schutz und Freiheit? (s. Anm. 2), S. 198. Gosewinkel beschreibt, dass allein die territoriale Neuordnung Europas nach 1918 massenhafte Verschiebungen staatlicher Zugehörigkeiten zur Folge hatte. Sie betraf »Millionen von Menschen und [...] Millionen von Quadratkilometern Territorium, die durch Abtrennung und Neuzuweisung die Zugehörigkeit zu einem Staat wechseln mussten«.

Dass Pässe und Papiere eine existenzielle Dimension bekommen hatten und die Macht der über sie bestimmenden Staatsapparate total geworden war, reflektieren Literatur und Künste der Zeit auf vielfältige Weise. Schilderungen wahnsinniger Bürokraten, die mit dem Leben von Menschen spielen, indem sie Pässe willkürlich gewähren, verweigern oder ins Feuer werfen, wurden regelrecht zum Topos der deutschsprachigen Exilliteratur. In Brechts *Flüchtlingsgesprächen* erscheint der Pass als der »edelste Teil von einem Menschen«[16], Anna Seghers Exilroman *Transit* beschreibt die Flüchtlingsexistenz, die auf das Warten auf Papiere, auf den Konsulaten als Schwellenorten, verwiesen bleibt, als prekär und unbehaust. Hannah Arendt, selbst als ›feindliche Ausländerin‹ im französischen Lager Gurs interniert und nach ihrer Ausbürgerung insgesamt 14 Jahre lang staatenlos, nennt in ihrem Essay »We Refugees« Pässe und Geburtsurkunden »das soziale Mordinstrument [...], mit dem man Menschen ohne Blutvergießen umbringen kann«.[17] Im paradoxalen Selbstverständnis als »künftige Staatsbürger«, so analysiert sie, verleugnen gerade die vor rassistisch motivierter Ausgrenzung und Verfolgung fliehenden europäischen Juden, die etwa in den USA erneut auf Integration und Einbürgerung hoffen, das grundsätzliche Scheitern der Assimilation unter den Bedingungen der (europäischen) Nationalstaaten. Diese weitreichende Analyse impliziert, dass gerade von den verfolgten und (immer wieder) ins Exil getriebenen Juden Einsprüche gegen das existierende Primat der Nationalstaaten ausgehen können und sollten. Tatsächlich haben gerade Exilanten und unter ihnen viele Juden bedeutsame Beiträge zur Analyse totalitärer Staaten und den Aporien von Staatsbürgerschaft im 20. Jahrhundert geleistet. Vor allem Arendts eigene Schriften gelten bis heute als unverzichtbare Referenz für das Verständnis der historischen Bedingungen und Konsequenzen von Staatenlosigkeit, die seit der Massenflucht nach der russischen Revolution und infolge der nationalsozialistischen Verfolgung in der ersten Hälfte des 20. Jahrhunderts ungekannte Ausmaße angenommen hatte. Staatenlosigkeit umschreibt einen Status des Nicht-Zugehörigseins, der entsteht, wenn jemand keine Zugehörigkeit zu einem Staat dokumentieren kann. Der Staatenlose war in einem Status des ›Dazwischen‹, im besten Falle handelte es sich um einen vorübergehenden Zustand – sowohl aus Sicht des nationalstaatlichen Souveräns wie auch des Subjektes.[18] Denn in einer weiterhin nationalstaatlich verfassten Welt musste die schiere Existenz von Staatenlosen dieses Gefüge herausfordern und infrage stellen. Für die von ihr Betroffenen bedeu-

---

16 Bertolt Brecht: Flüchtlingsgespräche. Frankfurt a. M. 2000, S. 7.
17 Hannah Arendt: Wir Flüchtlinge. In: Zur Zeit. Politische Essays. Aus dem Amerikanischen übers. v. Eike Geisel. Hg. v. Marie Luise Knott. Berlin 1986, S. 7–21, hier: S. 20.
18 Vgl. Miriam Rürup: Lives in Limbo: Statelessness After Two World Wars. In: Bulletin of the German Historical Institute 49 (2011), S. 113–134, und dies.: Staatenlosigkeit als Entmenschlichung. Hannah Arendt: The Origins of Totalitarianism (1951). In: Gewalt und Gesellschaft. Hg. v. Uffa Jensen u. a. Göttingen 2011, S. 226–237.

tete Staatenlosigkeit, wie Arendt analysiert hat, mit einer vollständigen Rechtlosigkeit konfrontiert zu sein, solange der Schutz von Menschenrechten an Staatsbürgerrechte gekoppelt war und »ein Recht, Rechte zu haben« vor keiner übergeordneten Instanz einklagbar war.[19] Die zahlreichen Bezugnahmen auf Arendt im vorliegenden Band, dessen Beiträge sich nicht nur mit historischen Konstellationen, sondern auch mit gegenwärtigen Ereignissen und Entwicklungen beschäftigen, ist zugleich ein Indiz dafür, dass die (Re-)Lektüre ihrer Texte der aktuellen Diskussion immer noch Impulse zu geben vermag.

Die wenigen hier skizzierten Hinweise auf historische Entwicklungen der Zwischenkriegszeit, deren Analyse auch bei Arendt einen so wichtigen Ort hat, und ihre literarische Reflexion zeigen, dass das in dem vorliegenden Band zur Diskussion stehende Verhältnis von Exil und Staatsbürgerschaft kaum angemessen beschrieben werden kann, wenn man lediglich die Situation nach 1933 fokussiert. Politische Umbrüche, Gebietsneuordnungen und gewaltige Flucht- und Migrationsbewegungen haben bereits in der Zwischenkriegszeit dazu geführt, dass die Frage der Staatsangehörigkeit zu einem der drängendsten politischen Probleme wurde, das jedoch im Rahmen der existierenden Ordnung souveräner Nationalstaaten nicht hinreichend gelöst werden konnte bzw. durch die Durchsetzung des Nationalstaatsprinzips auch in den Gebieten der ehemaligen Vielvölkerstaaten wie dem Habsburgerreich oder dem Osmanischen Reich noch eine Zuspitzung erfuhr. Was die Situation im 20. Jahrhundert, das als das ›Jahrhundert des Flüchtlings‹ apostrophiert worden ist,[20] besonders komplex macht, ist offenbar, dass die Tendenz zu einer Loslösung ethnischer, kultureller und sprachlicher Zugehörigkeit von staatlichen Organisationsformen neben einer weiterhin politisch überaus wirkmächtigen Tendenz steht, Einschluss und Ausschluss über ethnische Kategorien zu verhandeln, die zudem vielfach eine rassistische Zuspitzung erfahren. Auch wenn die aktuelle Situation der nach Europa strebenden Flüchtlinge und der politischen Architektur der europäischen Länder sicherlich in mancher Hinsicht mit der historischen nicht vergleichbar ist, lässt sich doch feststellen, dass nach wie vor ein Wandel in der Konzeption von Staatsangehörigkeit, die Migration nicht mehr als Sonderfall behandelt und z. B. zunehmend mehrfache Staatsbürgerschaft zulässt, unmittelbar neben einem wiedererstarkenden Ethnonationalismus steht. Nicht zuletzt Israel, dessen besondere historische Konstellationen in der Entwicklung von Staatlichkeit und Staatsbürgerschaft mehrere Aufsätze in diesem Band diskutieren, hat trotz (oder gerade wegen) seiner heterogenen Bevölkerung und trotz der Tatsache, dass es als Einwanderungsland durch viele ›mitgebrachte‹ kulturelle Einflüsse und Mehrfachloyalitäten geprägt ist, ein neues Gesetz

---

19 Hannah Arendt: Elemente und Ursprünge totaler Herrschaft. München 1986, S. 562, 614.
20 Edward Said: Reflections on Exile [1984]. In: Ders.: Reflections on exile and other essays. Cambridge 2002, S. 173–186, hier: S. 174.

verabschiedet,[21] das den Staat eindeutig und ausschließlich als jüdisch definiert. In Europa machen in vielen Ländern sogenannte identitäre Bewegungen Stimmung gegen nationale und internationale Bemühungen um eine nachhaltige Regelung der Flüchtlingsfrage jenseits verschärfter Grenzregime und Internierungen, während gleichzeitig immer deutlicher wird, dass der Rückzug auf einen abgeriegelten Bereich des Nationalen der Komplexität und Dynamik gegenwärtiger Entwicklungen kaum gerecht werden kann. Hier kann die Beschäftigung mit den historischen Konstellationen, die in vielfältiger Weise bis heute nachwirken, zu einem Verständnis der Zusammengehörigkeit beider Tendenzen beitragen und differenzierte Analyseperspektiven entwickeln helfen. Nicht nur in rechtlicher Hinsicht, die in einem der folgenden Beiträge entwickelt wird, spielt die Frage des Umgangs mit den ehemals Ausgebürgerten und die Frage, wie die Perpetuierung ungerechter Ausschlussmechanismen unterbrochen werden kann, eine wichtige Rolle.

Der Band, dem eine gemeinsame Workshop-Tagung vorausging,[22] entstand aus der Beobachtung, dass die Erforschung von Staatsbürgerschaft und Staatenlosigkeit angesichts von Exil und Migration bislang noch erstaunlich wenig zum Thema der Exilforschung wurde, während zugleich Forschungen zur Entwicklung und Transformation von Staatsbürgerschaft in den vergangenen Jahren vieles zur Vermessung des Feldes insgesamt beigetragen haben.[23] Ein zweiter Impuls bei der Vorbereitung der Tagung und der nun vorliegenden Publikation war die Überzeugung, dass ein solcher Zugang nur als konsequent interdisziplinäres Projekt sinnvoll würde unternommen werden können. Die hier versammelten 14 Beiträge reflektieren Perspektiven aus der Geschichtswissenschaft, Politikwissenschaft, Soziologie, Rechtswissenschaft, Literaturwissenschaft, Kunstwissenschaft und Philosophie. Dabei geht es, selbst wenn kein ausdrücklich wirtschaftswissenschaftlicher Beitrag aufgenommen wurde, auch um ökonomische Aspekte beim Zugang zu Pässen und Staatsbürgerschaften. Genderkritische Perspektivierungen, die für die Untersuchung der Konstruktion, Kodifizierung und praktischen Realisierung von Staatsbürgerrechten insgesamt immer stärker in den Blick rücken, werden ebenfalls ausdrücklich an spezifischen Beispielen behandelt. Gerade weil damit ein großes Spektrum an

---

21 Vgl. www.haaretz.com/israel-news/israel-passes-controversial-nation-state-bill-1.6291048 [abgerufen: 27.7.2018].

22 Die Tagung fand vom 26.2. bis 1.3.2018 auf Gut Siggen statt. Der Alfred-Töpfer-Stiftung gilt Dank für die großzügige Unterstützung. Andreas Löhrer und Finja Zemke danken wir für ihre Unterstützung bei der Kommunikation mit den Autoren und Autorinnen und bei der Überarbeitung der Manuskripte.

23 Eine Übersicht über aktuelle Forschungsansätze bietet The Oxford Handbook of Citizenship, hg. v. Ayelet Shachar u. a., Oxford 2017. Für den hier betrachteten Zusammenhang vgl. darin bes. die Beiträge von Cathryn Costello: On Refugeehood and Citizenship (S. 717–742) und Noora A. Lori: Statelessness, ›In Between‹-Statuses, and Precarious Citizenship (S. 743–766).

Perspektiven sowohl auf historische Konstellationen wie aktuelle Entwicklungen angesichts von Flucht, Migration und Exil in der Gegenwart eröffnet wird, beansprucht der Band keinerlei Vollständigkeit. Neben detaillierten Einzelstudien, die dazu beitragen, allgemeinere Annahmen zu präzisieren oder zu revidieren, bietet er jedoch vielfältige Anhaltspunkte für vergleichende Analysen und Betrachtungen.

In der Zusammenschau fällt auf, dass das Thema und die Erfahrung der Staatenlosigkeit und der prekären Gestalt von Pässen gerade im Zusammenhang mit der nationalsozialistischen Verfolgung buchstäblich alle gesellschaftlichen Bereiche durchzog – diese Verlusterfahrung drückte sich in juristischen Reflexionen ebenso aus wie in künstlerischen Inszenierungen. Gerade die Interdisziplinarität der Perspektiven macht deutlich, dass Staatsbürgerschaft[24] eine Kategorie von eminenter historischer und politischer Bedeutung und Wirkmacht ist, die zugleich eng verknüpft ist mit Vorstellungen und Entwürfen von Gemeinschaft, die immer auch imaginäre Dimensionen und Potenziale haben.[25] Neben der Analyse der konkreten politischen Bedingungen und gesetzlichen Regelungen von Staatsangehörigkeit z. B. im Kontext nationalsozialistischer Ausbürgerungen und Vertreibungen kommt in diesem Jahrbuch-Band immer wieder auch die Erfahrungsdimension in Bezug auf den Verlust bzw. Wechsel von Staatsbürgerschaft in den Blick. Historische (Ego-)Dokumente sowie literarische und künstlerische Reflexionen über Grenz- und Passregime und das Erleiden von Exklusion und Staatenlosigkeit werden daraufhin gelesen, wie sie jeweils staatliche Zugehörigkeitsmodelle reflektieren. Dabei gestalten etwa literarische Texte nicht nur die Wirkung von Passgesetzen, Ausbürgerungen oder Staatenlosigkeit in exemplarisch verdichteten Fallgeschichten, sie rekonstruieren auch die Rhetoriken und Narrative, die bestimmten Formen der Vergesellschaftung zur Durchsetzung verhelfen und unterlaufen so deren Geltungsanspruch. Konkrete Versuche, alternative Modelle zur (national)staatlichen Zugehörigkeit vorzuschlagen, sind schon von den Zeitgenossinnen und Zeitgenossen im Exil unternommen worden – und bis heute treffen sich hier soziale Utopien mit realpolitischen Experimenten, wie am Beispiel des Projekts der Cities of Sanctuary gezeigt werden kann. Ebenso ist Staatenlosigkeit zwar ein nationalstaatlich »gemachtes« Problem, gleichwohl wird es in den meisten Fällen erst im Überschreiten von Grenzen offenkundig. Und damit ist sowohl die Problematik international wie auch jeglicher denkbare Lösungsweg, der in

---

24 Der Begriff wird in vielen Kontexten (wie auch in dieser Einleitung) alternativ und synonym zu dem der Staatsangehörigkeit benutzt. Letzterer gilt jedoch in manchen disziplinären Zusammenhängen, vor allem der Sprache des Rechts bzw. der Rechtswissenschaft, als Fachterminus, der von dem Begriff der Staatsbürgerschaft, mit dem er gleichwohl eng verknüpft ist, differenziert wird.
25 Vgl. die einflussreiche Studie von Benedict Anderson: Imagined Communities. Reflections on the Origin and Spread of Nationalism. London 1983.

zwischenstaatlichen und damit grenzüberschreitenden Vereinbarungen gefunden werden muss, bevor er auf der lokalen oder nationalstaatlichen Ebene Wirkung entfalten kann.

Staatenlosigkeit hat verschiedene Gründe, und die jeweiligen historischen Ausformungen sind so unterschiedlich wie die Epochen und Regionen, die jeweils betrachtet werden – in diesem Band sind dies die Vorgeschichte im europäischen 19. Jahrhundert, vor allem aber die Jahre der nationalsozialistischen Verfolgung – mit einem Blick auf die zeitlichen Nachwirkungen ebenso wie auf die regionalen Auswirkungen in Einwanderungsländern wie den USA oder Palästina/Erez Israel sowie Fluchtzielen wie der Türkei oder Uruguay. Die häufigste Form der Staatenlosigkeit, die in den hier vorliegenden Beiträgen relevant ist, ist eine direkte Folge von staatlicher Ausbürgerungspolitik der Nationalsozialisten oder dem Verlust der Staatsangehörigkeit durch Auswanderung und Flucht. Meist blieb die Phase der Staatenlosigkeit temporär und wurde zu einem untrennbaren Teil des Exils. Ihre Überwindung freilich lag nicht immer in der Hoffnung begründet, wieder deutscher/r Staatsangehörige/r zu werden, sondern konnte ebenso gut in der Annahme einer neuen Staatsangehörigkeit liegen.

Insgesamt zeigt sich, und auch das ist ein Ergebnis der hier vorgelegten Beiträge, dass sowohl in der konkreten Bearbeitung des Feldes in den Einzeldisziplinen wie auch in Bezug auf vergleichende interdisziplinäre Studien vielfach noch ein deutlicher Bedarf zu weiteren Untersuchungen besteht – für die der Band Impulse zu geben hofft.

I. Inklusion, Exklusion, Migration:
Konstellationen von Flucht und Staatsangehörigkeit
in historischer Perspektive

Andreas Fahrmeir

Staatsangehörigkeit und Nationalität, Rang und Bürokratie

Exil und Flucht waren in der »Moderne« allzu häufig biografische Erfahrungen, Themen politischer Diskussionen und Anstoß wie Gegenstand von Literatur. Zu den Auslösern von Flucht und Exil gehörten plötzliche politische Umbrüche ebenso wie Versuche, Dissens zu unterdrücken oder die religiöse beziehungsweise »rassische« Homogenität der Bevölkerung zu vergrößern. Beispiele sind die Amerikanische und Französische Revolution ebenso wie die griechische oder polnische Unabhängigkeitsbewegung, die Revolutionen der Mitte des 19. Jahrhunderts, die Verfolgung von »Anarchisten« vor allem nach 1871, die Flucht vor den Pogromen in Russland oder den Repressalien nach der Russischen Revolution, die Folgen der Grenzfestlegungen nach dem Ersten Weltkrieg oder der Terror des »Dritten Reichs«. Allerdings steht das Phänomen, dass große und tendenziell steigende Zahlen von Menschen aus politischen oder religiösen Gründen dazu gezwungen sein (oder starken Druck verspüren) konnten, das eigene Land zu verlassen und sich dort niederzulassen, wo ihre politischen oder religiösen Überzeugungen geteilt oder zumindest geduldet wurden, in gewisser Hinsicht quer zu den rechtlichen Kategorien und bürokratischen Praktiken des Staatsbürgerschaftsrechts und der Migrationskontrolle, die sich parallel dazu herausbildeten: Während die Kodifikation des Staatsbürgerschaftsrechts die immer engere Bindung von Individuen an »ihren« Staat vorsah und dauerhafte grenzüberschreitende Migration als Ausnahme imaginierte, musste die Gewährung von Asyl auf Vorstellungen von Solidarität rekurrieren, die sich gerade nicht durch Staatsangehörigkeit begründen ließen. Das führte oft genug dazu, dass Spielräume für Exilanten beschränkt waren – bis hin zu weitgehender Rechtlosigkeit; die Spannungen zwischen der bürokratischen Definition von Zugehörigkeiten sowie weiteren Ansprüchen und Solidaritätsvorstellungen konnten dennoch auch an bestimmten Orten, in bestimmten Konstellationen und für bestimmte Personenkreise gewisse Freiräume geben.

I. Staatsangehörigkeit[1] und Exil im 19. Jahrhundert

Die inzwischen für viele Länder gut untersuchte Gesetzgebung zur Staatsangehörigkeit entstand seit dem ausgehenden 18. Jahrhundert mit dem Ziel, eine standes-, orts- und regionsübergreifende rechtliche Beziehung zwischen Individuen und Staaten zu definieren, die – eventuell unter Berücksichtigung weiterer Tatsachen wie Vermögen, Dauer der Ansässigkeit, Religionszugehörigkeit und Vorstrafen – als Grundlage der Ausübung von Rechten gelten sollte.[2] Die mit der Staatsangehörigkeit verbundenen Rechte und Pflichten konnten – je nach Staatsverfassung, Epoche und Zielgruppe – eher politischer, sozialer, militärischer oder wirtschaftlicher Natur sein, also vor allem auf das Wahlrecht, das Recht auf Niederlassung und Unterstützung, die Pflicht zum Eintritt in die Armee oder die Fähigkeit zum Betrieb eines Gewerbes oder die Übernahme einer Beschäftigung abheben. Im Zentrum der Definition von Staatsangehörigkeit stand – wie heute – einerseits die Festlegung von Regeln, nach denen der automatische Erwerb einer Staatsangehörigkeit zum Zeitpunkt der Geburt erfolgen sollte, andererseits die Bestimmung der Modalitäten des Übergangs von einer Staatsangehörigkeit in eine andere zu einem späteren Zeitpunkt, also durch Ein- und Ausbürgerung. Die Prinzipien waren dabei in den meisten Ländern ähnlich. In der Regel spielte für die automatische Zuerkennung der Staatsangehörigkeit eine Kombination aus Abstammung sowie Geburts- oder Aufenthaltsort die zentrale Rolle, für die Einbürgerung ein mehr oder weniger aufwendiger Verwaltungsakt, dem eine mehr oder weniger ausgeprägte Annäherung an den neuen Staat vorausgehen sollte, die in der Regel durch langjährigen Aufenthalt und formelle Loyalitätsbekundungen, etwa in Form eines

---

[1] An dieser Stelle eine kurze Anmerkung zum Sprachgebrauch: In der juristisch-technischen Sprache zahlreicher deutscher Staaten im 19. Jahrhundert wurde zwischen der Staatsangehörigkeit (und synonymen Begriffen) einerseits, der Staatsbürgerschaft andererseits unterschieden. »Staatsangehörigkeit« bezeichnete die Zugehörigkeit zu einem Staat, »Staatsbürgerschaft« die Fähigkeit zur Ausübung politischer Rechte. In dieser Terminologie war Staatsangehörigkeit eine notwendige, aber keine hinreichende Bedingung für Staatsbürgerschaft. In anderen Sprachen – und im österreichischen Recht – gab es keine analoge Unterscheidung. Die Unterscheidung zwischen »Angehörigkeit« und »Bürgerschaft«, die sich mit der Erweiterung des Wahlrechts zunehmend abgeschliffen hatte, wurde im »Dritten Reich« mit dem Ziel der Ausgrenzung von dem Regime missliebigen Deutschen wiederbelebt und nach 1945 in einigen normativen Texten (beispielsweise westdeutschen Landesverfassungen) weiter vorausgesetzt, ist aber inzwischen praktisch nicht mehr präsent.

[2] Vgl. als Auswahl Dieter Gosewinkel: Schutz und Freiheit? Staatsbürgerschaft in Europa im 20. und 21. Jahrhundert. Berlin 2016; Eric Lohr: Russian Citizenship. From Empire to Soviet Union. Cambridge, Mass. 2012; Sabina Donati: A Political History of National Citizenship and Identity in Italy, 1861–1950. Stanford 2013; Andreas Fahrmeir: Citizenship. The Rise and Fall of a Modern Concept. New Haven 2007; Oliver Trevisiol: Die Einbürgerungspraxis im Deutschen Reich 1871–1945. Göttingen 2006; Aristide R. Zolberg: A Nation by Design. Immigration Policy in the Fashioning of America. New York 2006; Patrick Weil: Qu'est-ce qu'un Français? Histoire de la nationalité française depuis la Révolution. [2002]. Paris 2004.

Treueeids, nachgewiesen wurde. Die Fähigkeit, sich durch Arbeit oder Vermögen wirtschaftlich selbst zu unterhalten, war ebenfalls Voraussetzung einer Einbürgerung. Staatsangehörigkeit wurde dabei als Eigenschaft einer Familie verstanden, die an die Person des Familienoberhaupts, also in aller Regel des Familienvaters, geknüpft wurde. Für Frauen ergab sich somit durch die Eheschließung mit einem Ausländer die Möglichkeit, aber auch der Zwang, die eigene Staatsangehörigkeit zu wechseln; Familien mit unterschiedlicher Staatsangehörigkeit konnte es nur dann geben, wenn Eltern volljähriger Kinder eingebürgert wurden, ohne dass dies Konsequenzen für die Staatsangehörigkeit der Kinder hatte. Die Staatsangehörigkeit unverheirateter Frauen (sowie ihrer Kinder) richtete sich nach denselben Regeln wie die von Männern – mit der Folge, dass nur unverheiratete Frauen eine Einbürgerung selbstständig beantragen konnten.

Große Unterschiede bestanden vor allem bezüglich des Verlusts der Staatsangehörigkeit. Dieser konnte sich – wie in den deutschen Staaten – am tatsächlichen Aufenthaltsort orientieren: Emigranten verloren dann ihre bisherige Staatsangehörigkeit entweder beim Grenzübertritt mit dem Ziel der Auswanderung oder bei länger andauernder Abwesenheit. Der Verlust der Staatsangehörigkeit konnte aber auch, wie im Frankreich der Französischen Revolution, vor allem als Strafe vorgesehen sein, die nur politisch missliebige Emigranten betraf und auch gegen Inländer im Inland verhängt werden konnte; der »bürgerliche Tod« schloss auch den Verlust aller mit der Staatsangehörigkeit assoziierten Rechte ein und warf mithin Fragen über den Status der Angehörigen eines entsprechend ausgestoßenen Familienoberhaupts auf.[3] Wieder eine andere Möglichkeit war, Staatsangehörigkeit als ein bei der Geburt erworbenes und lebenslang gültiges Attribut einer Person zu sehen, das durch eine Einbürgerung allenfalls ergänzt, aber nicht gelöscht werden konnte; das war zeitweise im Napoleonischen Frankreich und bis 1870 in Großbritannien der Fall, und es war bezüglich eigener »natürlich geborener« Staatsangehöriger lange auch die Position der USA. Da die Regeln über den Verlust wie den Erwerb von Staatsangehörigkeiten in jedem Land geringfügig anders und daher nicht widerspruchsfrei waren, konnten sich Fälle ergeben, in denen eine Person mehreren Staaten zugeordnet war (klassisches Beispiel wäre die Geburt des Sohns eines Franzosen in britischem Territorium) oder über keine Staatsangehörigkeit verfügte (das klassische Beispiel waren Auswanderer aus deutschen Staaten, die in ihrem Zielland noch nicht eingebürgert worden waren).

---

3 Miriam Rürup: Das Geschlecht der Staatenlosen. Staatenlosigkeit in der Bundesrepublik Deutschland. In: Journal of Modern European History 14 (2016), 3, S. 411–429; Jennifer Ngaire Heuer: The Family and the Nation. Gender and Citizenship in Revolutionary France, 1789–1830. New York 2007, S. 143–157.

Im Verlauf des 19. Jahrhunderts waren solche Doppelzugehörigkeiten ebenso wie der Mangel einer Staatsangehörigkeit in ihrer Wirkung zwar nicht völlig irrelevant, aber in ihren Folgen sehr begrenzt. Sie waren vor allem dann von Bedeutung, wenn kommunale Behörden danach trachteten, unterstützungsbedürftige Fremde an ihren »Unterstützungswohnsitz« zurückzubringen. Das kam häufig vor und konnte sich dann als problematisch erweisen, wenn eine Heimatgemeinde im Ausland die Übernahme ablehnte und die Staatsangehörigkeit ungeklärt war. Inländische Gemeinden konnten in der Regel zur Übernahme gezwungen werden; wenn die Staatsangehörigkeit an sich klar war, stand auch die Verantwortung des ausländischen Staates fest, eine Heimatgemeinde festzulegen.[4]

Wenn kein unmittelbarer Anspruch auf Unterstützung zu erwarten war, war die Frage der Staatsangehörigkeit für Gestattung oder Versagung eines Aufenthalts relativ unwichtig. Ursache und Folge dieser liberalen Einstellung zu grenzüberschreitender Migration war die lockere Beziehung zwischen Regelungen zur Staatsangehörigkeit und den Institutionen und Praktiken der Migrationskontrolle. Migrationskontrolle sollte zwar – theoretisch – auf einer engmaschigen Kontrolle von »Papieren« beruhen, die – wiederum theoretisch – von staatlichen Behörden ausgegeben wurden und Auskunft über Staatsangehörigkeit und Heimatberechtigung gaben. Auf der Grundlage dieser Papiere sollten Angehörige der Polizei oder der lokalen Verwaltung zumindest in Kontinentaleuropa vor Ort über die Erlaubnis zum Grenzübertritt, zum Aufenthalt oder zur Arbeitsaufnahme entscheiden. In der Praxis war das Ausmaß der Kontrolle, das von Vertretern von Behörden ausging, von Zeit zu Zeit, von Ort zu Ort und von sozialer Schicht zu sozialer Schicht sehr unterschiedlich. Zudem konnten die Papiere, die Identitäten, Reiserouten und Ziele bestätigen sollten, von zahlreichen Behörden (und manchen Privatpersonen) ausgegeben werden; die Behörden des Heimatlandes waren dabei nur eine Instanz unter mehreren. Da Reisepapiere nur für kurze Zeiten bis zu einem Jahr gültig waren, bestand zudem oft gar keine Alternative dazu, sich eines Passes des Aufenthaltsorts statt eines Passes des Heimatlandes zu bedienen. Das hatte zugleich zur Folge, dass der Zugriff des Heimatlandes auf Individuen praktisch vorbei war, sobald sie eine Grenze überschritten hatten.[5] Heimatländer konnten allenfalls mit Sanktionen nach einer eventuellen Rückkehr drohen oder den Transfer von Vermö-

---

4 Vgl. Michael Schubert: The Creation of Illegal Migration in the German Confederation, 1815–1866. In: Journal of Borderlands Studies, 2017, unter: https://doi.org/10.1080/08865655.2017.1402197 [abgerufen: 25.6.2018]; Jochen Oltmer (Hg.): Handbuch Staat und Migration in Deutschland seit dem 17. Jahrhundert. Berlin 2016; Waltraud Heindl und Edith Saurer (Hg.): Grenze und Staat. Paßwesen, Staatsbürgerschaft, Heimatrecht und Fremdengesetzgebung in der österreichischen Monarchie 1750–1867. Wien 2001.
5 Nancy L. Green und Francois Weil (Hg.): Citizenship and Those who Leave. The Politics of Emigration and Expatriation. Urbana 2007.

genswerten ins Ausland behindern – was allerdings, wie die Erfahrungen zahlreicher Exilanten von Napoleon über Metternich bis Marx dokumentieren, fast nie geschah, weil breit definierte Eigentumsrechte in der liberalen Rechtsordnung und -Praxis dem staatlichen Zugriff weitgehend entzogen blieben.[6]

Schließlich war von Bedeutung, dass »Papiere« im Laufe des 19. Jahrhunderts immer seltener systematisch kontrolliert wurden. Gegen Ende des 19. Jahrhunderts konnten Identitätsnachweise wieder durch private Empfehlungsschreiben oder – noch einfacher – durch die Selbstauskunft von Personen erfolgen, die vertrauenswürdig schienen. Dort, wo Barrieren an Bedeutung gewannen – etwa bei der systematischeren Regulierung der Auswanderung in die USA durch die amerikanischen Bundesbehörden, aber auch bei dem Versuch einer schärferen Kontrolle von »Vagabunden« in Frankreich –, war die Kontrolle zunehmend auf die Körper der Migrierenden zentriert statt auf ihre bürokratisch dokumentierte, manipulationsanfällige Identität: Der wissenschaftlich, vor allem medizinisch geschulte Blick sollte die physische Tüchtigkeit künftiger Arbeiter oder die Neigung von Einwanderern zur Kriminalität ermitteln. Dabei standen zunächst äußerlich sichtbare Gebrechen im Vordergrund, welche die Arbeitsfähigkeit beeinträchtigen konnten (etwa Unregelmäßigkeiten des Körperbaus, Zeichen kognitiver Einschränkungen oder Hinweise auf Störungen der Herz- oder Lungenfunktion); mit der Entwicklung neuer medizinischer Diagnosemöglichkeiten und Theorien (vor allem der ersten Labortests auf Infektionskrankheiten) sowie der Verbreitung eugenischer Diskurse trat gegen Ende des 19. Jahrhunderts die Suche nach Infektionskrankheiten wie Syphilis oder Typhus sowie nach Zeichen psychischer Auffälligkeiten oder Hinweisen auf erbliche Belastungen, die man unter anderem in Gesichtsausdruck und Schädelform vermutete, hinzu.[7] Die Möglichkeit zum Abgleich von Informationen zu Körpermaßen oder Fingerabdrücken mit zentralen Karteien von Vorbestraften, »Vagabunden« oder Personen ohne festen Wohnsitz, wie sie etwa für Frankreich in Paris aufgebaut wurden, ließ das Vertrauen auf Informationen, welche Papiere geben konnten, als ebenso naiv wie überflüssig erscheinen.

Dieser genaue, prüfende und selektierende Blick richtete sich allerdings nur auf einen Ausschnitt der reisenden Bevölkerung: jenen, der sich in den billigeren Abteilen oder Decks von Zügen und Schiffen befand. Diese Personen mussten vor allem an Häfen Einwanderungskontrollen passieren, sofern sie keinen

---

6 Torsten Riotte: Der Monarch im Exil. Eine andere Geschichte von Staatswerdung und Legitimismus im 19. Jahrhundert. Göttingen 2018; Wolfram Siemann: Metternich: Stratege und Visionär. Eine Biographie. München 2016; Jonathan Sperber: Karl Marx. A Nineteenth-Century Life. New York 2013; Pierre Branda: Le prix de la gloire. Napoléon et l'argent. Paris 2007; Jonathan Sperber: Property and Civil Society in South-Western Germany, 1820–1914. Oxford 2005.
7 Barbara Lüthi: Invading Bodies. Medizin und Immigration in den USA 1880–1920. Frankfurt a. M. 2009; Simon A. Cole: Suspect Identities. A History of Fingerprinting and Criminal Identification. Cambridge, Mass. 2002.

Nachweis der Staatsangehörigkeit des Ziellandes besaßen. Allerdings schloss dieser Blick – theoretisch – eine explizit politische Kategorie ein, nämlich »Anarchisten« und solche, die ihnen gleichgestellt wurden. Während vor der Erfahrung der Pariser Commune politischer Dissens mit der heimatlichen Regierung an sich nicht als Grund gesehen worden war, den Aufenthalt im Ausland zu beschneiden, änderte sich das teilweise gegen Ende des 19. Jahrhunderts. Trotzdem: Migrationskontrolle richtete sich weiterhin primär gegen Personen, deren ökonomischer Status prekär war, von denen eine medizinische Bedrohung auszugehen schien oder von denen eine unmittelbare politische Bedrohung des Staates, in dem sie sich aufhielten, zu befürchten war. Respektable Personen, die ökonomisch niemandem zur Last fielen, genossen dagegen weitgehende Aufenthalts-, Reise- und Niederlassungsfreiheit.

Daraus folgte, dass Unterschiede zwischen einem Grenzübertritt zum Zweck der Reise, des zeitlich befristeten Aufenthalts und der Zuwanderung verschwammen; eine Genehmigung zum Aufenthalt (oder dessen Duldung) schloss beispielsweise zugleich die Genehmigung der Arbeitsaufnahme oder der selbstständigen ökonomischen Betätigung ein. Davon gab es Ausnahmen, etwa den Zugang zu geschützten Bildungsberufen oder Monopolen, aber die Zahl dieser Ausnahmen ging im Zeitalter der Gewerbefreiheit und wirtschaftlichen Liberalisierung in der Tendenz zurück, um erst seit den 1880er Jahren wieder etwas anzusteigen. Unternehmerisch oder literarisch konnten alle fast überall tätig sein.

Das war die Situation, auf die John Maynard Keynes' Beschreibung des Zustands der Welt vor 1914 aus der Perspektive des Jahres 1919[8] ebenso rekurriert wie die Erinnerungen Stefan Zweigs[9]: Für Angehörige der oberen Schichten der Gesellschaft (vor allem dann, wenn sie aus Europa, Nord- oder Südamerika kamen) war bürokratisch barrierefreies Reisen ebenso möglich wie der reibungslose Transfer von Kapital.

Das schloss eine Reihe der Probleme, mit denen sich Exilanten nach dem Ersten Weltkrieg konfrontiert sahen, von vornherein aus. Personen, die in der Lage schienen, sich ihren Unterhalt zu verdienen, mussten kaum damit rechnen, an einem Grenzübertritt gehindert zu werden – und wenige gebildete Persönlichkeiten schienen nicht dazu in der Lage zu sein, ein Einkommen zu erwirtschaften, das höher war als das, was die öffentliche Unterstützung zu bieten hatte. Zwar stand in den meisten Ländern jeder Aufenthalt von Ortsfremden,

---

8 John Maynard Keynes: The Economic Consequences of the Peace. London 1920 u. ö., Kap. II: »Europe before the War«.
9 Stefan Zweig: Die Welt von gestern. Erinnerungen eines Europäers. London 1941 u. ö., bes. das Kap. »Über Europa hinaus«. Allerdings sieht Zweig weniger im Kriegsausbruch 1914 als im Aufstieg des Nationalsozialismus die entscheidende Zäsur, vgl. das Ende des Kapitels »Incipit Hitler« (S. 441 in der Ausgabe Stockholm 1946).

und insbesondere von Ausländern, unter dem Vorbehalt polizeilicher Genehmigung. Wurde diese versagt, so bestand aber meist die Option, die Grenze zu wählen, die man überschreiten wollte. Eine informelle Auslieferung an das Heimatland war somit ausgeschlossen; zudem implizierte die Regel, dass der ausweisende Staat gegebenenfalls »Papiere« bereitstellen würde, die, schon im Interesse, die Person wirklich loswerden zu können, möglichst neutral gehalten waren. Das implizierte freilich auch, dass es keinen spezifischen administrativen Status eines »Flüchtlings« oder »Exilanten« gab, der in besonderer Weise vor einer Ausweisung geschützt gewesen wäre; es gab nur Länder, in denen eine Ausweisung unwahrscheinlich oder ausgeschlossen war.[10] Sonderregeln für »Flüchtlinge« bezogen sich daher allenfalls – wie in den Regelungen der USA nach 1917 – auf Ausnahmen von bestimmten allgemeinen Anforderungen, in diesem Fall der Alphabetisierung, wenn Bildungsmangel auf politische oder religiöse Diskriminierung zurückging. Eine andere Möglichkeit war ein Anspruch auf besondere finanzielle Unterstützung, wie sie etwa die französische Julimonarchie Angehörigen der polnischen Exilarmee gewährte.[11] Anders gewendet: »Papiere« besaßen in den Exilgeschichten des 19. Jahrhunderts eine überschaubare und tendenziell sinkende Bedeutung.

II. Folgen des Ersten Weltkriegs

Das änderte sich mit dem Beginn des Ersten Weltkriegs dramatisch. Erstens gewann die Staatsangehörigkeit eine drastisch höhere Bedeutung, da sie nun eine Kategorisierung als »Freund«, »Feind« oder »Neutraler« zur Folge hatte, die – anders als in den meisten Kriegen des 19. Jahrhunderts[12] – auch für Zivilisten, die Angehörige kriegführender Staaten waren, unmittelbare Auswirkungen auf die Fähigkeit zu reisen, sich niederzulassen oder Geschäfte zu betreiben hatte.[13] Zwar bestanden gewisse Ausnahmen fort – etwa die Freilassung von

---

10 Vgl. Helena Tóth: An Exiled Generation. German and Hungarian Exiles of Revolution, 1848–1871. Cambridge 2014; Sabine Freitag (Hg.): Exiles from European Revolutions. Refugees in Mid-Victorian England. Oxford 2003; Herbert Reiter: Politisches Asyl im 19. Jahrhundert. Die deutschen politischen Flüchtlinge des Vormärz und der Revolution von 1848/49 in Europa und den USA. Berlin 1992.
11 Vgl. Gérard Noiriel: La tyrannie du national. Le droit d'asile en Europe (1793–1993). Paris 1991, S. 46–49.
12 Matthew Stibbe: British Civilian Internees in Germany. The Ruhleben Camp, 1914–1918. Manchester 2008; zu Ausweisungen und Praktiken bei vorangegangenen Kriegen Daniela L. Caglioti: Waging War on Civilians. The Expulsion of Aliens in the Franco-Prussian War. In: Past & Present 221 (2013), S. 161–195.
13 Exemplarisch Stefan Manz: Migranten und Internierte. Deutsche in Glasgow, 1864–1918. Stuttgart 2003.

Soldaten auf »Ehrenwort« –, aber in aller Regel wurden »feindliche« Ausländer aus dem öffentlichen Leben verdrängt.

Zweitens folgte aus der gestiegenen Bedeutung der Staatsangehörigkeit und der wachsenden Furcht vor Feinden, dass Identität und Staatsangehörigkeit nun durch Ausweise zu dokumentieren waren, die durch Lichtbilder (die in den ersten Kriegswochen häufig aus Familienporträts ausgeschnitten wurden) fälschungssicher(er) gemacht werden sollten. Das setzte für Angehörige aller Stände die Authentifizierung der eigenen Identität durch die eigene Regierung voraus, die zugleich zur Grundlage weiterer Leistungen wie Lebensmittel- und Kleidungsrationen wurde.

Drittens wuchs das Ausmaß der Intervention von Staaten in Arbeitsmärkte deutlich. Tendenzen in diese Richtung hatte es bereits im ausgehenden 19. Jahrhundert gegeben, als sich in zahlreichen Ländern der Schutz einheimischer Arbeitskräfte gegen ausländische Konkurrenz verstärkt hatte, etwa in Frankreich oder durch die Regelungen der USA gegen »contract labor«, d. h. gegen den »Import« von Arbeitskräften, die bereits im Ausland Verpflichtungen gegenüber inländischen Arbeitgebern eingegangen waren – was es Arbeitgebern möglich gemacht hätte, den Einfluss von Gewerkschaften zu begrenzen, indem sie im Ausland Streikbrecher anheuerten. Im Ersten Weltkrieg kamen detaillierte Bestimmungen hinzu, die gerade für Ausländer Arbeitsmöglichkeiten oder Arbeitsverpflichtungen in bestimmten Sektoren oder bei bestimmten Arbeitgebern regelten und damit die Arbeitserlaubnis als zusätzliches, von der Aufenthaltsgenehmigung getrenntes Dokument etablierten.[14]

Viertens führte der Erste Weltkrieg bereits in seinem Verlauf, noch mehr aber in seinen Folgen zu einer Ethnisierung der Vorstellung politischer Zugehörigkeit. Dadurch veränderte sich die Definition von Staatsangehörigkeit teilweise bereits während des Krieges, vor allem aber nach dessen Ende. Regeln über Erwerb und Verlust von Staatsangehörigkeit wurden zunehmend durch die Kategorie der »Nationalität« bestimmt, unter der die Zugehörigkeit zu einer durch kulturelle Affinität und Zuordnung zu einer Abstammungsgemeinschaft bestimmten Gruppe verstanden wurde. Diese schien – in der Formulierung der Pariser Vorortverträge – »par la race et par la langue« objektiv erkennbar und lieferte zugleich Hinweise darauf, welchen (National-)Staaten die betreffenden Personen näher oder ferner standen.[15] Auch diese Entwicklung schloss an ältere Tendenzen an, etwa die Massenausweisungen von Menschen polnischer Nationalität (und nicht-preußischer Staatsangehörigkeit) aus

---

14 Gérard Noiriel: Les origines républicaines de Vichy. Paris 1999.
15 Hannelore Burger: Heimatrecht und Staatsbürgerschaft österreichischer Juden vom Ende des 18. Jahrhunderts bis in die Gegenwart. Wien 2014, S. 130–140; Matthew Frank: Making Minorities History. Population Transfer in Twentieth-Century Europe. Oxford 2017.

Preußen nach 1885,[16] die Migrationspolitik des Zarenreichs, die bemüht war, die Auswanderung von Nicht-Russen zu fördern, jene von Personen russischer Nationalität aber zu behindern,[17] schließlich die Diskussionen über die Bedeutung ethnischer Zugehörigkeit für die Zulassung von Einwanderern in die USA, die bereits vor dem Krieg in den Regelungen zum Ausschluss chinesischer Zuwanderer mündeten und dann die Zielsetzung der Quotenregelungen der 1920er Jahre bestimmten. Während diese Tendenzen aber vor 1914 umstritten waren und nur selektiv umgesetzt wurden, stellten sie in der Zwischenkriegszeit die dominierende Tendenz dar. Ein Nebeneffekt der Ethnisierung von Zugehörigkeitsvorstellungen und der starken Unterscheidung zwischen Freunden und Feinden waren erste, allerdings recht begrenzte Schritte hin zur Aufhebung der Ein- und Ausbürgerung durch Eheschließung, da diese dazu führen konnte, dass einheimische Frauen durch die Ehe mit einem ›feindlichen‹ Ausländer, der das Land vielleicht schon vor längerer Zeit verlassen hatte, im Inland zu Ausländern wurden. Über den Versuch, solche Konstellationen zu entschärfen, gingen die Reformen des Staatsangehörigkeitsrechts für verheiratete Frauen allerdings kaum hinaus.[18]

Fünftens bedeutete die Aufgabe des Edelmetallstandards für Währungen in Verbindung mit der raschen Wertveränderung von Papiergeld Konvertibilitätsbeschränkungen für Devisen und den intensiveren Zugriff des Staates auf Vermögen. Das machte es selbst unter ›normalen‹ Bedingungen schwieriger, den eigenen Besitz ins Ausland zu transferieren, und bedeutete für alle Emigranten, dass sich die bürokratischen Hürden für einen Grenzübertritt ganz allgemein erheblich steigerten. Politische Dissidenten, die wenig oder gar nicht auf die Unterstützung heimatlicher Behörden beim Umtausch von Devisen oder bei der Beschaffung von Dokumenten zählen konnten, waren aber besonders betroffen. Das lag daran, dass die bürokratische Abhängigkeit vom Heimatland zunahm, da fortan nur dieses gültige Papiere ausstellen konnte. Damit entstand für Personen, die von ihrem Heimatland nicht mehr als Staatsangehörige anerkannt wurden, eine Lücke im System der bürokratischen Identitätsfeststellung, die zugleich die Grundlage der Möglichkeit ›legalen‹ grenzüberschreitenden Reisens bildete. Diese Lücke wurde erst unter dem Eindruck der Massenausbürgerungen durch die Sowjetunion geschlossen. Die sogenannten »Nansen-Pässe« lösten aber fast ausschließlich das Problem der Identitätsfeststellung; sie sicherten den Inhabern von Nansen-Pässen gegenüber dritten Staaten keine weitergehenden Privilegien. Zudem bestand die Möglichkeit, ein Ersatzdokument für den Pass eines Heimatstaates zu erhalten, in der Zwischenkriegszeit

---

16 Matthew P. Fitzpatrick: Purging the Empire. Mass Expulsions in Germany, 1871–1914. Oxford 2015.
17 Lohr: Russian Citizenship (s. Anm. 2).
18 Gosewinkel: Schutz (s. Anm. 2), S. 187–193.

nur für Angehörige größerer Gruppen, deren politische Verfolgung international anerkannt und verurteilt wurde: für Exilanten aus der Sowjetunion, für Armenier und später für Exilanten des »Dritten Reichs«.[19] Für andere Fälle politischen Exils, etwa für aus den USA ausgewiesene, dadurch gegebenenfalls auch staatenlos gewordene »Anarchisten« oder »Kommunisten«,[20] hielten sie ebenso wenig Lösungen bereit wie für Personen, die bei der Verteilung der Bevölkerung auf die Nachfolgestaaten der Habsburgermonarchie staatenlos geworden waren, weil sie beispielsweise Optionstermine versäumten, sich weder im Staat ihrer Geburt noch ihrer ethnischen Zugehörigkeit aufhielten oder feststellen mussten, dass ihre Anträge so dilatorisch behandelt wurden, dass die entscheidenden Fristen verstrichen.

Entsprechend nahm die Bedeutung der Sorge über den Erhalt und die Verlängerung von Reise-, Aufenthalts- und Arbeitspapieren, die Furcht vor Schikane durch die Behörden des Ziel- und Herkunftslandes und der Umgang mit plötzlichen Politikwechseln, die die Position von Zugewanderten rasch verschlechtern konnten, in Berichten über grenzüberschreitende Wanderungen zu – was zugleich sichtbar machte, dass sie nun auch Personengruppen betraf, die vor 1914 solche Sorgen kaum gekannt hatten.

Probleme konnten sich auch aus Korruption aufseiten der in einem allgemein schwierigen ökonomischen Umfeld mit einer neuartigen Machtfülle ausgestatteten Beamten von Ausländerbehörden ergeben. Umgekehrt besaßen Beamte auch Freiräume, gegebenenfalls großzügig zu agieren. Zudem hielten sich auch in der Zwischenkriegszeit Reste einer sozialen Hierarchisierung bei der Interaktion zwischen Individuen und Behörden, von denen (auch) Literaten profitieren konnten. In aller Regel handelte es sich bei Entscheidungen im Zusammenhang mit Ausweispapieren, Visa und Aufenthalts- sowie Arbeitsgenehmigungen um Ermessensentscheidungen, die weder von Gerichten noch von Vorgesetzten intensiver kontrolliert werden konnten, sondern sich an allgemeinen politischen Direktiven, individuellen Präferenzen von Beamten, vor allem aber an den – im Einzelnen oft nur schwer zu rekonstruierenden – Traditionen bürokratischer Praxis vor Ort orientierten. Entsprechend fanden sich in einem Meer von Restriktionen Inseln der Großzügigkeit, etwa in der Ausgabe von Pässen der Republik Haiti an Musiker wie Vladimir Horowitz oder Nathan Milstein,[21] in einzelnen Konsulaten oder auf den Fluren einzelner Ausländerbehörden. Zudem blieben die meisten Grenzen insofern offen, als sie weder durch Bauwerke abgeriegelt waren noch für Tourismus, Arbeitsmigration, grenzüber-

---

19 Martin Lloyd: The Passport. The History of Man's Most Travelled Document. Stroud 2003, S. 131–135.
20 Patrick Weil: The Sovereign Citizen. Denaturalization and the Origins of the American Republic. Philadelphia 2012, Kap. 4–6.
21 Gregor Piatigorski: Mein Cello und ich und unsere Begegnungen. München 2003, S. 108 f.

schreitenden Handel oder andere Reisen hermetisch geschlossen bleiben sollten.[22] Aus diesem Grund blieb es vielfach möglich, im Ausland Stellen zu suchen und zu finden, um sich in politische Sicherheit zu bringen, wenn die Reisekosten aufgebracht werden konnten und das Ziel so gewählt wurde, dass das Risiko einer Zurück- oder Ausweisung gering war. Allerdings wurde die Zahl solcher Ziele nach der Weltwirtschaftskrise in den 1930er Jahren erheblich geringer.

Trotzdem bestanden für Personen aus den »höheren Ständen« – zu denen Bildungsbürger in der Regel weiterhin gerechnet wurden – Erleichterungen bezüglich der Pass- und Visumspflicht sowie des Umgangs mit Behörden fort, etwa in den Passbestimmungen der Weimarer Republik.[23] Für sehr prominente Persönlichkeiten formierten sich Unterstützungsnetzwerke, die unter Umständen in Einzelfällen eine rasche Einbürgerung erreichen konnten. Freiberufliche Tätigkeit wie das Publizieren von Manuskripten wurde vielfach nicht von Einschränkungen erfasst, die abhängige Beschäftigungsverhältnisse von Ausländern begrenzen sollten – von diesen waren Schauspieler und Musiker weit intensiver betroffen. Die Kontrolldichte in den ersten Klassen von Schiffen und Bahnen blieb weiterhin geringer, und dort war es wesentlich einfacher, zu argumentieren, dass man nur eine Reise und keine Übersiedelung plante, die möglicherweise weitere Genehmigungen erfordert hätte, über die man nicht verfügte. In den weiteren Beiträgen dieses Bandes[24] finden sich Beispiele für solche Konstellationen ebenso wie für die Zurückweisung an Grenzen und für aussichtslose Situationen, zumal dann, wenn es schwieriger wurde, den sozialen Status, den man eigentlich besaß, durch Vermögen, auf das man keinen Zugriff mehr hatte, zu untermauern. Dann blieb oft nur noch das Vertrauen auf Lücken im Kontrollsystem wie die Flucht über unbewachte Grenzen in Verbindung mit der Hoffnung, einer Rückführung in das Land der eigenen Staatsangehörigkeit entgehen zu können.

III. Perspektiven

Die weitere Entwicklung des Umgangs mit Flucht und Exil nach dem Zweiten Weltkrieg war durch Kontinuitäten und Diskontinuitäten gekennzeichnet. Die Kontrolldichte des Grenzübergangs, die Regulierung von Arbeitsmärkten und von Aufenthalt blieben zumindest in weiten Teilen der Welt erhalten, wobei die

---

22 Sabine Dullin: L'entre-voisins en période de transition étatique (1917–1924). In: Annales. Histoire, Sciences Sociales 69 (2014), S. 383–341.
23 Johannes Krause: Das deutsche Paßrecht. Nach dem Stande vom 1. Januar 1925. Berlin 1925, S. 29.
24 Vgl. v. a. die Beiträge von Doerte Bischoff und Viola Alianov-Rautenberg in diesem Band.

Fähigkeit von Staaten zur Durchsetzung solcher Regeln bei allen Lücken in der Tendenz zunahm – etwa durch den Übergang von zentralisierten Karteien zu Datenbanken, die auch dezentral konsultiert werden können. Auch der Status anerkannter Flüchtlinge verbesserte sich etwas, indem zu der Schließung der bürokratischen Identifizierungslücke für Exilanten auch die (Selbst-)Verpflichtung von Staaten gegenüber anerkannten Flüchtlingen auf der Grundlage internationaler Vereinbarungen trat – die allerdings weiterhin in der Regel keine internationale Reisefreiheit umfasst. Das änderte freilich wenig daran, dass auch unter den Bedingungen des 20. Jahrhunderts Exil unter dem Deckmantel der Arbeitsmigration stattfinden konnte – etwa aus dem Franco-Regime. Es änderte auch nichts daran, dass sich die Bestimmungen des Völkerrechts in Bezug auf den Umgang mit Geflüchteten an sich auf wenig mehr erstrecken als auf die Verpflichtung des »non-refoulement« (Nicht-Zurückweisung in den Heimatstaat). Zudem ist das Überschreiten von Grenzen schwieriger geworden, da zur Abwehr ökonomischer wie politisch oder aus weiteren Gründen motivierter Migration physische Barrieren in wachsender Zahl und Ausdehnung errichtet werden, die Territorien nicht zuletzt davor schützen sollen, dass Menschen in ihnen rechtliche Ansprüche formulieren, die ihnen außerhalb des Territoriums nicht zustehen. Das eröffnet einerseits neue Zugangsmöglichkeiten, wenn es beispielsweise gelingt, auf Umwegen oder durch das Überwinden von Barrieren ein solches Territorium zu erreichen oder – wie jüngst im Fall der Migration von Haitianerinnen und Haitianern von den USA nach Kanada über einen »unbewachten« Grenzübergang – Lücken im Regelwerk zu entdecken; in diesem Fall können an der »grünen Grenze« Anträge auf ein zweites Asylverfahren gestellt werden, die an einem bewachten Grenzübergang nicht möglich sind.[25] Allerdings haben sich die Spielräume dabei verschoben: Wie etwa Navid Kermani hervorgehoben hat,[26] sind es nun weniger Fragen des sozialen Status oder des Bildungshintergrunds, die Spielräume eröffnen können, sondern weiterhin des Vermögens und nicht zuletzt die physische Fähigkeit, lange Märsche zu überstehen und Barrieren zu überwinden.

---

25 Dan Bilefsky: Migrants fleeing to Canada learn even a liberal nation has limits, unter: https://www.nytimes.com/2018/01/13/world/canada/quebec-immigrants-haitians.html [abgerufen: 25.6.2018].
26 Navid Kermani: Ausnahmezustand. Reisen in eine beunruhigte Welt. München 2013.

Claus-Dieter Krohn

Bürgerrechte, Flüchtlinge, Staatenlosigkeit und Asyl in Europa und den Vereinigten Staaten von Amerika

I. Personenrechte im alten Europa

Einen rechtlich kodifizierten Bürgerstatus – durch geschriebenes Gesetz oder aus Gewohnheit – hat es in den Gesellschaften seit der hellenischen Polis oder im Rahmen des römischen *Corpus Iuris Civilis* in verschiedenen Varianten immer gegeben. Ursprünglich bedeutete er die Rückkehrgarantie der eigenen Mitglieder nach Verlassen des eigenen Territoriums. Gebunden war dieses Recht allerdings an gewisse Eigenschaften oder an soziale Funktionen, etwa Kaufleute oder häufiger Soldaten. Solche Privilegierung verdichtet sich in der mittelalterlichen Feudalordnung insbesondere des Frankenreiches und des Heiligen Römischen Reiches Deutscher Nation, die aus den römischen Traditionen hervorgegangen sind, aber auch in England.

Diese Prinzipien änderten sich fundamental mit den neuen Verwaltungs- und Merkantilstaaten, die nach den verheerenden Verwüstungen des Dreißigjährigen Krieges mit ihren absolutistischen Herrschaftstechniken die Macht des Adels als bisherigen Träger der Landesherrschaften brachen und die gesamte Bevölkerung etwa durch ein neuartiges Steuersystem zum Wiederaufbau mit heranzogen. Das setzte freie Bürger voraus, was zur Abschaffung der Leibeigenschaft führte. Weiter beschleunigt wurden die gesellschaftlichen Umbrüche durch die gewaltige Zunahme und Internationalisierung des Handels nach der Entdeckung Amerikas und der Neuerschließung der Seewege nach Ostasien. Die Handelsprofite, insbesondere auch die aus dem expandierenden Sklavenhandel in die zu Kolonien der europäischen Staaten werdenden Teile der Welt schufen die Voraussetzung für die Industrielle Revolution und damit zur Herausbildung der modernen bürgerlichen Gesellschaft, deren zentrale Grundlage die Volkssouveränität und rationale gesellschaftliche Organisation waren.

In der französischen Revolutionsverfassung von 1791 wurden erstmals moderne Staatsbürgerschaften kodifiziert, die nicht mehr allein von der Herkunft, sondern von der republikanischen Bürgerschaft als offenem Personenverband bestimmt wurden. Das heißt, der Staatsbürgerbegriff beruhte nicht mehr auf der Tradition des Abstammungsprinzips, dem *ius sanguinis* nach dem antiken römischen Recht, sondern auf dem *ius soli* beziehungsweise dem *ius domicilii*, dem ebenfalls schon in der Antike praktizierten Recht, das das Territorialprinzip und den Wohnort zum Maßstab erklärt und so die Einbürgerung von Bürgern anderer Länder ermöglicht. Bezogen auf die Zugehörigkeit meinte das zunächst nur das allgemeine Versprechen auf Freiheit und Schutz der Bürger, die Staatsangehörigkeit als eng gefasste Voraussetzung für den Zugang zu landesspezifischen Rechten entwickelte sich erst im 20. Jahrhundert.[1]

Nach der Französischen Revolution ebenfalls vorangetrieben wurde das Passwesen, als der Adel das Land heimlich zu verlassen gesucht hatte. Pässe waren staatliche Hoheitspapiere, die das Passieren der Grenzen erlaubten und wie bereits in der Antike vor allem bei der Ausreise die Rückkehr in das eigene Herkunftsgebiet garantierten. Bis zum Beginn des Ersten Weltkriegs gab es allerdings weder markierte Grenzen noch Kontrollen, zumal Zuwachs der Bevölkerung durch Migration von den Staaten wegen des wachsenden Arbeitskräftebedarfs im industriellen Take-off nicht ungern gesehen wurden – und auch die Überprüfungen der Papiere ohne biometrische Eigenschaften nur von geringer Reichweite waren.

Denn die seit dem 18. Jahrhundert entstandenen Nationalstaaten, vorzugsweise in Europa sowie – durch das koloniale Erbe in den Amerikas – in den USA und Lateinamerika, waren keine geschlossenen, auf Abgrenzung ausgerichteten Verbände, sondern hatten gemeinsame Wurzeln. Trotz der wachsenden imperialistischen Mächterivalitäten im 19. Jahrhundert gab es einen vielfachen Austausch. Fremdheit war überwiegend auf ökonomische Konkurrenz oder angesichts der gemeinsamen kulturellen Traditionen in Europa auf unterschiedliche Sprachformen und Religionen beschränkt; Bevölkerungswanderungen verliefen daher relativ geräuschlos und waren, wie gesagt, erwünscht. Man denke nur an die Preußische »Peuplierungspolitik« seit dem Großen Kurfürsten im Rahmen des erwähnten Staatsaufbaus nach dem Dreißigjährigen Krieg, die zunächst zahlreiche protestantische Holländer zu Einwanderern machte, ehe ein großer Teil der mehr als eine Viertelmillion nach Europa und Amerika geflohenen französischen Glaubensbrüder, der Hugenotten, seit Ende des 17. Jahrhunderts nach Berlin-Brandenburg kamen. Gesamteuropäisch waren im 19. Jahrhundert ebenfalls die polnische Arbeitsmigration, etwa ins Ruhrgebiet (»Ruhrpolen«) und andere westeuropäische Industriezentren, dann die politischen Flüchtlinge nach den Revolutionen des Vormärz und der Jahre 1848/49. Zu Letzteren zählten im Vergleich zum 20. Jahrhundert nur kleine Gruppen, so etwa 5.000 Polen nach dem gescheiterten Aufstand 1830 gegen die zaristische Besatzung oder 12.000 nach den Aufständen 1848/49 in Deutschland, Italien und Ungarn. Sie zogen vorzugsweise nach Frankreich, England und in die USA, die Länder erfolgreicher bürgerlicher Revolutionen mit entsprechend liberaler politischer Kultur, aber auch in die Schweiz. Auf die

---

1 Dieter Gosewinkel: Schutz und Freiheit? Staatsbürgerschaft in Europa im 20. und 21. Jahrhundert. Frankfurt a. M. 2016, S. 14 ff.

nach 1880 beginnende Massenmigration der »Ostjuden« aus den russischen Rayon-Gebieten infolge zunehmender sozialer Krisen, politischer Erhebungen (Attentat auf Zar Alexander II. 1881) und damit verbundener Pogrome – bis zum Beginn des Ersten Weltkrieges zogen rund 2,5 Millionen Menschen in Richtung Westen – wurde in den europäischen Ländern zwar mit Abwehr reagiert, zu ernsthafteren Spannungen kam es allerdings nicht, weil die meisten weiter in die USA wanderten.[2]

Das von politischen Flüchtlingen genossene Asyl knüpfte ebenfalls an antike Traditionen an, nach denen die Orte der Götter und Tempel Schutzräume vor Verfolgung boten, später übernahmen die christlichen Kirchen diese Funktion, ehe das Asylrecht seit dem 18. Jahrhundert zur Hoheitsaufgabe der neuen säkularen Verwaltungsstaaten wurde. Die französische Revolutionsverfassung schrieb erstmalig dieses bis dahin ungeschriebene universale Recht fest mit der Erklärung, dass das französische Volk »allen um der Freiheit willen aus ihrem Vaterlande vertriebenen Ausländern Asyl gewährt«.[3] Allerdings garantierte der Asylschutz im Unterschied zu den Bestimmungen in Deutschland heute nur die Nichtauslieferung an einen anderen Staat, nicht aber ein individuelles Einreise- oder Aufenthaltsrecht wie bei den Einheimischen. In der Wanderungspraxis spielte das Asylrecht bis zum Ersten Weltkrieg allerdings keine Rolle, da Grenzen ja frei überquert werden konnten.

II. Der Erste Weltkrieg als Zivilisationsschock

Offene Brüche in der ökonomisch und sozial vergleichsweise ähnlich verlaufenden Staatenentwicklung Westeuropas und den USA begannen in den 1870er Jahren mit der ersten großen Weltwirtschaftskrise, die schlagartig die Anfälligkeit des ungebändigten neuen Industriekapitalismus deutlich machte. Auf der Suche nach den Ursachen für diese bisher unbekannten makrogesellschaftlichen Verwerfungen begannen die innerstaatlichen Feinderklärungen; die »Anderen« und »Fremden« wurden plötzlich zu Schuldigen und zu Sündenböcken. Die Abwehr der sogenannten »Reichsfeinde« – neben Juden, nationalen Minderheiten, Sozialisten, auch Katholiken und Liberale – wurde nicht nur zum kollektiven Konsens des Bismarck-Staates, der die bisher offenen Einwanderungspraktiken seit den 1870er Jahren mehr und mehr in nationale

---

2 Vgl. u. a. Herbert Reiter: Politisches Asyl im 19. Jahrhundert. Die deutschen politischen Flüchtlinge des Vormärz und der Revolution von 1848/49 in Europa und den USA. Berlin 1992, S. 56 passim; Michael Marrus: Die Unerwünschten. The Unwanted. Europäische Flüchtlinge im 20. Jahrhundert. Aus dem Englischen von Georg Deckert. Berlin u. a. 1999, S. 35 ff.

3 Zitiert bei Gérard Noiriel: Die Tyrannei des Nationalen. Sozialgeschichte des Asylrechts in Europa. Aus dem Französischen von Jutta Lossos und Rolf Johannes. Lüneburg 1994, S. 14.

Abwehrhaltungen transformierte. Selbst das bis dahin so liberale Großbritannien mit seiner großzügigen Einwanderungspolitik aus der viktorianischen Zeit schuf mit dem *Aliens Act* von 1905 Einreisebeschränkungen, die sich vorderhand gegen Juden aus Osteuropa richteten, aber auch für andere Gruppen soziale Vorbehaltsgrenzen aufbauen konnten.[4] Gleiche Bestimmungen begrenzten bereits in den 1880er Jahren auch die bisher freie Immigration in den USA (s. unten).

Nach außen hin gipfelte die Krise in immer aggressiveren Rivalitäten der international um Absatzmärkte kämpfenden Industrieländer. Von den Imperialismus-Theoretikern ist dieser Prozess als »Sozialimperialismus« bezeichnet worden, das heißt Ablenkung innergesellschaftlicher Konflikte auf äußere Spannungen in der Hoffnung auf staatsbürgerlichen Loyalitätsgewinn.[5] Der Erste Weltkrieg steht für die endgültige Zuspitzung dieser Entwicklung; er veränderte die territoriale Landkarte, die bisherige Gesellschafts- und Staatenkoexistenz sowie den Zivilstatus der einzelnen Bürger mit ihren Rechten.

Dazu gehörten die Errichtung systematischer Grenzkontrollen sowie die Durchsetzung eines lückenlosen Passwesens, die nicht nur Ausländer betrafen, sondern auch eigene Staatsangehörige, um sie zu erfassen und von den Ausländern unterscheiden zu können. Eingeführt zuerst aus militärischen und sicherheitspolitischen Gründen, wurden sie nach dem Krieg als zivile Kontrollsysteme beibehalten, wodurch zum einen die vor 1914 offen gewesenen Grenzen ihren Ausschließungscharakter bekamen und zum anderen die nationale Loyalität der eigenen Bürger befördert werden sollte.[6]

Vor allem aber wurden die Zugehörigkeitsnormen fortan ethnisiert.[7] Literarisch gedeutet ist das etwa in Henry William Katz' Exil-Roman von 1938 *Die Fischmanns*, der eindrucksstark die Geschichte einer jüdischen Familie aus dem österreichischen Kronland Galizien, deren Flucht vor den Russen im Krieg nach Wien und dann weiter nach Deutschland schildert. Bei der Ankunft in Wien hieß es noch: »›Es sind Österreicher, brave Landsleute, die Zuflucht vor

---

4 Siehe Waltraud Strickhausen: Art. »Großbritannien«. In: Handbuch der deutschsprachigen Emigration 1933–1945. Hg. v. Claus-Dieter Krohn u. a. Darmstadt 1998, Sp. 251–270.
5 Vgl. dazu den Sammelband mit historiografischen Schlüsselbeiträgen: Imperialismus. Hg. v. Hans-Ulrich Wehler. Köln, Berlin 1970.
6 John Hope Simpson: The Refugee Problem. Report of a Survey. London, New York, Toronto 1939, S. 271 ff.; Gosewinkel: Schutz und Freiheit? (s. Anm. 1), S. 253 ff. Vgl. auch den Beitrag von Andreas Fahrmeir in diesem Band.
7 In den aus den zerfallenen Monarchien hervorgegangenen Staaten Ostmitteleuropas hatten die ethnisch konturierten Loyalitätskonstrukte zugleich eine soziale Dimension, da die verbreiteten Landreformen nach 1918, adressiert an die überwiegend ländliche Bevölkerung, auf Kosten der entschädigungslos enteigneten meist deutschen oder russischen Großgrundbesitzer umgesetzt wurden.

den Russen suchen ...‹ Zwölf Monate später waren aus den Landsleuten ›verdammte Galizier‹ geworden.«[8]

In Deutschland mussten das Staatsangehörigkeitsrecht (gefasst im gleichlautenden Gesetz vom Juli 1913) und seine Praxis nicht geändert werden, da hier die Abstammung, das *ius sanguinis*, schon für die nötigen Restriktionen sorgte. In Frankreich und England aber, den Staaten des klassischen Territorialprinzips nach dem *ius soli*, gestalteten sich diese Rechte fortan widersprüchlicher zwischen den überkommenen liberalen Traditionen und den neuen Modifikationen und Einschränkungen.[9] In Frankreich herrschte nach dem Staatsangehörigkeitsgesetz von 1927 das Abstammungsrecht und das Territorialprinzip in vielfacher gegenseitiger Ergänzung, da angesichts der hohen Kriegsverluste in den 1920er/1930er Jahren die Zuwanderung und Naturalisation vom Staat gezielt gefördert wurde; eingebürgert werden konnte man bereits nach dreijährigem Aufenthalt. Während hier die Zahl der Ausländer um das Dreifache stieg, blieb sie in England im Vergleich zur Vorkriegszeit konstant. Denn dort wurden bei Kriegsende nach dem bereits genannten *Aliens Act* von 1905 die Aufnahmebereitschaft von Fremden durch den *Aliens Restriction Act* von 1919 und eine *Aliens Order* von 1920 noch weiter erschwert. Künftig konnten die Einwanderungsbeamten nach eigenem Gutdünken Zuwanderer ohne Berufungsmöglichkeiten abweisen, wovon ab 1933 von den Flüchtlingen aus Nazi-Deutschland jährlich mehrere hundert Personen betroffen wurden.[10]

Misstrauen, Abgrenzung, Ausschließung sowie Feindschaften nach außen und im Innern sollten künftig die neue europäische und transatlantische Ordnung bestimmen. Sie konnten auch durch den auf der Versailler Friedenskonferenz gegründeten Völkerbund nicht neutralisiert werden. Außerdem formierten sich in den bisher rivalisierenden Monarchien Russland und Deutschland nach der Oktoberrevolution und dem gescheiterten demokratischen Aufbruch der Weimarer Republik autoritäre und totalitäre Einparteienstaaten, die abweichende Auffassungen brutal unterdrückten. Ähnliches geschah in anderen Staaten wie etwa dem zerfallenen Osmanischen Reich, dessen verlorene Territorien schon seit Ende des 19. Jahrhunderts zu zwangsweisen Massenmigrationen führten, sodann in Italien, Spanien oder verschiedenen neuen Staaten, die wie etwa

---

8 H[enry] W[illiam] Katz: Die Fischmanns. Roman. Amsterdam 1938, S. 247. Auch die während des Krieges praktizierten Internierungen und Ausweisungen feindlicher Ausländer werden am Beispiel Deutschlands von Katz in einem weiteren Roman thematisiert: H. W. Katz: No. 21 Castle Street. New York 1940, hier zit. nach der britischen Ausgabe 1942, S. 9. Das deutschsprachige Original erschien unter dem Titel *Schloßgasse 21. In einer kleinen deutschen Stadt* 1986 in der Fischer-Taschenbuchreihe »Verboten und verbrannt/Exil«.
9 Hugo Emmerich und John Rothschild: Die Rechtslage deutscher Staatsangehöriger im Ausland. Haarlem 1937, S. 290 ff.
10 Art. »Großbritannien«. In: Handbuch der deutschsprachigen Emigration (s. Anm. 4), Sp. 251.

Ungarn aus der bisherigen Habsburger Monarchie hervorgegangen waren. Zur Signatur dieser Entwicklung gehörte fortan die Vertreibung und Massenflucht der innerstaatlichen Gegner.

Als Variante der im Krieg begonnenen Ausbürgerungspraxis entzog 1921 der Rat der Volksbeauftragten in Russland jenen Flüchtlingen die Staatsbürgerschaft, die es ablehnten, sich, wie der Bürgerkrieg 1918–1920 zeigt, der sowjetischen Herrschaft zu unterwerfen; 1926 führte Italien ähnliche Repressionen gegen seine Antifaschisten ein. Mit der Ausbürgerung der Russen wurde der Rechtsstatus des staatenlosen Flüchtlings zu einer neuen Kategorie, für die der Völkerbund eigens ein Hochkommissariat einrichtete. Dessen Leitung übernahm der norwegische Polarforscher Fridtjof Nansen, der ursprünglich für die Rückführung der russischen Kriegsgefangenen verantwortlich sein sollte, dann aber nach deren Scheitern mehr und mehr für die Betreuung der staatenlosen Flüchtlinge zuständig wurde. Sie erhielten einen neu geschaffenen, nach ihm benannten »Nansen-Pass«, der zum grenzüberschreitenden Reiseverkehr berechtigte. Die Umstände dokumentierten, dass das Flüchtlingsproblem zunächst als reine Kriegsfolge angesehen wurde.[11]

III. Die USA als klassisches Einwanderungsland

Angesichts der undurchsichtigen, widersprüchlichen und kontrafaktischen Staatsbürger-, Grenz-, Regelungs- und Repressionssysteme in Europa sowie vor dem Hintergrund der dort zusammengebrochenen Großreiche und der Entstehung zahlreicher neuer Staaten mit diversen Minderheitenkonflikten erscheinen die USA als einziges Einwanderungsland, dessen Immigrationsbestimmungen von relativ klaren Mustern, Zielen und Prinzipien bestimmt wurden. Die traditionellen europäischen Immigrationsstaaten Frankreich und England hatten zunehmende Einschränkungen aufgebaut, ehe weitere Länder wie die Schweiz und Schweden beispielsweise Mitte der 1930er Jahre mit der Einführung des »J«-Stempels in den Pässen deutscher Juden noch ganz andere Diskriminierungen durchzusetzen begannen. Nach Beginn des Zweiten Weltkriegs reagierten Frankreich und England wie schon im Ersten Weltkrieg mit der Internierung der Ausländer inklusive der Flüchtlinge, die dort nach 1933 Schutz gesucht hatten. In Frankreich folgte sogar ihre Auslieferung an Deutschland nach dem berüchtigten Artikel 19 des Waffenstillstandsvertrages vom 22. Juni

---

11 Neben den Russen erhielten auch Armenier den Nansen-Pass, er wurde 1935 auf die Flüchtlinge aus dem Saargebiet und 1938 aus Österreich ausgedehnt, während für die Flüchtlinge aus Italien und nach 1933 aus Deutschland durch Sonderverabredungen des Hohen Kommissars mit den europäischen Staaten deren abgelaufene oder ungültige Papiere anerkannt wurden. Dazu Paul Frings: Das internationale Flüchtlingsproblem 1919–1950. Frankfurt a. M. 1951, S. 23.

1940. Und die Sowjetunion, in deren Verfassungen von 1918 und 1936 der Asylschutz ausdrücklich festgelegt worden war, ließ nicht einmal die deutschen Kommunisten ohne Weiteres ins Land; es bedurfte ihrer »Bewerbung« um Aufnahme. Von denen, die es ins Land geschafft hatten, wurden mehr als die Hälfte ihrer Funktionäre und damit mehr als unter dem Terror des Hitler-Staats Opfer der Stalin'schen Säuberungen nach 1936. Skrupellos wurden sogar diejenigen, die nicht mehr der Parteilinie entsprachen, nach dem Hitler-Stalin-Pakt vom August 1939 »repatriiert«, das heißt an die Gestapo ausgeliefert, insgesamt mehr als 4.000 Personen.[12]

In den USA sind nach dem Ersten Weltkrieg ebenfalls gravierende Einschränkungen der Immigration vorgenommen worden. Herausragend ist, dass die Geltung des Territorialprinzips nie infrage stand und dass die amerikanische Einwanderungspolitik keine ethnischen Zuschreibungen, jedenfalls nicht direkt, und auch keine Flüchtlinge kannte. Die Einwanderung bemaß sich nach der Länderherkunft und ihnen zugeordneten zahlenmäßig festgelegten Quoten. Sie gaben dem System vergleichsweise ein Höchstmaß an Transparenz und Rationalität und ließen den seit den 1920er Jahren mit dem Thema verbundenen Moralisierungen und Emotionalisierungen nur wenig Raum. Dazu trug wesentlich bei, dass der Staat nur die – von eigenen gesellschaftspolitischen Interessen geleiteten – Migrationsbedingungen definierte, für die Integration und im Fall von Bedürftigkeit und Hilfe der Zuwanderer aber die private Philanthropie zuständig war.

Mit der Quotenregelung war die Einführung der Visumspflicht verbunden, die die Zulassungsformalitäten außerhalb der eigenen Grenzen zu den amerikanischen Konsulaten vorverlegte. Bedingung der Visumserteilung war der Nachweis hinreichender Mittel der Immigranten zur eigenen Subsistenzsicherung, die dann in der Krise nach 1929 besonders wichtig wurden. Wenn sie diesen Nachweis nicht beibringen konnten, mussten sie einen amerikanischen Bürgen finden, der mit einem sogenannten *affidavit of support* garantierte, im Notfall für sie zu sorgen. Dafür boten sich vor allem in den USA lebende Verwandte an. Vielfach verbreitet war daher die Suche von Immigranten, besonders auch der Flüchtlinge in den 1930er Jahren, nach gleichen Namensträgern in amerikanischen Telefonbüchern, die man in der Hoffnung auf solche familialen Verbindungen anschreiben konnte. Die Eltern des prominenten amerikanischen Historikers Peter Gay, 1923 als Peter Fröhlich in Berlin geboren, machten beispielsweise solche Versuche zur Vorbereitung ihrer Flucht im Frühjahr 1939.[13]

---

12 Hermann Weber: »Weiße Flecken« in der Geschichte. Die KPD-Opfer der Stalinschen Säuberungen und ihre Rehabilitierung. Frankfurt a. M. 1989, S. 16 ff.
13 Peter Gay: Meine deutsche Frage. Jugend in Berlin 1933–1939. Aus dem Amerikanischen von Ulrich Enderwitz, Monika Noll und Rolf Schubert. München 2000, S. 156, 161. Dazu auch

Das Bürgschaftssystem ging auf die sogenannte LPC-Klausel (»likely to become a public charge«) zurück, eine der wenigen frühen Einschränkungen des *Immigration Act* von 1882, die zusammen mit dem Einreiseverbot für Prostituierte, Kriminelle, Kranke, dann aber auch für Asiaten die bisher freie Einwanderung begrenzten. Mit der Klausel wurde betont, dass die sozialen Aspekte nicht in die Verantwortungs- und Regelungskompetenz des Staates beziehungsweise der Öffentlichkeit fielen, sondern der eigenen Initiative und Vorsorge der Betroffenen unterlagen. So bedeuteten auch die Bürgschaften eine Objektivierung der Einwanderung.

Lange Jahre waren jene Grundsätze kein Problem, da die USA weit mehr als die europäischen Staaten der Immigranten bedurften, nicht allein für den Industrialisierungsprozess, sondern vor allem für die Besiedlung der weiten Gebiete des amerikanischen Westens. Hier wurde nicht in Tausenden oder Zehntausenden gerechnet, sondern in Millionen. Nach den kleinen religiösen Gruppen der Puritaner, protestantischen Holländer oder Quäker aus England seit dem 17. Jahrhundert begann die säkulare Masseneinwanderung bereits ab Ende des 18., angeführt von den Iren, denen alsbald Migranten aus anderen Ländern folgten, allein fast 6 Millionen Deutsche im Zeitraum 1815 bis 1914, die damit lediglich einen Anteil von 15 Prozent der Gesamteinwanderung stellten.[14]

Von Anfang an war das eine Armutswanderung, die ursprünglich den Typus des sogenannten *Redemptioners* geschaffen hat. Der Unterschied zu den zuvor zwangsweise in die Südstaaten eingeführten afrikanischen Sklaven bestand nur darin, dass sie freiwillig kamen und zivile Rechte hatten, etwa sich nach der Abzahlung ihrer Passagen nach einer anderen Beschäftigung umzusehen. In der Regel hatten sie nämlich nicht die Mittel, ihre Reisekosten zu bezahlen. Dafür sprangen amerikanische Arbeitgeber ein, denen gegenüber sich die Einwanderer verpflichteten, die Kosten abzuarbeiten; nicht unter vier Jahren liefen solche Kontrakte. Das sehr schnell durchorganisierte Redemptioner-System mit Anwerbern der Reedereien in den Armutsgebieten vor allem Osteuropas, mit minutiös geführten Passagierlisten sowie Kontrollen der amerikanischen Hafenbehörden über die Verteilung der Angekommenen hatte eine Migrationsindustrie entstehen lassen, noch ehe die Einwanderung Ende des 19. Jahrhunderts auf wenige Orte – so etwa Ellis Island in der Bucht von Manhattan – zentralisiert wurde. Bereits 1820 war das *US Department of Immigration Statistics* gegründet worden, das alle relevanten Daten zu den Einwanderern erfasste.

Joseph Wechsberg: Visum für Amerika. Ein Buch für Auswanderer nach den Vereinigten Staaten von Amerika. Mährisch-Ostrau 1939, S. 25 ff.

14 Maurice R. Davie: World Immigration. With special reference to the United States. New York 1936, S. 51 ff.

Nach dem Ersten Weltkrieg wurde das Immigrationswesen dann mit den Quoten auf ganz neue Grundlagen gestellt. Mit dem *Immigration Act* von 1921 und dem *National Origins Act* von 1924 wurde die Gesamteinwanderung auf 164.000 Personen pro Jahr begrenzt, die mit festen Quoten auf die Herkunftsländer verteilt wurden. Basis für die Quotenzuteilung war der US-Zensus von 1890, sie betrug 2 Prozent des Bevölkerungsanteils in diesem Jahr vor der großen Einwanderung aus Süd- und Osteuropa. Angesichts der damit verbundenen quantitativen Herausforderungen sollte die Vorherrschaft der die bisherige Einwanderungsgesellschaft bestimmenden *White Anglo-Saxon Protestants* durch Privilegierung der nord- und westeuropäischen Einwanderung gesichert werden. Deutschland hatte mit 51.227 Personen die höchste Quote im Vergleich zu England mit 34.007. Zu Beginn der Weltwirtschaftskrise 1929 wurden die Quoten auf 154.000 Zulassungen herabgesetzt mit signifikanten Verschiebungen: Die deutsche Quote wurde auf die Hälfte reduziert (26.000), die englische fast verdoppelt; im Vergleich dazu durften aus Italien 6.000, aus Polen 6.500 oder aus der UdSSR 2.700 Personen kommen.[15]

Bis zum Krisenjahr 1938 mit der Annexion Österreichs, des Sudetenlands und der Reichspogromnacht wurde die deutsche Quote allerdings kaum ausgenutzt, bis 1936 zu weniger als 25 Prozent, ehe sie 1937 zu 43 und 1938 dann zu fast 70 Prozent nachgefragt wurde. Die USA galten lange für die meisten Flüchtlinge als *point of no return*, viele hofften zudem, dass sich das NS-System nicht lange halten würde. Erst nach 1938 stieg die Visa-Nachfrage an; aus dieser Zeit stammen die dramatischen Berichte und Bilder von Flüchtlingen vor den amerikanischen Konsulaten in Europa, die sich alsbald auf mehrjährige Wartezeiten verwiesen sahen.

Allerdings war das Quotensystem nicht so rigide, wie es den Anschein hatte. Von den Bestimmungen ausgenommen waren Wissenschaftler und Familienangehörige. Mit Bekanntwerden der Entlassungen an den deutschen Universitäten nahmen informierte Amerikaner sogleich die Chance wahr, die bedrohten Gelehrten für die USA zu gewinnen. So nahmen die USA etwa zwei Drittel der etwa 2.000 geflohenen deutschen Wissenschaftler auf, die wichtige Impulse für die amerikanische Forschung in nahezu allen Fachgebieten setzen konnten, ja mit zu der bald führenden Rolle des Landes als Wissenschaftsnation beitragen sollten. Von der Gesamtzahl der Flüchtlinge aus dem deutschsprachigen Raum, etwa 500.000 Personen, fand ebenfalls mehr als ein Viertel dort Zuflucht. Nach 1938 konnten nicht wenige von ihnen sogar mit Besuchervisen einreisen, die dann halbjährlich verlängert werden konnten; profitiert haben davon mehr als 12.000 deutsche Flüchtlinge.[16] Während des Krieges ist noch ein besonderes,

---

15 Department of Justice, Immigration and Naturalization Service, Monthly Review, Vol. IV (1947), No. 7, S. 89.
16 Gay: Meine deutsche Frage (s. Anm. 13), S. 162.

dem Präsidenten direkt unterstelltes Visa-Notprogramm eingerichtet worden, das in Südfrankreich 1940 festsitzenden prominenten Flüchtlingen (Schriftsteller und Politiker) die Einreise erlaubte. Der berühmte Einsatz Varian Frys in Marseille 1940/41 im Auftrag eines eigens dafür in New York von amerikanischen Philanthropen und Emigranten gegründeten *Emergency Rescue Committee* gehört in diesen Zusammenhang.

Und noch etwas ist auffallend: Die bereits im Ersten Weltkrieg praktizierten Internierungen feindlicher Ausländer, die im Zweiten von Frankreich und Großbritannien rigide wiederholt wurden, gab es auch in den USA. Betroffen davon waren jedoch nur die Japaner nach deren Überfall auf Pearl Harbor und dem folgenden Kriegseintritt der USA, insgesamt etwa 120.000 Personen, davon fast zwei Drittel bereits eingebürgerte Japaner. Die deutschen und italienischen Flüchtlinge mussten sich dagegen lediglich als »enemy aliens« registrieren lassen, ihnen waren Fotoapparate, Radios, Landkarten etc. verboten, und es galten Reisebeschränkungen, sonst blieben sie unbehelligt.[17] Einmal mehr galt auch hier: Wenn Rahmenbedingungen klar definiert sind, können Spielräume geschaffen oder genutzt werden, ohne die Substanz des Systems infrage zu stellen.

Von zeitgenössischen amerikanischen Fachleuten ist so auch angemerkt worden: »We have locked the front door but left the side door open.«[18] Dass es Obstruktionen von Nativisten, Isolationisten und Faschismus-Sympathisanten gegen die Fremden gab, besonders in der Visa-Abteilung des State Department, soll allerdings nicht verschwiegen werden. Mit der Einrichtung des HUAC, des House Committee on Un-American Activities, wollte das US-Repräsentantenhaus nach 1934 die Gefahren einer Unterwanderung durch einreisende Nationalsozialisten und Kommunisten sowie deren Sympathisanten im Lande untersuchen, unter ihrem Vorsitzenden Martin Dies seit 1938 entwickelte es sich aber bald zu einem xenophoben Agitationsorgan gegen alles Fremde.[19]

Die Non-Quota-Visen, die mehr noch als die normalen Quoten das steuernde Selbstinteresse der USA reflektierten, wurden keineswegs nur spärlich erteilt. Die aggregierten Zahlen deuten das an: Während die reguläre Quotenimmigration aus Europa, von dort kamen rund 99 Prozent der Gesamteinwanderung, im Zeitraum 1925–1929 bei insgesamt 755.000 Personen lag und im Zeitraum 1930–1946 bei knapp 548.000, beliefen sich die Non-Quota-Zu-

---

17 Anne Schenderlein: German Jewish »Enemy Aliens« in the United States during the Second World War. In: Bulletin of the German Historical Institute Washington D. C. Spring 2017, S. 101–116.
18 Davie: World Immigration (s. Anm. 14), S. 382.
19 Vgl. dazu Claus-Dieter Krohn: »Nobody has a right to come into the United States«. Die amerikanischen Behörden und das Flüchtlingsproblem nach 1933. In: Jahrbuch Exilforschung, Bd. 3/1985, S. 254–275.

wanderungen in den gleichen Zeiträumen auf 111.000 und 178.000 Personen, also 15 und 32 Prozent.[20]

Die illegale Einwanderung in die USA war damals ebenfalls durchaus üblich, und sie war offenbar nicht gering. Es wird geschätzt, dass in den 1930er Jahren etwa dreieinhalb Millionen Menschen, etwa zwei Prozent der Bevölkerung, illegal in den USA lebten, die zumeist über die grünen Grenzen aus Kanada und Mexiko, aber auch mit Schiffen aus der Karibik häufig mithilfe von Schleusern ins Land gekommen waren.[21] Der emigrierte Regisseur Fred Zinneman, bekannt durch seine Filme *The Search* (1947), *High Noon* (1951) und *From Here to Eternity* (1953), hat hierzu im Rahmen der MGM-Reihe »Crime Does Not Pay« 1941 einen kleinen Film gedreht, der die rücksichtslose Ausbeutung der hilflosen Migranten durch skrupellose Schleuser thematisiert.[22] Die Möglichkeit im Lande entdeckt zu werden, war relativ gering, da es keine Meldepflicht gab und kein Hotel die Vorlage eines Passes verlangte. Ob auch deutsche Flüchtlinge nach 1938 so ins Land gekommen sind, muss einstweilen offenbleiben. Allerdings zeigen ihre Fluchten in die Tschechoslowakei nach 1933 unter Umgehung der (deutschen) Grenzkontrollen sowie die über die Pyrenäen 1940 von Frankreich nach Spanien, dass solche Wege zur Normalität ihrer Extremsituationen gehören.

Die 1941 aus Marseille entkommene Hannah Arendt zählt zu den wenigen Betroffenen, die sich eingehender mit der Lage der Flüchtlinge auseinandersetzten. Gleich der erste ihrer Aufsätze *We Refugees* in den USA (1943) machte auf den neuen Verfolgtentypus der Zeit aufmerksam, der nicht mehr wie bisher wegen seiner politischen Anschauungen oder Taten sein Land verlassen musste, sondern der »eine neue Art von Menschenwesen« repräsentiere, das nichts getan habe, sondern allein wegen der Herkunft von seinen Feinden ins Konzentrationslager und von seinen Freunden ins Internierungslager gesteckt werde.[23] Der Rechtsverlust der Flüchtlinge bedeute die »Ausstoßung aus der Menschheit überhaupt«. Ihre Staatenlosigkeit sei nicht nur absolute Schutzlosigkeit, sondern ebenso Ortlosigkeit und Vorenthalten politischer Artikulationen, mit denen Staatsbürger ihr eigenes Schicksal bestimmen könnten. So originell war diese Diagnose der Philosophin Arendt allerdings nicht. Diese Definition war Anfang des 19. Jahrhunderts überhaupt das (nichtverbindliche) Charakteristi-

---

20 Department of Justice, Immigration and Naturalization Service (s. Anm. 15), S. 89/90.
21 Wechsberg: Visum für Amerika (s. Anm. 13), S. 94 ff.; Davie: World Immigration (s. Anm. 14), S. 400 ff.
22 *Forbidden Passage*. USA 1941, 21'.
23 Zit nach der deutschen Übersetzung »Wir Flüchtlinge«, in: Hannah Arendt: Zur Zeit. Politische Essays. Hg. v. Marie Luise Knott. Aus dem Amerikanischen von Eike Geisel. Berlin 1986, S. 7–21, bes. S. 9. Dazu auch dies.: Elemente und Ursprünge totaler Herrschaft. Frankfurt a. M. 1955, 2. Aufl. 1962, S. 406 ff.; amerikanische Originalausgabe: The Origins of Totalitarianism. New York 1951, S. 268 ff.

kum der Flüchtlinge, die nach einem französischen Gesetz von 1832 als Personen ohne Schutz ihrer Regierung, ohne Pass und ohne Verbindung zu einer diplomatischen Verbindung bezeichnet wurden.[24]

Immerhin bot sich ihr mit dem eigenen Zufluchtsland eine Alternative, da die USA den nötigen Schutzraum gewähren würden, weil sie ethnisch und religiös indifferent und kein »nation state« seien. Emphatisch beurteilte Arendt die Neutralität der amerikanischen Einwanderungsbestimmungen mithilfe der Quoten, die staatenlose Einwanderer wie alle anderen Ausländer behandelten, weil jeder Neuankömmling ungeachtet seiner Herkunft als künftiger Staatsbürger betrachtet werde. Die limitierenden Quotenregeln stellte sie deshalb auch nicht infrage, weil dahinter das Recht verbrieft sei einzuwandern. Unterstützung fand sie bei dem späteren Historiker Peter Gay, der bei seiner Einwanderung als junger Mann in die USA nach zweijähriger Wartezeit in Havanna sogleich das Gefühl hatte, dass das Land alles täte, ihm zu vermitteln, er gehöre dazu.[25]

Ähnlich urteilte der emigrierte Jurist und einstige kritische Interpret der Weimarer Reichsverfassung Otto Kirchheimer in seinem späteren Opus magnum *Politische Justiz*. Für ihn bewahrten die USA trotz der Quotenbeschränkung im Vergleich zu den anderen Großmächten immer noch »die Traditionen des rettenden Hafens für alle Gestrandeten«. Sie hätten den »verschiedenartigen Kategorien politischer Flüchtlinge die Tore geöffnet« und über die Besuchsvisa sogar irreguläre »Notzufluchten« erlaubt.[26]

Vor diesem Hintergrund sind auch die relativierenden Bemerkungen Arendts und Kirchheimers über das Asylrecht zu verstehen. Als ungeschriebenes universales Recht habe es seit der Antike den sicheren Aufenthalt garantiert und, so Arendt, »the fugitive from becoming an outlaw of society« bewahrt. Die Feindschaften der Nationalstaaten seit dem Ersten Weltkrieg untereinander hätten das Asyl dagegen zu einem »anachronism« gemacht, weil es die Souveränität verletze, die sich die einzelnen Staaten untereinander im Rahmen des Völkerrechts garantierten. So sei das Schutzversprechen des Asyls obsolet geworden; »the right of asylum has acquired a peculiar half-humanitarian, half-sentimental after-taste savoring of some remnant of bygone times – or«, so ergänzt sie immerhin, »of a radical challenge to the future«.[27]

---

24 Zum *Loi relative aux Etrangers réfugiés qui résideront en France* vom 21.4.1832 vgl. Reiter: Politisches Asyl im 19. Jahrhundert (s. Anm. 2), S. 65.
25 Hannah Arendt: Es gibt nur ein einziges Menschenrecht. In: Die Wandlung 4 (1949), S. 754 ff.; Gay: Meine deutsche Frage (s. Anm. 13), S. 188.
26 Otto Kirchheimer: Politische Justiz. Verwendung juristischer Verfahrensmöglichkeiten zu politischen Zwecken. Neuwied, Berlin 1965, S. 522 ff.
27 Hannah Arendt: The Stateless People. In: Contemporary Jewish Record, Vol. VIII, No. 2 (April 1945), S. 137–153, Zit. S. 139.

Deutlicher meinte Kirchheimer, dass das Asylrecht als zentraler Bereich der politischen Justiz im Unterschied zum Schutz der Rebellen, die im 19. Jahrhundert mit Wort, Pistole oder Dynamit für eine andere Ordnung kämpften, im Zeitalter der Massenmigrationen nach 1918 einen Bedeutungsverlust erlitten habe. Einmal waren Flüchtlinge und Exilierte neuen Typs entstanden, die nicht mehr für das, was sie taten, verfolgt wurden, sondern für das, was sie waren. Zum anderen stellten ihre Zahlen die Aufnahmeländer vor sozialpolitische und verwaltungstechnische Aufgaben unbekannten Ausmaßes, sodass nicht nur neue Sinndeutungen für das Asyl gefunden, sondern auch die aus den Größenordnungen resultierenden Folgen für die Einschränkung nationaler Souveränitätsrechte sowie des internationalen Rechts verarbeitet werden mussten.[28]

Diese Befunde geben ein realistisches Bild ihrer Erfahrungen aus Deutschland wider. Bei den gleich zu Anfang der NS-Herrschaft begonnenen Ausgrenzungen nach dem *Gesetz über den Widerruf von Einbürgerungen und die Aberkennung der Staatsangehörigkeit* vom Juli 1933 – die erste Ausbürgerungsliste stammt vom 23. August 1933 – befanden sich die genannten Personen längst außer Landes. Als Gründe der Ausbürgerung waren in der Regel Verstöße bei der »Treuepflicht gegen Reich und Volk« angegeben sowie Herabwürdigung der nationalen Regierung, die im Laufe der Zeit immer mehr rassischen Pauschalierungen wichen. Angemerkt sei, dass Hannah Arendt als in den 1930er Jahren noch kaum profilierte Persönlichkeit nicht ausgebürgert wurde, während Kirchheimer auf der Liste 82 vom 3. Dezember 1938 zu finden ist.[29]

Die Betroffenen hatten ihre Pässe mitnehmen können, mit denen sie sich legitimieren und um Visen für die USA nachsuchen konnten. Selbst in den Fällen, in denen die Pässe abgelaufen oder nicht mehr vorhanden waren, reichten andere Identifikationspapiere wie Geburts- und Heiratsurkunden etc. Die US-Konsuln konnten sogar auf obligatorische Dokumente verzichten »where personal risk or acute embarrassment might ensue in obtaining such documents«.[30] Die Amerikaner akzeptierten diverse Evidenzen bei den Quotenzuteilungen, denn entscheidend war allein das Geburtsland des Antragstellers »regardless of his citizenship or his present allegiance«.[31] Aus der deutschen Exilpresse konnten sie anhand der dort regelmäßig und in immer kürzeren Zeitabständen erscheinenden Ausbürgerungslisten ersehen, warum abgelaufene

---

28 Kirchheimer: Politische Justiz (s. Anm. 26), S. 511 ff.
29 Gesamtverzeichnis der Ausbürgerungslisten 1933–1938. Hg. v. Carl Misch »im Verlag der Pariser Tageszeitung«. Paris o. J., S. 48.
30 US Secretary of State, Cordell Hull, May 12, 1934, zit. bei Harold Fields: The Refugee in the United States. New York 1938, S. 10.
31 Handbook of American Citizenship. Ed. by Andrew Reiner. New York: Immigrants Information Bureau 1941, S. 46; Davie: World Immigration (s. Anm. 14), S. 379.

Pässe der potenziellen Einwanderer nicht verlängert wurden.[32] Allerdings hat eine Völkerbundkommission u. a. mit Vertretern Frankreichs, Englands, Italiens, Schwedens und der USA im Sommer 1934 beschlossen, für diejenigen deutschen Emigranten, die keinen Pass besaßen, ein »Identitäts- und Reise-Dokument« aus ihren jeweiligen Ländern bereitzustellen. Daraus sind jene bereits erwähnten Sonderregelungen außerhalb der Nansen-Pass-Gewährung hervorgegangen, wozu auch 1933 die Einrichtung eines eigenen »Hohen Kommissars für Flüchtlinge aus Deutschland« neben dem Nansen-Amt (nach dem Tode Fridtjof Nansens 1930) gehört.[33]

IV. Flüchtlings- und Asylpolitik in Deutschland und den USA nach 1945

Das in der Zwischenkriegszeit entstandene internationale Flüchtlingsproblem als Massenerscheinung fand seine völkerrechtliche Regulierung erst in der Zeit nach 1945. Die große, auf Initiative des amerikanischen Präsidenten Franklin D. Roosevelt nach dem »Anschluss« Österreichs durchgeführte internationale Konferenz von Evian-les-Bains 1938 zur Behandlung und Verteilung der Flüchtlinge aus dem NS-Machtbereich ist bekanntlich ohne Ergebnisse geblieben, da kein Land mit einer Lockerung seiner Einreisebestimmungen andere Länder ermuntern wollte, deren unerwünschte Bevölkerung ebenfalls zu vertreiben.

Die im Juli 1951 von der UNO beschlossene Genfer Flüchtlingskonvention wollte erstmalig auf internationaler Ebene für das Millionenheer der Flüchtlinge, Vertriebenen und sogenannten Displaced Persons nach Ende des Krieges und der NS-Herrschaft geregelte Lösungen finden. Ursprünglich war sie für Europa ausgelegt und sollte vor allem den Flüchtlingen aus den neuen politischen Regimes des kommunistischen Ostblocks Chancen im Westen bieten. Daraus ist dann aber die erste weltweit Geltung beanspruchende juristische Kodifizierung geworden, der rund 150 Staaten beigetreten sind. Die Konvention definiert Flüchtlinge als Personen und normiert deren Recht auf staatlichen Schutz im Asyl, nicht auf Asyl in einem Staat. Flüchtlinge sind diejenigen, die ihrer Ethnie, Religion, Nationalität, politischen Überzeugungen und sozialen Zugehörigkeiten wegen verfolgt werden. Auf Kriegsflüchtlinge ist die Kon-

---

32 Vgl. dazu auch Gesamtverzeichnis der Ausbürgerungslisten 1933–1938. Hg. Pariser Tageszeitung vom 20.4.1939. Bis zur 84. Liste vom 19.12.38 waren das mehr als 5.000 Personen, bis April 1939 sind weitere 3.000 dazugekommen.

33 Vgl. Anm. 11, Frings: Das internationale Flüchtlingsproblem, S. 23 und 37 ff. Der Hochkommissar für Deutschland, James G. McDonald war bereits 1936 wegen seiner Einflusslosigkeit frustriert zurückgetreten. Dazu a. Emmerich, Rothschild: Rechtslage deutscher Staatsangehöriger (s. Anm. 9), S. 310 f.

vention nicht pauschal anwendbar, ebenso nicht auf Flucht aufgrund von Umweltkatastrophen.³⁴

Auch Deutschland hat die Konvention neben den anderen westeuropäischen Staaten und den USA ratifiziert. Angesichts des Arbeitskräftemangels im Wiederaufbau und dem bald folgenden »Wirtschaftswunder« stellte die Aufnahme allein der mehr als 12 Millionen Vertriebenen aus den verlorenen deutschen Ostgebieten ökonomisch kein Problem dar, wohl aber eins der sozialen Integration. Eine offene Frage ist zudem, ob das zuvor im Grundgesetz der Bundesrepublik Deutschland, Art. 16 als Grundrecht garantierte Asylrecht für politisch Verfolgte eine Antwort auf die Vertreibung und Rechtlosigkeit nach 1933 war oder ob damit ein Zeichen für die Wiederaufnahme Deutschlands in die internationale Gemeinschaft gesetzt werden sollte. Heute wird offiziell betont, dass »das mit dem hohen Anspruch der Verfassungsgarantie versehene bundesdeutsche Asylrecht [...] das Ergebnis geschichtlicher Erfahrungen mit politischer Verfolgung während des Nationalsozialismus« sei.³⁵ Es enthält einen Individualanspruch, der weit über das Völkerrecht hinausgeht, das unter Asylgewährung nur das Recht der Nicht-Auslieferung eines Staates gegenüber einem anderen versteht.

Auffallend ist, dass die ehemaligen Flüchtlinge aus der NS-Zeit nicht über solche Garantien in ihrem Herkunftsland verfügten. Sie wurden im Gegenteil in der frühen Bundesrepublik äußerst reserviert bis ablehnend behandelt; nur die wenigsten sind offiziell zur Rückkehr eingeladen worden, niemandem aus dem öffentlichen Dienst ist seine frühere Stellung wieder angeboten worden. Lange galten die einstigen Exilanten und Emigranten als Vaterlandsverräter, die Attacken auf Willy Brandt noch in den 1960er Jahren sind dafür typisch. In dieses postfaschistische Klima passte die Asylpraxis der 1950er Jahre: Die Zahlen waren gering, bis Ende der 1960er Jahre sind selten mehr als 4.000 Anträge gestellt worden, fast alle kamen von Flüchtlingen aus den kommunistischen Ländern, deren Anerkennungsverfahren unauffällig verlief.

Das Bild änderte sich erst nach Ende des Nachkriegsbooms zu Beginn der 1970er Jahre und der mit der Ölkrise beginnenden internationalen Wirtschaftsstagnation, wozu ebenfalls 1973 der Anwerbestopp in der bisherigen Beschäftigung der sogenannten Gastarbeiter gehörte. Kennzeichnend wurde fortan eine wachsende, bisher in der Bundesrepublik unbekannte Dauerarbeitslosigkeit bei gleichzeitig sprunghaft ansteigender Zuwanderung der sogenannten deutschstämmigen Aussiedler von jenseits der Oder-Neiße-Linie, fast 3 Millionen im

---

34 Online unter: https://de.wikipedia.org/wiki/Abkommen_%C3%BCber_die_Rechtsstellung_der_Fl%C3%BCchtlinge [abgerufen: 26.6.2018].
35 Bundesamt für Migration und Flüchtlinge: Das Bundesamt in Zahlen. Nürnberg 2012 ff.

Zeitraum 1988–2005[36], sowie weiterer Migranten, die nicht mehr als politisch Verfolgte kamen, sondern überwiegend als Arbeits- und Armutsflüchtlinge aus peripheren Regionen und sich über das Asylverfahren Zugang erhofften. Von den zwischen 1953 und 2016 gestellten 5,3 Millionen Asylanträgen sind 0,9 Millionen (18%) zwischen 1953 und 1989 gestellt worden, die anderen 4,4 Millionen (82%) seit 1990.[37]

Für eine solche Situation war das Asylrecht des Grundgesetzes nicht gedacht. Die Anerkennungsrate nach Art. 16 bzw. heute 16a GG liegt daher seit vielen Jahren nur bei wenigen Prozenten, die anderen Anerkennungen, selten mehr als 15–20 Prozent, erfolgen nach der Genfer Flüchtlingskonvention. Unzählige modifizierende und ändernde Bestimmungen seit der Neuregelung des Asylrechts 1993 (Ausschluss von Asyl bei Herkunft aus sicheren Herkunftsstaaten oder Einreise über sichere Drittstaaten) ergänzten die Flüchtlingsrechte, die neben dem Asyl den »subsidiären Schutz« und Abschiebungsverbote umfassen. Die gesamte sogenannte Schutzquote stieg dadurch in den letzten Jahren fast kontinuierlich an – auch wenn einige dieser Schutzformen lediglich temporär sind: von 5 Prozent 2003, 6 Prozent 2006, 34 Prozent 2009, 28 Prozent 2012 auf 50 Prozent 2015 und 62 Prozent 2016.[38] Von der anderen Hälfte, den abgelehnten Zuwanderern, verlässt jedoch ebenfalls kaum jemand das Land. Die in § 1, Satz 1 des 2008 in Kraft getretenen Aufenthaltsgesetzes genannte Absicht »Das Gesetz dient der Steuerung und Begrenzung des Zuzugs von Ausländern in die Bundesrepublik Deutschland« geht insofern an der Wirklichkeit vorbei.

Die deutsche Flüchtlingspolitik im Geiste der Humanität richtet sich als regulierende Ordnungspolitik eher passiv auf Verfahren der Notaufnahmen, weniger auf eine klar gefasste Auswahl und Restriktion der Einreisebedingungen als Voraussetzung für eine erfolgreiche Integrationspolitik. Immerhin ist seit 1989/90 ein Wandel in der Einbürgerungspolitik eingetreten, als sich in dieser Phase allmählich die Einsicht verbreitete, dass Deutschland ein Einwanderungsland sei. Das Monopol des Abstammungsprinzips nach dem *ius sanguinis* wurde mit dem *ius domicilii* kombiniert, das die Einbürgerung der vielen im Lande lebenden Personen mit ausländischen Pässen, u. a. der früheren Gastarbeiter, ermöglichte.[39] Dies markierte einen tiefgreifenden Bruch mit den über-

---

36 Von 1951 bis 1987 kamen ca. 1,4 Millionen Aussiedler in die Bundesrepublik Deutschland, zumeist aus Polen und Rumänien, von 1988 bis 2005 kamen dagegen fast 3 Millionen, v. a. aus der Sowjetunion und ihren Nachfolgestaaten. Vgl. Klaus J. Bade und Jochen Oltmer (Hg.): Aussiedler: deutsche Einwanderer aus Osteuropa. Göttingen 2003, S. 9–51.
37 Bundesamt für Migration und Flüchtlinge: Aktuelle Zahlen zu Asyl. Ausgabe Mai 2017. Nürnberg 2017, S. 3.
38 Bundesamt für Migration und Flüchtlinge: Bundesamt in Zahlen 2012 (s. Anm. 35), S. 46 und 2016, S. 36.
39 Gosewinkel: Schutz und Freiheit? (s. Anm. 1), S. 498 f.

kommenen ethno-nationalen Leitvorstellungen, wie sie auch der geräuschlosen Integration der Aussiedler zugrunde lagen.

Nach den positiven Erfahrungen mit den Flüchtlingen der 1930er Jahre, sodann angesichts des Kalten Krieges und der veränderten Rolle der Vereinigten Staaten als Weltmacht warb dort der *Immigration and Nationality Act* von 1952 (*McCarran Act*) unter Beibehaltung modifizierter Quoten aus den 1920er Jahren – allen Ländern wurde jetzt eine Mindestquote von 100 Personen garantiert – in einem Auswahlverfahren um Einwanderer mit besonders gefragten Qualifikationen und der privilegierten Familienzusammenführung. Dabei war offenbar an die G. I.s gedacht, die bei ihrer Stationierung im Ausland einheimische Frauen geheiratet hatten.

In weiteren Gesetzesnovellen wurden ab 1965 die Länderquoten aufgegeben und durch Obergrenzen für die westliche und die östliche Hemisphäre ersetzt, jeweils 120.000 und 170.000 Immigranten jährlich, deren Größen sich in den folgenden Jahren veränderten.[40] Seit den 1990er Jahren gilt eine jährliche Einwandererzahl von etwa 675.000 Personen, von denen rund zwei Drittel auf Familienzuwanderung entfallen, 140.00 auf Arbeitsmigranten und knapp 60.000 auf sogenannte *diversity immigrants* (*green card*-Lotterie). Entscheidend ist die numerisch absolut fixierte, gleichzeitig intern flexible Größenordnung der Einwanderung nach unterschiedlichen Kategorien, wobei nicht genutzte Visen eines Bereichs auf andere übertragen werden. Diskriminierend behandelt wird dagegen die illegale Einwanderung aus Lateinamerika über Mexiko sowie – nach zahlreichen Anschlägen nach 9/11 u. a. in Boston, New York und anderen Orten – in jüngster Zeit das Einreiseverbot moslemischer Immigranten aus bestimmten Regionen unter der unberechenbaren Politik des derzeitigen Präsidenten Donald Trump.

Neu war zudem die Unterscheidung und Berücksichtigung von Flüchtlingen und Asylbewerbern außerhalb der normalen Immigrationsverfahren im *Refugee Act* von 1980 nach ersten Regelungen für spezielle Gruppen etwa für Displaced Persons 1948 oder Ungarnflüchtlinge 1956. Der wesentliche Unterschied zwischen beiden Gruppen besteht darin, dass Flüchtlinge sich noch nicht im Lande befinden, während Asyl von bereits im Lande weilenden Personen beantragt wird. Für die Flüchtlinge hat der Präsident das Recht, aus humanitären Gründen und Eigeninteressen des Landes eine jährliche Höchstzahl auch jenseits der gesetzlich bereits vorgesehenen 50.000 Personen einschließlich ihrer Verteilung nach Regionen festzulegen. Die Zahlen schwankten bisher zwischen 232.000 (1980) und 58.000 (2012). Flüchtlinge und Asylanten werden nach einem Jahr überprüft und können dann *legal permanent residents* (LPRs) werden. Dieser Status berechtigt, nach der üblichen fünfjährigen Wartezeit die Staatsbürger-

---

40 Jürgen Heideking: Geschichte der USA. Tübingen, Basel 1996, S. 400.

schaft zu erwerben. 2012 sind 1,03 Millionen Immigranten LPRs geworden, davon 5 Prozent Flüchtlinge; außerdem wurden noch 12.000 anerkannte Asylanten gezählt. Die entsprechenden Zahlen für Deutschland lagen im gleichen Jahr bei 1,2 Millionen Einwanderern, darunter mit ca. 77.000 Personen ein prozentual ähnlich großer Anteil von Asylantragstellern.

Die Armuts- und Arbeitswanderungen, die die Mehrheit der Massenmigrationen heute ausmachen, sind quantitativ und qualitativ kaum mit den Fluchtbewegungen der Zwischenkriegszeit zu vergleichen. Gleichwohl könnte der Umgang mit den Geflohenen damals Hinweise für die Aufnahmeprozesse der Flüchtlinge heute geben. Wichtig wäre, transparente Regelungen für die hiesigen Grenzregime zu finden, zumal die spontane sogenannte »Willkommenskultur« des Jahres 2015 schnell die Grenzen der Funktionsfähigkeit von Recht und Verwaltung aufgezeigt hat.

Das amerikanische Modell der Einwanderung, das sich seit dem Ersten Weltkrieg entwickelt hat, ist relativ zu anderen länderspezifischen Regelungen noch das transparenteste und plausibelste. Daran könnten sich auch Deutschland beziehungsweise die Europäische Union orientieren. Zu einer daran anknüpfenden Einwanderungspolitik würden beispielsweise quantitative Vorgaben unter Einschließung von Kontingenten für Flüchtlinge sowie in einem Einwanderungsgesetz zu definierende materielle Einwanderungspräferenzen gehören. Unstrittig ist die verfassungsrechtliche Garantie des Asylschutzes, komplementär böte eine klar zu definierende Festlegung der jährlichen Einwanderung von außerhalb des EU-Raums einschließlich der Flüchtlinge eine Möglichkeit, Erwartungen zu kanalisieren. Eine Änderung der Aufnahmeverfahren, die Beschränkung der Verwaltung auf juristische Prüfungen sowie die Übernahme der LPC-Prinzipien, das heißt die Garantie der Subsistenzgrundlagen für nicht-asylberechtigte schutzwürdige Flüchtlinge durch engagierte kirchliche und philanthropische Einrichtungen oder Privatpersonen, könnte schließlich langfristig hilfreich sein, die hierzulande seit Langem stark emotional geführte Migrationsdebatte zu versachlichen, zumindest nach dem amerikanischen bürgerschaftlichen *self-executive*-Prinzip deren Glaubwürdigkeit auf den Prüfstand zu stellen.

Dass dies keine neuen Probleme, ja nicht einmal solche des 20. Jahrhunderts sind, mag Otto Kirchheimers Zitat von Hugo Grotius, dem Begründer des Völkerrechts und der Souveränitätslehre, aus dem Jahr 1625 zeigen: Jede »staatliche geordnete Gesellschaft würde sich auflösen, wenn das Recht zu emigrieren einem jeden zugestanden würde«.[41]

---

41 Hugo Grotius: De iure belli ac pacis (1625), liber II,5, XXIV, zit. in Kirchheimer: Politische Justiz (s. Anm. 26), S. 519.

Corry Guttstadt

Passlos, staatenlos, rechtlos
Jüdische EmigrantInnen in Deutschland und in der Türkei zwischen antisemitischer Verfolgung durch das NS-Regime und türkischer Bevölkerungspolitik

Die letzte Juniwoche 1938 war die letzte Sitzungswoche des türkischen Parlaments vor der Sommerpause, und die Tagesordnung war entsprechend vollgepackt. So wurden am 28. Juni das Gesetz Nr. 3519 – die Neufassung des Passgesetzes – und am folgenden Tag das Gesetz Nr. 3529 – »Gesetz betreffend die Einreise und den Aufenthalt von Ausländern in der Türkei« – ohne Diskussion und Gegenstimme angenommen. Lediglich zwei Abgeordnete schlugen Korrekturen an Formulierungen vor, die den Inhalt der Gesetze in keiner Weise berührten. Im Fokus der politischen Agenda der Türkei standen in diesem Sommer das Tauziehen um die Provinz Hatay/Iskenderum, deren »Anschluss« ein Jahr später gelang, die Niederschlagung eines Aufstandes alevitischer Kurden in der Provinz Dersim, der zu Tod und Vertreibung Zehntausender Kurden führte, und schließlich die Krankheit des Staatsgründers Atatürk, der im November des gleichen Jahres verstarb. Die »jüdische Flüchtlingskrise«, die im Juli auf der internationalen Konferenz von Evian verhandelt wurde, spielte in den politischen Diskussionen der Türkei kaum eine Rolle.

Doch die genannten Gesetze verschärften die Bedingungen für Einreise und Aufenthalt von Ausländern in der Türkei. Selbst Ausländer, die sich legal in der Türkei aufhielten, sollten ausgewiesen werden, falls ihnen seitens ihres Heimatlandes der Pass entzogen wurde und sie folglich staatenlos zu werden drohten. Knapp vier Wochen zuvor hatten die deutschen Konsulate den deutschen Emigranten in der Türkei einen Fragebogen zugeschickt, in dem sie u. a. gefragt wurden, ob sie »Arier« seien oder nicht und ob sie in Deutschland aufgrund des Gesetzes zur Wiederherstellung des Berufsbeamtentums entlassen worden seien. Diese Erhebung führte für viele der Emigranten später zum Entzug der deutschen Staatsangehörigkeit. Zwischen beiden Ereignissen bestand kein direkter Zusammenhang. Es ist nicht davon auszugehen, dass die türkischen Stellen über den Fragebogen der deutschen Konsulate informiert waren. Die Gesetzesvorlage war ohnehin Monate zuvor eingebracht worden. Doch für die Flüchtlinge hatte gerade die Synergie beider Maßnahmen fatale Konsequenzen.

Dieser Aufsatz untersucht im ersten Teil, wie sich die Politik NS-Deutschlands und der Türkei einzeln sowie in ihrem Zusammenwirken auf die Situation der EmigrantInnen in der Türkei auswirkte. Der zweite Teil des Artikels behandelt die Konsequenzen der Staatsangehörigkeitspolitik für die türkisch-jüdischen Emigranten in Deutschland im gleichen Zeitraum. Die Gesetze vom Juni 1938 untersagten auch vormals türkischen Bürgern, die ihre Staatsangehörigkeit verloren hatten, eine Rückkehr in die Türkei – eine Regelung, die viele der Juden unter ihnen der deutschen Vernichtungspolitik auslieferte.

I. Exil in der Türkei

Die Entlassung jüdischer und oppositioneller Akademiker und Künstler von Universitäten und aus Kultureinrichtungen gehörte 1933 zu den ersten Maßnahmen des NS-Regimes. Allein durch das »Gesetz zur Wiederherstellung des Berufsbeamtentums« vom 7. April 1933 wurden neben politischen Gegnern etwa 5.000 jüdische Beamte aus ihren Stellungen vertrieben, darunter viele Wissenschaftler.[1]

Die Türkei bereitete sich im gleichen Jahr auf die Feiern zum zehnten Jahrestag der Republikgründung vor. Alles stand im Zeichen von Nationalismus und Modernismus: In rasantem Tempo wurde das Land verändert. Alles, was an die osmanische Vergangenheit erinnerte, wurde »revolutioniert«: die Sprache, die Schrift, die Kopfbedeckung und die eigene Geschichte. In diesem Rahmen sollte auch eine tiefgreifende und ehrgeizige Universitätsreform durchgeführt werden. Diese zielte neben der Modernisierung und dem Ausbau der Hochschulen auf die Ausschaltung der alten Professoren der bestehenden Universität *Darülfünun*, von denen sich einige der Abschaffung der Hochschulautonomie oder Atatürks abstrusen Sprach- und Geschichtstheorien widersetzt hatten.[2] Ende Mai 1933 verordnete ein türkischer Regierungserlass die Schließung der *Darülfünun* und die Schaffung einer modernen Universität in Istanbul.[3] Über

---

1 Arno Herzig: 1933–1945: Verdrängung und Vernichtung. In: Dossier »Jüdisches Leben in Deutschland«, Informationen zur Politischen Bildung Nr. 3017/2010, unter: http://www.bpb.de/izpb/7687/1933-1945-verdraengung-und-vernichtung?p=all [abgerufen am 28.6.2018].

2 Die »Türkische Geschichtsthese« (Türk Tarih Tezi) erklärte Türken zu den Ureinwohnern Anatoliens und Mesopotamiens. Andere in Anatolien beheimatete ethnische Gruppen, aber auch Zivilisationen des Altertums (Sumerer, Hethiter u. a.) wurden der »türkischen Rasse« zugehörig erklärt. Ergänzt wurde diese Lehre durch die »Sonnensprachtheorie« (Güneş Dil Teorisi), nach welcher Türkisch die Ursprache aller Sprachen sei.

3 Der Streit um die im Rahmen der Reformen des 19. Jahrhunderts gegründeten *Darülfünun* war Kristallisationspunkt mehrerer sich überlagernder politischer Auseinandersetzungen und Machtkämpfe in der Türkei. Günter Seufert: Kritische Einschätzung der Wissenschaftsmigration durch die türkische Zeitgeschichtsschreibung: Bahnbrechende Aufsätze Mete Tunçays und Haldun Özens. In: Christopher Kubaseck und Günter Seufert (Hg.): Deutsche Wissenschaftler im türkischen Exil: Die Wissenschaftsemigration in die Türkei 1933–1945. Würzburg 2008, S. 157–171.

Abb. 1: Universität Istanbul

150 türkische Hochschullehrer erhielten im Sommer 1933 ihre fristlose Entlassung. Um diese Lehrer zu ersetzen und die neue Istanbuler Universität sowie geplante weitere Hochschulen aufzubauen, suchte die Türkei daher nach international renommierten Wissenschaftlern.

Die Koinzidenz dieser beiden Ereignisse führte dazu, dass 1933 zahlreiche in Nazideutschland entlassene Akademiker Anstellung in der Türkei fanden. Schon im Wintersemester 1933/34 lehrten 82 deutsche Professoren in der Türkei und machten Istanbul in den Augen des von der Deutschen Universität Prag vertriebenen Internisten Friedrich Reimann zur »besten deutschen Universität der damaligen Zeit«.[4] Die Verträge der Professoren gestatteten es diesen außerdem, ihre Familienangehörigen mitzubringen sowie eigene Mitarbeiter einzustellen, die sie häufig ebenfalls aus dem verfolgten Personenkreis auswählten. Weitere, meist hochkarätige Wissenschaftler fanden Anstellung als Berater in türkischen Ministerien und staatlichen Institutionen. Insgesamt fanden mehr als 150 in Deutschland (ab 1938 auch Österreich) verfolgte Akademiker Stellungen an türkischen Hochschulen oder Regierungseinrichtungen.

Während der Verhandlungen über die Einstellung der deutschen Professoren versprach der türkische Erziehungsminister Reşit Galip, »dass jeder, der die Berufung annimmt, ob frei oder im Gefängnis, im Konzentrationslager, als Beam-

---

4 Zitiert nach Karin Orth: Die NS-Vertreibung der jüdischen Gelehrten. Die Politik der Deutschen Forschungsgemeinschaft und die Reaktionen der Betroffenen. Göttingen 2016, S. 149–150.

ter der Republik betrachtet und unter türkischem Schutz stehen« werde.⁵ Tatsächlich gelang es über Anforderungen aus der Türkei, die Entlassung des Radiologen und ehemaligen Zentrumsabgeordneten Friedrich Dessauer aus dem Konzentrationslager zu erreichen; auch der Soziologe Gerhard Kessler, der von der Gestapo gesucht wurde und untergetaucht war, konnte über Vermittlung der Türkei aus Deutschland ausreisen.

Auch in späteren Jahren konnte der Schutz der türkischen Regierung, den die prominenten Emigranten genossen, zur Rettung Verfolgter genutzt werden. Der Pädiater Albert Eckstein hatte 1935 nach seiner antisemitisch begründeten Entlassung von der Universität Düsseldorf den Ruf als Direktor der neugegründeten Kinderklinik am Musterkrankenhaus (*Numune Hastanesi*) in Ankara angenommen. Als renommierter Kinderarzt behandelte er auch die Kinder mehrerer türkischer Minister und fand Aufnahme in »die türkische Aristokratie«, wie Erna Eckstein in ihren Erinnerungen schildert.⁶ Als er im April 1938, wenige Wochen nach dem »Anschluss«, vom damaligen Landwirtschaftsminister Şakir Kesebir zur Behandlung von dessen kranker Tochter nach Wien geschickt wurde, gewährte ihm die türkische Regierung für die Reise Personenschutz durch türkische Sicherheitsleute. Durch die Protektion Kesebirs gelang es Eckstein sogar, bei der Rückkehr zwei weitere Verfolgte aus Österreich mitzubringen.⁷

II. Bedeutung und Dimension der Türkei als Exilland

Bei vielen dieser akademischen Türkei-Emigranten handelte es sich um herausragende, auch international anerkannte Wissenschaftler und Künstler. Sie gründeten Institute, verfassten Lehrwerke und prägten eine ganze Generation türkischer Akademiker. Der Jurist Ernst E. Hirsch war an der Ausarbeitung grundlegender türkischer Gesetze beteiligt; die Architekten Clemens Holzmeister und Bruno Taut entwarfen und schufen zentrale öffentliche Bauten wie das Parlamentsgebäude in Ankara (Holzmeister) und die Philologische Fakultät *Dil-Tarih-Coğrafya* (Taut); der Intendant Carl Ebert trug maßgeblich zum Aufbau des Konservatoriums und des Theaters in Ankara bei. Ihre bleibende Wirkung in der Türkei ist kaum zu überschätzen. Diese Dimension und die große Zahl an Publikationen sowie die Memoiren einiger prominenter ehemaliger

---

5 Aus dem Bericht von Philipp Schwartz, der die Verhandlungen mit Galip im Namen der in Zürich gegründeten »Notgemeinschaft deutscher Wissenschaftler im Ausland« führte. Philipp Schwartz: Notgemeinschaft. Zur Emigration deutscher Wissenschaftler nach 1933 in die Türkei. Hg. v. Helge Peukert. Marburg 1995, S. 49.
6 Erna Eckstein, zitiert nach Nejat Akar: Anadolu'da Bir Cocuk Doktoru – Ord. Prof. Dr. Albert Eckstein, Ankara 1999, S. 32.
7 Akar: Anadolu'da (s. Anm. 6), S. 6.

Abb. 2: Carl Ebert Probe

Türkei-Exilanten können den Eindruck vermitteln, die Türkei sei auch zahlenmäßig ein wichtiges Exilland für jüdische Verfolgte gewesen. Dies ist unrichtig. Tatsächlich fanden nur etwa 550–600 in NS-Großdeutschland als Juden Verfolgte in der Türkei legal Exil.⁸ Nachgezogene Familienangehörige sind in dieser Zahl bereits enthalten. Hinzu kommt eine kleinere Zahl politisch Verfolgter wie z. B. der spätere Bürgermeister von Berlin Ernst Reuter, der Intendant Carl Ebert und der Soziologe Gerhard Kessler.⁹

Für gewöhnliche Flüchtlinge war eine Einreise in die Türkei ungleich schwerer. In den Jahren nach dem Ersten Weltkrieg hatte die Türkei Hunderttausende von Flüchtlingen aufgenommen: Allein in Istanbul lebten 1920 etwa 185.000 russische Migranten.¹⁰ Doch seit den 1930er Jahren betrieb die Türkei wie viele Länder eine nationalistische, protektionistische Politik. Während die Immigration turksprachiger Muslime intensiv gefördert und beworben wurde,

---

8 Eigene Auswertung auf Grundlage der Datenbank Türkeimigranten des »Verein Aktives Museum« und Dokumenten aus türkischen, deutschen und weiteren internationalen Archiven.
9 75 in NS-Deutschland politisch verfolgte, nicht-jüdische Personen fanden in der Türkei eine Anstellung als Wissenschaftler oder Sachverständige; mit ihnen kamen etwa 150 Angehörige in die Türkei.
10 Charles King: Midnight at the Pera Palace. The Birth of Modern Istanbul. New York 2014, S. 96. Die meisten dieser russischen Flüchtlinge wanderten in den folgenden Jahren weiter.

verwehrte das Berufssperregesetz von 1932 Ausländern eine Arbeitsgenehmigung für die meisten Berufe.[11] Ein weiteres Gesetz begrenzte den Anteil an Ausländern, die von privaten Firmen beschäftigt werden durften.[12] Der öffentliche Sektor durfte generell keine Ausländer einstellen (womit in der Praxis oft auch nichtmuslimische Türken gemeint waren).[13]

Die Zahl der nicht-prominenten jüdischen Flüchtlinge aus Großdeutschland, die trotz restriktiver Einreisebedingungen in die Türkei gelangten, ist nicht bekannt; sie wird auf 300–400 Menschen geschätzt. Somit lag die Gesamtzahl der deutsch-jüdischen Flüchtlinge in der Türkei bei etwa 1000; das sind 0,25 Prozent der 400.000 als Juden verfolgten Menschen, die bis zum Verbot der Auswanderung im Oktober 1941 Großdeutschland verlassen konnten. In dieser Zahl enthalten sind auch die jüdischen Deutschen (und Österreicher), die bereits vor 1933 als Kaufleute, Spezialisten, Wissenschaftler usw. – teilweise sogar im Regierungsauftrag – in die Türkei gekommen waren und denen nun als Juden eine Rückkehr nach NS-Deutschland nicht möglich war, die also vor Ort zu »Exilanten« wurden. Zahlenmäßig spielte die Türkei als Fluchtland für Juden faktisch keine Rolle. In keiner der einschlägigen Statistiken über Fluchtziele deutscher Juden während des Nationalsozialismus findet die Türkei Erwähnung.[14]

Diejenigen, die es bis in die Türkei geschafft hatten, gerieten im weiteren Verlauf zunehmend zwischen die Mühlen der Verfolgungsmaßnahmen des NS-Staates gegen Deutsche im Ausland und der Verschärfung der türkisch-nationalistischen Politik.

III. NS-Verfolgung der Emigranten auch im Ausland

Auch in der Türkei waren die Emigranten Repressalien des NS-Regimes ausgesetzt. Diese reichten von Bespitzelung über Denunziationen gegenüber türkischen Stellen bis zum Entzug der deutschen Staatsangehörigkeit. In der Praxis zeigte sich indes häufig, wie konzeptionslos die Politik der NS-Behörden war;

---

11 1935 liefen auch die Übergangsfristen aus.
12 Das Gesetz Nr. 3293 vom 27.12.1937 machte staatliche Subventionen für Industrie- und Versicherungsbetriebe von einer Verringerung des Anteils ausländischer Beschäftigter abhängig (Düstur, Tertip 3, Bd. 19).
13 Für die Einstellung der ausländischen Akademiker in Ministerien und Bildungseinrichtungen bedurfte es daher Sondergenehmigungen. Zu den Entlassungen türkischer Nichtmuslime siehe: Rıfat Bali. Bir Türkleştirme Serüveni (1923–1945). Istanbul 1999, S. 206–228.
14 Z. B. Werner Rosenstock: Exodus 1933–1939. A Survey of Jewish Emigration from Germany. In: Michael Marrus: The Nazi Holocaust, Bd. 8/I. New York 1989, S. 143–209; Michael R. Marrus: Die Unerwünschten – Europäische Flüchtlinge im 20. Jahrhundert. Berlin et al. 1999; oder die Enzyklopädie des Holocaust 1998.

hinzu kamen Kompetenzstreitigkeiten zwischen verschiedenen Organen.[15] Schon am 4. Mai 1933 hatte die Gestapo die Überwachung und Registrierung der Emigranten angeordnet, die »die Vermutung rechtfertigen, dass sie im Auslande staatsfeindliche Bestrebungen verfolgen«.[16] Zwei Wochen später wurde diese Anweisung über das Auswärtige Amt an alle Auslandsvertretungen weitergeleitet. Immer wieder ergingen Aufforderungen aus Berlin, die Emigranten zu überwachen. Mehrere Aktenbände der deutschen Botschaft in Ankara bzw. des Konsulats in Istanbul belegen, wie massiv die Bespitzelung der Emigranten war und welch lächerliche Details akribisch notiert wurden.[17] Dabei stützten sich die Konsulate auch auf die Denunziantendienste regimetreuer Deutscher sowie von NSDAP-Mitgliedern in der Türkei. Letzteren gewährte das Konsulat sogar Einblick in die Personalakten der Emigranten.[18]

In der Türkei waren politische Aktivitäten der Exilanten indes kaum zu »befürchten«. Sowohl ihre Arbeitsverträge als auch die Aufenthaltsgesetze untersagten jede politische Betätigung. Auch seitens türkischer Stellen wurden sie überwacht.[19] Der deutsche Botschafter Friedrich von Keller meldete Ende November 1935 nach Berlin, dass es in Ankara keine Emigranten- oder Flüchtlingsorganisationen gebe, »allerdings einige ›Nichtarier‹, die sich aber nicht gegen Deutschland betätigen«; gleichwohl würden die Migranten weiter beobachtet.[20]

Doch die Bespitzelung diente nicht allein der Beobachtung möglicher antinazistischer Aktivitäten, sondern auch der Klassifizierung der betreffenden Personen als »Emigrant« – also als »jüdisch« oder politischer Gegner des NS-Regi-

---

15 Die Einleitung zum Dokumentenband »Die Verfolgung und Ermordung der europäischen Juden durch das nationalsozialistische Deutschland«, Bd. 1 (Deutsches Reich 1933–1937. Hg. v. Wolf Gruner. München 2008), betont, wie inkonsistent und widersprüchlich die staatliche antisemitische Politik gerade in den ersten Jahren des NS-Regimes war. VEJ, S. 38–40.
16 Hans Georg Lehmann: In Acht und Bann. Politische Emigration, NS-Ausbürgerung und Wiedergutmachung am Beispiel Willy Brandts. München 1976, S. 40. Die Meldungen dienten dem Aufbau einer umfassenden »Emigranten-Kartothek« der Gestapo in Berlin.
17 So in den Akten PAAA, Generalkonsulat Istanbul, Emigranten, Bd. 1 und 2, Ankara 665, 676, 679 usw. R 99609. Zur Überwachung der Emigranten siehe Christiane Hoss: Vogelfrei. Die Verfolgung der Emigrantinnen und Emigranten in der Türkei durch das Deutsche Reich. In: Verein Aktives Museum: Haymatloz – Exil in der Türkei 1933–1945. Ausstellungskatalog. Berlin 2000, S. 130–155.
18 In Antworten auf Anfragen des Konsulats zu einzelnen Emigranten heißt es stets: »Über die Tätigkeit und das Verhalten des Professors xy ist mir und der Ortsgruppe, bei der ich mich erkundigt habe […] bekannt …« PAAA, Generalkonsulat Istanbul, Emigranten, Bd. 1.
19 In der Türkei war während dieser Jahre jede oppositionelle Betätigung verboten; linke und liberale Intellektuelle wurden verfolgt und entlassen. Über die Überwachung der Emigranten durch türkische Sicherheitskräfte berichten u. a. Fritz Neumark: Zuflucht am Bosporus. Frankfurt a. M. 1980, S. 173–74, S. 180, sowie Julius Stern in: Anne Dietrich: Deutschsein in Istanbul – Nationalisierung und Orientierung in der deutschsprachigen Community von 1843–1956. Opladen 1998, S. 269.
20 Schreiben Kellers vom 25.11.1935 an das Auswärtige Amt in Berlin, PAAA R 99608.

mes.²¹ Diese Einstufung als *Emigrant* versus *Reichsdeutscher* hatte für die Betroffenen weitreichende politische und ökonomische Konsequenzen: Wer als *Emigrant* zählte, musste »Reichsfluchtsteuer« bezahlen, sein Besitz in Deutschland konnte beschlagnahmt werden,²² schließlich drohte die Ausbürgerung. Ab 1936 wurden deutsche Firmen im Ausland aufgefordert, keine jüdischen Emigranten zu beschäftigen, ab 1938 waren die Kinder jüdischer Emigranten vom Besuch deutscher Auslandsschulen ausgeschlossen, im Dezember 1942 wurde dieses Verbot auch auf nichtjüdische Emigrantenkinder ausgeweitet.²³

Eine weitere Schikane bestand in der Anweisung aus Berlin, die Pässe von Emigranten nur für sechs Monate oder ausnahmsweise für ein Jahr zu verlängern.²⁴ Diese Regelung war ein erhebliches Mittel zur Schikanierung und Erpressung vor allem der als »jüdisch« klassifizierten Emigranten, die sich entwürdigenden Befragungen unterziehen mussten.²⁵ Ihr Aufenthalt in der Türkei, der ab Sommer 1938 von einem gültigen Pass abhing, war ständig bedroht.

Allerdings war der »Status« zahlreicher Personen nicht eindeutig; auch einige der in Deutschland entlassenen Akademiker waren über die offiziellen deutschen Vertretungen in die Türkei vermittelt worden, oder es wurde ihnen bescheinigt, dass ihre Stellung in der Türkei »im Interesse des Deutschen Reiches« läge. Dies galt z. B. für den erwähnten Pädiater Albert Eckstein. Nichtsdestoweniger wurde das Vermögen der Familie zunächst beschlagnahmt; später betrieben deutsche Stellen Versuche, ihn zu kompromittieren; schließlich wurde er ausgebürgert.

Die NS-Politik gegenüber den emigrierten Wissenschaftlern war durchaus widersprüchlich. In den ersten Jahren äußerten sich Vertreter der deutschen Botschaft wiederholt positiv über den Aufenthalt der in Deutschland verfolgten Akademiker in der Türkei, von denen sie sich eine Stärkung des deutschen

---

21 Nach NS-Definition waren Emigranten alle Personen, die vor dem 30.1.1933 im Reichsgebiet ansässig waren und es, gleichgültig wann, aus politischen, rassischen, religiösen, privaten oder sonstigen Gründen verlassen hatten. Sie konnten auch bereits vor der Machtergreifung ins Ausland gegangen sein. Rundschreiben des Auswärtigen Amtes vom 12.12.1935. Laut Reinhard Heydrich konnte »[b]ei Nichtariern [...] grundsätzlich unterstellt werden, dass sie aus politischen Gründen ausgewandert sind«. Rundschreiben des AA vom 9.3.1935. Beide Schreiben zitiert nach Lehmann: In Acht und Bann (s. Anm. 16), S. 42.
22 Personen, die bis 1933 im öffentlichen Dienst beschäftigt waren – auch die aus politischen oder antisemitischen Gründen Entlassenen –, benötigten eine Genehmigung ihres früheren Dienstherrn zur Verlegung ihres Wohnsitzes ins Ausland bzw. eine Bestätigung, dass ihre Arbeit im Ausland »deutschen Interessen« diene. Ansonsten wurden sie als »Emigrant« eingestuft. Hoss: Vogelfrei (s. Anm. 17), S. 137.
23 Christiane Hoss: Der lange Arm des Deutschen Reiches. In: Haymatloz (s. Anm. 17), S. 43, und Hoss: Vogelfrei (s. Anm. 17) S. 138.
24 Hoss: Der lange Arm (s. Anm. 23), S. 42. Die Anwendung dieser Weisung ist durch mehrere Akteneinträge belegt: PAAA, Botschaft Ankara, 676 (Passsachen Bd. 4 1937–38).
25 Verschiedene Beispiele in: PAAA, Botschaft Ankara, 677.

Deutsche Botschaft
Ankara, den 16.10.1940.

Beauftragter
für
n der Reichsdeutschen
in der
Türkei

A u f z e i c h n u n g .

Dr. B a a d e hat in Ankara unterhalb der Wohnung des
Pg. Hans Schmidt gewohnt in der Yenigün sok 10. Dort fanden
auch Zusammenkünfte der Ankaraer Emigrantenvereinigung statt.
Bei einer dieser Zusammenkünfte wurden Sprechchöre gegen
das nationalsozialistische Deutschland abgehalten. So wurde
unter anderem ein Hetzgedicht gegen den Führer vorgelesen.
Der Refrain der johlenden Teilnehmer lautete anschliessend:
" Wir danken unserem Führer ! "
Nach Aussage von Frl. Laqueur und Frl Gassner war Baade eifriger
Teilnehmer an den Ausflügen des Emigrantenklubs. In diesem
Klub ist er auch als Redner aufgetreten, wenn auch nicht politisch.
Die Kinder des Dr. Baade befinden sich zur Zeit noch auf Besuch bei dem ungarischen Juden Hirrlinger, Lehrer an der
Inşaat usta mektebi in Ankara.
Im übrigen ist Herr Ges. Kroll, der in dem Schreiben des Herrn
Konsul v. Mentzingen vom 7.10.1940 erwähnt wird, über die
Person des Herrn Dr. Baade unterrichtet, da anlässlich der
seinerzeit stattgefundenen Wirtschaftsbesprechungen gelegentlich auch das Thema Baade von ihm erörtert wurde.
Die Tochter des Dr. Baade in Istanbul gilt als verlobt mit dem
Mischling Laqueur junior, der sich im Gegensatz zu seinen Eltern
und seiner Schwester offen zum Emigrantentum bekennt.

16.10.40.

Abb. 3: Bespitzelung f. Baade

Einflusses und Ansehens in der Türkei versprachen.[26] Dagegen »warnte« der Istanbuler Generalkonsul Axel Toepke, dass sich letztlich alle jüdischen Emigranten »deutschfeindlich« betätigen würden,[27] und versuchte häufig, den Emigranten zu schaden. Vor allem die Auslandsorganisation (AO) der NSDAP hetzte und intrigierte immer wieder gegen einzelne Emigranten.[28]

1937 und 1939 entsandte das Reichserziehungsministerium seinen Mitarbeiter Herbert Scurla auf Inspektionsreisen zur Überprüfung der Tätigkeit deutscher Akademiker an türkischen Hochschulen. In seinem Bericht von 1939 vermerkt Scurla für sämtliche in der Türkei tätigen Exilwissenschaftler jeweils »Arier« bzw. »Nichtarier« und führt (vermeintliche) »Erkenntnisse« über ihre Kontakte und politische Gesinnung auf, die in vielen Fällen unwahr sind.[29] Generell beklagt er den zu großen Einfluss der Emigranten in Istanbul; die dortige Universität sei »verjudet«. Als Maßnahmen zur Schwächung der »Emigrantenclique« schlägt er u.a. den Passentzug oder die Ausbürgerung vor.[30] Scurlas Versuche, Druck auf türkische Politiker auszuüben, keine jüdischen oder oppositionellen Wissenschaftler einzustellen, waren indes wenig Erfolg beschieden. Generell reagierten türkische Politiker recht allergisch auf Einmischungsversuche, außerdem fiel der Besuch in die Phase der türkischen Annäherung an England und Frankreich, die eine (zeitweilige) Abkühlung der deutsch-türkischen Beziehungen zur Folge hatte. NSDAP-Gliederungen vor Ort, aber auch die deutschen Konsulate in der Türkei versuchten (meistens erfolglos), durch Intrigen und haltlose Denunziation gegenüber den türkischen Behörden Entlassungen von Emigranten zu erreichen oder ihre Einstellung zu verhindern.[31] Die gravierendste Maßnahme gegen die Emigranten war der Entzug der Staatsangehörigkeit.

---

26 So die Schreiben des Geschäftsträgers Wilhelm Fabricius vom 9.8.1933 in: PAAA, Botschaft Ankara, 539, und vom 3.12.1935 in BAL R 901–47052 oder die des Botschafters Wilhelm von Keller vom 25.11.1935 in PAAA R 99608. Siehe auch Horst Widmann: Exil und Bildungshilfe – Die deutschsprachige akademische Emigration in die Türkei nach 1933. Bern u.a. 1973, S. 178.
27 Schreiben Toepke vom 19.7.1927, in: PAAA, Generalkonsulat Istanbul, Emigranten, Bd. 1.
28 Zu den Kontroversen und Machtkämpfen zwischen Deutscher Botschaft Ankara und NSDAP-AO siehe Berna Pekesen: Zwischen Sympathie und Eigennutz – NS-Propaganda und die türkische Presse im Zweiten Weltkrieg. Berlin 2014, S. 77–78.
29 Der Bericht von 1939 wurde 1987 veröffentlicht: Klaus-Detlev Grothusen: Der Scurla-Bericht. Frankfurt a.M. 1987. 2007 wurde er von Faruk Şen erneut publiziert, in: Faruk Şen, Dirk Halm: Exil unter Halbmond und Stern. Essen 2007, S. 31–92. Diese Publikation enthält einen ausführlichen Kommentar von Christiane Hoss zu den einzelnen von Scurla genannten Personen und den gegen sie erhobenen Behauptungen.
30 Şen, Halm: Exil unter Halbmond (s. Anm. 29), S. 67, 78.
31 Ausführlich bei Hoss: Vogelfrei (s. Anm. 17), S. 144–146.

IV. Ausbürgerung und Passentzug durch deutsche Stellen

Das »Gesetz über den Widerruf von Einbürgerungen und die Aberkennung der deutschen Staatsangehörigkeit« vom 14. Juli 1933 ermöglichte den Widerruf von während der Zeit der Weimarer Republik erfolgten Einbürgerungen[32] und die Strafexpatriation von Personen im Ausland, die ihre »Pflicht zur Treue gegen Reich und Volk« verletzten. Beide Bestimmungen bedeuteten einen fundamentalen Bruch mit dem bis dahin gültigen Staatsangehörigkeitsrecht.[33] Eine Begründung wurde den Betroffenen nicht mitgeteilt, der Beschluss musste ihnen nicht einmal zugestellt werden (es reichte eine Veröffentlichung im Reichsanzeiger), und es gab keine Rechtsmittel gegen die Ausbürgerung, die zudem die Beschlagnahmung des Vermögens erlaubte und sich auch auf Familienangehörige erstreckte. Bei Personen im Ausland sollte diese Ausbürgerung im »Einvernehmen« zwischen Innenministerium bzw. Gestapo und Auswärtigem Amt durchgeführt werden; es wurden Stellungnahmen der deutschen Konsulate in den jeweiligen Ländern eingeholt.

Die ersten Ausbürgerungen trafen bekannte Schriftsteller und führende Politiker der linken Parteien. Laut Absprache zwischen Innen- und Außenministerium sollten keine Massenausbürgerungen vorgenommen werden, um »die Schärfe dieser Waffe« nicht abzunutzen.[34] Doch mit dem Abflauen der Kritik aus dem Ausland am deutschen Unrechtsregime und dem gestiegenen Einfluss der SS innerhalb des NS-Staates änderte sich diese Politik: Ein Dekret Himmlers vom 30. März 1937, dem das Auswärtige Amt zustimmte, weitete die Kriterien zur Ausbürgerung aus. Emigrierten Juden musste ein »deutschfeindliches Verhalten« nicht mehr explizit nachgewiesen werden.[35] Massenausbürgerungen begannen: Allein 1938 wurde fast 5.000 Personen die deutsche Staatsangehörigkeit entzogen. Das Verfahren zur Ausbürgerung wurde immer weiter vereinfacht und die Zustimmungspflicht der Konsulate herabgesetzt; ab Kriegsbeginn mussten sie nicht einmal mehr unterrichtet werden.[36] Aus den Akten der deutschen Konsulate in der Türkei geht indes hervor, dass auch nach 1939 ihre Stellungnahmen eingeholt wurden. Die meist von der Gestapo initiierten Ausbürgerungsanträge – oft gespickt mit Verleumdungen und haltlosen Beschuldigungen – füllen ganze Aktenordner der deutschen Vertretungen in der Türkei. Als »Beleg« der »staatsfeindliche Betätigung« des Rechtsanwalts Kurt Beck-

---

32 Siehe dazu den zweiten Teil dieses Artikels.
33 Dieter Gosewinkel: Einbürgern und Ausschließen. Die Nationalisierung der Staatsangehörigkeit vom Deutschen Bund bis zur Bundesrepublik Deutschland. Göttingen 2001, S. 369.
34 Lehmann: In Acht und Bann (s. Anm. 16), S. 55. Die ersten zehn Ausbürgerungslisten von Personen im Ausland, die zwischen 1933 und 1937 durchgeführt wurden, betrafen insgesamt 623 Personen (davon rund 300 Angehörige).
35 Lehmann: In Acht und Bann (s. Anm. 16), S. 56–57 und S. 287 (dort der Erlass).
36 Lehmann: In Acht und Bann (s. Anm. 16), S. 58.

Wardau, der als Sprachlehrer an der Landwirtschaftlichen Hochschule in Ankara arbeitete, diente seine frühere Verteidigertätigkeit in Verfahren gegen KPD-Angehörige;[37] und Kurt Bernhard, der als Sachverständiger für die Sümerbank Ankara arbeitete, sollte wegen seiner Mitgliedschaft in der »Deutschen Friedensgesellschaft« die Staatsbürgerschaft entzogen werden.[38]

Auch die Nichtbefolgung einer Aufforderung zur Rückkehr ins Deutsche Reich konnte zur Ausbürgerung führen, ebenso die Verletzung der per Gesetz vom 3. Februar 1938 vorgeschriebenen Pflicht für Deutsche im Ausland, sich beim zuständigen Konsulat anzumelden.[39] Der Meldebogen erfragte neben der Religionszugehörigkeit auch die »Abstammung«; laut Erläuterung bedeutete dies »nur Angabe, ob Jude oder jüdischer Mischling«.[40] Zusätzlich verschickten die deutschen Konsulate Ende Mai 1938 an alle Türkei-Emigranten den eingangs erwähnten Fragebogen.[41]

Schließlich wurde auch das Privatleben der Emigranten peinlichst observiert und aufgezeichnet, da auch ein Verstoß gegen die Nürnberger Gesetze eine Ausbürgerung nach sich ziehen konnte. Ende 1942, nachdem im November 1941 bereits alle Juden kollektiv ausgebürgert worden waren, forderte ein Erlass des Auswärtigen Amtes die Ausbürgerung nichtjüdischer Ehepartner von Juden.[42]

Der Dirigent Ernst Praetorius, dem man in Deutschland aufgrund seiner jüdischen Ehefrau Berufsverbot erteilt hatte, leitete seit 1935 das Symphonieorchester in Ankara. Seine Frau, von der er sich in Deutschland pro forma hatte scheiden lassen, war ihm 1936 in die Türkei gefolgt. Die örtliche NSDAP-Gruppe bespitzelte und denunzierte ihn – er lebe wieder mit seiner Frau zusammen – und forderte seine Ausbürgerung.[43] Botschafter Papen riet jedoch von einer Ausbürgerung ab, die »peinlichstes Aufsehen erregen« würde, da Praetorius in der Türkei das Ansehen höchster politischer Kreise genoss.[44] Auch bei weiteren prominenten nicht-jüdischen Türkei-Emigranten (wie z.B. Ernst Reuter)

---

37 Schriftwechsel zwischen Gestapo, Auswärtigem Amt und Botschaft Ankara von 1938, in: PAAA, Botschaft Ankara, 676.
38 PAAA, R 100.017. Zitiert nach Hoss: Vogelfrei (s. Anm. 17), S. 150.
39 Lehmann: In Acht und Bann (S. Anm. 16), S. 58–59.
40 Meldebogen des Schauspielers Otto Weisz, in: PAAA, Botschaft Ankara 677.
41 PAAA, Botschaft Ankara, 732, abgedruckt bei Şen, Halm: Exil unter Halbmond (s. Anm. 29), S. 217.
42 Hoss: Vogelfrei (s. Anm. 17), S. 148–49, gestützt auf Rundschreiben des Auswärtigen Amtes an alle Auslandsvertretungen vom 18.12.1942, in: PAAA R 100061. Nachdem einige der Betroffenen dies öffentlich gemacht hatten, wurde die Anwendung der Maßnahme aus Angst vor der Negativwirkung im Ausland zurückgenommen.
43 Hoss: Vogelfrei (s. Anm. 17), S. 152.
44 Schreiben Papens vom 15.12.1942, zitiert nach Hoss: Vogelfrei (s. Anm. 17), S. 152.

sahen die NS-Stellen von einer Ausbürgerung ab, da sie negative Auswirkungen auf die deutsche Politik in der Türkei befürchteten.⁴⁵

Derartige Rücksichtnahme hielt man bei jüdischen Emigranten für unnötig. Schon ab 1939 wurde vielen der weniger prominenten jüdischen Türkei-Flüchtlinge die Staatsangehörigkeit entzogen, oder ihnen ohne ein formales Ausbürgerungsverfahren einfach der Pass entzogen. Im Oktober 1938 waren alle Reisepässe deutscher Juden (zu denen jetzt auch die vormals österreichischen Staatsbürger zählten) für ungültig erklärt worden. Die Passinhaber mussten sich das berüchtigte große rote »J« in den Pass stempeln lassen. Die Konsulate wurden angewiesen, die Namen der Juden ihres Konsularbezirks, die der Aufforderung nicht nachkamen, aufzulisten und nach Berlin zu melden.⁴⁶ Ihre Pässe waren ungültig. Spätestens mit der Verordnung vom 25.11.1941 verloren alle jüdischen Emigranten die deutsche Staatsangehörigkeit. Wer ausgebürgert oder auch nur ohne Pass war, dem drohte die Ausweisung aus der Türkei.

V. »Eine konzentrierte Ansiedlung von Juden ist zu verhindern« – türkische Politik gegenüber jüdischen Emigranten

> Wir haben [...] wieder eine absonderlich wilde Zeit hinter uns. [...] Die Türkei [wendet] jetzt auf Reichsdeutsche die deutschen Rassegesetze an [...], so] dass ein Reichsdeutscher nur dann hier eine Aufenthaltsgenehmigung erhält bzw. eine bisher gehabte verlängert bekommt [...], wenn er vom deutschen Konsul den A r i e r n a c h w e i s mitbringt. Leute, d. h. Emigranten, Juden, welche seit 1933 hier ansässig waren, sind auf diese Weise Knall und Fall (...), binnen 24 Stunden ausgewiesen worden.⁴⁷

Mit diesen Worten beschreibt der Assyriologe Fritz Rudolf Kraus, der seit 1937 am Archäologischen Museum in Istanbul beschäftigt war, die Situation der Türkei-Emigranten im Oktober 1938. Kraus' Brief bezieht sich auf die eingangs erwähnten türkischen Gesetze vom Juni 1938, das Passgesetz und das Gesetz betreffend Einreise und Aufenthalt von Ausländern in der Türkei.⁴⁸ Wie in der türkischen Praxis üblich, erwähnte der Text der Gesetze die jüdischen Flüchtlinge, gegen die sie sich richteten, mit keinem Wort. Doch eine türkische Anfrage beim Deutschen Generalkonsulat in Istanbul, wenige Tage nach Verab-

---

45 Die Korrespondenz um das Für und Wider einer Ausbürgerung Ernst Reuters füllt ganze Akten.
46 ADAP, Serie D, Bd. 5, Dok. 644.
47 Brief Fritz R. Kraus vom 15.10.1938 an L. Zunz. Leiden University Library, ›brieven‹, BPL 3273. Der Assyriologe Kraus war vom NS-Regime als »Halbjude« kategorisiert und von der Universität Leipzig entlassen worden.
48 Gesetz Nr. 3519 (Passgesetz), Resmi Gazete (türkisches Amtsblatt) vom 16.7.1938, S. 10298, und Gesetz Nr. 3529 (über den Aufenthalt von Ausländern in der Türkei), Resmi Gazete vom 16.7.1938, S. 10298.

schiedung der Gesetze, war eindeutig: Die türkische Polizei bat darum, in den Pässen von Juden ein geheimes Zeichen anzubringen. Juden sei in der Türkei nur noch ein kurzfristiger Aufenthalt gestattet. Dem Umstand, dass die deutschen Pässe die Religion nicht vermerkten, sollte ein »geheimes Zeichen« abhelfen, welches dem Passinhaber nicht auffalle.[49] Soweit aus den Akten ersichtlich, ließen die Deutschen diese Anfrage unbeantwortet. Zwei Monate später ging die türkische Regierung einen Schritt weiter: Am 29. August 1938, erließ sie das Dekret Nr. 2/9498, welches nun explizit Juden aus Deutschland, Ungarn und Rumänien, also den Ländern mit antisemitischer Gesetzgebung, die Einreise in die Türkei untersagte. Es handelte sich um einen Geheimerlass, der im Regierungsanzeiger nicht abgedruckt wurde.[50] Hintergrund der türkischen Maßnahmen waren nicht allein die antisemitischen Maßnahmen und Gewaltexzesse seit der Annexion Österreichs im März 1938, die die Zahl jüdischer Flüchtlinge enorm anwachsen ließen, sondern auch die Entwicklung im Nachbarland Rumänien, wo die von dem Antisemiten Octavian Goga geführte Regierung ankündigte, etwa 250.000 rumänischen Juden die Staatsbürgerschaft zu entziehen.[51]

Schon Ende 1937 hatte der türkische Abgeordnete Sabri Toprak einen Gesetzesentwurf eingebracht, der jüdischen Emigranten eine Niederlassung in der Türkei verbieten sollte. Sein Vorschlag wurde mit dem Argument abgelehnt, die Türkei sei bereits ausreichend »geschützt«. Tatsächlich hatte die Türkei schon 1937 damit begonnen deutsche Juden auszuweisen.[52] Drei der Betroffenen berichteten dem deutschen Konsulat, dass die Istanbuler Polizei die Abschiebung von insgesamt 300 bis 400 deutsch-jüdischen Flüchtlingen angekündigt hatte.[53] Dokumente aus türkischen Archiven belegen die Entscheidung zur Abschiebung deutsch-jüdischer Flüchtlinge.[54]

Mehrere der Ausgewiesenen sowie auch deutsche (und österreichische) Juden, denen die Türkei ein Einreisevisum verweigerte, wandten sich an die deutschen Konsulate. Als die deutsche Botschaft die türkische Seite um Aufklärung bat, bestätigte der stellvertretende Generaldirektor im türkischen Außenministerium, Kemal Aziz Payman, seinem deutschen Kollegen »streng vertraulich«,

---

49 Schreiben des deutschen Botschafters August F. W. von Keller an das Auswärtige Amt Berlin vom 2.7.1938. Die Anfrage wurde vom Vizedirektor der IV. Sektion der Polizei Istanbul gestellt. PAAA, R 49005.
50 Eine Veröffentlichung als Faksimile erfolgte erst 2010 in: Bilâl N. Şimşir: Türk Yahudiler I, Ankara 2010, S. 595. 1938 wurde der Erlass jedoch in internen Regierungsschreiben zitiert.
51 Nach Absetzung Gogas 1939 wurde diese Maßnahme unter Vermittlung des Völkerbunds abgemildert.
52 Schreiben Kroll vom 16.9.1937, PAAA, Botschaft Ankara, 676, diverse Beispiele in den Akten PAAA Ankara 676 und 681.
53 Aufzeichnung vom 5.8.1937 und Schreiben Konsul Toepke vom 6.8.1937, in: PAAA, Botschaft Ankara, 681.
54 Begründung der Abschiebung Edith Nordens, BCA, 030.10/99.641.7.

dass sein Ministerium eine geheime Dienstanweisung erlassen habe, um der Einwanderung von Juden vorzubeugen, da diese »als unerwünschtes Element angesehen« würden.[55] Wie Payman erläuterte, stütze sich die türkische Politik hierbei auf das Ansiedlungsgesetz (*İskân Kanunu*), nach welchem das Recht auf Immigration Angehörigen der »türkischen Rasse und Kultur« vorbehalten sei.

Das im Juni 1934 erlassene İskân Kanunu war ein zentrales Instrument der nationalistischen türkischen Bevölkerungspolitik. Diese zielte zum einen auf einen Bevölkerungszuwachs, wofür Kampagnen zur Steigerung der Geburtenrate durchgeführt und Muslime aus den Balkanstaaten zur Einwanderung in die Türkei angeworben wurden. Zum zweiten zielte die Politik auf die »Türkisierung«, d. h. Zwangsassimilierung der ethnisch und sprachlich inhomogenen Bevölkerung. Das Gesetz von 1934 ermächtigte das Innenministerium zur Zwangsumsiedlung von Bevölkerungsgruppen, die als »nicht der türkischen Kultur zugehörig« betrachtet wurden, und war wesentlicher Hintergrund der Vertreibung der Juden aus Thrakien im Sommer 1934.[56]

Ende der 1930er Jahre richtete sich diese Politik ganz eindeutig gegen Juden, wie Payman seinem deutschen Kollegen offen erläuterte: »Deutsche im Allgemeinen« – also nichtjüdische Deutsche – und andere (nichtjüdische) Ausländer würden nicht als Immigranten angesehen, auch wenn sie sich auf unbestimmte Zeit in der Türkei niederließen.[57] Aufgrund der genannten »Dienstanweisung«, die Einwanderung von Juden zu verhindern, hatten die türkischen Konsulate im Ausland schon 1937 begonnen, von Deutschen vor der Erteilung eines Einreisevisums einen »Ariernachweis« zu verlangen.[58] Kraus' Brief bezieht sich darauf, dass nach Verabschiedung des Gesetzes im Juni 1938 solch eine Bescheinigung nun auch von Flüchtlingen verlangt wurde, die sich bereits legal in der Türkei aufhielten. Für einige der Betroffenen konnte das Flüchtlingskomitee der jüdischen Gemeinde in Istanbul, dem u. a. der Lehrer Julius Stern und Edmond Goldenberg[59] angehörten, über Kontakte zum damaligen Istanbuler Bischof Roncalli, dem späteren Papst Johannes XXIII., falsche Taufscheine besorgen. Viele Flüchtlinge wurden jedoch von der Türkei ausgewiesen und abgeschoben. Dies galt auch für einige der weniger prominenten Exilwissenschaftler, die ihre Aufenthaltsgenehmigung verloren, sobald ihre Verträge aus-

---

55 Aufzeichnung vom 26.5.1937 bezüglich einer Unterredung mit Payman, PAAA, Botschaft Ankara, 681, und Schreiben des türkischen Außenministeriums Nr. 9673/26 vom 7.5.1937.
56 Berna Pekesen: Nationalismus, Türkisierung und das Ende der jüdischen Gemeinden in Thrakien, 1918–1942. München 2012.
57 Aufzeichnung vom 26.5.1937 (s. Anm. 55).
58 Schreiben Kroll, Deutsches Konsulat Istanbul, an Botschaft Ankara vom 16.9.1937 sowie mehrere weitere Schreiben in: PAAA, Botschaft Ankara, 676.
59 Goldenberg, bis 1938 Filialdirektor der Deutschen Bank in Istanbul, war als Jude 1938 entlassen worden.

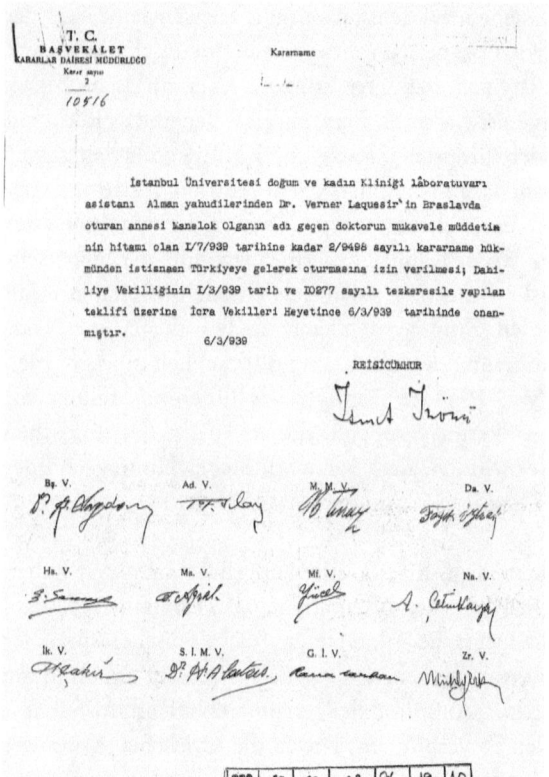

Abb. 4:
Ausnahmegenehmigung

liefen und insbesondere, wenn ihnen die deutsche Staatsangehörigkeit aberkannt wurde. Der Erlass wurde in der folgenden Zeit um Juden weiterer Staaten erweitert, die von Deutschland annektiert wurden (Tschechoslowakei) oder selbst antisemitische Gesetze erließen (Italien). In einer Neufassung vom Januar 1941 wird das Einreiseverbot auf in ihren Heimatländern als Juden kategorisierte und verfolgte Menschen erweitert, »unabhängig davon, welcher Religion sie aktuell angehören«.[60]

Spezialisten, »deren Beschäftigung für Abteilungen oder Institutionen der Türkei notwendig [war] oder deren Aufenthalt in der Türkei aus kommerziellen oder wirtschaftlichen Erwägungen [...] für nützlich erachtet [wurde]«, konnten nach Artikel 3 des Geheimerlasses eine Ausnahmegenehmigung zum Aufenthalt in der Türkei erhalten. Es konnte ihnen auch der Nachzug von Familienangehörigen genehmigt werden. Die Entscheidung darüber oblag dem

---

60 Auch die novellierte Fassung, der Erlass Nr. 2/15132 vom Januar 1941, wurde in der Türkei nicht offiziell bekannt gemacht. Eine Abschrift des Originals findet sich im CZA Jerusalem, S 25/6308.

Ministerrat. So konnten zahlreiche der in der Türkei beschäftigten Emigrantenprofessoren ihre Familienangehörigen nachholen und auf diesem Weg vor der Ermordung retten.

VI. Rechtlos, passlos, staatenlos – Reaktionen und Handlungsmöglichkeiten der Ausgebürgerten

Die emotionale Reaktion der Emigranten auf den Entzug der Staatsbürgerschaft war sehr unterschiedlich. So schildert Eugen Merzbacher, dass seine Familie »eher stolz war« und die Ausbürgerung als »Auszeichnung« empfand.[61] Fritz Neumark empfand die »individuelle« Ausbürgerung (im Gegensatz zur kollektiven Denaturalisierung aller jüdischen Deutschen im November 1941) in gewisser Weise als »Ehrung«, benennt aber gleichzeitig den »tiefen Schmerz«, den er und seine Frau darüber empfanden, von ihrem Heimatland Deutschland »formell ausgestoßen worden zu sein«.[62]

Wer staatenlos oder passlos war, dem drohte – insbesondere als Jude – nicht nur die Ausweisung aus der Türkei, sondern ihm waren auch alle Möglichkeiten zur Einreise in ein anderes Land genommen. Einige der prominenten Emigranten, darunter die Ecksteins, Carl Ebert und Ernst E. Hirsch, erhielten Papiere der tschechischen Exilregierung in London. Damit galten sie in der Türkei nicht als Staatenlose und konnten bleiben.[63] Eine originelle, aber angesichts der türkischen Politik völlig unrealistische Idee hatte Philipp Schwartz. Er wollte in einem Dorf irgendwo in der Türkei einen symbolischen jüdischen Staat gründen, um Pässe ausstellen zu können.[64] Realisiert wurde dieser Vorschlag nicht.

Der Erwerb der türkischen Staatsangehörigkeit kam als Ausweg nur für die wenigsten in Betracht. Gerade die nichtjüdischen Emigranten hielten oft trotz Gegnerschaft zum NS-Regime an ihrem »deutschen Patriotismus« fest, andere

---

61 Schreiben Eugen Merzbachers vom 1.7.2005 an Arnold Reisman, zitiert in: Arnold Reisman: Turkey's Modernization. Refugees from Nazism and Atatürk's Vision. Washington, D. C. 2006, S. 277–278.
62 Neumark: Zuflucht (s. Anm. 19), S. 183.
63 Die türkische Regierung hatte schon im April 1939 (also unabhängig von der Ausbürgerung der meisten deutschen Juden) beschlossen, in der Türkei ansässige tschechoslowakische Juden auch nach der Besetzung des Landes nicht als staatenlos zu betrachten und nicht auszuweisen. BCA, Beschluss vom 27.4.1939, 03010.0/206.407.2.
64 Francis Ofner, selbst als Flüchtling einige Zeit in Istanbul, später Diplomat und Pressesprecher Israels, berichtet, dass Philipp Schwartz ihm von dieser Idee erzählt habe, die dieser angeblich bereits mit Staatspräsident Inönü besprochen hatte. Videotape mit Francis Ofner vom 12.11.1992, Yad Vashem, Video-Nr. 222.

äußerten unverhohlen antitürkische Ressentiments.⁶⁵ Keiner von ihnen beantragte die türkische Staatsbürgerschaft. Hierfür mögen auch materielle Gründe eine Rolle gespielt haben: Als türkische Staatsangehörige hätten sie deutliche Gehaltseinbußen hinnehmen müssen. Es war allerdings nicht einfach, in die türkische Staatsangehörigkeit aufgenommen zu werden. Zahlreiche der von jüdischen Exilanten gestellten Einbürgerungsanträge wurden abgelehnt, wie Fritz Kraus in einem Brief berichtet.⁶⁶ Meistens wurde der Übertritt zum Islam zur Voraussetzung einer Einbürgerung gemacht. Selbst Ernst E. Hirsch, der neben seiner Arbeit als Professor auch türkische Ministerien in Rechtsfragen beriet und Kontakte in Regierungskreise unterhielt, musste fünf Jahre auf seine Einbürgerung warten. Als er sie 1938 beantragte, riet man ihm, zunächst zum Islam zu konvertieren, was er ablehnte. Er wurde schließlich 1943 eingebürgert.⁶⁷ Schließlich gab es noch den Weg, durch Heirat eines/r türkischen Staatsangehörigen eine Aufenthaltsgenehmigung oder die Einbürgerung zu erreichen. Wie Anne Dietrichs Arbeit zeigt, war die »Heiratsmigration« auch vor 1933 insbesondere für Frauen der unteren Mittelschicht eine Option.⁶⁸ Doch auch Eheschließungen wurden durch die nationalistische Politik der Türkei und den Antisemitismus und Rassismus des NS-Regimes immer wieder be- oder verhindert: So war türkischen Beamten (das waren alle Beschäftigten des öffentlichen Dienstes und staatlicher Betriebe!) seit 1929 die Ehe mit Ausländern verboten (bzw. führte zur Entlassung). Die deutschen Konsulate befolgten die antisemitischen NS-Rassegesetze und verhinderten Eheschließungen von »Deutschblütigen« mit Juden/Jüdinnen oder auch mit Türken.⁶⁹ Doch es gab diesen Weg. Anne Dietrich zeichnet die Lebensgeschichte mehrerer Frauen nach, die »einen türkischen Ehemann als Lebensstrategie wählten«. Die Verwandten der von ihr beschriebenen jüdischen Frauen wurden während der Shoah ermordet; ihnen rettete die Ehe das Leben.⁷⁰ Sobald die türkischen Stellen jedoch Verdacht schöpften, dass es sich um eine »Scheinehe« handle, wurden die Betreffenden ausgewiesen, wie das Beispiel von Edith Norden zeigt, die im Februar 1939 abgeschoben wurde.⁷¹ Ihr weiteres Schicksal ist unbekannt, wie das der meisten nicht-prominenten jüdischen Flüchtlinge, die von Deutschland ausgebürgert und von der Türkei ausgewiesen wurden. Auch ihre Zahl kennen wir nicht.

---

65 Ernst Reuter betonte seine »patriotische Gesinnung« z. B. im Gespräch mit Cem Dalaman, Cem Dalaman: Die Türkei in ihrer Modernisierungsphase als Fluchtland für deutsche Exilanten. Berlin 1998, S. 169; Wilhelm Röpke äußerte sich offen antitürkisch: Brief Röpkes zitiert von Christiane Hoss, in: Şen: Exil unter Halbmond, S. 174.
66 Schreiben Kraus an B. Landsberger vom 19.6.1939. Leiden University Library (s. Anm. 47).
67 Ernst E. Hirsch: Aus des Kaisers Zeiten durch die Weimarer Republik in das Land Atatürks – eine unzeitgemäße Autobiographie. München 1982, S. 278–279.
68 Dietrich: Deutschsein (s. Anm. 19), S. 294–301.
69 Ausführlich bei Hoss: Vogelfrei (s. Anm. 17), S. 140–144.
70 Dietrich: Deutschsein (s. Anm. 19), S. 301.
71 BCA, 030.10/99.641 .7.

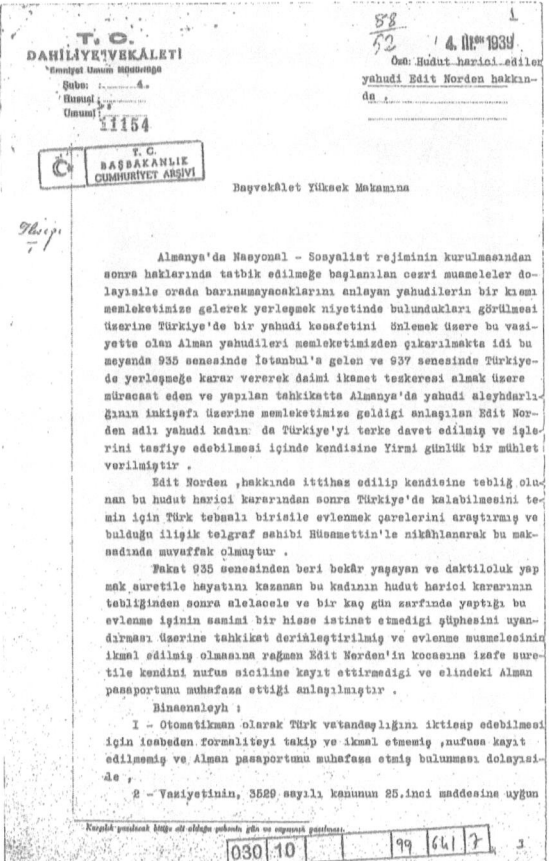

Abb. 5: Ausweisung
Edit Norden

VII. Die andere Seite: türkisch-jüdische Emigranten in Deutschland

Weit weniger bekannt als das Schicksal der Emigranten aus Deutschland in der Türkei ist das der türkisch-jüdischen Emigranten, die während der 1930er Jahre in Deutschland lebten. Ihre Zahl – zwischen 700 und 1000 Personen – entsprach in etwa der der deutsch-jüdischen Emigranten in der Türkei. Im Gegensatz zu diesen waren die türkischen Juden in der Mehrzahl nicht als Flüchtlinge gekommen, auch wenn der rigide Nationalismus in der Türkei für viele der Anstoß zur Auswanderung war. Etwa zwei Drittel der türkischen Juden lebten in Berlin, wo viele von ihnen über den sephardischen Verein und weitere Institutionen auch enge soziale Kontakte unterhielten. Doch auch in Hamburg, München und zahlreichen anderen Städten lebten türkische Juden, die damals die Mehrheit der in Deutschland lebenden »Türken« bildeten.

Abb. 6: Synagoge Lützowstraße

Auch in der zweiten Generation behielten die meisten der türkischen Juden in Deutschland ihre türkische Staatsangehörigkeit bei, was vermutlich weniger auf die Verbundenheit mit der Türkei als auf das restriktive deutsche Staatsangehörigkeitsrecht zurückzuführen ist. Bekanntlich dauerte es bis zum Beginn des dritten Jahrtausends, bis hier von zumindest einigen Bestimmungen des völkischen *ius sanguinis* Abschied genommen wurde. Bemühungen türkischer (oder osmanischer) Juden, die deutsche Staatsangehörigkeit zu erlangen, sahen sich mit Weigerungen beider Staaten konfrontiert: Deutsche Stellen verweigerten die Einbürgerung »orientalischer Juden« häufig mit unverhohlen rassistischen oder antisemitischen Begründungen.[72] Auch während der Weimarer Republik wiesen die »Richtlinien für die Bearbeitung von Einbürgerungsanträgen« die Bezirksämter an, bei der Bearbeitung dieser Anträge »nach Möglichkeit alle gesetzlichen Mittel zu erschöpfen, damit die Einbürgerung lästiger Ausländer verhindert wird«.[73]

---

[72] Beispiele hierfür siehe Schreiben der Polizeibehörde Hamburg vom 31.10.1906 (Cori) bzw. vom 13.2.1909 (Assaël); Hamburger Staatsarchiv, Staatsangehörigkeitsaufsicht 332–7, Akten B III 85797 und 95733.

[73] »Richtlinien für die Bearbeitung von Einbürgerungsanträgen« von 1920, Hamburger Staatsarchiv, Bestand 132–1 II, Akte 1659, Bd. 1, Blatt 70. Siehe auch Oliver Trevisiol: Die Einbürgerungspraxis im Deutschen Reich 1871–1945. Konstanz 2004, S. 68–72, unter: https://d-nb.info/974206237/34 [abgerufen: 28.6.2018].

Doch auch die türkische Seite hinderte ihre Bürger im Ausland an der Erlangung der Staatsbürgerschaft des Aufenthaltsstaates, indem sie diese nicht aus der türkischen (oder osmanischen) Staatsbürgerschaft entließ. Schon das osmanische Gesetz über die Staatsbürgerschaft von 1869 hatte für den Austritt aus der osmanischen Staatsbürgerschaft eine Genehmigung des Sultans erforderlich gemacht, um damit die Kontrolle über seine Untertanen aufrechtzuerhalten und einen Wechsel zu erschweren. Vor allem viele Nichtmuslime erwarben eine ausländische Staatsangehörigkeit und unterstellten sich damit dem Schutz (und der Gerichtsbarkeit) einer ausländischen Macht.[74] Nach dem Übergang zur Republik bedurfte es für die Genehmigung zur Aufgabe der türkischen Staatsbürgerschaft der Zustimmung des Ministerpräsidenten.

Wer sich in seinem neuen Aufenthaltsstaat naturalisieren lassen wollte, musste eine Bescheinigung über die »Entlassung aus der türkischen Staatsbürgerschaft« beibringen. Wie Dutzende Akten türkischer Juden in verschiedenen deutschen Archiven bezeugen, wurde dies sehr häufig verweigert: Jeder männliche Staatsangehörige wurde als potenzieller Soldat betrachtet und konnte seine Entlassung nur gegen Bezahlung erwirken; er musste sich freikaufen.[75] Die Vorschrift, nach welcher die Beibringung der Entlassungsurkunde Voraussetzung einer Naturalisierung war, wurde allerdings je nach Region (innerhalb des Deutschen Reiches, aber auch in anderen europäischen Staaten) und Zeit unterschiedlich streng ausgelegt. Wenn eine Naturalisierung als opportun angesehen wurde, wurden durchaus Ausnahmen gemacht.

Ab 1933 wurden türkische Juden wie alle von den Nazis als Juden kategorisierten Menschen Opfer von Ausgrenzung, Entrechtung und zunehmender Verfolgung. Das oben erwähnte »Gesetz über den Widerruf von Einbürgerungen und die Aberkennung der deutschen Staatsangehörigkeit« diente nicht nur als Instrument, um Emigranten die deutsche Staatsbürgerschaft zu entziehen, sondern schuf auch die Handhabe, während der Weimarer Republik erfolgte Einbürgerungen zu widerrufen. Diese Maßnahme richtete sich in erster Linie gegen »Ostjuden«. Doch auch Juden türkischer Herkunft gehörten zu den Betroffenen, so der am 14. Oktober 1908 in Hamburg geborene Harald Assaël: Nachdem sein Vater Sabatai Isidor Assaël dreimal vergeblich die Naturalisie-

---

74 Taner Akçam und Ümit Kurt: Kanunları Ruhu. Emval-i Metruke Kanunlarında Soykırımın İzini Sürmek. Istanbul 2012, S. 44. Zur Übernahme fremder Staatsangehörigkeiten durch Angehörige der Minderheiten während der Endphase des Osmanischen Reiches siehe Steven Rosenthal: Minorities and Municipal Reform in Istanbul 1850–1870. In: Christians and Jews in the Ottoman Empire. Hg. v. Benjamin Braude und Bernard Lewis. London, New York 1982, S. 369–385.

75 Dies gilt auch heute, wie die Schwierigkeiten zahlreicher »Deutschtürken« belegen; vgl. unter: https://www.rechtslupe.de/verwaltungsrecht/einbuergerung-ohne-tuerkischen-militaerdienst-323738 [abgerufen: 28.6.2018].

rung beantragt hatte,[76] wurde Harald Assaël im November 1929 schließlich in die deutsche Staatsangehörigkeit aufgenommen. Auf Grundlage des Gesetzes vom Juli 1933 wurde er 1934 ausgebürgert.[77] Es ist davon auszugehen, dass auch weitere Juden türkischer Herkunft zu den Ausgebürgerten gehörten.

VIII. Staatsangehörigkeit als Schutz

Die Situation der Juden mit türkischer Staatsangehörigkeit war widersprüchlich: Einerseits waren sie durch das Zusammenwirken repressiver Ausländergesetzgebung und der antisemitischen Maßnahmen in doppelter Weise benachteiligt. Andererseits genossen sie als Angehörige eines fremden Staates einen gewissen Schutz, der u. a. auf den bilateralen Verträgen mit den jeweiligen Staaten – im Falle der Türkei dem deutsch-türkischen Niederlassungsvertrag – beruhte. Aggressionen seitens NS-Schlägertrupps gegen ausländische Juden in Deutschland oder rechtliche Einschränkungen durch staatliche antisemitische Bestimmungen führten zu Protesten der diplomatischen Vertretungen zahlreicher Staaten beim Auswärtigen Amt in Berlin.[78] Unter den verschiedenen Ministerien und NS-Parteigremien war indes umstritten, wieweit auf diese Beschwerden Rücksicht zu nehmen sei. Die Behandlung ausländischer Juden war folglich widersprüchlich. So wurden diese von einigen antisemitischen Beschränkungen ausgenommen, während andere gegen sie angewendet wurden.[79] So mussten ausländische Juden beispielsweise im Mai 1938 trotz Protesten ausländischer Vertretungen ihr in Deutschland befindliches Vermögen angeben, wenn sie ihren Wohnsitz in Deutschland hatten. Von der Anwendung der »Verordnung zur Ausschaltung der Juden aus dem deutschen Wirtschaftsleben« vom November 1938, konkret also der »Arisierung« ihrer Betriebe, blieben Juden ausländischer Staatsangehörigkeit jedoch »vorläufig« ausgenommen.[80] So konnten einige türkische Juden unter Verweis auf ihre türkische Staatsangehörigkeit ihre Geschäfte zunächst weiterführen.[81]

Mit Beginn des Krieges und insbesondere mit der Besetzung der westeuropäischen Staaten 1940 bekam die Frage der Juden ausländischer Staatsangehörig-

---

76 Siehe oben. Seine Anträge auf Naturalisierung von 1908, 1912 und 1914 waren abgewiesen worden. Staatsarchiv Hamburg, Akte 95733.
77 Staatsarchiv Hamburg, Akte B VI 1929, Nr. 384. Ein weiteres Beispiel ist der 1895 in Istanbul geborene Rıfat Avigdor. BLHA, Akte Rep 36 A II, Nr. 1434
78 PAAA, Akten PAAA R 99300, R 99303–305, R 100161, R 100269–272 und weitere.
79 Hermann Graml: Die Behandlung von Juden fremder Staatsangehörigkeit in Deutschland. In: Gutachten des Instituts für Zeitgeschichte. Bd. 1. München 1958, S. 85–87.
80 Schreiben Auswärtiges Amt W I 110 vom 25.1.1939 (PAAA, Botschaft Ankara, 540).
81 So z. B. die Firma Asriël & Co. deren Besitzer Davisco J. Asriel türkischer Staatsangehöriger, war. LAB, A Rep. 342–02, Nr. 14693.

Abb. 7: Davisco Asriel

keit eine ganz andere Dimension. In Frankreich waren etwa die Hälfte der 300.000 Juden nicht-französische Staatsbürger; in Belgien lag der Anteil der Ausländer unter den Juden sogar bei 90 Prozent. Tausende von ihnen waren Staatsbürger von mit Deutschland verbündeten oder neutralen Staaten. Das Völkerrecht garantierte Bürgern neutraler Staaten in militärisch besetzten Gebieten Leben und Eigentum. Schon die Einführung der ersten antisemitischen Maßnahmen in Frankreich im Herbst 1940 löste zum Teil massive Proteste der Vertretungen zahlreicher Staaten – darunter der Türkei – aus. Dies führte nun zu neuen Diskussionen in Berlin, wo man Rückwirkungen auf außenpolitische Belange des Reiches befürchtete. Dies galt insbesondere für Staaten, in denen deutsche Staatsbürger lebten, die von Gegenmaßnahmen betroffen sein konnten: In der Türkei überstieg die Zahl der ca. 2.000 »Reichsdeutschen« bei Weitem die der Exilanten aus Nazi-Deutschland. Auch handelspolitische und kriegsstrategische Interessen spielten eine wichtige Rolle, so z. B. in der Politik gegenüber der Türkei, die der deutschen Rüstungsindustrie kriegswichtiges Chromerz lieferte. Nach zunächst kontroversen Diskussionen bildete sich zwischen dem RSHA und dem Auswärtigen Amt schließlich eine institutionalisierte Arbeitsteilung heraus. Juden, die Bürger neutraler oder mit NS-Deutschland verbündeter Staaten waren, wurden von verschiedenen antijüdischen Maßnahmen wie dem Zwang, den »Judenstern« zu tragen, ausgenommen und galten zunächst als »nicht deportierbar«; die Entscheidungsbefugnis bezüglich der Behandlung ausländischer Juden lag beim Auswärtigen Amt.[82]

Der Schutz, den eine ausländische Staatsangehörigkeit bot, hing dabei ganz entscheidend von den Beziehungen und dem Kräfteverhältnis zwischen Nazi-Deutschland und dem jeweiligen Staat ab. Aufgrund der Bedeutung der Türkei für die NS-Politik genossen türkische Staatsbürger einen relativ weit gehenden Schutz, sofern türkische Diplomaten diesen einforderten. In Frankreich, später auch in Italien, Griechenland und auf Rhodos intervenierten türkische Konsuln zum Teil wiederholt für türkische Juden, die von den Deutschen verhaftet worden waren. In zahlreichen Fällen konnten sie deren Entlassung erwirken und ihnen damit das Leben retten.

IX. Verlorener Schutz: Ausbürgerungen seitens der Türkei

Doch der Schutz, den die türkische Staatsbürgerschaft gewährte, erwies sich als fragil, denn während der 1930er und 1940er Jahre entzog die Türkei vielen ihrer im Ausland lebenden Bürger die Staatsangehörigkeit, darunter besonders vielen Juden. Schon Ende der 1920er Jahre hatte Ankara begonnen, die Staatsangehörigkeit im Ausland lebender türkischer Bürger systematisch zu überprüfen. Diese Politik hatte ursprünglich – im Gegensatz zur eindeutig antisemitisch motivierten Ausbürgerungspraxis anderer europäischer Staaten – keine antijüdische Stoßrichtung, sondern war Teil der staatlichen Neuordnung, die mit Gründung der Republik Türkei aus dem ehemaligen Osmanischen Reich eine Neuregelung der Staatsangehörigkeit erforderlich machte.

Die Verfassung der Türkei von 1924 erklärte in ihrem Artikel 88 formal alle Bewohner der Türkei zu Türken »im Sinne der Staatsangehörigkeit«. In der politischen wie gesetzlichen Praxis wurde indes zwischen »echten Türken« (öz Türk) und Staatsbürger-Türken unterschieden.[83] Die Bevölkerungspolitik der Republik Türkei zielte darauf ab, die türkisch-muslimische Vorherrschaft zu zementieren. Ein ganzes Bündel von Gesetzen und Dekreten ermöglichte es der Regierung, unerwünschten Teilen der Bevölkerung die Staatsbürgerschaft zu

---

82 Ausführlich zur Behandlung der ausländischen Juden und den kontroversen Diskussionen hierzu zwischen verschiedenen NS-Stellen: Bernd Rother: Spanien und der Holocaust. Tübingen 2001, S. 85–103, sowie Sebastian Weitkamp: Braune Diplomaten. Horst Wagner und Eberhard von Thadden als Funktionäre der »Endlösung«. Bonn 2008.

83 In zahlreichen halb offiziellen Vorschriften, zum Beispiel bezüglich der Einstellung in den Staatsdienst, wurde diese Unterscheidung angewandt.

entziehen,[84] wobei dies in erster Linie, aber nicht ausschließlich Personen im Ausland betraf. Ausgebürgert wurden z. B. Personen, die es versäumt hatten, sich regelmäßig beim türkischen Konsulat zu melden, oder die nicht am »Befreiungskrieg« teilgenommen hatten.[85] Der absichtlich missbräuchliche Charakter dieser Maßnahmen zeigte sich u. a. daran, dass viele der wegen »Nichtteilnahme am Befreiungskrieg« Ausgebürgerten zur Zeit des Krieges nicht im wehrpflichtigen Alter oder noch gar nicht geboren waren, und dass auch Frauen mit dieser Begründung ausgebürgert wurden, obwohl für Frauen gar keine Wehrpflicht bestand.[86] Ein Gesetz von 1935 schließlich ermächtigte den Ministerrat, Personen die Staatsbürgerschaft zu entziehen, die er für »des Türkentums unwürdig« erklärte.[87]

Entsprechend der Gesetze bedurften die Ausbürgerungen jeweils einer Kabinettsentscheidung; die Maßnahmen waren folglich keine Willkürakte einzelner Beamter, sondern Regierungspolitik. Zu Beginn der massenhaften Überprüfungen richtete sich diese Politik in erster Linie gegen Armenier: Ein Erlass vom November 1930 die Staatsbürgerschaft im Ausland lebender türkischer Staatsangehöriger betreffend enthielt jeweils unterschiedliche Bestimmungen für Muslime, Armenier, Griechen und Juden. Zu diesem Zeitpunkt hatten Juden gegenüber den anderen Nichtmuslimen noch eine geringfügig bessere Position.[88] Doch während der folgenden Jahre betrafen die Ausbürgerungen verstärkt die im Ausland lebenden türkischen Juden. Betroffen waren keineswegs nur Personen, die seit Generationen im Ausland lebten und keinerlei Kontakt zur Türkei unterhielten, sondern auch Menschen wie den Vorsitzenden der türkisch-jüdischen Gemeinde Davisco Asriël, der als Mitglied der Türkischen Handelskammer von Berlin in regelmäßigem Kontakt mit den offiziellen türkischen Vertretern stand. Auch andere türkische Juden berichteten, dass ihre Pässe bislang regelmäßig vom Konsulat erneuert und nun plötzlich »eingefordert und nicht mehr zurückgegeben« worden waren und »die Ausstellung neuer

---

84 Siehe hierzu detailliert: Corinna Görgü-Guttstadt: Depriving non-Muslims of citizenship as part of the Turkification policy in the early years of the Turkish Republic: The case of Turkish Jews and its consequences during the Holocaust. In: Turkey beyond Nationalism: towards post-Nationalist Identities. Hg. v. Hans-Lukas Kieser. London 2013 (Erstausgabe 2006), S. 50–56. Ebenfalls Soner Çağaptay: Islam, Secularism, and Nationalism in Modern Turkey – Who is a Turk?. London, New York 2006, S. 71–75.
85 Gesetz Nr. 1041 vom 23.5.1927. Dabei war Nichtmuslimen eine Beteiligung am »Befreiungskrieg« häufig gar nicht möglich, siehe Görgü-Guttstadt: Depriving non-Muslims (s. Anm. 84), S. 51–52.
86 Dekret Nr. 7559 vom 26.12.1928 schuf hierfür die Grundlage.
87 Artikel 7 des Gesetzes Nr. 2848 von 1935.
88 Neufassung der Seyr-ü Sefer Talimatnamesi, erläutert in der Zeitschrift der türkischen Handelskammer für Deutschland, Nr. 12. Dezember 1930, S. 13.

Pässe [...] verweigert« wurde.[89] Die Ausbürgerung der Juden war gezielte Regierungspolitik; auch Demarchen des türkischen Botschafters in Berlin beim Innenministerium in Ankara, der darauf verwies, dass die Betroffenen ihren Verpflichtungen stets nachgekommen waren, hatten keinen Erfolg.[90]

Ende August 1939 machten türkische Juden aus Deutschland auf einer von der HICEM organisierten Konferenz in Paris mit einem Memorandum auf ihre verzweifelte Lage aufmerksam: Die türkischen Stellen verweigerten ihnen die Ausstellung von Pässen, wodurch sie weder in die Türkei zurückkehren noch in ein anderes Land ausreisen konnten.[91] Diese Konferenz fand am 22.–23. August 1939 in Paris statt. Acht Tage später begann mit dem deutschen Überfall auf Polen der Zweite Weltkrieg, in dem die Deutschen die Maßnahmen zur Judenverfolgung schlagartig radikalisierten. Während der Jahre 1940–1945 entzog die türkische Regierung Tausenden ihrer im NS-Machtbereich lebenden jüdischen Bürger die Staatsbürgerschaft. Eine Auswertung der im Archiv des Ministerpräsidenten in Ankara archivierten Ausbürgerungsbeschlüsse zeigt, dass es sich bei den Ausgebürgerten während der 1940er Jahre zu 80–90 Prozent um Juden handelte, von denen wiederum etwa 90 Prozent im NS-Machtbereich lebten.[92] Dies war vermutlich kein Zufall: Eine handschriftliche Notiz im Sekretariat des Ministerpräsidenten vom April 1939 listet unter dem Stichwort *Yahudi* (Jude) drei der Gesetze auf, die in den folgenden Jahren dazu dienten, Juden die Staatsbürgerschaft zu entziehen.[93]

Das eingangs erwähnte Passgesetz vom 28. Juni 1938 bekräftigte und verstärkte auch die Vorschrift, die vormaligen türkischen Staatsbürgern, die die Staatsbürgerschaft aufgegeben oder verloren hatten, eine Rückkehr in die Türkei zeitlebens untersagte.[94] Selbst vorübergehend oder als Flüchtling durften sie keinen türkischen Boden betreten. So konnten bis zum Verbot der Auswanderung im November 1941 insgesamt nur etwa vier bis fünf türkisch-jüdische Familien aus Deutschland in die Türkei zurückkehren. Staatenlose Juden waren die ersten Opfer der Deportationen in den Tod. Allein aus Berlin wurden etwa 80 Juden vormals türkischer Staatsangehörigkeit deportiert, darunter Davisco

---

89 Schreiben von Benno Marcus betreffend die Familie seiner Mutter (Russo) vom 24.2.1930 an das Auswärtige Amt. BAL, R 901–25580.
90 Schreiben des Deutschen Generalkonsulats Istanbul an die Deutsche Botschaft Ankara vom 6.8.1937, PAAA, Botschaft Ankara, 681.
91 OSOBI-Archiv Moskau, Φ116 k, Onuc 6 5 6 42.
92 Auswertung in: Görgü Guttstadt: Depriving non-Muslims (s. Anm. 84), S. 56. Die Auswertung stützt sich auf die Beschlüsse, zu denen auch die Namenslisten der Betroffenen archiviert waren.
93 BCA, Dossier 94C45, 30.10.0/110.736.5.
94 Im Prinzip enthielt bereits das Gesetz über die Staatsbürgerschaft von 1928 eine entsprechende Vorschrift. Die Tatsache, dass dies 1938 im Passgesetz noch einmal bekräftigt wurde, deutet darauf hin, dass diese Regelung zu diesem Zeitpunkt bereits als Maßnahme gegen eine Rückkehr von Juden intendiert war.

Asriël, seit 1930 Vorsitzender der sephardischen Gemeinde.⁹⁵ Er wurde im Januar 1942 nach Riga deportiert und ermordet.

Dass die Türkei sehr wohl in der Lage war, Personen zu schützen und gegebenenfalls sogar Gefälligkeitspapiere auszustellen, zeigt der Fall des deutschjüdischen Ehepaars Max und Gertrud Naphtali. Gertrud Naphtali arbeitete seit 16 Jahren als Sekretärin und Dolmetscherin für die türkische Botschaft in Berlin. Als die beiden im Oktober 1942 von der bevorstehenden Deportation bedroht waren, stellten die türkischen Stellen dem Ehepaar türkische Papiere aus, mit denen sie Deutschland verlassen konnten.⁹⁶ Deutschen Juden war zu diesem Zeitpunkt das Verlassen des Reichsgebiets bereits verboten.

Doch der Schutz, den die türkischen Juden als Angehörige eines neutralen Staates genossen, war nur temporär, ein Aufschub, wie er auch für Frontkämpfer oder mit nicht-jüdischen Partnern verheiratete Menschen eine Zeit lang galt. Im Oktober 1942 setzten die deutschen Stellen der Türkei (und etwa zur gleichen Zeit auch den übrigen neutralen oder mit Deutschland verbündeten Staaten) ein Ultimatum, ihre noch im deutschen Machtbereich befindlichen jüdischen Staatsangehörigen zu repatriieren. Nachdem die türkischen Stellen auch nach mehrfacher Verlängerung der Ausreisefrist nicht reagierten, wurden Ende Oktober 1943 in Berlin, Wien, Prag sowie in den Niederlanden und Belgien 200 türkische Jüdinnen und Juden verhaftet und in die Konzentrationslager Ravensbrück und Buchenwald deportiert.⁹⁷ Obwohl Ravensbrück und Buchenwald keine Vernichtungslager waren, kam mehr als die Hälfte von ihnen aufgrund der Haftbedingungen in beiden Lagern ums Leben.

Die übergroße Mehrheit der türkischen Juden in Europa lebte nicht in Deutschland, sondern in Frankreich sowie Belgien und Italien. Vor allem in Frankreich waren türkische Juden in weit höherer Zahl von der Ausbürgerungspolitik der Türkei betroffen. Etwa 550 von ihnen gestattete die Türkei schließlich die Rückkehr.⁹⁸ Im Winter 1943/44 löste die Nachricht, dass die türkischen Stellen die Staatsangehörigkeit Tausender Juden in Frankreich nicht anerkannten und ihnen die rettende Rückkehr in die Türkei verweigerten, rund um den Globus Appelle, Proteste und Eingaben jüdischer und alliierter Orga-

---

95 Für ein biografisches Porträt von David Asriël siehe: Corry Guttstadt: Davisco Jochanan Asriël – »Türkischer Großhändler« und Vorsitzender des Israelitisch-Sephardischen Vereins zu Berlin. In: Mitgliederrundbrief des Vereins Aktives Museum Nr. 78, 2018, S. 14–19, unter: http://www.aktives-museum.de/fileadmin/user_upload/Extern/Dokumente/rundbrief_78.pdf [abgerufen: 28.6.2018].
96 BCA, Beschluss Nr. 2/19069 vom 27.11.1942, 30.18.1.2/100.98.20. Siehe auch Schreiben Thadden, 17.6.1943, PAAA, R 99447, sowie Sebastian Weitkamp: Braune Diplomaten (s. Anm. 82), S. 167.
97 Zeitgleich fanden Verhaftungsaktionen auch gegen andere Juden neutraler oder mit Deutschland verbündeter Staaten statt.
98 Siehe hierzu Corry Guttstadt: Protégés par les »pays d'origine«? La nationalité: atout ou fatalité. In: Muestros Dezaparesidos. Mémorial des Judéo-Espagnols déportés de France. Paris 2018.

nisationen und Persönlichkeiten bei türkischen Vertretungen aus.[99] Doch sie blieben ohne Erfolg. Durch die Ausbürgerungspolitik Ankaras und die Weigerung zur Repatriierung waren sie der deutschen Verfolgung nun schutzlos ausgeliefert.

Die Macht zur Erteilung oder zum Entzug von Staatsangehörigkeit verschafft den jeweiligen Staaten zunächst ein Instrument zur Kontrolle über ihre Staatsangehörigen: zur Kontrolle ihrer Bewegungen als zukünftige Soldaten (wie im Fall der Türkei) oder ihres Eigentums und ihrer politischen Haltung (wie im Falle von NS-Deutschland).

Der Besitz einer bestimmten Staatsangehörigkeit – und als Symbol dessen des Passes – gewährt dem Einzelnen die Rechte als Bürger dieses Staates und unterstellt ihn auch international dem Schutz dieses Staates, wobei dieser Schutz vom Kräfteverhältnis zwischen den beteiligten Staaten abhängt. Im Gegensatz dazu beraubt der Verlust oder Entzug der Staatsangehörigkeit die betreffende Person ihrer Rechte und dieses Schutzes. Während des Nationalsozialismus gehörten Staatenlose überall zu den ersten Opfern von Raub, Verhaftung und Deportation.

Die türkische Politik jener Zeit war dabei ursprünglich nicht antisemitisch, sondern nationalistisch motiviert. Dies schlug sich besonders in der Bevölkerungspolitik nieder, die die Schaffung einer ethnisch homogenen Bevölkerung und die Zementierung der türkisch-muslimischen Vorherrschaft anstrebte. Doch während der Shoah hatte diese Politik sowohl für jüdische Flüchtlinge, insbesondere aber für Tausende türkischer Juden im NS-Machtbereich fatale Konsequenzen.

---

99 Stephen Wise, Präsident des WJC, intervenierte mehrfach beim türkischen Botschafter in den USA, Mehmet Münir Ertegün. Chaim Weizmann, Präsident der Jewish Agency, und der Delegierte des WJC in Großbritannien, Easterman, wandten sich an die dortige türkische Vertretung. In Ankara wurde der US-Botschafter Steinhardt beim Außenminister Menemencioğlu vorstellig. Corry Guttstadt: Die Türkei, die Juden und der Holocaust. Berlin, Hamburg 2008, S. 386.

Sonja Wegner

Grenzüberschreitungen mit und ohne Staatsbürgerschaft
Erfahrungen von Flüchtlingen nach Uruguay 1933–1945

Fragen von Staatsbürgerschaft und Staatenlosigkeit sind bisher im Kontext der Exilforschung überraschend wenig thematisiert worden. Fast alle historischen Quellen beziehen sich eher allgemein auf Fragen der Staatsbürgerschaft bzw. setzen bei deutschen Juden eine deutsche Staatsangehörigkeit und einen deutschen Pass für die Auswanderung voraus. Insbesondere die Situation der vielen staatenlosen Juden – etwa 100.000 – im Deutschen Reich wird im Rahmen von Abhandlungen über erzwungene Migration meist nur erwähnt, ohne dass die Konsequenzen näher beleuchtet würden. In diesem Beitrag wird versucht, anhand von Emigrationswegen, überwiegend nach Uruguay, die Probleme auf der Flucht aus Nazi-Deutschland zu beschreiben. Dabei rückt auch der Handlungsspielraum der Bürokratie in den Fokus. Oftmals waren es »unbürokratische« Entscheidungen, die in diesen Zeiten über eine geglückte Flucht entschieden.

Staatsbürgerschaft ist in modernen Gesellschaften das entscheidende Konstitutions- und Integrationsinstrument. Die Staatsbürgerschaft entscheidet darüber, wer Teil einer Gesellschaft ist, wer wählen darf und gewählt werden kann, wer soziale Rechte hat und von staatlicher Wohlfahrt profitiert. In den letzten Jahren erleben wir Krisen des Nationalstaats in einer globalisierten Welt mit relativ freier Zirkulation von Waren, aber sehr unterschiedlichen Mobilitätsmöglichkeiten von Menschen, je nach »Wert«[1] ihrer Staatsbürgerschaft. Auf diese Krise des Nationalstaats wird in der Regel mit Exklusion reagiert. Wie wenig sich die Probleme verändert haben, sieht man, wenn man sich mit den Anfängen des modernen Nationalstaats und der Entstehung von Staatsbürgerschaft und Pässen beschäftigt. Ein Problem des Nationalstaats war von Anfang an der Ausschluss von Einzelpersonen und Gruppen von staatsbürgerlichen Rechten, was letztendlich auch zu Staatenlosigkeit führen konnte.

Staatenlosigkeit als verbreitetes Phänomen gewinnt zu Beginn des 20. Jahrhunderts an Bedeutung. Gründe liegen beispielsweise in der späten Entstehung von Nationen in Mittel-, Ost- und Südosteuropa als Folge der staatlichen Neu-

---

1 Vgl. zu diesem Aspekt auch den Beitrag von Lena Laube in diesem Band.

ordnungen nach dem Ersten Weltkrieg oder revolutionären Umbrüchen wie der Russischen Revolution von 1917 und ihren Folgen. Hier kommt es durch die Zuordnung von Territorien auf neue oder andere staatliche Gebilde zu Staatenlosigkeit, entweder weil Angehörige von Minderheiten von diesen neuen Staatsangehörigkeitsrechten zur Homogenisierung des Staatsvolkes bewusst ausgeschlossen oder ausgebürgert wurden oder weil Personen aufgrund ihrer Abwesenheit durch Flucht oder Auswanderung ihre Staatsangehörigkeit per Gesetz verloren, ohne eine neue Staatsbürgerschaft erwerben zu können.

Die Neuordnung der Gebiete des Deutschen Reiches, des Habsburger Reiches, des Russischen und Osmanischen Reiches in den Pariser Vorortverträgen nach dem Ersten Weltkrieg hat zu Bevölkerungsverschiebungen in bisher unbekanntem Ausmaß geführt. Allein das ursprüngliche Gebiet von Österreich-Ungarn wurde auf sieben verschiedene Nachfolgestaaten verteilt, die hinsichtlich ihrer neu oder wieder entstandenen Nation alle eine eigene Agenda hatten. Eine starke Bürokratisierung, die zu Beginn des 20. Jahrhunderts nach und nach alle Lebensbereiche durchdrang, veränderte auch die Situation von Reisenden. Ein neues Erfordernis dieser Zeit war ein Pass für die Reise ins Ausland, der bisher nicht benötigt worden war. Im Umkehrschluss blieb man von der Frage der Staatsbürgerschaft auch unberührt, wenn man nicht reiste, d. h. keinen Pass brauchte. In dieser Situation befanden sich viele deutsche Juden 1933, die erst jetzt feststellten, dass sie einen Pass brauchen, um auswandern zu können. In manchen Fällen war es nicht möglich einen Pass zu beantragen, da die Staatsbürgerschaft nicht geklärt war. Betrachten wir das Problem Staatenlosigkeit in Bezug auf Deutschland, sehen wir eine besondere Gemengelage. Trotz einer langen Tradition von Zuwanderung gibt es bis heute keine rechtssichere Möglichkeit einer Einwanderung aus Staaten außerhalb der EU. Erschwerend kommt hinzu, dass Staatsbürgerschaft in Deutschland auf dem Prinzip der Abstammung beruht, wodurch in Deutschland geborene Kinder von Zuwanderern nicht automatisch die deutsche Staatsbürgerschaft erhalten.

Das Problem der Staatenlosigkeit im Deutschen Reich hatte vor allem eine Ursache – eine sehr zurückhaltende Praxis bei der Einbürgerung von Zuwanderern und Flüchtlingen.

Durch das Staatsangehörigkeitsgesetz von 1871 beendete das Kaiserreich zwar formal eine rechtliche Ungleichbehandlung von Ausländern, insbesondere Ausländern jüdischer Religionszugehörigkeit. Trotzdem war kein einheitliches Reichsgesetz entstanden, sondern nur eine Zusammenfassung der bundesstaatlichen Bestimmungen der Einzelstaaten.

Für die Einbürgerung gab es im Wesentlichen vier Anforderungen: 1. die sogenannte Dispositionsfähigkeit (Volljährigkeit), 2. eine unbescholtene Lebensführung, 3. der Nachweis einer Unterkunft am Ort der Niederlassung und schließlich 4. die Fähigkeit, den Unterhalt für sich und seine Angehörigen gewährleisten zu können. Zwar gab es auch weiterhin sehr unterschiedliche Einbürgerungsentscheidungen in den einzelnen Bundesstaaten des Deutschen Reiches, aber jüdische Einwanderer aus den östlichen Provinzen blieben, auch was ihre Einbürgerung betraf, im ganzen Reich benachteiligt. Es lässt sich nachweisen, dass die Einbürgerungsrate jüdischer Einwanderer aus osteuropäischen Nachbarländern bzw. Provinzen deutlich niedriger ausfiel als die von ausländischen Nicht-Juden. Das wurde auch schon früh so von den Betroffenen empfunden, wie dem Zitat Nahum Goldmans, des späteren Gründers und Präsidenten des Jüdischen Weltkongresses zu entnehmen ist:

> Das alte Preußen liebte es nicht, osteuropäische Juden zu naturalisieren, und da man zu jener Zeit – abgesehen vom Wahlrecht, das weder meine Eltern noch mich interessierte, kaum irgendwelche Nachteile hatte und zum Reisen weder Paß noch Visum brauchte, so hatten wir uns nie um die Einbürgerung bemüht. Russische Pässe hatten wir auch nicht, weil die russischen Konsulate für deren Verleihung an außerhalb Rußlands lebende Bürger jährlich ziemlich hohe Zahlungen erhoben.[2]

Diese Einbürgerungspraxis führte in der Folge zu der Situation, dass 1933 von den etwa 500.000 in Deutschland lebenden Juden nur etwa 400.000 die deutsche Staatsbürgerschaft besaßen.

Mit der Reform des Staatsangehörigkeitsgesetzes von 1913 wurden einige Verbesserungen eingeführt, etwa die Möglichkeit für Ausländer, die in Deutschland geboren waren und dort bis zum 21. Lebensjahr gelebt hatten, binnen einem Jahr nach Vollendung des 21. Lebensjahrs die Einbürgerung ohne Anhörung beantragen zu können. Das Einbürgerungsverfahren unterlag jedoch dem Ermessensspielraum der Beamten, und es bestand kein (einklagbarer) Rechtsanspruch. Dies zeigt sich in regional sehr unterschiedlichen Einbürgerungsraten für Juden im Deutschen Reich. Und es betonte das Abstammungsprinzip als Kriterium der deutschen Staatsbürgerschaft, das im Prinzip bis heute gültig ist und Auswirkungen u. a. auf die Regelungen der Wiedergutmachung hatte![3]

Reformen des Staatsbürgerschaftsrechts der Kaiserzeit und der Weimarer Republik wurden unter den Nationalsozialisten sukzessive aufgehoben. Maßnahmen richteten sich zuerst gegen politische Gegner, die für ihren Dissens und die Flucht aus dem nationalsozialistischen Machtbereich mit Ausbürgerung be-

---

2 Nahum Goldmann: Staatsmann ohne Staat. Autobiographie. Köln, Berlin 1970, S. 69.
3 »Auf dem Weg der Übernahme der in der US-Zone geltenden Grundsätze gelangte aber auch eine der folgenreichsten Bestimmungen in das deutsche Entschädigungsrecht, nämlich das Territorialitätsprinzip. Vereinfacht gesagt bedeutet es, dass nur diejenigen Verfolgten vollen Anspruch auf Entschädigung haben, die innerhalb bestimmter Zeiten und Fristen einen räumlichen Bezug zum Deutschen Reich beziehungsweise zur Bundesrepublik besaßen.« José Brunner, Norbert Frei, Constantin Goschler: Komplizierte Lernprozesse. Zur Geschichte und Aktualität der Wiedergutmachung. In: Die Praxis der Wiedergutmachung. Geschichte, Erfahrung und Wirkung in Deutschland und Israel. Hg. v. Norbert Frei, José Brunner und Constantin Goschler. Göttingen 2009, S. 9–50, hier: S. 25.

straft wurden. Auf der ersten Ausbürgerungsliste vom 25. August 1933 befand sich u. a. Lion Feuchtwanger, der zur Zeit der Machtübernahme in den USA war, zwar nach Europa zurückkehrte, aber dann nach Sanary-sur-Mer in Frankreich ins Exil ging. Die Ausbürgerungen wurden regelmäßig im Reichsanzeiger veröffentlicht.[4]

Die Nationalsozialisten begannen zügig mit der Umsetzung ihrer bereits 1920 im 25-Punkte-Programm dargelegten antijüdischen Politik. Hier stand sehr klar bereits eine Vorwegnahme des Reichsbürgergesetzes. Nach dem 30. Januar 1933 dauerte es nicht lange, bis die ersten eindeutig diskriminatorischen Gesetze verabschiedet wurden: am 7. April 1933 das Gesetz zur »Wiederherstellung des Berufsbeamtentums«, am 14. Juli das Gesetz über den Widerruf von Einbürgerungen und die Aberkennung der deutschen Staatsbürgerschaft und am 15. September 1935 schließlich das Reichsbürgergesetz, das mit 13 Verordnungen bis 1943 die komplette Rechtlosigkeit der Juden in Deutschland besiegelte.[5] Damit wurden aus Deutschen jüdischer Religion oder Abstammung Bürger zweiter Klasse.

Dokumente, die im Zusammenhang mit einer Auswanderung bzw. Flucht aus dem Deutschen Reich nach Uruguay stehen, dienen im Folgenden als Beispiele für tatsächliche Grenzüberschreitungen und die Uneindeutigkeit der beteiligten staatlichen Bürokratien im Hinblick auf gesetzliche Regelungen und deren wechselseitige Anerkennung.

Es ist interessant, dass sich sowohl in den Auswanderungsvorschriften für das Deutsche Reich, zum Beispiel in den »Auswanderungsvorschriften für Juden in Deutschland«[6], als auch in den Einwanderungsgesetzen Uruguays[7] kein Hinweis auf den Umgang mit staatenlosen Personen findet. Damit wird der Umgang mit staatenlosen Personen jeweils zu einer Einzelfallentscheidung, die in den Ermessensspielraum eines Beamten oder Repräsentanten eines Staates verlegt wird.

Die Überlieferung von Dokumenten, die eine Auswanderung belegen, ist in der Regel schlecht. Eine Flucht hinterlässt noch weniger Spuren, da die büro-

---

4 Die erste Liste wurde am 25.8.1933 im Deutschen Reichsanzeiger veröffentlicht und war die erste von insgesamt 359 Listen. Die letzte derartige Liste wurde am 7.4.1945 veröffentlicht. Insgesamt wurden bis zum Ende des NS-Regimes 39.006 Personen per Liste ausgebürgert, mit der elften Verordnung zum Reichsbürgergesetz vom 18.10.1941 wurden alle bisher emigrierten Juden erfasst und zusätzlich alle schon deportierten sowie noch zu deportierenden. Damit fiel ihr Vermögen an das Deutsche Reich.

5 Reichsblatt, Teil 1, Jahrgang 1935. Hg. v. Reichsministerium des Inneren. Reichsverlagsamt. Berlin 1935, S. 1146.

6 Auswanderungsvorschriften für Juden in Deutschland. Hg. v. Heinz Cohn und Erich Gottfeld, Berlin 1938.

7 Legislación y política inmigratoria en el Cono Sur de América. Argentina, Brasil, Uruguay. Hg.: Organización de los Estados Americanos. Instituto Panamericano de Geografia e Historia. Vol. III, Mexico 1987.

kratischen Hürden, z. B. Grenzen, umgangen werden müssen, weil entsprechende Dokumente fehlen oder nicht anerkannt werden. Pässe, Schiffspassagen und weitere Reisedokumente wurden häufig nicht aufbewahrt und finden sich selten in Nachlässen, was die Rekonstruktion von Auswanderungs- und Fluchtwegen schwierig macht. Insbesondere die Problematik der Staatenlosigkeit und die, in ihrem Zusammenhang getroffenen bürokratischen Entscheidungen verraten eine gewisse behördliche Willkür. In den im Folgenden beschriebenen Fällen nahmen sie einen glücklichen Verlauf. Es ist jedoch anzunehmen, dass es eine Vielzahl anderer Fälle gibt, deren Geschichte keinen glücklichen Ausgang nahm. Die detaillierte Beschreibung der wenigen rekonstruierbaren Fälle soll nachvollziehbar machen, dass es manchmal einer ganzen Reihe bürokratischer Nachlässigkeiten bedurfte, um gerettet zu werden.

I. Frühe Auswanderung bei Staatenlosigkeit

Zu denen, die Hinweise auf ihre Auswanderungsgeschichte gegeben haben, gehört beispielsweise Gerd Aptekmann, dessen Familiengeschichte ein Beispiel für Staatenlosigkeit im Deutschen Reich ist. Bis 1933 hatte das Thema Staatsbürgerschaft für die Familie Aptekmann keine größere Bedeutung. Das änderte sich mit den antijüdischen Gesetzen der Nationalsozialisten, die sowohl das Leben in Deutschland erschwerten, als auch die Auswanderung aus Deutschland. Sein Vater Julius Aptekmann[8] wurde 1885 in Thorn in Westpreußen geboren. Thorn, eine Gründung des Deutschen Ordens, gehörte seit der zweiten polnischen Teilung 1793 wieder zu Preußen. Der südliche Teil des Thorner Gebiets, Kujawien in Pommern, wurde russisch. Erst 1919, im Zuge des Versailler Vertrages, wurde Thorn wieder Teil des polnischen Staatsgebiets.

So ein Akt der Änderung der Gebietshoheit war ein Fall, der zu Staatenlosigkeit führen konnte. Bereits Ende des 19. Jahrhunderts wurden alle Juden, die aus dem russischen Teilungsgebiet stammten und in jüdischen Firmen arbeiteten, aus Thorn ausgewiesen. Die verbleibenden jüdischen Bewohner mussten die polnische Staatsangehörigkeit annehmen. Warum Julius Aptekmann staatenlos war, lässt sich aus den vorliegenden Unterlagen nicht genau klären. Wahrscheinlich war seine Familie aus dem russischen Teil Kujawiens nach Thorn gezogen und nahm in der Folge die polnische Staatsbürgerschaft an. Man könnte vermuten, dass Julius Aptekmann sich dieser Situation durch die Umsiedlung nach Bayreuth entzogen hat. Dort heiratete er Edith Schindler, bekam mit ihr drei Söhne und betrieb ein Tabakwarengeschäft in der Bay-

---

8 Thorner Presse vom 29.7.1885. Hier ist seine Geburt auf S. 4 vermerkt unter der Rubrik »Standesamt Thorn. Vom 19. bis 25. Juli cr. sind gemeldet a) als geboren [...] 12. Julius S[ohn] des Kaufmann Markus Aptekmann«.

reuther Innenstadt, Opernstraße 7. Ein Hinweis darauf, dass Julius Aptekmann staatenlos war, ist die Tatsache, dass Edith Aptekmann 1937 mit einem Nansen-Pass[9] nach Uruguay emigrierte. Seine Söhne erbten die Staatenlosigkeit ihres Vaters. Gerd Aptekmann beschrieb in seinen Lebenserinnerungen das antisemitische Klima in Bayreuth bereits vor 1933. Er entzog sich diesem, indem er direkt nach Beendigung der Obersekundarreife 1932 nach Berlin ging, um dort eine kaufmännische Ausbildung beim Kaufhaus Hermann Tietz zu beginnen. Für den Zeitraum der Ausbildung bekam er eine Aufenthaltsgenehmigung in seinen Fremdenpass gestempelt: »Nur zur Beschäftigung bei H. Tietz, Leipzigerstr. als Lehrling. Aufenthaltserlaubnis bis 31.3.34«.[10]

Sein älterer Bruder Heinz ging sofort nach dem Abitur 1933 nach Strasbourg und später nach Clermont-Ferrand. Er nahm die französische Staatsbürgerschaft[11] an, leistete ab 1937 seinen Militärdienst in Frankreich ab und wurde 1939 einberufen. Im gleichen Jahr heiratete er Marta Weinberg, ebenfalls Flüchtling aus Deutschland, und erreichte damit ihre Freilassung aus einem Internierungslager. Nach seiner Demobilisierung ging er zurück an die Universität von Clermont-Ferrand. Ob er den Namen Henri Avron bereits bei seiner Einbürgerung annahm, geht aus den Unterlagen nicht hervor. Henri Avron und seine Frau überlebten den Krieg in Frankreich, wo er nach dem Krieg u. a. an einem französischen Militärgymnasium unterrichtete. Der jüngste Bruder Günther, geboren 1920, verließ mit 15 Jahren das Gymnasium und emigrierte mit der Jugend-Alijah im Juli 1936 nach Palästina.[12]

Gerd Aptekmann wurde am Ende der Ausbildung sofort entlassen, war er doch als Jude nur noch durch seinen Lehrlingsvertrag bei der schon im März/April 1933 »arisierten« und zerschlagenen Kaufhauskette vor Entlassung geschützt. Als staatenloser Jude hatte er es fortan schwer, in Berlin eine Arbeit zu finden, und sein Fremdenpass war immer nur ein Jahr lang gültig. Diese Situation schilderte Gerd Aptekmann in einem Bericht über sein Leben in Deutschland und die erzwungene Auswanderung.

---

9 Dieser sogenannte Nansen-Pass war von Fridtjof Nansen als staatsrechtliche Lösung für die russischen Flüchtlinge, denen 1921 von der sowjetischen Regierung die Staatsbürgerschaft entzogen wurde, im Auftrag des Völkerbundes konzipiert worden.
10 Kopie des Fremdenpasses von Gerd Aptekmann aus Privatbesitz der Familie Aptekmann.
11 Heinz Aptekmann war einer der wenigen deutschen Flüchtlinge, die wirklich die französische Staatsbürgerschaft erhielten. Für die meisten Flüchtlinge war die Situation in Frankreich viel prekärer. Man konnte beim Präfekten einen Identitätsnachweis (carte d'identité) beantragen, ab 1934 erhielt man meist nur noch drei Monate lang gültige Bestätigungen (récépissés). Zudem konnten die Behörden eine Ausweisung ohne Rückkehrmöglichkeit (expulsion) oder eine befristete Ausweisung (refoulement) verhängen. Vgl. Ruth Fabian und Corinna Coulmas: Die Emigration nach Frankreich. München 1978.
12 Dort änderte Günther Aptekmann seinen Namen in Pinhas Yoeli und machte Karriere beim Militär. Später wurde er Professor für Kartografie. Quelle: http://www.geschichtswerkstatt-bayreuth.de/pinhas.html [abgerufen: 29.6.208].

Obwohl beide Elternteile in Deutschland geboren [waren], ebenso wie ich selbst, begannen ab Anfang 1933 die polizeilichen Schikanen. Man verlangte von mir die Erfüllung der Ausländergesetze, Gesuche um Aufenthaltserlaubnis und Arbeitserlaubnis. Diese bekam ich immer nur ganz kurzfristig. Da durch diese behördlichen Schikanen meine Papiere fast nie in Ordnung waren, wurde [ich] verschiedentlich in die Ausländerabteilung des Polizeipräsidiums gebracht und einen oder zwei Tage festgehalten. Wenn ich morgens ins Geschäft ging, wusste ich nie, ob ich abends wieder heim kommen konnte.[13]

Auch in einem Interview beschrieb Gerd Aptekmann seine Situation in Deutschland und die Schwierigkeiten bei seiner Auswanderung sehr anschaulich. Den ersten Anstoß gab ein alter Berliner Polizeiwachtmeister, der ihm sagte: »Junge, heute lassen wir dich raus. Hau ab! Morgen holen wir dich wieder, dann kommst nicht mehr raus.«[14]

Seine Flucht aus Deutschland beginnt mit Informationen zu Schiffen nach Übersee. Er erfuhr, dass die Einreise nach Uruguay mit einem Ticket 1. Klasse und einem Touristenvisum möglich sei. Die Kosten einer Schiffspassage nach Montevideo in der 1. Klasse überstiegen seine finanziellen Mittel bei weitem. Es gelang ihm, sein Briefmarkenalbum zu verkaufen. Das war für ihn die einzige Möglichkeit, das Geld für ein Ticket nach Übersee zu beschaffen. Hier zahlten sich die Verbindungen seiner Familie nach Russland aus, denn russische und sowjetische Briefmarken machten einen großen Teil des Wertes seines Briefmarkenalbums aus. Mit dem Ticket konnte er sich auf dem uruguayischen Konsulat einen Reiseschein ausstellen lassen. Uruguay gehörte zu den Gründungsmitgliedern des Völkerbundes und erkannte sowohl die sogenannten Nansen-Pässe als auch die Fremdenpässe[15] an. Somit war der Fremdenpass kein Hinderungsgrund für die Auswanderung nach Uruguay. Bei seiner Ankunft in Uruguay am 20. Mai 1936 wurde Gerd Aptekmann von Israel Israelson betreut, dem Mitarbeiter des HIAS (Hebrew Immigrant Aid Society) in Montevideo, der ihm bei den Einreiseformalitäten und der ersten Unterbringung zur Seite stand. In den Schiffslisten[16] wird Gerd Aptekmann als Deutscher mit is-

---

13 Lebenslauf von Gerd Aptekmann im Rahmen der Wiedergutmachungsanträge, 4 Seiten, Schreibmaschinenmanuskript, S. 2 (im Besitz der Autorin).
14 Interview mit Gerd Aptekmann am 20.11.1993 in Buenos Aires.
15 Als Fremdenpässe werden die von den verschiedenen Ländern für Staatenlose, die nicht zu den Nansen-Flüchtlingen (in erster Linie Flüchtlinge aus Russland, Armenier und syrische Christen) gehörten, ausgestellten Pässe bezeichnet.
16 Ankunft mit Eubee, Chargeur Reunie, am 20.5.1936 in Montevideo, Uruguay. Die »Schiffslisten« genannten Dokumente sind ein von Hand kopierter Datensatz, der ungefähr 6.600 Namen von Einwanderern mit deutscher, österreichischer und zu einem geringen Teil auch polnischer und tschechoslowakischer Staatsbürgerschaft verzeichnet. Außerdem Einwanderer mit dem Vermerk Danzig und Saargebiet sowie den Vermerken »ohne«, »staatenlos« oder »Nansen-Pass«. Der Zeitraum umfasst die Jahre 1933–1944. Die Listen befinden sich im Archiv des Innenministeriums von Montevideo, Abteilung Migración und wurden von den Kapitänen der

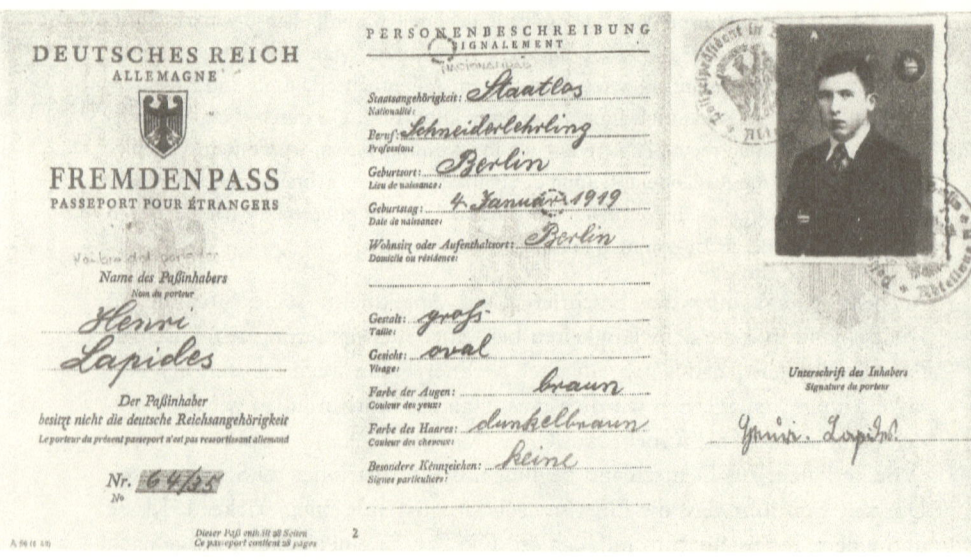

Abb. 1+2: Fremdenpass Henri Lapides und Pass Gerd Aptekmann

raelitischer Religion geführt, obwohl im Pass die Religion nicht vermerkt ist. Es gibt in den Schiffslisten keinen Hinweis auf den Fremdenpass. Ob dies eine bewusste Auslassung des Kapitäns, der die Liste mit den von Bord gehenden Passagieren erstellte, oder eine Nachlässigkeit ist, lässt sich nicht mehr klären.

Im Rahmen des Familiennachzugs konnte Gerd Aptekmann 1937 seine Mutter nachkommen lassen. Edith Aptekmann erreichte am 31. August 1937 mit der Lipari aus Hamburg kommend Montevideo. Bei ihr ist, im Gegensatz zur Einreise ihres Sohnes, anstelle der Staatsangehörigkeit in den Schiffslisten »Nansen-Pass« vermerkt.[17] Von ihrem Mann, Julius Aptekmann, lebte sie seit vielen Jahren getrennt. Er war nach Dortmund gegangen und hatte dort eine neue Familie gegründet, ohne sich jedoch von seiner Frau scheiden zu lassen. Seine neue Lebensgefährtin war Christin, mit ihr hatte er zwei Töchter. Wann er genau nach Frankreich flüchtete, ist nicht bekannt. Den Unterlagen der französischen Internierungslager ist zu entnehmen, dass Julius Aptekmann am 11. März 1941 in das Lager Rivesaltes gebracht wurde und am 3. Oktober 1941 in das Lager Nexon. Dort verliert sich seine Spur, er gilt seitdem als verschollen.

Schiffe erstellt und den Hafenbehörden übergeben. Sie verzeichnen die von Bord gehenden Passagiere.

17 Es ist zu vermuten, dass Edith Schindler bei ihrer Heirat mit Julius Aptekmann ihre Staatsbürgerschaft verlor, da das Staatsbürgerschaftsrecht, teilweise bis heute, Frauen benachteiligt. Vgl. auch den Beitrag von Esther Weizsäcker in diesem Band.

Die frühe Auswanderungsentscheidung der Familie Weissbraun lässt sich auch im Zusammenhang mit der Staatenlosigkeit der Eltern sehen. Auswanderungen nach Übersee waren in den Jahren 1933 bis 1935 noch selten, insbesondere in relativ unbekannte Länder wie Uruguay, das erst später durch seine einfachen Einreisebestimmungen ein wichtiges Zielland wurde. Die Eltern Isidor und Sabina waren beide staatenlos, der Sohn Karl, der sich in Uruguay Carlos nannte, hatte laut Schiffslisten die deutsche Staatsbürgerschaft. Obwohl die Schiffslisten, was die Registrierung der Fremdenpässe und der Staatsbürgerschaften betrifft, nicht vollkommen eindeutig sind, kann man im Fall der Familie Weissbraun von der Richtigkeit der Angaben ausgehen, zudem die Weissbrauns auf einem deutschen Schiff reisten. Karl Weissbraun wurde 1909 in Bremen geboren und konnte somit 1930, mit 21 Jahren, die deutsche Staatsbürgerschaft beantragen. Seine Schwester war bereits nach Uruguay ausgewandert, was der Familie theoretisch auch die Einreise über Familiennachzug ermöglicht hätte.

Obwohl Carlos Weissbraun im Gespräch mit Teresa Porzecanski[18] die Staatenlosigkeit nicht explizit erwähnt, schildert er doch die andere Wahrnehmung und Einschätzung der politischen Situation durch die Familie. Der Schritt der Familie Weissbraun rief in Bremen im Umfeld der Familie, auch in der jüdi-

---

18 Carlos Weissbraun: »Todas esas vidas habían estado en sus manos«. In: Teresa Porzecanski: Historias de vida de Inmigrantes judios al Uruguay. Montevideo 1986, S. 127–136.

schen Gemeinde, große Überraschung hervor. Die meisten Freunde und Bekannte gingen davon aus, dass der »Hitler-Spuk bald vorbei sei«.[19] Selbst das Uruguayische Konsulat in Bremen war überrascht über das Auswanderungsgesuch der Familie. Da es deshalb Schwierigkeiten mit einer Einwanderung nach Uruguay gab – Uruguay hatte als Reaktion auf die Weltwirtschaftskrise 1932 die Einwanderungsbedingungen verschärft –, reisten die Weissbrauns mit Touristenvisa nach Montevideo. Bei der Befragung bei der Einreise am 29. April 1934 gaben sie an, für immer bleiben zu wollen. Carlos Weissbraun gehörte mit Fritz Rawak, einem Arzt aus Gleiwitz, zu den Gründungsmitgliedern des 1934 gegründeten Hilfsvereins für deutschsprechende Juden. Er war sich sicher, dass sie nur die ersten Flüchtlinge waren, dass noch viele weitere kommen würden.

Diese eher zufälligen Beispiele zeigen, dass viele staatenlose Juden in Deutschland durchaus früh ihre prekäre Lage erkannten. Ein interessanter Datensatz aus Leipzig untermauert die These, dass sie sich der Lage nicht nur bewusst waren, sondern darauf auch früher als die Juden mit deutscher Staatsbürgerschaft reagierten. Unter den deutschen Großstädten war Leipzig die Großstadt mit der ungewöhnlichsten Sozialstruktur unter den jüdischen Gemeinden. Die Mitgliederdatei, die erst nach 1934 vom neuen Verwaltungsdirektor Fritz Grübel[20] erstellt worden ist, hat die NS-Zeit überstanden und liefert neben anderen Informationen auch Hinweise auf die Staatsbürgerschaft der Gemeindemitglieder.[21]

Das Verhältnis von deutschen Juden und Juden ohne Staatsbürgerschaft oder mit ausländischer Staatsbürgerschaft in Leipzig war atypisch im Vergleich zu den meisten jüdischen Gemeinden Deutschlands. Leipzig war damals mit fast 12.000 Juden immerhin die sechstgrößte jüdische Gemeinde im Deutschen Reich. Waren normalerweise etwa 70 Prozent der Gemeindemitglieder deutsche Juden und die restlichen 30 Prozent staatenlose oder ausländische Juden, so war die Verteilung in Leipzig genau umgekehrt. Die Datenlage erlaubt eine Interpretation des Verhaltens, denn zwischen »1933 and 1935 a disproportionately high number of non-German-Jews moved out of Leipzig«.[22] Diese Juden, von denen die meisten die polnische Staatsangehörigkeit besaßen bzw. staatenlos waren, gehörten sicherlich zu den frühen Auswanderern wie die Aptekmanns oder Weissbrauns. Die starke Abwanderung aus Leipzig unterstreicht die Tatsache, dass nicht-deutsche Juden die Bedrohung durch den Nationalsozialismus

---

19 Weissbraun: »Todas esas vidas habían estado en sus manos« (s. Anm. 18), S. 133.
20 Fritz Grübel emigrierte in die USA, anglisierte seinen Namen in Fred Grubel und war schließlich seit Mitte der 1960er Jahre Leiter des Leo Baeck Institutes in New York.
21 Vgl. auch Trude Maurer: Ostjuden in Deutschland. 1918–1933. Hamburg 1986, S. 614, 640.
22 Fred Grubel und Frank Mecklenburg: Leipzig: Profile of a Jewish Community during the First Years of National-Socialist Germany. In: Leo Baeck Institute Year Book XLII (1997), S. 155–188, hier: S. 173.

früher und deutlicher wahrnehmen. Es wäre zu überprüfen, ob sich anhand der mittlerweile im Bundesarchiv gesammelten Daten zu jüdischem Leben während des Nationalsozialismus die frühe Auswanderung oder Flucht staatenloser bzw. nicht-deutscher Juden auch insgesamt als Tendenz bestätigen lässt.

II. Auswanderung unter veränderten Bedingungen

In den Schiffslisten finden sich weitere Fälle von Auswanderung bei Staatenlosigkeit. Das Konvolut der Schiffslisten umfasst etwa 6.600 Personenangaben mit Ankunftsdatum und Name des Schiffs, Ursprungshafen, Vor- und Zuname, Angaben zu Staatsangehörigkeit bzw. den Reisedokumenten und in den meisten Fällen auch der Religion. Diese wurde ab 1935 zunehmend vermerkt. Da auch Brasilien und Argentinien sowie ab 1. Januar 1939 auch Paraguay ihre Grenzen für Juden schlossen, war die Religion eine wichtige Angabe für die Erlaubnis zur Einreise.

Dass es manchmal schon ausreichte, Mitglied einer jüdischen Reisegruppe zu sein, um von der Weiterreise ausgeschlossen zu werden, erfuhr Markus Kupfer, der aus politischen Gründen geflüchtet war und ein Visum für Paraguay hatte. Er erreichte Montevideo am 8. Januar 1939 an Bord der Campana aus Marseille.

> Am Hafen stand ein Omnibus, der uns Paraguayreisende, 14 Männer und eine Frau mit zwei Kindern, in die ca. 180 km entfernte Stadt Colonia brachte, die schön ist und als Badeort gilt. Die Einschiffung auf dem Flussdampfer erfolgte unter Aufsicht der Marinepolizei. Die Reise auf dem Paraná, einem mächtigen Fluss, war ein Erlebnis. [...] Kaum hatte das Schiff im Hafen [von Asunción] festgemacht, kam die Kommission der Emigrationspolizei an Bord. Zu unser aller Schrecken wurde uns eröffnet, dass seit dem 1. Januar 1939 die Einwanderung für Juden gesperrt sei und mithin unsere Einreisebewilligung außer Kraft gesetzt wäre. Die Hoffnung, mein Taufschein, die Bescheinigung von Stift Rein und mein Pass ohne J [...] würden mich retten, trog. Der Polizeioffizier erklärte meine Papiere als gefälscht; als Mitglied einer jüdischen Emigrantengruppe war ich eben auch ein Jude. In unsere Pässe wurde groß das Wort rechazo (Zurückweisung) gestempelt. Die Kommission verließ uns. [...] Zwölf schwer bewaffnete paraguayische Soldaten begleiteten uns auf dem Schiff. Auch in sämtlichen argentinischen Flusshäfen gab es Militär – solche Angst hatte man, einer von uns könnte heimlich das Schiff verlassen. Die Behörden wussten, dass wir Grund dazu hatten: Von Paraguay zurückgewiesen, musste uns die französische Schifffahrtsgesellschaft nach Frankreich zurückbringen. Für mich – vielleicht aber auch für manch anderen wäre dies der sichere Tod gewesen, da das unholde Frankreich uns direkt nach Deutschland verfrachtet hätte. [...] Tags darauf wurden wir, unter strengster militärischer Bewachung in den Carreradampfer nach Montevideo umgeschifft, da wir ja ein uruguayisches, kein argentinisches Visum hatten. Unsere Bewachung bestand jetzt nur

aus einem Polizeibeamten in Zivil, der uns an die uruguayischen Behörden zu übergeben hatte. [...] Zu unserem ganz großen Glück war kein französisches Schiff im Hafen, wir wären sonst unvermeidlich in Frankreich gelandet. So aber fand die Marinepolizei den Ausweg, uns in zwei verschiedenen Fremdenpensionen unter strenger Bewachung einzuquartieren. Meine Gruppe kam in die Pension Beim in der Straße Rincon. Das Mitgefühl des jüdischen Herrn Beim konnte nicht hindern, dass ein bewaffneter Marinesoldat in der Halle [...] Aufstellung nahm. Der nächste französische Dampfer sollte in einigen Tagen eintreffen und die uruguayische Emigrationsbehörde von ihrer heiklen Aufgabe mit uns Paraguayreisenden befreien. Man kann sich denken, in welch nervlicher Verfassung wir alle uns befanden. Am zehnten Tag unserer Einquartierung kam ein Eilbote von der jüdischen Gemeinde Montevideos mit der dringenden Mahnung, augenblicklich unter Zurücklassung unseres Gepäcks die Pension zu verlassen. Das für uns so gefährliche französische Schiff sei schon im Hafen. Aber wie, würde unser Bewacher nicht schießen, wenn wir an ihm vorbei die Treppe hinuntergingen? Der Bote wusste es nicht, er trieb uns zur Eile an und oh Wunder: der Soldat war auf einmal in das Studium einer an der Wand hängenden Karte von Uruguay vertieft – so vertieft, dass er nicht merkte, wie einer von uns, der sich ein Herz gefasst hatte, hinter seinem Rücken zur Treppe schlich und dann eilig hinunterging. [...] Der Wachtposten beim Hauseingang hatte sich in ein Schaufenster vertieft. Da wussten wir, dass Bestechung im Spiele war. Wir waren gerettet!! »Die Juden helfen einander.« Der Bote geleitete uns ins Gemeindelokal, das sich damals noch in der Straße Maldonado befand. Dort erhielten wir die Weisung, uns zu zerstreuen und ein Quartier für die Nacht zu suchen, aber am nächsten Morgen um 10 Uhr wieder zur Stelle zu sein. [...] Alle meine Schicksalsgenossen hatten sich pünktlich im Gemeindelokal eingefunden. Ein Beauftragter, Israelsohn, der schon lange in Uruguay lebte und spanisch in Wort und Schrift beherrschte, musste für jeden von uns ein Gesuch mit der Bitte um Aufenthaltsbewilligung ans Innenministerium richten. Dieser Bitte wurde nur halb entsprochen: wir durften so lange in Montevideo bleiben bis ein anderes Land sich bereitfand, uns aufzunehmen. Erst der humane Präsident des Landes, Baldomir, hat es später durchgesetzt, dass uns die Dauer-Aufenthaltsbewilligung erteilt wurde.[23]

Dieser Umgang mit den gestrandeten Paraguay-Flüchtlingen, für die Uruguay das wichtigste Transitland war, war kein Einzelfall. Es gibt zahlreiche Berichte von Emigranten mit Paraguay-Visa, denen die Weiterreise in Colonia verweigert wurde, weil ihre Visa gefälscht oder von nicht-autorisierten Konsuln ausgestellt worden waren.[24]

---

23 Unveröffentlichtes Manuskript. Eines Menschen Weg im 20. Jahrhundert. Autobiographie von Markus Kupfer, S. 195 ff. Kopie des Manuskripts im Besitz der Autorin.
24 U. a. siehe Lebenserinnerungen von Ingrid Gongula, Kopie des Manuskripts im Besitz der Autorin, und Ernesto Kroch: Exil in der Heimat – Heimat im Exil. Erinnerungen aus Europa und Lateinamerika. Frankfurt a. M. 1990, S. 88.

Unter der Rubrik Staatenlosigkeit finden sich für den Zeitraum 1933–1944 in den Schiffslisten der Barcos de Ultramar[25] etwa 280 Emigranten, bei denen unter Staatsangehörigkeit der Vermerk »staatenlos«, »ohne« oder »Nansen-Pass« steht. Zusätzlich fand sich die Angabe »Danzig« bei 8 Personen, und 77 Personen reisten mit dem Vermerk »Saarois«, die Bezeichnung für Flüchtlinge aus dem Saargebiet. Das wären etwa 5,5 Prozent der in den kopierten Schiffslisten vermerkten Migranten. Allerdings ist festzustellen, dass die Angaben zu Staatenlosigkeit nicht immer verlässlich sind. Im Falle von Gerd Aptekmann und Henri Lapides, in deren Fällen Kopien der Pässe vorliegen, ist wohl einfach das ausstellende Land mit der Staatsangehörigkeit gleichgesetzt worden. Allerdings reisen beide mit französischen Schiffen, was noch eine andere Erklärung böte, denn Passagiere, die keine Einreiseerlaubnis erhielten, konnten nicht von Bord gehen und mussten im Zweifelsfall zurück nach Europa reisen, was zulasten der Reederei ging. Möglicherweise haben die Kapitäne hier Probleme bei der Einreise vermeiden wollen.

Zu den staatenlosen Emigranten gehörte auch die Familie Felsenstein aus Leipzig. Alfred Felsenstein war Teilhaber der Leipziger Firma Gebrüder Felsenstein, die sich auf gegerbte Felle spezialisiert hatte. Politisch weitsichtig emigrierte die Familie im Dezember 1933 nach Mailand, wo sich der italienische Teil der Firma befand. 1938, nach den antijüdischen Gesetzen in Italien floh die Familie nach Lugano, wo sie aber keine dauerhafte Aufenthaltserlaubnis erhielt. Im Anschluss an das Novemberpogrom wurde Alfred Felsenstein von den Nationalsozialisten gezwungen, sein in Italien investiertes Kapital an die Dresdner Bank in Leipzig zu überschreiben, um seinen Bruder und seinen Cousin, Geschäftspartner der Firma Gebrüder Felsenstein in Leipzig, freizubekommen. Sie waren im Zuge des Novemberpogroms verhaftet und in ein KZ gebracht worden. Die Familie, deren mittlerer Sohn eine Behinderung hatte, zog nach Genf und erhielt im Mai 1939 Visa für Uruguay. Im November 1939 wurden sie von Deutschland ausgebürgert. Trotzdem konnten sie über Italien nach Uruguay einreisen, in den Schiffslisten war unter der Rubrik Staatsbürgerschaft »ohne« vermerkt. Mit dem Schiff Conte Grande aus Genua kommend erreichten sie Montevideo am 5. März 1940. Dort gründete Alfred Felsenstein mit Kapital, das er vor 1933 im Ausland angelegt hatte, eine kleine Gerberei.[26]

Weder die Ausbürgerung noch die daraus folgende Staatenlosigkeit hatte die Einwanderung nach Uruguay verhindert. Leider liegen hier keine weiteren Dokumente vor, die die Visavergabe nachvollziehbar machen würden. Sicherlich

---

25 Schiffe aus Übersee.
26 Claims Resolution Tribunal in re Accounts of Hanna and Alfred Felsenstein, unter: http://www.crt-ii.org/_awards/_apdfs/Felsenstein_Alfred.pdf [abgerufen: 29.6.2018].

war es einfacher, in den geordneten Abläufen der Schweizer Bürokratie und des »befreundeten« Italiens die Auswanderung zu organisieren als in der Situation im besetzten Frankreich.

III. Flucht aus dem besetzten Frankreich

So wurde beispielsweise ab 1940 das Staatsbürgerschaftsrecht Frankreichs von 1927, das bereits mehrere Restriktionen erfahren hatte, in Vichy-Frankreich erneut stark eingeschränkt. Das restliche Frankreich stand unter deutscher Besatzung. Die fremdenfeindliche und vor allem judenfeindliche Stimmung in Vichy-Frankreich fand ihren Ausdruck auch in konkreten Rechtsvorschriften. So konnte »unwürdigen« Franzosen nach einer vom damaligen Justizminister Raphael Alibert getroffenen Regelung die französische Staatsbürgerschaft wieder entzogen werden. Davon waren in der Praxis hauptsächlich jüdische Franzosen betroffen, die zum Teil erst nach 1933 durch das Staatsbürgerschaftsgesetz von 1927 als Flüchtlinge aus dem Deutschen Reich die französische Staatsbürgerschaft angenommen hatten.[27] Mit ihrer Ausbürgerung in großer Zahl wurden sie der nationalsozialistischen Vernichtungspolitik ausgeliefert, genauso wie die nach 1927 eingebürgerten polnischen Juden, die den größten Teil der ausländischen Juden in Frankreich stellten. Allerdings schützte die französischen Juden auch ihre französische Staatsbürgerschaft nicht vor der Deportation. Durch ein weiteres neu geschaffenes Gesetz konnte Franzosen, die das französische Territorium ohne Erlaubnis der staatlichen Behörden verlassen hatten, die Staatsbürgerschaft aberkannt werden.

Viele Flüchtlinge aus Deutschland waren schon von den Einschränkungen des französischen Fremdenrechts betroffen, für viele war die Lage durch die Ausbürgerung besonders prekär, da sie jetzt staatenlos waren und die Beschaffung von Ausreisepapieren massiv erschwert wurde. Zu diesen Personen gehörte auch Walter Mehring, der bereits mehrere Stationen im Exil zurückgelegt hatte, als er nach dem Waffenstillstand mit Hertha Pauli aus Paris floh. An der französisch-spanischen Grenze wurde Walter Mehring von Beamten des Vichy-Regimes gestellt und in ein Lager für feindliche Staatenlose gesteckt. Dieses Lager war St. Cyprien, und der »versuchte Grenzübertritt« war der erste Versuch, mithilfe von Varian Fry Frankreich zu verlassen. Danach verblieb Walter Mehring längere Zeit im Hotel Splendide, wo auch Varian Fry sein Büro hatte. Er galt als

---

27 Die Dauer des notwendigen Aufenthalts war gemäß Art. 6 Abs. 3 Pkt. 1 auf drei Jahre reduziert worden. Vgl. Linda Mittnik: Europäische und transatlantische Einbürgerungssysteme. Ein rechtshistorischer Vergleich ausgewählter Beispiele. Dissertation Wien 2013.

besonders gefährdet, da er auf der Liste der Kundt-Kommission[28] stand und man eine sichere Ausreisemöglichkeit für ihn suchte. Varian Fry berichtet in seinem Buch »Auslieferung auf Verlangen«, wie Mehring in Marseille an Bord des Schiffs nach Martinique gehen wollte, und dort

> wurde er, wie alle anderen Passagiere auch, von einem Beamten der Sûreté Nationale kontrolliert. Nachdem der Beamte seine Papiere durchgesehen hatte, zog er eine Karteikarte aus einem Kasten und zeigte sie Mehring. Auf der Karte stand etwas wie »Ausreise aus Frankreich untersagt, Entscheidung Kundt-Kommission«.[29]

Nach einigen Minuten des Schreckens kam der Beamte zurück, gab Mehring seinen Ausweis wieder und sagte, es müsse sich um einen anderen Walter Mehring handeln. Auch hier lag die Rettung in der großzügigen Auslegung der bürokratischen Vorschriften. Seiner Partnerin Hertha Pauli gelang die Ausreise aus Frankreich mit einem von Bil Spira gefälschten Pass.[30]

Viele Flüchtlinge verdankten ihre Rettung 1940/41 dem amerikanischen Vize-Konsul in Marseille, Hiram Bingham IV[31], der bis zu einer Abberufung durch das State Department, Einreisepapiere für die USA ausstellte und sehr unbürokratisch mit Varian Fry vom Emergency Rescue Committee zusammenarbeitete. Die von ihm ausgestellten Dokumente charakterisieren die Macht der Bürokratie, denn sie fungierten mit den richtigen Stempeln »en lieu« – anstelle eines gültigen Passes. Zur Macht der Bürokratie gehört die Abhängigkeit der Bürokraten. Insofern war Hiram Bingham IV eine Besonderheit, stammte er doch aus einer reichen Unternehmerfamilie und war nicht auf seine Karriere im State Department angewiesen. Das mag ihm die Entscheidung, entgegen der Anweisungen seiner Vorgesetzten so viele Menschen wie möglich mit Visa für die Vereinigten Staaten auszustatten, erleichtert haben.[32]

---

28 Art. 19 des Waffenstillstandsabkommen erlaubte den militärischen und zivilen Mitgliedern der nach ihrem Leiter, General Kundt genannten Kommission, sowohl in allen Internierungslagern in der besetzten und unbesetzten Zone nach »wahren« Deutschen zu suchen, die repatriiert werden sollten, als auch Gegner des Nationalsozialismus direkt an die Gestapo zu übergeben.
29 Varian Fry: Auslieferung auf Verlangen. Die Rettung deutscher Emigranten in Marseille 1940/41. München 1986, S. 205 f.
30 Herbert Lackner: Die Flucht der Dichter und Denker. Wie Europas Künstler und Wissenschaftler den Nazis entkamen. Wien 2017, S. 118. Vgl. auch den Beitrag von Burcu Dogramaci in diesem Band.
31 In einigen amerikanischen Familien werden zur Unterscheidung der verschiedenen Generationen bei Namensgleichheit die jeweiligen Mitglieder der Familie mit römischen Zahlen bezeichnet. Hiram Bingham IV war Sohn von Hiram Bingham III, dem Entdecker Machu Picchus, der Sohn von Hiram Bingham II war.
32 Es gibt noch andere Beispiele für Menschlichkeit in der Bürokratie, so den St. Gallener Polizeikommandanten Hauptmann Paul Grüniger. In seinem Lebenslauf schrieb er: »Es ging darum, Menschen zu retten, die vom Tod bedroht waren. Wie hätte ich mich unter diesen Umständen um bürokratische Erwägungen und Berechnungen kümmern können?« Wegen dieser Haltung wurde er vom Dienst suspendiert und verlor seine Pensionsansprüche. Andere wie der mexika-

Hiram Bingham IV stellte »AFFIDAVIT[S] EN LIEU OF PASSPORT« aus. Beispielsweise für einen in Wien geborenen Deutschen [?], Charles (Karl) Krausz, der »nicht in der Lage ist, einen gültigen deutschen Pass zu präsentieren«.[33]

Auf welchen Wegen Emigranten, die in Frankreich gestrandet waren, doch noch die Flucht gelang, zeigt auch die Geschichte der Familie Nussbaum. Leo Nussbaum, der aus einer erfolgreichen Unternehmerfamilie in Frankfurt a. M. stammte, wurde durch die Verhaftung im Zuge des Novemberpogroms vollkommen überrascht und flüchtete nach seiner Entlassung aus dem KZ Buchenwald, da er über keine Ausreisemöglichkeit verfügte, illegal in die Niederlande. Nach Internierung in den Niederlanden konnte er im Januar 1939 nach Frankreich ausreisen, wo mittlerweile die Familie seines Schwagers Julius Wetzlar und sein siebenjähriger Sohn Rolf eingetroffen waren. Im Frühjahr 1939 kam endlich auch seine Frau Hedwig Nussbaum in Paris an. Sie hatte in Deutschland die ordnungsgemäße Auswanderung abgewickelt. Das aufgegebene Umzugsgut erreichte die Familie nie, es wurde wahrscheinlich wie viele andere sogenannte Lifts beschlagnahmt und versteigert. Bei Kriegsbeginn wurden die Männer interniert, es folgte die Flucht in die unbesetzte Zone und letztendlich die Ausreise aus Frankreich.

In der Wiedergutmachungsakte finden sich die Originaltickets von Leo, Hedwig und Rolf Nussbaum, ausgestellt im Marseiller Büro der Ybarra-Linie, einer spanischen Schifffahrtsgesellschaft, die mit den beiden Schiffen Cabo de Hornos und Cabo de Buena Esperanza den Verkehr mit Südamerika auch in Kriegszeiten aufrechterhielt. Die Tickets bergen erstaunliche Informationen. Zum einen wird vermerkt, dass es sich bei den Reisenden um Personen mit der Staatsangehörigkeit »ex Alemana« handelt, die erstmal erklären müssen, dass sie sich über die Gefahr einer Reise während des Krieges bewusst sind und die Ybarra-Linie und ihre Agenten von jeglicher Verantwortung für die Gefahren freisprechen. Sie reisten mit einem Pass, der am 2. August 1941 in Pau ausgestellt wurde und nur für eine Reise bzw. bis zum 2. November 1941 gültig war. Weder ist die Nationalität vermerkt noch eine Passnummer, noch die ausstellende Behörde. Sie haben ein Visum für Uruguay vom uruguayischen Konsul in Marseille, ein Visum für Spanien vom spanischen Konsulat in Marseille und ein Ausreisevisum aus Frankreich, ausgestellt in Pau, ebenfalls vom 2. August 1941. Die Tickets wurden telegrafisch von Buenos Aires aus bezahlt. Die Nussbaums erreichten Montevideo im September 1941, und auch Julius Wetzlar,

---

nische Konsul in Marseille, Gilberto Bosques, handelten auf Anweisung der Regierung, eine der wenigen »linken« Regierungen, die mit den Visagesuchen Verfolgter konfrontiert war und die Flüchtlinge des Republikanischen Spaniens und deutsche Kommunisten bereitwillig aufnahm. Wieder andere nutzten die Flüchtlingskrise um sich zu bereichern. Beispiele hierfür sind der uruguayische Konsul Rivas in Hamburg und der paraguayische Konsul in Zagreb.

33 http://www.hirambinghamrescuer.com/, Dokument des Affidavits von Charles Krausz [abgerufen: 29.6.2018].

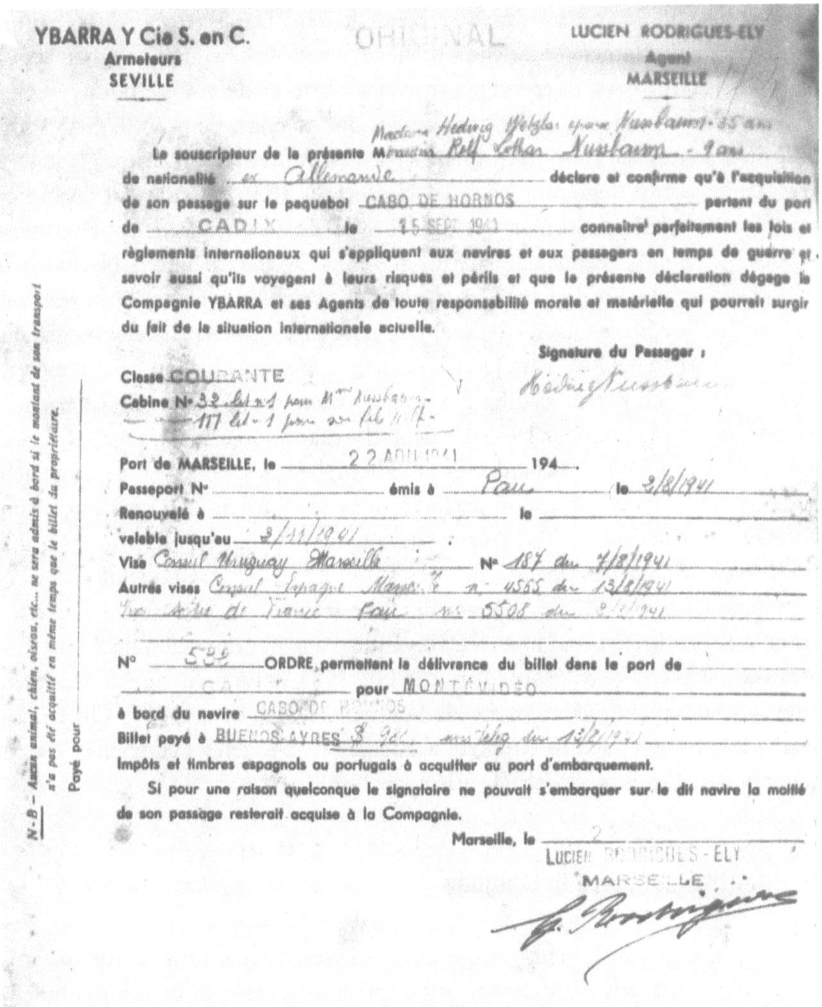

YBARRA Y Cie S. en C.
Armateurs
SEVILLE

ORIGINAL

LUCIEN RODRIGUES-ELY
Agent
MARSEILLE

Le souscripteur de la présente Madame Hedwig Wetzlar épouse Nussbaum - 35 ans, Monsieur Rolf Lothar Nussbaum - 9 ans
de nationalité ex Allemande déclare et confirme qu'à l'acquisition de son passage sur le paquebot CABO DE HORNOS partant du port de CADIX le 15 SEPT 1941 connaître parfaitement les lois et règlements internationaux qui s'appliquent aux navires et aux passagers en temps de guerre et savoir aussi qu'ils voyagent à leurs risques et périls et que la présente déclaration dégage la Compagnie YBARRA et ses Agents de toute responsabilité morale et matérielle qui pourrait surgir du fait de la situation internationale actuelle.

Signature du Passager :

Classe COURANTE
Cabine N° 32 lit n° 1 pour Mme Nussbaum - 117 lit - 1 pour son fils Rolf -

Port de MARSEILLE, le 22 AOUT 1941 194..
Passeport N° .... émis à Pau le 2/8/1941
Renouvelé à .... le ....
valable jusqu'au 2/11/1941 ;
Visa Consul Uruguay Marseille N° 187 du 7/8/1941
Autres visas Consul Espagne Marseille n° 4565 du 13/8/1941

N° 539 ORDRE, permettant la délivrance du billet dans le port de CADIX pour MONTÉVIDÉO
à bord du navire CABO DE HORNOS
Billet payé à BUENOS AYRES

Impôts et timbres espagnols ou portugais à acquitter au port d'embarquement.

Si pour une raison quelconque le signataire ne pouvait s'embarquer sur le dit navire la moitié de son passage resterait acquise à la Compagnie.

Marseille, le
LUCIEN RODRIGUES-ELY
MARSEILLE

N-B – Aucun animal, chien, oiseau, etc... ne sera admis à bord si le montant de son transport n'a pas été acquitté en même temps que le billet du propriétaire.
Payé pour

Abb. 3: Tickets Hedwig und Rolf Nussbaum, ausgestellt in Marseille, August 1941

seine Frau Else und die Tochter Lore konnten Frankreich verlassen. Sie kamen am 30. September 1941 in Montevideo an. Eine Interpretation dieser Papiere lässt als Erklärung nur äußerstes bürokratisches Wohlwollen zu. Die Nussbaums waren Flüchtlinge, die in Frankreich nicht gut vernetzt waren. Trotzdem erhielten sie innerhalb kürzester Zeit alle notwendigen Papiere, um Frankreich zu verlassen und das sichere Südamerika zu erreichen.

Auch Jeanne Mandello, als Johanna Mandello 1907 in Frankfurt a. M. geboren, strandete 1940 im unbesetzten Frankreich. Sie war mit ihrem Mann Arno Grünebaum bereits 1934 nach Frankreich emigriert, wo sie beide bis zum Kriegsausbruch erfolgreich als Fotografen, vor allem für Modezeitschriften wie Vogue und Harper's Bazaar gearbeitet hatten. Das Ehepaar Grünebaum, das unter dem Namen Mandello arbeitete, besaß wahrscheinlich einen sogenannten Interimspass oder einen »titre d'identité et de voyage pour réfugiés provenant d'Allemagne«. Alle Emigranten, die zwischen dem 30. Januar 1933 und dem 5. August 1936 nach Frankreich gekommen waren, hatten laut Dekret der Volksfrontregierung vom 19. September 1936 Anrecht auf den Interimspass. Bei Kriegsausbruch meldete sich Arno Grünebaum zur Fremdenlegion, während Jeanne zunächst in Paris weiterarbeitete. Nach dem Waffenstillstand wurde sie ins Department Pyrénées-Atlantiques evakuiert, wo sie begann, ihre Flucht nach Übersee zu organisieren. Ihr Mann hatte vorgehabt in Nordafrika zu bleiben, kam jedoch nach dem Waffenstillstand ins unbesetzte Frankreich. Nach der Besetzung Frankreichs hatte das Deutsche Reich Jeanne Mandello am 28. Oktober 1940 die deutsche Staatsbürgerschaft entzogen. Auf Rat von Jeannes Onkel Richard Seligsohn betrieben sie die Auswanderung nach Südamerika. Richard Seligsohn befand sich bereits im Exil in Argentinien und unterstützte von dort aus ihre Auswanderung nach Uruguay. Die Hinterlegung eines sogenannten Vorzeigegeldes von 600 Goldpesos[34] ermöglichte die Einreise nach Uruguay. Mit der Vorlage der Überseevisa erhielten sie das Ausreisevisum aus Frankreich und konnten von Bilbao aus mit der Cabo de Buena Esperanza nach Uruguay reisen. Am 25. Juli 1941 erreichten sie Montevideo, unter »Staatsangehörigkeit« steht als Vermerk »ohne« in den Schiffslisten. Es gelang ihnen, sich auch in Uruguay wieder als Fotografen zu etablieren, sie arbeiteten u. a. für die staatliche Tourismusbehörde.

IV. Identitätspapiere in Uruguay

Die Legalisierung in Uruguay war einfach. »Erste Woche, Orientierungsversuche in der Stadt, ein Ausweis war erforderlich und rasch in unseren Händen, Vorsprechen in einem Amt. Fotografien, en face und im Profil, ohne Brille. Der in Uruguay obligatorische Fingerabdruck, die Cédula de Identidad.« So beschrieb es Hellmut Freund in seiner Autobiografie,[35] und so kann man es auch an den Dokumenten Hedwig Freudenheims ablesen. Am 30. November 1938 erreichte die Familie Freudenheim Montevideo mit regulären Visa und ihrem

---

34 Seit dem 24.1.1934 musste das Vorzeigegeld im Namen des Einwanderers auf ein Konto der Banco de la República in Montevideo eingezahlt werden. 50 Pesos durften pro Monat für den Lebensunterhalt abgehoben werden. Da der Devisentransfer von Deutschland aus sehr kompliziert und teuer war, wurde das Geld häufig von Verwandten aus dem Ausland eingezahlt. Jeanne Mandellos Schwester Helene Stupp war bereits im März 1939 zusammen mit ihrem Mann, Dr. Max Stupp in Montevideo angekommen.

35 J. Hellmut Freund: Vor dem Zitronenbaum. Autobiographische Abschweifungen eines Zurückgekehrten. Frankfurt a. M. 2005, S. 253.

Umzugsgut. Bereits am 1. Februar 1939 besaß Hedwig Freudenheim eine Identitätskarte, cédula de identidad. Und das, obwohl Dezember und Januar zu den Urlaubsmonaten des uruguayischen Sommers gehören und die Ämter nur eingeschränkt geöffnet waren.

Ein kurioser bürokratischer Vorgang findet sich in der Gestapo-Akte von Berta Alles[36], die zusammen mit ihrem nicht-jüdischen Mann Carl und ihren beiden Söhnen, Wolfgang und Manfred, am 13. Januar 1939 in Montevideo angekommen war. Am 16. April 1939 ging ein Schreiben der Deutschen Gesandtschaft in Montevideo an die Gestapo in Berlin. Frau Alles »wurde versehentlich ohne vorherige Rückfrage bei der dortigen Dienststelle am 13. März 1939 ein Reisepass« von der Deutschen Gesandtschaft ausgestellt. Ihren alten Pass, ausgestellt vom Polizeipräsidium Essen, habe sie verloren. Nun war sich der zuständige Beamte der Gesandtschaft unsicher, ob ihm hier ein Fehler unterlaufen sei und man den Pass wieder einziehen müsse. Die Gestapo Außendienststelle in Essen beantwortete das Schreiben und konnte am 9. Mai 1939 mitteilen: »Tatsachen, die eine Versagung der Paßerteilung rechtfertigen, sind hier nicht bekannt.«[37]

Viele Flüchtlinge erreichten Uruguay auf direktem Weg von Deutschland aus, unter ihnen auch eine größere Anzahl Staatenloser. Andere durften in Uruguay bleiben, obwohl sie Visa für Paraguay hatten, das sie nicht einreisen ließ. Wiederum andere waren ursprünglich nach Frankreich geflüchtet und wurden von den Kriegsereignissen eingeholt. Findungsreich und unterstützt von wohlmeinenden Bürokraten erreichten sie auf abenteuerlichen Wegen den sicheren Hafen von Montevideo oder auch Häfen in den USA oder der Karibik.

Staatenlosigkeit war letztendlich kein großes Hindernis bei einer direkten Auswanderung von Deutschland nach Übersee, da die Fremdenpässe als Dokumente anerkannt wurden und visafähig waren. In den besetzten Nachbarländern, in denen Flüchtlinge aus Deutschland Zuflucht gesucht hatten, war das Fehlen gültiger Dokumente lebensbedrohlich. Oftmals blieb nur die Möglichkeit, in die Illegalität zu gehen, sich zu verstecken und auf gefälschte Papiere zurückzugreifen. Das sieht man auch an den Bemühungen von Varian Fry, dem jedes Mittel recht war, seine Schützlinge ins sichere Lissabon zu bringen. Die hier geschilderten Fälle nahmen einen glücklichen Ausgang. Wie verzweifelt die Lage war, wie unsicher die Flüchtlinge sich fühlten, zeigt der Selbstmord von Walter Benjamin in Port Bou, nachdem er die spanische Grenze überschritten hatte und vermeintlich ein sicheres Transitland erreicht hatte, allerdings illegal und ohne Einreisestempel.

---

36 Hauptstaatsarchiv Düsseldorf, Bestand Gestapo-Akten, Berta Alles, RW 58–40358.
37 Hauptstaatsarchiv Düsseldorf, Bestand Gestapo-Akten, Berta Alles, RW 58–40358, Bl. 4, Schreiben vom 9.5.1939.

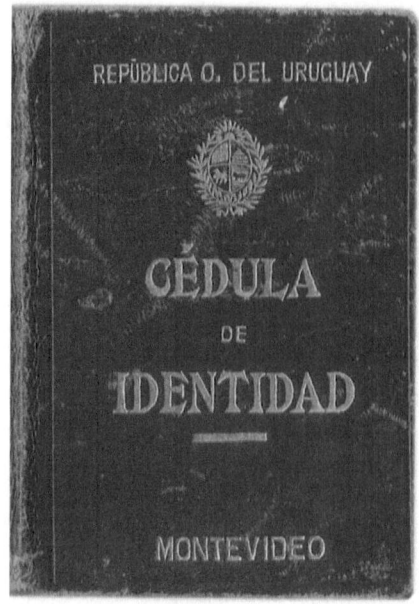

Abb. 4–6: Fotografien der Cédula de Identidad mit den Fotos im Profil und enface[38]

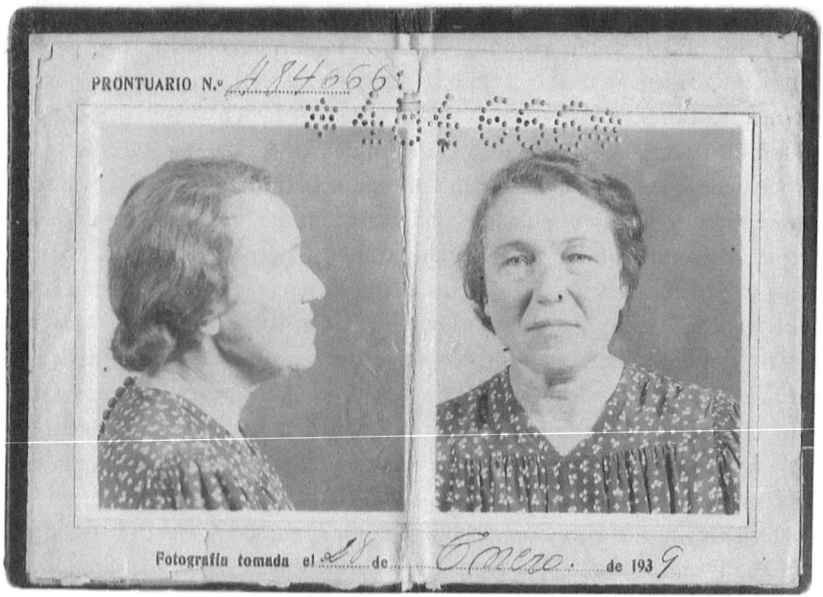

---

38 Alle Dokumente befinden sich im Besitz der Tochter Eva Weil Kroch, geb. Freudenheim. Ich danke Frau Weil-Kroch für die Möglichkeit der Reproduktion und des Abdrucks der Dokumente.

POLICIA DE MONTEVIDEO 5914
DIVISION TECNICA

Credencial N.º 484666   Registro N.º 490332

CERTIFICO: que la impresión digito-pulgar, fotografía y firma contenidas en esta cédula de identidad, pertenecen a quien ha acreditado ser

Hedwig Minasse de Freudenheim

nacido el 31 de Octubre del año 1888 en Margonin

Dep. o Prov. de Poznan   Nación Polonia

Color: del cutis Blanco   del iris Azul

Fórmula dactiloscópica: Serie O 3333. Sección 3222.

Hedwig Freudenheim

(FIRMA HABITUAL DEL IDENTIFICADO)

Montevideo, 1.º de Febrero de 1939

Por el Jefe de Policía

Carlos Mascaró Reissig

Pulgar derecho
MONTEVIDEO

RETIRO POLICIAL 070827   0.10
REPÚBLICA ORIENTAL URUGUAY

II. Grenzen der Anerkennung: Gender, Religion, Ethnie

Viola Alianov-Rautenberg

Migration und Marginalität
Geschlecht als strukturelle Kategorie in der deutsch-jüdischen Einwanderung nach Palästina/Eretz Israel in den 1930er Jahren

Die Hoffnung auf Zugehörigkeit zu einem sie schützenden Gemeinwesen war zentral für die deutschen Juden, die in den 1930er Jahren dem Nationalsozialismus zu entkommen versuchten. Das Aufnahmeland Palästina stellte dabei an die einwanderungswilligen deutschen Juden eine Reihe von Anforderungen, was Ausbildung, Vermögen, Alter sowie körperliche und geistige Gesundheit anging. Dieser Artikel wird der Frage nachgehen, welche strukturelle Bedeutung dem Geschlecht der deutschen Immigranten in der Einwanderungspolitik der Britischen Mandatsmacht auf der einen und der Jewish Agency (JA) auf der anderen Seite zukam. Es wird also gefragt, ob Frauen und Männer im Kontext der Flucht aus Deutschland nach Palästina die gleichen Chancen auf Einwanderung und somit die gleichen Voraussetzungen für einen legalen Aufenthalt und einen späteren Erhalt der Staatsbürgerschaft hatten.

I. Palästina als Einwanderungsland für deutsche Juden

Etwa 60.000 deutsche Jüdinnen und Juden wanderten in den 1930er Jahren in das britische Mandatsgebiet Palästina ein. Von 1933 bis 1936 war Eretz Israel das Hauptziel der jüdischen Emigration aus Deutschland; ab 1937 wurden dann die USA zum zentralen Aufnahmeland. Insgesamt nahm der Jischuw (Hebräisch: Ansiedlung), die jüdische Gemeinschaft des vor-staatlichen Palästina, fast ein Viertel der gesamten jüdischen Emigration aus Deutschland auf.

Palästina unterschied sich dabei in verschiedener Hinsicht von anderen Einwanderungsländern. Es war – im Verhältnis zu den anderen Hauptzielen der Emigration – ein kleines, armes und unterentwickeltes Land. Wichtiger noch war die Tatsache, dass Palästina kein selbstständiger Staat war. 1917, nach 400 Jahren Osmanischer Herrschaft, hatte Großbritannien Palästina erobert und wurde bis zur Unabhängigkeit 1948 zur Mandatsmacht des Landes. 1922 erhielt Großbritannien vom Völkerbund das Mandat und damit die legislative und administrative Gewalt über die arabische Mehrheit und die jüdische Minderheit der Bevölkerung Palästinas. In den 1930er Jahren war der Jischuw bereits de facto eine parlamentarische Demokratie mit Institutionen der politischen Selbstverwaltung, die vom Britischen Mandat anerkannt wurden. Gegenüber der Mandatsmacht wurde die jüdische Gemeinschaft durch die JA vertreten. Den Anteil der jüdischen Bevölkerung zu erhöhen, war die erklärte Absicht dieser Gemeinschaft, die die Errichtung eines unabhängigen jüdischen Staates in Palästina anstrebte. Daher war der Jischuw an massiver jüdischer Einwanderung interessiert. Als Teil der JA übernahm das Palästina Amt in Berlin die Beratung der potenziellen Einwanderer aus Deutschland. Es war jedoch die Britische Mandatsmacht, die über die Bedingungen für eine legale Einwanderung sowie die spätere Naturalisierung der Einwanderer entschied.[1]

II. Einwanderungspolitik

Die Einwanderungspolitik der Mandatsmacht folgte grundsätzlich sowohl ökonomischen als auch politisch-demografischen Gesichtspunkten. Bis 1937 war die sogenannte »economic absorption capacity« ausschlaggebend. Dabei handelte es sich um eine Schätzung der jeweiligen wirtschaftlichen Aufnahmefähigkeit des Landes. 1937 wurde diese Politik durch das »political high level« ersetzt. Das vorrangige Interesse der Briten war nun, den demografischen Status quo Palästinas aufrechtzuerhalten, also den jüdischen Bevölkerungsanteil bei einem Drittel der Gesamtbevölkerung zu belassen. Die nun zunehmende restriktive Einwanderungspolitik führte – in Kombination mit der wirtschaftlichen Krise des Jischuw und den Arabischen Unruhen 1936–1939 – zu einem Rückgang der deutsch-jüdischen Einwanderung nach Palästina. Durch die zunehmend beschränkten Einwanderungsmöglichkeiten wurde nun auch illegale Einwanderung eine Option für deutsche Juden. Dazu zählten der illegale Verbleib von Touristen nach Ablauf ihrer Visa, fiktive Ehen sowie das Schmuggeln von Einwanderern im Rahmen der sogenannten Alija Bet, also der organisierten illegalen Einwanderung. Im Falle der deutschen Juden war die häufigste Form von illegaler Einwanderung die der Touristen, die nicht wieder ausreisten.[2]

Die Mandatsmacht hatte besonderes Interesse daran, möglichst keine sozialen Probleme nach Palästina zu importieren. Daher sollten nur solche Menschen für die Einwanderung ausgewählt werden, von denen erwartet wurde, dass sie leicht ein gesichertes Einkommen finden und nicht arbeitslos werden würden. Entsprechend diesen Überlegungen vergaben die Briten Zertifikate an

---

[1] Vgl. Aviva Halamish: Palestine as a Destination for Jewish Immigrants and Refugees from Nazi Germany. In: Refugees from Nazi Germany and the liberal European states. Hg. v. Frank Caestecker und Bob Moore. New York 2010, S. 122–150.

[2] Vgl. Halamish: Palestine as a Destination (s. Anm. 1), S. 124f. Siehe auch Hagit Lavsky: The Creation of the German-Jewish Diaspora. Interwar German-Jewish Immigration to Palestine, the USA, and England. Berlin, Boston 2017, S. 19–24.

vier verschiedene Gruppen: Kategorie A umfasste »Kapitalisten«, Personen also, die nachweislich 1000 Britische Pfund oder mehr Kapital besaßen. Dieses Kapital sollte es ihnen ermöglichen, sich selbst ohne Hilfe der aufnehmenden Behörden zu integrieren. Kategorie-B-Zertifikate gingen vor allem an Schüler und Studierende sowie an Angehörige religiöser Berufe; C-Zertifikate wurden an Arbeiter vergeben, die eine definitive Aussicht auf Beschäftigung besaßen, nachweislich eine entsprechende Ausbildung absolviert hatten und zwischen 18 und 35 Jahre alt waren. Das Alter von 35 galt dabei als Obergrenze für das erfolgreiche Erlernen körperlicher Arbeit. In besonderen Fällen – dies war ein Zugeständnis speziell an die deutschen Einwanderer – war eine Erteilung auch an Menschen im Alter bis zu 45 Jahren möglich. Die D-Zertifikate wiederum wurden an Angehörige permanenter Einwohner Palästinas vergeben. Letztere sollten in der Lage sein, ihre »Angeforderten«, also Verwandten finanziell zu versorgen. Während die Briten die Kategorien A, B und D allein regulierten, gewährten sie der JA bis 1937 im Rahmen der C-Zertifikate eine teilweise Autorität. Dies betraf jedoch nur die Verteilung der Zertifikate, nicht aber ihre Anzahl. Im Gegenzug musste die JA den Unterhalt dieser Personen in ihrem ersten Jahr in Palästina garantieren.[3]

Die Britische Staatsbürgerschafts-Gesetzgebung von 1925 benannte folgende Bedingungen für eine Naturalisierung von Immigranten: Aufenthalt von mindestens zwei Jahren in Palästina; Nachweis über die Absicht, dauerhaft im Land zu bleiben; Beherrschen mindestens einer der drei offiziellen Landessprachen (Hebräisch, Arabisch, Englisch) sowie das Leisten eines Eides und das Aufgeben anderer Staatsbürgerschaften.[4] Wer im Rahmen der oben genannten Zertifikate einwanderte, wurde legaler Bewohner Palästinas, erhielt jedoch nicht automatisch die palästinensische Staatsangehörigkeit.

III. Geschlecht und Einwanderung

Die Einwanderungspolitik der Briten war in Bezug auf die Verteilung nach Geschlechtern darauf ausgerichtet, natürliches Wachstum der jüdischen Gemeinschaft zu ermöglichen. Daher sollte Männern und Frauen grundsätzlich

---

3 Vgl. Lavsky: The Creation of the German-Jewish Diaspora (s. Anm. 2), S. 20 f. Für die umfassendste Diskussion der genauen Bestimmungen der jeweiligen Kategorien, ihrer verschiedenen Untergruppen und der Aufnahme in Palästina siehe Yoav Gelber: Moledet Hadasha. Aliyat Yehude Merkaz Europa u-Klitatam, 1933–1948. Jerusalem 1990, S. 152–221.

4 Vgl. Lauren Banko: The creation of Palestinian citizenship under an international mandate. Legislation, discourses and practices, 1918–1925. In: Citizenship Studies 16/5–6 (2012), S. 641–655. Eine Umfrage der Gewerkschaft Histadruth von 1937 stellte zur Frage der Naturalisierung permanenter Bewohner Palästinas fest, dass nur etwa die Hälfte der Befragten von diesem Recht Gebrauch machen würden, siehe o. V.: Ma Lamadnu mi-Mifkad 1937? In: Davar, 21.2.1938.

Immigration in ähnlichem Maßstab ermöglicht werden. In der deutsch-jüdischen Einwanderung von 1933 bis Anfang 1939 machten Frauen circa 48 Prozent, Männer 52 Prozent der Immigranten aus.[5] Dieses Verhältnis erscheint zunächst als relativ ausgeglichen, vor allem im Vergleich zu den früheren jüdischen Einwanderungswellen in den Jischuw, in denen es einen starken Männerüberschuss gegeben hatte. In absoluten Zahlen bedeutet dies jedoch, dass in diesem Zeitraum fast 2.000 weniger Frauen als Männer nach Palästina einwanderten. In der jüdischen Gemeinde Deutschlands hatte außerdem zu Beginn der 1930er Jahre ein Frauenüberschuss von 52,4 Prozent existiert. Frauen wanderten also nicht ihrem Anteil an der jüdischen Bevölkerung entsprechend nach Palästina aus.[6]

Entscheidender noch ist jedoch die Tatsache, dass Männer und Frauen sich erheblich in ihrem jeweiligen Status als Einwanderer unterschieden. Wie die israelische Historikerin Aviva Halamish für die jüdische Einwanderung der 1930er Jahre nach Palästina insgesamt festgestellt hat, resultierte dies aus der Einwanderungspolitik der Mandatsmacht sowie – im geringeren Umfang – aus der Agenda der JA in der Verteilung der auch als Arbeiterzertifikate bezeichneten C-Zertifikate.[7] Im Falle der Immigration der deutschen Juden verteilten sich diese insgesamt wie folgt: Auf A-Zertifikaten (sog. Kapitalistenzertifikate) gelangten 38 Prozent, auf C-Zertifikaten 33 Prozent, als angeforderte Angehörige 15 Prozent und auf B-Zertifikaten (vor allem für in der Ausbildung befindliche Einwanderer) 14 Prozent ins Land.[8] Der jeweilige Anteil der Geschlechter unterschied sich stark zwischen den einzelnen Zertifikaten. Unter den A-Zertifikaten war die Anzahl von Frauen und Männern fast ausgeglichen. Die abso-

---

5 Die Daten, die die Grundlage dieses Artikels sind, beziehen sich auf die legale und statistisch erfasste Einwanderung der Jahre 1933 bis Anfang 1939. Vgl. Department of Statistics of the Jewish Agency for Palestine: Jewish Immigration into Palestine from Germany during 1933–1938. Bulletin No. 3, February 1939, Central Zionist Archives, Jerusalem (CZA) S7/787. Für eine umfassende Diskussion der Statistiken zur deutsch-jüdischen Einwanderung, der Besonderheiten, Begrenzungen und Unterschiede der verschiedenen Daten siehe Gelber: Moledet Hadasha (s. Anm. 3), S. 51–151, v. a. S. 64–66.

6 Zu den Gründen hierfür siehe Marion A. Kaplan: Jewish Women in Nazi Germany Before Emigration. In: Between Sorrow and Strength. Women Refugees of the Nazi Period. Hg. v. Sibylle Quack. Cambridge 1995, S. 11–48, hier S. 41 f.

7 Vgl. ihre maßgebliche Studie über die zionistische Einwanderungspolitik der 1930er Jahre nach Palästina: Aviva Halamish: Be-Miruts Kaful Neged ha-Sman. Mediniut ha-Aliyah ha-Tsionit beshnot ha-shloshim. Jerusalem 2006. Zur Situation von Frauen in dieser Politik siehe v. a. S. 178–185. Siehe zur Diskriminierung von Frauen auch Aviva Halamish: Aflayat Nashim be-Tekufaht ha-Mandat. Ha-Uvdot, ha-Sibot, hashlahot. In: Divrei ha-Kongress ha-Olami ha-12 le Mada'e ha-Yahadut. Division E: Contemporary Jewish Society, World Union of Jewish Studies (2001), S. 49–57. Siehe auch Deborah Bernstein: Daughters of the Nation. Between the Public and Private Spheres in Pre-State Israel. In: Jewish Women in Historical Perspective. Hg. v. Judith Reesa Baskin. Detroit 1998, S. 287–311.

8 Department of Statistics of the Jewish Agency for Palestine: Jewish Immigration into Palestine from Germany during 1933–1938 (s. Anm. 5).

lute Mehrheit der Männer wanderte in dieser Kategorie jedoch als Zertifikatsinhaber ein und die absolute Mehrheit der Frauen als ihre Angehörigen. Für Frauen galten in dieser Kategorie außerdem eine Reihe von Einschränkungen. Sie wurden von den Mandatsbehörden nicht als Familienoberhaupt anerkannt und konnten daher auch keine von ihnen wirtschaftlich abhängigen Angehörigen mitbringen. Verheiratete Frauen konnten ausschließlich als Angehörige ihrer Ehemänner einwandern. Nur alleinstehende Frauen, geschiedene Frauen und Witwen konnten – anders als verheiratete Frauen – ein eigenes Zertifikat beantragen.

Bei den B-Zertifikaten entfiel ein großer Anteil auf Schülerinnen und Schüler, die im Rahmen der Jugend-Alijah einwanderten. Diese brachte in organisierter Form jüdische Teenager nach Palästina, die zuvor durch Sprachkurse und Berufsausbildung vorbereitet worden waren. Die Zertifikate für die Jugend-Alijah wurden allerdings nicht in gleichen Teilen an auswanderungswillige Jungen und Mädchen vergeben. Stattdessen lag der Verteilungsschlüssel bei 60 Prozent für Jungen und 40 Prozent für Mädchen. Dies wurde mit der angestrebten Arbeitsteilung in den Kibbuzim begründet, in die diese Jugendlichen nach ihrer Einwanderung gelangten.[9]

Bei den C-Zertifikaten, die durch die JA verteilt wurden, war der gender gap am größten. Der Frauenanteil betrug nur 34 Prozent, der von Männern jedoch 51 Prozent; weitere 15 Prozent waren Kinder und Jugendliche. Zusätzlich waren die männlichen Einwanderer in dieser Kategorie fast ausschließlich auch die Inhaber der jeweiligen Zertifikate, während es sich bei dem Großteil der Einwanderinnen um Angehörige handelte. Geschiedene Frauen und Witwen konnten sich um ein eigenes C-Zertifikat bewerben, allerdings keine eigenen Kinder mitbringen. In dieser Verteilung drückte sich das Bestreben der JA aus, die Einwanderung den Bedürfnissen des Jischuws anzupassen. Dies bedeutete, junge Einwanderer auszuwählen, die eine landwirtschaftliche oder industrielle Ausbildung (Hachscharah) absolviert hatten und die als arbeitsfähig für intensive körperliche Tätigkeiten galten. Dafür kamen, den normativen Vorstellungen der JA entsprechend, vor allem Männer infrage. Frauen hingegen sollten nicht mehrheitlich auf den »kostbaren« C-Zertifikaten einreisen, sondern lieber als Angehörige ›angefordert‹ werden, wie Halamish feststellt. Die JA teilte also in gewisser Hinsicht die Ansichten der Mandatsbehörden, was den unterschiedlichen Status von Frauen und Männern in der Immigration anging. Sie trug so zur Benachteiligung von Frauen in ihrer Aussicht auf Einwanderung bei.[10] Es

---

9 Zur Jugend-Alijah siehe Gelber: Moledet Hadasha (s. Anm. 3), S. 186–221. Siehe zum Beispiel auch Paul Mendes-Flohr: Jüdisches Kulturleben unter dem Nationalsozialismus. In: Deutschjüdische Geschichte in der Neuzeit, Vol. 4. Hg. v. Michael A. Meyer und Michael Brenner. München 2000, S. 287–289.
10 Halamish: Be-Miruts Kaful Neged ha-Sman (s. Anm. 7). S. 178–185.

gab durchaus Kritik und Protest an diesem Vorgehen. Die WIZO (Women's International Zionist Organization) zum Beispiel protestierte wiederholt gegen die Diskriminierung und versuchte, einen höheren Prozentteil von Frauen bei der Zertifikatsvergabe zu erreichen.[11]

Auch in Bezug auf die gesundheitliche Verfassung der potenziellen Immigranten teilten JA und Mandatsmacht die gleiche Überzeugung. Alle Einwanderer, so die britischen Vorgaben, sollten grundsätzlich frei von ansteckenden Krankheiten, geistig gesund, weder Prostituierte noch drogenabhängig sein. Die JA ihrerseits hatte kein Interesse an Einwanderern, die dem Jischuw mit seinen äußerst knappen Mitteln zur Last fallen würden, anstatt zu seinem Aufbau beizutragen. Die Mandatsmacht versuchte diese Anforderungen durch verpflichtende ärztliche Untersuchungen durchzusetzen. Alle potenziellen Immigranten und ihre Angehörigen mussten daher vor ihrer Einwanderung ein Gesundheits-Zertifikat erbringen.[12] Immigranten auf den von der JA verteilten C-Zertifikaten mussten jedoch über dieses allgemeine Gesundheitszeugnis hinaus ein weiteres Gutachten von einem Vertrauensarzt des Palästina Amtes einholen. Diese körperliche Untersuchung sollte die Befähigung der Zertifikats-Anwärter zu körperlicher Arbeit und der Möglichkeit einer schnellen Anpassung an das levantinische Klima feststellen. Die potenziellen Einwanderer wurden von den Vertrauensärzten auf Anweisung der JA in drei Gruppen eingeteilt: Gruppe A umfasste gesunde Männer im Alter von 18 bis 45 Jahren; Frauen konnten per Definition nicht in diese Gruppe aufgenommen werden. Zu Gruppe B zählten spezialisierte Arbeiter, die zwar nicht so gesund waren wie die Männer der Gruppe A, aber nicht an ernsthaften Erkrankungen litten. Weiterhin gehörten zu dieser Gruppe Frauen und Kinder, sofern sie nicht in Gruppe C eingestuft wurden. Bei C handelte es sich um solche Personen, die als körperlich schwach galten und an körperlichen oder geistigen Erkrankungen sowie Geschlechtskrankheiten litten oder bei denen körperliche Deformierungen festgestellt wurden. Diese sollten keine Einwanderungs-Erlaubnis erhalten.[13] Frauen waren in dieser Einteilung automatisch schlechter gestellt.

Bei den Verwandten von Bewohnern Palästinas, die auf D-Zertifikaten einwanderten, war der Anteil von Frauen höher als der der Männer. 55 Prozent der Zertifikate wurden an Frauen, 22 Prozent an Männer und 23 Prozent an Kinder verteilt. Diese Verteilung lag wiederum in der Logik der Vergabepraxis begründet. Als abhängige Verwandte, denen in dieser Kategorie die Einreise er-

---

11 Siehe zum Beispiel o. V.: Konferenz der WIZO in Tel-Awiw. In: Jüdische Rundschau, 22.2.1935.
12 Siehe Alijah. Informationen für Palästina-Auswanderer. Hg. v. Palästina-Amt der Jewish Agency for Palestine. Berlin 1936 (8. Auflage), S. 37. Siehe auch o. V.: Protokoll Palästina Amt Berlin. Berlin, 3.11.1935. CZA, S7/150.
13 Immigration Department of the Palestine Zionist Executive: Instructions for the medical examination of immigrants. Compiled by the Health Council of the Palestine Zionist Executive. Jerusalem 1926.

möglicht werden sollte, wurden vor allem Frauen angesehen. Auf einem D-Zertifikat einzuwandern war insbesondere die Hoffnung derjenigen, die nicht das notwendige Vermögen besaßen, um ein A-Zertifikat zu erlangen, und die gleichzeitig aufgrund ihres Alters keine Chance auf Erhalt eines C-Zertifikates hatten. Für die Erteilung eines solchen Zertifikates mussten bestimmte Bedingungen erfüllt sein. Angeforderte Angehörige mussten jünger als 18 oder älter als 55 Jahre sein. Die Angehörigen mussten finanziell von ihren bereits in Palästina lebenden Verwandten abhängig sein und durften daher nicht über eigenes Vermögen verfügen. Die anfordernden Verwandten auf der anderen Seite mussten nachweislich in der Lage sein, für den Unterhalt ihrer Angehörigen zu sorgen. Angefordert werden konnten vor allem Ehefrauen, jedoch keine Ehemänner, da Frauen als abhängige Angehörige angesehen wurden. Weiterhin angefordert werden konnten Eltern oder Großeltern des Antragstellers oder seiner Frau, weibliche Verlobte, Söhne, Enkel und Neffen des Antragstellers und seiner Frau, wenn sie jünger als 18 waren oder finanziell nicht für sich selbst sorgen konnten. Töchter, Enkelinnen, Schwestern oder Nichten konnten nur angefordert werden, wenn sie unverheiratet, verwitwet, geschieden oder dauerhaft von ihren Partnern getrennt waren.[14]

IV. Auswirkungen der Einwanderungspolitik

Geschlecht war also in allen Einwanderungskategorien eine zentrale Kategorie. In der jeweiligen Verteilung der Zertifikate an Männer und Frauen in den einzelnen Kategorien drückt sich eine Haltung aus, die sowohl die Mandatsmacht als auch die JA teilten. Diese betrachtete Männer grundsätzlich als selbstständige Einwandernde, Frauen jedoch vor allem als deren Angehörige. Durch diese Haltung hatten Männer und Frauen unterschiedliche Voraussetzungen in den Möglichkeiten ihrer Einwanderung. Geschlecht als strukturelle Kategorie der Einwanderungspolitik wirkte sich in vielfältiger Weise auf die Einreise von Immigrantinnen und Immigranten nach Palästina aus. Dies soll im Folgenden an zwei Beispielen illustriert werden: der getrennten Einwanderung von Familien sowie der Immigration unverheirateter Frauen.

Die »Deutsche Alijah« war eine Familieneinwanderung: Die meisten Einwanderer immigrierten gemeinsam mit ihren Eltern, Partnern und Kindern. Jedoch reisten Familien gerade in den ersten Jahren nicht unbedingt gemeinsam ein. Stattdessen immigrierten Familienväter häufig zunächst allein, während ihre Angehörigen ihnen einige Monate später nachfolgen sollten. Diese Praxis war vor allem unter Immigranten mit sogenannten Kapitalisten-Zertifi-

---

14 Informations-Rundschreiben des Palästina-Amtes Berlin, No. 6, 29.1.1934. CZA, S7/67/2.

katen verbreitet. Die aufnehmenden Behörden in Palästina sowie das Palästina Amt in Berlin warnten jedoch ausdrücklich vor den Risiken einer solchen getrennten Einwanderung.[15] Da nach dem Britischen Einwanderungsgesetz verheiratete Frauen grundsätzlich als abhängige Einwandernde galten, konnte eine getrennte Einwanderung für sie fatale Konsequenzen haben. Hatten die Immigranten nicht bereits vor ihrer Abreise beim Britischen Konsul die Familienzusammenführung genehmigen lassen, so konnte den nachfolgenden Angehörigen später die Einreise nach Palästina verwehrt werden. Nach zahlreichen solcher problematischen Fälle wurde 1934, ein Jahr nach Beginn der Masseneinwanderung der deutschen Juden nach Palästina, eine Lösung erzielt: Der männliche Zertifikatsinhaber musste vor seiner Abreise aus Deutschland sicherstellen, dass alle Pässe seiner Familienmitglieder ein Visum erhielten, nur dann erhielten sie eine Kopie des A-Zertifikates, welches in der Regel nur in einmaliger Ausführung an die Einwanderer ausgegeben wurde. Bei der Ankunft in Palästina musste der vorausreisende Mann dann bereits die jeweilige Behörde informieren, wann und in welchem Hafen seine Familie nachfolgen würde. Das legale Problem dieser Form der Familieneinwanderung konnte also gelöst werden.[16] Die Tatsache, dass Ehefrauen bei ihrer Einwanderung in jeder Hinsicht abhängig waren, blieb so jedoch bestehen.

Schwerwiegende Folgen hatte eine getrennte Einwanderung auch im Falle derjenigen deutschen Juden, die als Touristen nach Palästina eingereist waren. Vor allem Anfang 1933, als Folge der ersten Welle der nationalsozialistischen Verfolgung, reisten deutsche Juden, denen keine Zeit für den Erwerb eines Zertifikates blieb, häufig auf diesem Weg und in der Hoffnung auf spätere Legalisierung ein. Dies war zum Beispiel der Fall bei der Familie von Miriam R. Im Sommer 1933 kam ihr Vater der Gefahr seiner unmittelbaren Verhaftung durch die Einreise nach Palästina als Tourist zuvor. Seine Frau, seine Tochter Miriam und ihre Schwester blieben in Deutschland zurück, lösten in aller Eile den Haushalt auf und flohen dann über die Tschechoslowakei nach Genf. Dort wollten sie auf eine Anforderung durch Miriams Vater warten und ihm dann sobald wie möglich folgen. Weil es dem Vater nicht gelang, seinen Touristen-Status legalisieren zu lassen, hatte er auch keine Möglichkeit, seine Angehörigen anzufordern. Daher musste Miriam mit ihrer Schwester und ihrer Mutter in der Schweiz bleiben; sie konnten aufgrund der Verfolgung weder zurück nach Deutschland reisen noch dem Vater nach Palästina folgen. Letztendlich mussten sie sieben Monate im Schweizer Interim ausharren. Die Familie besaß kaum noch Geld und hatte – im Schweizer Winter – ausschließlich ihre Sommerkleidung zur Verfügung, bis der Vater endlich in der Lage war, die notwendigen

---

15 Siehe zum Beispiel Ascher an Dr. Kramer. O. O., 12.12.1933. CZA, S7/22–169. Siehe auch Werner Senator an Laupheimer. O. O., 17.4.1934. CZA, S7/79/2.
16 Informations-Rundschreiben des Palästina-Amtes Berlin, No. 6. 29.1.1934. CZA, S7/67/2.

Dokumente zu erhalten.[17] Da nur permanente Bewohner Palästinas Familienangehörige anfordern konnten, war in diesen Fällen der legale Status der vorausreisenden Familienväter ein Problem auch für ihre in Deutschland wartenden Familien. Diese Angehörigen in Deutschland waren durch die Einwanderungsbestimmungen komplett von den männlichen Einwanderern abhängig, da verheiratete Frauen nur als Angehörige einwandern und kein eigenes Zertifikat erwerben konnten.[18]

Eine Möglichkeit der Hilfe in solchen Fällen bestand in der Nutzbarmachung von Netzwerken der Einwanderer. Auch Erwin Mansbach reiste 1933 als Tourist nach Palästina ein, während seine Frau und Kinder in Deutschland zurückblieben. In einem Brief an Georg Landauer, den leitenden Mitarbeiter der Deutschen Abteilung, mit dem er persönlich bekannt war, schrieb Mansbach:

> Siehst Du, seit sieben Monaten bin ich von meiner Familie getrennt, und man könnte meinen, dass es mir nun auch nicht mehr auf einen Tag mehr oder weniger ankommt. Aber in Wirklichkeit ist es so, dass meine Frau sowohl wie ich ziemlich mit unserem Mut am Ende sind. Die Briefe meiner Frau sind schrecklich. Sie ist wirklich kein Klageweib, aber sie ist halt am Ende mit ihren Nerven. Bei mir ist es so, dass nervöse Durchfälle mit völliger nervöser Nahrungsverweigerung abwechseln. Dass ich nach aussen hin ebenso wie meine Frau das Bild eines ruhigen Menschen aufrechterhalte, versteht sich. […] Ich habe nicht zionistisch gearbeitet, um eines Vorteils willen, aber jetzt bettle ich darum, dass man mich und meine Familie hier leben lässt.[19]

Mansbach beschrieb Landauer zum einen eindringlich die Auswirkungen der Trennung der Familie, sowohl für seine Frau als auch für ihn selbst. Zum anderen machte er Landauer gegenüber seinen Status als sogenannter »alter Zionist« geltend, als langjähriges Mitglied der zionistischen Bewegung also. Landauer war zwar nicht verantwortlich für die Vergabe von Einwanderunszertifikaten, in diesem Fall wandte er sich jedoch persönlich an das Palästina Amt in Berlin, um sich für seinen Bekannten Mansbach einzusetzen. Es gelang ihm tatsächlich, das Verfahren zu beschleunigen und Mansbach ein C-Zertifikat für ihn und seine Familie zu organisieren, welches nach Zypern geschickt wurde.[20] Dieses Vorgehen war möglich, da die Palästina Ämter einen kleinen Teil der von ihnen zu verteilenden C-Zertifikate an Härtefälle vergeben konnten, vor allem an »alte Zionisten« wie Mansbach. Da es sich bei den Mitarbeitern der Deut-

---

17 Interview Viola Alianov-Rautenberg mit Miriam R., Haifa, 29.5.2011.
18 Das Ziel der Familienzusammenführung war der wichtigste Punkt für eine Legalisierung. Siehe zum Beispiel Moshe Carmeli an Georg Landauer. Jerusalem, 26.10.1934. CZA, S7/149.
19 Erwin Mansbach an Georg Landauer. Tel Aviv, 8.10.1933. CZA, S7/65/2.
20 Georg Landauer an Palästina Amt Berlin. Jerusalem, 18.10.1933. CZA, S7/65/2.

schen Abteilung innerhalb der JA ebenfalls um »alte Zionisten« handelte, hatte Mansbach mit seiner Bitte Erfolg. Durch seine langjährige Mitgliedschaft in der zionistischen Bewegung und die Nutzbarmachung dieser Kontakte gelang es ihm so, seine legale Situation und damit die seiner Familie zu lösen. Sein Fall zeigt damit auch die Zentralität von Netzwerken für die Überwindung von Problemen mit der Immigration bzw. Legalisierung. Diese Kanäle standen jedoch wiederum vor allem Männern offen. Frauen konnten zwar Mitglied in der Zionistischen Vereinigung für Deutschland werden, Zugang zu den offiziellen und inoffiziellen Männernetzwerken der »alten Zionisten« blieb ihnen jedoch in der Regel verwehrt. So konnten sie im Zusammenhang mit ihrer Auswanderung denn auch weniger als Männer Gebrauch von Netzwerken machen.

Das zweite Beispiel, anhand dessen ich die Bedeutung von Geschlecht in der Einreisepolitik illustrieren möchte, beschäftigt sich mit unverheirateten Frauen. Grundsätzlich konnten diese nur bis zum Alter von 17 Jahren gemeinsam mit ihrer Familie einwandern. Danach mussten sie – sofern nicht verheiratet – in der Regel um eines der C-Zertifikate konkurrieren. Gerade für die C-Zertifikate gab es jedoch lange Wartelisten, und wie bereits erwähnt zog die JA es vor, sie überwiegend an junge Männer auszugeben. Aufgrund der strengen Altersvorgaben mussten sich auch Einwanderer auf Kapitalistenzertifikaten von ihren Kindern trennen, da über 17-Jährige nicht auf dem Zertifikat ihrer Eltern einwandern konnten. Ilse B., die als 14-Jährige mit ihren Eltern immigrierte, beschreibt die daher erfolgte zwangsweise Trennung von ihrer 18-jährigen Schwester:

> Schlimm war das für meine Mutter. Wir mussten unsere ältere Schwester zurücklassen in Deutschland. [...] Bis sie hier war – anderthalb oder zwei Jahre – hat meine Mutter täglich geweint, das war furchtbar. [...] Wir mussten in den Zug und meine Mutter muss ihre Tochter zurücklassen und weiss nicht ob sie sie jemals wiedersehen wird.[21]

Die Deutsche Abteilung in Palästina sah sich aufgrund dieser Vorgaben, die zur Trennung von Familien führte, mit massiver Kritik der Einwanderer konfrontiert. Da sie nicht für die Erteilung der A-Zertifikate zuständig war, konnte sie jedoch grundsätzlich nichts an dieser Praxis ändern.[22] In Einzelfällen jedoch setzte sie sich für solche jungen Frauen ein. Töchtern von sehr vermögenden Familien wurde es vereinzelt gestattet, als individuelle A-Zertifikatsinhaberinnen einzuwandern. In anderen Fällen setzte sich Georg Landauer von der Deutschen Abteilung wiederum für die Töchter »alter Zionisten« ein.[23] Landauer

---

21 Interview Viola Alianov-Rautenberg mit Ilse B., Haifa, 8.11.2009.
22 Informations-Rundschreiben des Palästina-Amtes Berlin, No. 1, 23.10.1933. CZA, S7/67/2.
23 Georg Landauer an Aron Barth. Jerusalem, 3.10.1933. CZA, S7/74/2.

stellte dabei nicht die Diskriminierung von Frauen per se in Frage, sondern argumentierte vielmehr, dass in solchen Fällen Frauen nicht als selbstständige Einwanderinnen angesehen werden könnten. Sie hätten keine Berufsausbildung erhalten und seien daher nicht in der Lage, sich selbst zu ernähren. Daher wären sie auch als Erwachsene als integraler Bestandteil des Haushaltes ihrer Eltern anzusehen.[24]

Diese Versuche der Intervention vonseiten der Deutschen Abteilung waren jedoch Lösungen für Einzelfälle und stellten keine umfassende Beseitigung der Benachteiligung von Frauen dar. Diejenigen jungen Frauen, deren Väter weder »alte Zionisten« waren noch mehrere 1000 Pfund besaßen, mussten die Trennung von ihrer Familie akzeptieren. Da C-Zertifikate lange Wartelisten hatten, konnte die Trennung Jahre andauern. Die schwere Entscheidung von Ilses Eltern, ihre große Tochter zurückzulassen, muss auch im Licht der vorherrschenden Haltung gesehen werden, die Frauen als schutzbedürftiger betrachtete als Männer. Viele Familien standen der Auswanderung junger Frauen, die allein nach Palästina immigrierten, ablehnend gegenüber. *Allein* bedeutet in diesem Zusammenhang, dass sie weder mit einem Ehemann noch mit ihren Eltern einreisten. In gewisser Hinsicht existierte eine solche negative Perspektive auf allein einreisende Frauen auch in Palästina. Die Einreise von Männern, die vor ihren Familien einreisten, wurde als potenziell legales Problem angesehen. Sie galt jedoch nicht als moralisches Problem. Dass dies bei Immigrantinnen anders war, zeigt sich zum Beispiel in der Diskussion um Prostitution jüdischer Frauen im Jischuw. Briten und Jischuw lehnten Prostitution gleichermaßen ab, jedoch aus unterschiedlichen Gründen. Wie die israelische Soziologin Deborah Bernstein gezeigt hat, ging es den Mandatsbehörden dabei eher um Fragen »sozialer Hygiene« und der Gesundheit ihrer Soldaten, während für den Jischuw die Angst vor sexuellen Kontakten von jüdischen Frauen mit nicht-jüdischen Männern im Vordergrund stand.[25] Mit der Masseneinwanderung aus Deutschland intensivierte sich diese Diskussion. Es bestand die Angst, dass Zuhälter versuchen würden, neu ankommende Einwanderinnen aus Deutschland mit falschen Versprechungen in die Prostitution zu locken. Als gefährdet wurden in diesem Zusammenhang vor allem eben jene Neu-Einwanderinnen angesehen, die allein einreisten und darüber hinaus nicht vorhatten, sich einem Kibbuz anzuschließen.[26]

---

24 Georg Landauer an Immigration Department. Jerusalem, 3.10.1933. CZA, S7/74/2.
25 Deborah Bernstein: Gender, Nationalism and Colonial Policy. Prostitution in the Jewish settlement of Mandate Palestine, 1918–1948. In: Women's History Review 21/1 (2012), S. 81–100.
26 Siehe zum Beispiel o. V.: Fürsorge für die alleinstehende Einwanderin. In: Jüdische Rundschau, 9.6.1936. Siehe auch Georg Landauer an Immigration Department. Jerusalem, 12.3.1934. CZA, S7/95; o. V.: Bericht über Familie Bornstein. O. O., März 1934. CZA, S7/95; Henrietta Szold an Georg Landauer. Jerusalem, 20.2.1934. CZA, S7/95.

Für unverheiratete Frauen bestand eine Möglichkeit, die ihnen auferlegten rechtlichen Beschränkungen sowie die negative Haltung gegenüber allein einreisenden Immigrantinnen zu umgehen, im Eingehen sogenannter »Zertifikatsehen«. Dies war eine Option, im Rahmen des Systems eine legale Einreisemöglichkeit für zwei Menschen auf einem Zertifikat zu erhalten. »Zertifikatsehen« waren nicht identisch mit fiktiven Ehen. Solche Scheinehen, die mit der klaren Absicht einer späteren Scheidung getroffen wurden und deren einziges Ziel der Erwerb eines Zertifikates war, spielten im Zuge der deutsch-jüdischen Einwanderung nur eine geringe Rolle. Fiktive Ehen waren nicht nur illegal nach den Bestimmungen des Mandats, sie wurden auch sowohl von den jüdischen Behörden im Jischuw als auch vom Palästina Amt in Berlin und den jüdischen Gemeinden in Deutschland abgelehnt.[27]

Die meisten Zertifikatsehen wurden geschlossen, um die restriktiven Bestimmungen der Mandatsregierung auszunutzen, unter denen vor allem Frauen litten. Sie dienten aber durchaus dem Zweck, eine Familie mit einem Partner der gleichen Kultur und Sprache zu gründen. Yair C. zum Beispiel, Mitglied einer zionistischen Jugendorganisation, war 18, als er während seiner Vorbereitung zur Auswanderung nach Palästina seine Freundin kennenlernte. Unter dem Eindruck der Pogromnacht 1938 heirateten die beiden dann nur wenige Monate nach ihrem Kennenlernen und konnten so auf einem Zertifikat nach Palästina einwandern.[28] Eltern, die häufig an der Auswanderungsentscheidung ihrer Töchter maßgeblich beteiligt waren, fiel es leichter, verheiratete Frauen nach Palästina auswandern zu lassen. Auch jüdische Organisationen in Deutschland unterstützten eine Heirat vor der Auswanderung ausdrücklich.[29] Männer wie Frauen würden, so die Argumentation, nicht einsam in der Fremde sein, sondern hätten eine psychologische und wirtschaftliche Unterstützung zur Seite. Die Mitgift der Frauen war außerdem für die Männer eine Möglichkeit, die benötigte Summe für ein Kapitalistenzertifikat zu erreichen oder ein Grundstück in Palästina zu erwerben. Das Ausnutzen der Mandatsbestimmungen, die es männlichen Einwanderern erlaubten, ihre Ehefrauen mitzubringen, war also für unverheiratete Frauen angesichts der Begrenztheit der Zertifikate eine Möglichkeit, eine Einreisegenehmigung zu erhalten. Dies war allerdings nur in Abhängigkeit von männlichen Zertifikatsinhabern möglich.

---

27 Scheidungen in Palästina waren zudem für die Neueinwanderer mit erheblichen Problemen verbunden, siehe Georg Landauer an Palästina Amt Berlin. Jerusalem, 20.7.1934. CZA, S7/66/1. Zu fiktiven Ehen und den Reaktionen der verschiedenen Institutionen des Jischuws siehe Deborah Bernstein: Nissuim Fiktivim. Ravakot mehapsot Motsa: Eshnav le Dilemot mosariot ve-le-Metah ben ha-prati le-Tsiburi. In: Israel 18/19 (2011), S. 5–29.
28 Interview Viola Rautenberg-Alianov mit Yair C., Kiriat Motzkin, 5.12.2009.
29 Hilfsverein der Juden in Deutschland: Mehr Frauenauswanderung!. In: Jüdische Rundschau, 21.1.1938.

V. Schluss

Die Möglichkeiten der deutschen Juden, Aufnahme in Palästina zu erhalten, wurden von zwei Akteuren entschieden: dem Britischen Mandat und – wenn auch in weit geringerem Masse – der Jewish Agency. Die Vorstellungen der Einwanderungspolitik der beiden widersprachen sich eklatant im Hinblick auf die jeweils angestrebten Einwandererzahlen. Im Falle der strukturellen Bedeutung von Geschlecht überschnitten sich die Haltungen der beiden Akteure jedoch. Mandat und JA einte eine Logik, die Männer als selbstständige Einwanderer, Frauen jedoch hauptsächlich als von ihnen abhängige Angehörige betrachtete und sie ausschließlich über ihre Ehemänner definierte. Der marginale Status, der den Immigrantinnen im Zuge ihrer Einwanderung zugesprochen wurde, reflektiert auch den Status, der Frauen in der aufnehmenden Gesellschaft überhaupt zukommen sollte. Trotz der Proklamierung einer neuen Gesellschaft wurde Ungleichheit zwischen den Geschlechtern reproduziert. Der Mythos der Gleichberechtigung im Jischuw ist von der israelischen Frauen- und Geschlechterforschung bereits vor Jahrzehnten infrage gestellt worden.[30] Auch in der neuen Gesellschaft des Jischuw, so deren Analyse, waren Frauen marginalisiert und von traditioneller Ungleichheit in allen Bereichen ihres Lebens betroffen.

Die Immigrantinnen aus Deutschland waren in der Einwanderung in den Jischuw ihrem Anteil nach keine marginale Gruppe. Die Untersuchung der Einwanderungspolitik zeigt jedoch, dass Frauen in der deutsch-jüdischen Einwanderung aufgrund ihres Geschlechts marginalisiert wurden. Im Kontext der Migration nach Palästina hatten Männer und Frauen daher nicht die gleichen Möglichkeiten zur Einwanderung und damit der Zugehörigkeit zu einem neuen Gemeinwesen, das ihnen Schutz vor der Verfolgung bieten konnte.

---

30 Siehe zum Beispiel die Beiträge in Pioneers and Homemakers. Jewish Women in Pre-State Israel. Hg. v. Deborah Bernstein. Albany 1992, sowie die Beiträge in Jewish Women in Pre-state Israel. Life History, Politics, and Culture. Hg. v. Ruth Kark, Margalit Shilo und Galit Hasan-Rokem. Waltham 2008.

Lidia Averbukh

Konstruktion von Gruppenidentitäten innerhalb des israelischen Staatsbürgerschaftsrechts

Mit der israelischen Staatsgründung im Jahre 1948 konnten Juden und Jüdinnen aus Europa und aller Welt in Israel ein Zuhause und einen sicheren Rechtsstatus erlangen. Jüdische Einwanderung nach Israel stellt seitdem eine Hauptaufgabe des Staates und der heutigen zionistischen Bewegung dar.[1] Während damit für Juden das historische Problem der Staatenlosigkeit überwunden war, stellte sich die Frage der staatlichen Zugehörigkeit als Folge von Flucht und Vertreibung großer Teile der ansässigen arabischen Bevölkerung Palästinas im Zuge der Staatsgründung neu. Dies galt sowohl für Palästinenser innerhalb als auch außerhalb des neuen israelischen Territoriums.

Das israelische Rechtssystem musste sich an die Herausforderungen des jungen Staates mit einer multi-ethnischen Bevölkerung anpassen. Israel versuchte damit entsprechend einer Formulierung Shmuel N. Eisenstadts die Etablierung einer »neuen Demokratie in einer antiken Zivilisation«.[2] Die konkurrierende Anwesenheit insbesondere der jüdischen Mehrheit und der palästinensischen Minderheit[3] führte für die israelische Legislative zu einer Reihe von Grundsatzentscheidungen, deren zugrunde liegende Argumentation bis heute gültig ist. Es handelt sich um Entscheidungen darüber, welches Gewicht gegensätzlichen Narrativen der beiden Bevölkerungsgruppen eingeräumt wird, sowie darum, welche Rechtsidentitäten den jeweiligen Bevölkerungsgruppen verliehen werden. Die Legislative übernahm diesbezüglich einerseits die vorstaatlichen Regelungen aus der osmanischen Zeit als auch die des britischen Mandats, die bis heute in die Staatszeit hineinwirken. Andererseits bediente sie sich europäischer Erfahrungen und juristischer Expertise, die aus Europa stammte.

---

1 Vgl. World Zionist Organization – Jewish Agency (Status) Law, 1952.
2 Shmuel N. Eisenstadt: Paradoxes of democracy. Fragility, continuity, and change. Washington, D. C, 1999, S. 51.
3 Nach der offiziellen Statistik besteht die israelische Bevölkerung zu 74,7 Prozent aus Juden und zu 20,8 Prozent aus Palästinensern. Die Statistik schließt die palästinensischen Bewohner Ostjerusalems ein, welches in Folge der Annexion nach dem Sechstagekrieg in 1967 zu Israel gezählt wird. Vgl. Central Bureau of Statistics, 27.4.2017. Online unter: www.cbs.gov.il/reader/new hodaot/hodaa_template_eng.html?hodaa=201711113 [abgerufen: 5.7.2018].

I. Das Verhältnis von Gruppen in einem ethnisch-nationalen Rechtssystem

Das Rechtssystem Israels, welches in der politischen Wissenschaft überwiegend als ethnisch-national kategorisiert[4] wird, definiert sich ungleich einem bi- oder multinationalen Staat sowie gegensätzlich zum liberalen Nationalstaat »aller seiner Bürger« über die Bevorzugung einer einzigen ethnischen Gruppe, nämlich des jüdischen Kollektivs.[5] Ethnischer Nationalismus hat eine europäische Tradition, die zunehmend durch Globalisierungsphänomene herausgefordert wird und in Israel – da es sich um eine vergleichsweise späte Gründung handelt, die von Anfang an mit einer multi-ethnischen Bevölkerung rechnen musste – noch einmal mit besonderen Konflikten einhergeht.

Die ethnisch-nationale Prägung Israels als »jüdischer« und »jüdischer und demokratischer Staat«[6] ist beispielhaft ausgeführt in seinem Staatsbürgerschaftskonzept, in dem jüdische und nicht-jüdische Gruppenzugehörigkeiten zu variierenden Rechtslagen in Angelegenheiten der Einwanderung und Einbürgerung führen. Außerdem basieren viele andere Bereiche des gesellschaftlichen Lebens in Israel, wie beispielsweise Bildung und Erziehung, Religion sowie das Familienrecht, ebenfalls auf Gruppenzugehörigkeiten, die mithilfe von Gruppen- und Individualrechten konstruiert werden.

Gruppenrechte, die per Definition an die Gruppe selbst und nicht nur an ihre Mitglieder veräußert werden,[7] können Gruppeninteressen verständlicherweise ungleich effektiver schützen als Individualrechte, da mit ihnen eine gewisse Eigenständigkeit vom Staat und kollektive Ansprüche auf Machtressourcen einhergehen. Rechte von einzelnen Personen sind Individualrechte, auch wenn sie gruppendifferenziert sein können,[8] d.h. an Mitglieder bestimmter Gruppen vergeben werden. Unter Gruppenrechten sind politische Gruppenrechte wiederum stärker als kulturelle bzw. religiöse Gruppenrechte, da die ersten dazu befähigen, sich an primären staatlichen Strukturen zu beteiligen

---

4 Sammy Smooha: The model of ethnic democracy: Israel as a Jewish and democratic state. In: Nations and Nationalism 8 (4), 2002, S. 475–503; Oren Yiftachel: Ethnocracy: Land and Identity Politics in Israel/Palestine. Philadelphia 2006; Gershon Shafir, Yoav Peled: Being Israeli: The Dynamics of Multiple Citizenship. Cambridge 2002.
5 Beispiele für bi- bzw. multinationale Staaten sind Belgien und die Schweiz. Beispiele für liberale Nationalstaaten (civic nation states) sind alle großen Einwanderungsnationen wie die USA und Australien oder innerhalb Europas Frankreich und Großbritannien. Beispielhaft für ethnischenationale Staaten stehen außer Israel, Malaysia und Sri Lanka einzelne GUS-Länder sowie Teile des ehemaligen Ostblocks.
6 Vgl. Unabhängigkeitserklärung 1948; Khok Yesod: Kvod Ha-Adam V'Kheruto, Art. 1A 1992; Khok Yesod: Khofesh Ha-Isuk, Art. 2, 1994; Khok Yesod: Ha-Knesset, Art. 7A, 1958.
7 Peter Jones: Group Rights, Stanford Encyclopedia of Philosophy, 2016.
8 Vgl. »group-differentiated rights« nach Will Kymlickas: Multicultural Citizenship. Oxford 1996.

und in politischen Prozessen mitzuentscheiden, die zweiten jedoch höchstens Freiräume in Form von begrenzter Autonomie in substaatlichen Bereichen ermöglichen.

Das ethnisch-nationale Selbstverständnis Israels wirkt sich auf die Beziehungen zwischen verschiedenen in diesem Staat lebenden Gruppen aus. Die Gruppenrechte der nicht-jüdischen Bevölkerungsgruppen sind eher gering ausgeprägt, d. h. sie sind kulturell oder religiös, aber nicht politisch. Ethnischer Nationalismus zielt nicht darauf ab, Gruppen in ihrem Anspruch auf nationale Selbstverwirklichung rechtlich gleichzustellen und zur politischen Teilnahme auf Augenhöhe zu befähigen, sondern erlaubt nur die Anerkennung einer einzigen Gruppe als nationales Kollektiv. Im Rahmen der Staatsbürgerschaftsregelungen, die durch den Zugang zum Territorium und die Vergabe der Staatsbürgerschaft maßgeblich die nationale Identität des Staates prägen, bedeutet es, dass die als nationales Kollektiv anerkannte Gruppe eine privilegierte Behandlung genießt. Zugehörige anderer Gruppen, deren nationale Selbstverwirklichung nicht als konstitutiv für den Staat angesehen wird, werden im Staatsbürgerschaftsrecht als nachrangig behandelt. In Israel bezieht sich das Staatsbürgerschaftsrecht auf Jüdinnen und Juden als Angehörige des nationalen Kollektivs. Nicht-jüdische Personen werden im Staatsbürgerschaftsrecht je nach Gesetz entweder als nicht zusammengehörige Individuen oder als Angehörige unterschiedlicher ethnoreligiöser Gruppen ohne nationalen Anspruch eingestuft.

Wie oben angedeutet, fördert das ethnisch-nationale System Israels die Konsolidierung von Gruppenidentitäten auch in vielen anderen Lebensbereichen. Eine Vielzahl ethno-religiöser Gruppen bildet kleinere, voneinander getrennte Einheiten, die eine religiöse und kulturelle Autonomie ausüben. Das bedeutet, dass ein solches Rechtssystem notwendig ist, welches autonome Strukturen der einzelnen Kleingruppen aufrechterhält, sodass sie für sich selbst überlebensfähig sind, aber gleichzeitig keine nationalen Aspirationen dieser Gruppen befördert. Dem System der Gruppenrechte in Israel gelingt dies, indem es politische Gruppenrechte nur der jüdischen Gruppe zugesteht, die vielen nicht-jüdischen Einheiten aber gleichzeitig mit starken religiösen bzw. kulturellen Gruppenrechten ausstattet. Damit kann einerseits die privilegierte politische Stellung der jüdischen Gruppe als einziges nationales Kollektiv bewahrt und gleichzeitig ein jeweils autonomes religiös-kulturelles Leben der einzelnen Glaubensgruppen garantiert werden.

Jedoch gibt es auch innerhalb der religiösen bzw. kulturellen Gruppenrechte Abstufungen. Die Reichweite dieser Gruppenrechte bemisst sich ebenfalls daran, wie freundlich sie jeweils gegenüber der nationalen jüdischen Gruppe und dem Staat eingestellt sind. Für das Staatsbürgerschaftssystem bedeutet das, dass die nationale Gruppe bei Einwanderung und Einbürgerung bevorzugt wird und Angehörige nicht-jüdischer Gruppen ausgehend von der Position ihrer jeweiligen religiösen bzw. kulturellen Gruppe innerhalb der gesamten Hierarchie eine gruppendifferenzierte Behandlung erfahren. So werden beispielsweise die Palästinenser, die im Staatsbürgerschaftsrecht grundsätzlich eine Ansammlung unabhängiger Individuen darstellen, zusätzlich in mehrere kleinere Gruppen unterteilt, deren Angehörige ihrerseits unterschiedlichen individuellen Verfahren in Angelegenheiten der Ein-/Auswanderung und Ein-/Ausbürgerung ausgesetzt werden.

Wichtig ist, dass nicht alle nicht-jüdischen kulturellen und religiösen Gruppen zur palästinensischen Minderheit gehören, wie z.B. die Bahai, oder die palästinensische Zugehörigkeit in ihrer Gruppenidentität nicht an erste Stelle stellen. In solchen Fällen bieten starke religiöse bzw. kulturelle Gruppenrechte wirksamen Schutz und Unabhängigkeit für Minderheiten sowohl vor der jüdischen als auch der palästinensischen Gruppe.

Darüber hinaus können weitere nicht-jüdische Gruppen außerhalb des Staates in Form von Ausnahmeregelungen sporadischen Zutritt zum Staat erhalten.

II. Politische Gruppenrechte am Beispiel des Staatsbürgerschaftsrechts

Politische Gruppenrechte, d.h. Gruppenrechte mit Einfluss auf politische Institutionen, stehen ausschließlich der jüdischen Mehrheit zu. Besonders deutlich zeigt sich dies im Einbürgerungs- und Einwanderungssystem, welches überwiegend als ein jüdisches Gruppenrecht konzipiert ist und als ein wichtiges Instrument der demografischen Balance im Staat dient. Es bekommt seine rechtliche Form durch vier Gesetze, die bis heute das Staatsbürgerschaftskonzept Israels bilden. Sie verrechtlichen den Umgang mit drei Kategorien von Einwanderern: den jüdischen Migranten aus Europa und anderen Ländern der Welt, nichtjüdischen Personen, die überwiegend als (Ehe-)Partner jüdischer Israelis einwandern, und den Palästinensern in Israel sowie den Angehörigen palästinensischer Diasporagemeinschaften außerhalb.

1. Das Rückkehrgesetz
Die Kontrolle über die Einwanderung ist ein Recht der jüdischen Bevölkerungsgruppe. Dabei wird die Einwanderungsquote im israelischen Einwanderungsrecht als ein kollektives Gut verstanden, über welches die jüdische Bevölkerungsgruppe verfügen darf. Tatsächlich bestimmte der Oberste Gerichtshof, dass der Staat Israel seine palästinensische Minderheit nicht bei der Verteilung öffentlicher Güter diskriminieren darf, außer bei der Distribution von Einwanderungsquoten.[9]

---

9 H.C. 6698/95, Aadel Ka'adan v. Israel Lands Administration, et al. PD 54(1), 258.

Das wichtigste Einwanderungsgesetz ist das Rückkehrgesetz (1950; 1970). Es heißt so, weil entsprechend der zionistischen Idee das Selbstverständnis des Staates Israel darauf beruht, dass er die historische Heimstätte des jüdischen Volkes ist und Juden aus aller Welt nach Israel »zurückkehren« können. Demnach hat jeder Jude und jede Jüdin sowie jede Person, die mindestens einen jüdischen Großelternteil nachweisen kann, und dessen Familienangehörige das Recht, nach Israel einzuwandern und sich niederzulassen. Es handelt sich nicht lediglich um die Möglichkeit der Einwanderung, sondern um ein Recht in dem Sinne, dass es verboten ist, einen Juden an der Einwanderung nach Israel zu hindern.[10] Es ist ein zeremonielles Gesetz mit großer symbolischer Kraft, zum Beispiel bezieht es sich auf das Territorium des historischen Israels und nicht der heute international anerkannten Grenzen und wurde vor allem in der ersten Version absichtlich knapp gehalten, damit sich seine Anwendung an die Bedürfnisse der Zeit anpassen kann. Die eigentliche Praxis der Einwanderung wird im Innenministerium durch einzelne Direktiven präzisiert. Auf diese Weise kann auch auf kritische Situationen verschiedener jüdischer Diasporagemeinschaften flexibel reagiert werden. So organisierte Israel unter anderem die Immigration der jüdischen Gemeinden aus Äthiopien und Jemen, um die dort lebenden Juden und Jüdinnen vor Hungersnot bzw. humanitärer Notlage zu retten, und beendete damit deren Jahrhunderte währendes Exil und unsicheren Rechtsstatus.

Das Rückkehrgesetz bezieht sich gleichermaßen auf potenzielle jüdische Einwanderer wie auch rückwirkend auf alle Juden, die bereits vor der Gründung des Staates nach Palästina eingewandert sind sowie auf alle jüdischen Israelis, die in Israel geboren wurden. Sie alle, ob nun tatsächliche oder symbolische Einwanderer, bekommen ihre rechtliche Legitimation, sich in Israel niederzulassen, durch das Rückkehrgesetz verliehen. Daran zeigt sich auch, dass die Gruppe, die auf dieses Kollektivrecht Anspruch hat, über die jüdischen Staatsbürger Israels hinausgeht und tendenziell das gesamte Judentum geografisch wie auch zeitlich – vor und nach der Staatsgründung – umfasst.

Neben den Urteilen des Obersten Gerichtshofs bietet die moderne israelische Politik- sowie Rechtswissenschaft allerhand Argumente für diese Praxis. Die exklusive Einwanderung wird vor allem begründet als eine logische Folge des jüdischen Gruppenrechts auf Selbstbestimmung, welches als ein klassisches Gruppenrecht aus dem Menschenrechtskatalog einerseits die Legitimation für die Erschaffung des Staates liefert, als andererseits auch die Prägung der inner-

---

10 Ruth Gavison: The Law of Return at Sixty Years: History, Ideology, Justification. Jerusalem 2010, S. 26. Online unter: www.metzilah.org.il/webfiles/fck/file/shvut%20eng%20Book%20Final.pdf [abgerufen: 5.7.2018].

staatlichen Struktur nach jüdischem Interesse erlaubt.[11] In dieser Auslegung des Völkerrechts gehört die Etablierung der Staatlichkeit demnach nur im ersten Schritt zur politischen Selbstbestimmung eines Volkes. Danach muss ein sicheres und geschütztes Leben dieser Gruppe im Staat garantiert werden, womit die Selbstbestimmung im breiteren Sinne erst verwirklicht werden kann. Die Motivation für das nach dem jüdischen Kollektiv ausgerichtete Staatsbürgerschaftssystem liegt letzten Endes in dem Wunsch jüdischer Israelis begründet, ein autonomes gemeinschaftliches Leben entsprechend eigener religiöser und kultureller Tradition zu führen.

Folglich führt die Praxis der privilegierten jüdischen Einwanderung zur längerfristigen Stabilisierung der jüdischen Mehrheit, die wiederum als das Hauptkriterium für die Möglichkeit einer selbstbestimmten jüdischen Existenz verstanden wird. In dieser Logik ist Israel der einzige Ort weltweit, an dem das jüdische Leben sich vollständig entfalten kann: politisch, ökonomisch, religiös und kulturell. Das Judentum in Israel muss demnach nicht ›privat‹ und individuell sein, sondern ist ›öffentlich‹ für den Einzelnen wie auch im Auftreten der gesamten Gruppe als eines politischen Akteurs. Auch das säkulare Judentum entfaltet dank des Rechts auf Selbstbestimmung des jüdischen Volkes in Israel eine unmissverständliche jüdisch-israelische Identität. In diesem Sinne wird das Gruppenrecht auf Selbstbestimmung als ein Schutzrecht für die jüdische Identität verstanden.[12]

Die jüdische Bevölkerungsmehrheit, die durch das Rückkehrgesetz gesichert werden soll, liefert ihrerseits selbst ein Argument für das jüdische Gruppenrecht. Denn nachdem eine kritische Masse von jüdischen Bürgern in Israel erreicht wurde, kann ihr das Recht auf ein selbstbestimmtes jüdisches Leben nicht verwehrt werden. Somit steigt der Anspruch auf Gruppenrechte mit der Anzahl der Gruppenmitglieder.[13]

Zusätzlich wird argumentiert, dass eine privilegierte Rechtsstellung der jüdischen Gruppe im Sinne der Wiedergutmachung der Verbrechen, die an dem jüdischen Volk historisch begangen wurden, gerechtfertigt ist. Die positive Diskriminierung im neuen Staat soll die ehemalige Schlechterstellung der jüdischen Gruppe auch in Palästina vor 1948 korrigieren, als in der Mandatszeit die Einwanderungsquoten für Juden restriktiv gehandelt wurden, was das ohnehin fragile jüdische Leben in Europa zusätzlich gefährdete.[14] Das Rückkehrgesetz sagt damit aus, dass zukünftig keine andere Regierungsmacht je die jüdische

---

11 Vgl. Selbstbestimmungsrecht der Völker, UN-Charta der Menschenrechte; sowie Internationaler Pakt über bürgerliche und politische Rechte (ICCPR), 1976 und Internationaler Pakt über wirtschaftliche, soziale und kulturelle Rechte (ICESC), 1976.
12 Vgl. Ruth Gavison: The Law (s. Anm. 10); Chaim Gans: Individuals' Interest in the Preservation of their Culture. In: Law & Ethics of Human Rights 1 (1), 2007.
13 Joseph Raz: The Morality of Freedom. Oxford 1986, S. 187, S. 209.
14 Gavison: The Law (s. Anm. 10), S. 38.

Einwanderung nach Israel regulieren darf. Jedoch ist bei dieser Argumentation die Frage nach einer zeitlichen Begrenzung der positiven Diskriminierung gerechtfertigt. Zwei gegenläufige Interpretationsweisen setzen an dieser Stelle ein. Die Rechtswissenschaftlerin Ruth Gavison beispielsweise sieht nicht die Notwendigkeit eines Zeitlimits, da es ihrer Meinung nach keine Sicherheit dafür geben kann, dass die Selbstbestimmung des jüdischen Volkes in Israel nach einem Wegfall der rechtlichen Privilegierung gewährleistet sei. Für sie wäre eine unendliche positive Diskriminierung zugunsten der Herstellung der Würde und des Stolzes des jüdischen Volkes nach dem Grauen des Holocaust und weiterem historischen Unrecht denkbar. Darüber hinaus gilt das Versprechen des selbstbestimmten jüdischen Lebens nicht nur gegenüber israelischen jüdischen Bürgern, sondern auch Juden weltweit. Allein um ihr zukünftiges Recht auf eine potenzielle Einwanderung nach Israel sicherzustellen, dürfte das Rückkehrgesetz in keiner Weise je eingeschränkt werden.[15]

Unter anderem stellt der Rechtswissenschaftler Ilan Saban dagegen die Frage, ob Einwanderungsquoten für immer für die jüdische Mehrheit exklusiv sein müssen oder ob es einmal genügen könnte, wenn der jüdischen Einwanderung Priorität eingeräumt würde, aber auch palästinensische Rückwanderung der Nachkommen der im Zuge der israelischen Staatsgründung Vertriebenen und Geflüchteten erlaubt wäre.[16] Er hält ein Szenario für möglich, in dem sich eines Tages in der israelischen Mehrheitsgesellschaft ein Bewusstsein darüber entwickeln könnte, dass die jüdische Identität und selbstbestimmtes jüdisches Leben auch ausreichend in einem bi-nationalen Staat gewahrt werden können.[17]

Israelische Rechtswissenschaftler betonen oft, dass das Rückkehrgesetz als Gruppenrecht im Einklang mit dem Völkerrecht stehe. Wie bereits erwähnt, basiert die Hauptbegründung für die Exklusivität von Einwanderungsquoten auf dem Recht auf Selbstbestimmung der Völker. Darüber hinaus findet sich nach überwiegender Auffassung israelischer Rechtswissenschaftler kein Verstoß gegen das von Israel 1979 ratifizierte »Internationale Übereinkommen zur Beseitigung jeder Form von Rassendiskriminierung« (1965). Zum einen erlaubt das Übereinkommen positive Diskriminierung (Art. 1.4.) und zum anderen bezieht sich das Diskriminierungsverbot explizit auf Rechtsetzung zur Einbürgerung (Art. 1.3.), aber nicht auf Einwanderung. Denn die Kontrolle darüber, wer Zugang erhält, ist grundlegend für die staatliche Souveränität und definiert sich primär über nationale Interessen. Auch weil die Auswahl zwischen potenziellen Einwanderern bereits außerhalb des Landes getroffen wird, fällt dieser

---

15 Gavison: The Law (s. Anm. 10), S. 55.
16 Ilan Saban: Minority Rights in Deeply Divided Societies: A framework for Analysis and the Case of the Arab-Palestinian Minority in Israel. Online unter: http://law.haifa.ac.il/images/documents/NYUmr.pdf [abgerufen: 5.7.2018].
17 Saban: Minority Rights (s. Anm. 16).

Vorgang nicht in den Bereich einer möglichen staatlichen Diskriminierung eigener Bürger innerhalb des Staatsgebiets. Das Oberste Gericht Israels kommentierte, den Zutritt zu Israel zu verleihen, sei »wie den Schlüssel zum Haus zu geben«.[18]

Obwohl einem solchen Vorgehen zumindest im internationalen Recht keine Schranken gesetzt sind, gibt es in Israel dennoch eine Diskussion darüber, ob die Einwanderungspraxis zugunsten des jüdischen Kollektivs aus ethischen Überlegungen problematisch sei. Zwei Aspekte könnten sich demnach negativ auf die Rechtsstellung der palästinensischen Minderheit auswirken: 1. jüdische Einwanderung verändert die demografische Balance und konsolidiert die jüdische Mehrheit, die bei natürlichem Wachstum der Bevölkerung eventuell nicht gesichert wäre; 2. Einwanderung und Integration binden staatliche Ressourcen, die ansonsten zugunsten israelischer Staatsbürger, also auch der israelischen Palästinenser, eingesetzt werden könnten. Der Rechtswissenschaftler Chaim Gans hält beides für legitim zum Zwecke der Aufrechterhaltung des jüdischen Charakters des Staates sowie zum Schutz der jüdischen Gruppe selbst.[19]

An dieser Stelle folgt das letzte häufige Argument für das jüdische Gruppenrecht auf Einwanderung, nämlich die verbreitete ähnliche Praxis in anderen Staaten im Sinne des Gewohnheitsrechts. Spannungen beim Versuch, durch restriktive Einwanderungspolitik die eigene ethnische Gruppe zu begünstigen, sind nicht ungewöhnlich, insbesondere in Staaten mit einem Nachbarn, dessen nationale Mehrheit die unterprivilegierte Minderheit des anderen Staates ist. Die Option einer zukünftigen Zweistaatenlösung, deren Idee bereits seit 1947 verhandelt wird, liefert sozusagen die Legitimation für die gegenwärtige Benachteiligung der palästinensischen Minderheit. Dieses Argument ist/bleibt jedoch nur solange gültig, wie die Friedensverhandlungen aktuell sind.

2. Das Staatsbürgerschaftsgesetz
Das zweite Gesetz ist das Staatsbürgerschaftsgesetz (1952). Es regelt die Einbürgerung, die bei jüdischen Einwanderern fast automatisch verläuft (Art. 2). Damit ist das Staatsbürgerschaftsgesetz in der Aufnahmekette – Einwanderung und Einbürgerung – komplementär zum Rückkehrgesetz und bildet den zweiten logischen Schritt.

Außerdem besteht es aus mehreren weiteren Artikeln, die eine mögliche Einbürgerung von Personen regeln, die nicht über das Rückkehrgesetz nach Israel eingewandert sind (Art. 3, 4, 5). Artikel 3 des Gesetzes ist rein historisch und wurde dazu genutzt, um die nach der Staatsgründung im Jahr 1948 auf dem israelischen Territorium verbliebenen Palästinenser zu naturalisieren. Artikel 4

---

18 H.C. 6698/95, Aadel Ka'adan v. Israel Lands Administration, et al. PD 54 (1), 258.
19 Chaim Gans: Individuals' Interest (s. Anm. 12).

regelt die Weitergabe der israelischen Staatsbürgerschaft über das Abstammungsprinzip »ius sanguinis«. Und auch hier spielt ein Blick auf Exilerfahrungen eine bedeutende Rolle: Exil-Israelis können ihre Staatsbürgerschaft noch an zwei weitere Generationen vererben. Der Unterschied zwischen jüdischen und palästinensischen Israelis besteht allerdings darin, dass Nachkommen jüdischer Israelis im Ausland noch in der dritten Generation, auch wenn ihnen die Staatsbürgerschaft nicht weitervererbt wurde, auf der Basis des Rückkehrgesetzes nach Israel einwandern dürfen. Palästinensische Israelis im Ausland haben diese Option hingegen nicht.

Durch das Staatsbürgerschaftsgesetz werden unterschiedliche Konzeptualisierungen der jüdischen und der palästinensischen Gruppe im gesamten Staatsbürgerschaftssystem deutlich. Die Einbürgerung für Juden verläuft unmittelbar, da sie auf einem Gruppenrecht, das heißt auf einer Zugehörigkeit zum jüdischen Volk gründet. In diesem Einbürgerungsprozess müssen keine weiteren Kriterien erfüllt werden. Die Einbürgerung für Palästinenser ist dagegen konditional und ein individueller Prozess, in dem die Staatsbürgerschaft durch das Abstammungsprinzip vom Elternteil an das Kind vererbt wird. Sie setzt ein Loyalitätsverhältnis zwischen Bürger und Staat voraus, welches unter bestimmten Bedingungen aufgelöst werden kann (Art. 11a.3).[20] Ein Mangel an Loyalität und Verbundenheit mit dem Staat tritt zum Beispiel ein, wenn man sich sieben Jahre lang außerhalb Israels aufgehalten hat (Art. 11a. 2). Theoretisch gilt diese Regelung für Juden und Palästinenser gleichermaßen, wird aber insbesondere auf palästinensische Bewohner Ostjerusalems angewendet, die ihrerseits in der Regel keine Staatsbürgerschaft haben, sondern ein Residenzrecht. Auch muss jeder, der in Israel eingebürgert wird, auf seine vorherige Staatsangehörigkeit verzichten (Art. 5a.6). Jedoch bestehen zahlreiche Ausnahmen für jüdische Personen, die entweder über das Rückkehrgesetz oder als Ehepartner nach Israel einwandern, oder Personen, die dem jüdischen Staat nahestehen und aufgrund ihres Dienstes in der israelischen Armee eingebürgert wurden (Art. 6a.1).[21]

Die unterschiedlichen Zugänge für Juden und Palästinenser im Einwanderungs- und Einbürgerungsprozess weisen auf die enge Verschränkung zwischen Staat und zionistischer Idee hin. Die jüdische Mehrheit genießt demnach eine tiefere Verbundenheit mit dem Staat, und ihre Staatsbürgerschaft geht mit einer

---

20 Die Möglichkeit, Staatsbürgerschaft bei Loyalitätsbruch zu entziehen, wurde u. a. durch den Zusatz aus dem Jahr 2011 und ein Gesetz vom März 2017 erneut bekräftigt. In diesen Fällen werden insbesondere terroristische Tätigkeiten als Loyalitätsbruch verstanden. Jedoch kam es noch nie zu einem Staatsbürgerschaftsentzug auf dieser Grundlage, da der Oberste Gerichtshof Israels eine solche Praxis als illegitim erklärte.

21 Assaf Shapira: Israel's citizenship policy since the 1990s – new challenges, (mostly) old solutions. In: British Journal of Middle Eastern Studies 2018, S. 214. DOI: https://www.tandfonline.com/doi/full/10.1080/13530194.2018.1447443 [abgerufen: 5.7.2018].

ideellen Teilnahme am Staat einher. Für Palästinenser ist die israelische Staatsbürgerschaft ideell leer und lediglich reduziert auf den legalen Status der Staatsangehörigkeit und die damit einhergehenden grundlegenden individuellen Garantien und Freiheiten.[22]

3. »Entry into Law« und »Prevention of Infiltration Law«
Der Zutritt zu Israel für Personen, die nicht über das Rückkehrgesetz nach Israel einwandern dürfen, wird geregelt durch zwei weitere Gesetze. Das »Entry into Israel Law« (1952), erlaubt unter bestimmten Bedingungen die Einwanderung von nicht-jüdischen Personen und richtet sich überwiegend an nicht-jüdische (Ehe-)Partner von jüdischen Israelis. Das Gesetz ist notwendig angesichts der gleichbleibend hohen Bedeutung von Migration nach Israel und einer hohen Rate von Mischehen. Das »Entry into Israel Law« in Kombination mit dem »Prevention of Infiltration Law« (1954) wurde auch dafür genutzt, die Rückkehr der Palästinenser, die vor der Staatsgründung Israels geflohen sind oder vertrieben wurden, in das Staatsgebiet Israels als illegal festzulegen.[23] Demnach gelten Palästinenser ohne Staatsbürgerschaft (Art. 1.3) sowie alle Personen, die aus verfeindeten Staaten nach Israel übersiedeln (Art. 1.1), als illegale Eindringlinge. Die Liste der feindlichen Staaten, in welchen in der Regel große palästinensische Diasporagemeinschaften leben oder die in einem Kriegsverhältnis mit Israel stehen, wird regelmäßig nach der politischen Situation aktualisiert.[24]

Seit 2003 gilt für das »Entry into Israel«-Gesetz ein temporärer Zusatz, der sich ausschließlich gegen palästinensische Bürger Israels richtet und die Familienzusammenführung mit Ehepartnern aus den palästinensischen Autonomiegebieten sowie aus dem Gazastreifen aus Sicherheitsgründen aussetzt.[25] Bis dahin konnten seit dem Jahr 1967 über 25.000 Palästinenser auf der Basis der Familienzusammenführung einwandern.[26]

Das Besondere an dieser Regelung ist, dass der Staat davon absieht, eine persönliche Sicherheitsüberprüfung der einzelnen Betroffenen vorzunehmen, das heißt von der eigenen Taktik abrückt, israelische Palästinenser als einzelne

---

22 Michael Karayanni: Two Concepts of Group Rights for the Palestinian-Arab Minority under Israel's Constitutional Definition as a »Jewish and Democratic« State. In: International Journal of Constitutional Law. Vol. 10, Issue 2, 30 March 2012, S. 304–339, hier: S. 309. Online unter: https://doi.org/10.1093/icon/mos020 [abgerufen: 5.7.2018].
23 Saban: Minority Rights (s. Anm. 16), S. 962.
24 Auch der Grenzübertritt afrikanischer Flüchtlinge, die zwischen 2006 und 2016 v. a. aus Eritrea und dem Sudan die ägyptische Grenze nach Israel passierten, wird durch das »Prevention of Infiltration Law« geregelt.
25 Nationality and Entry into Israel Law, 31.7.2003. Seit einem weiteren Zusatz aus dem Jahr 2007 bezieht sich die ausgesetzte Familienzusammenführung auch auf Ehepartner aus dem Iran, Libanon, Syrien und Irak. Darüber hinaus ist die Familienzusammenführung in Einzelfällen möglich, wenn es sich um Frauen über 25 Jahren oder Männer über 35 handelt.
26 Shapira: Israel's Citizenship (s. Anm. 21), S. 6.

Rechtsindividuen zu bewerten. Stattdessen wird die Regelung kollektiv auf eine ganze Bevölkerungsgruppe angewendet. Gleichzeitig findet innerhalb der palästinensischen Gruppe faktisch eine differenzierte Behandlung statt, da diese Regelung statistisch insbesondere muslimische Palästinenser trifft.[27]

4. Einwanderung und Einbürgerung als Einzelentscheidung des Innenministeriums

Darüber hinaus gibt es im israelischen Staatsbürgerschaftssystem Fälle von Einwanderung und Einbürgerung, die außerhalb des gesetzlich verankerten Verfahrens stattfinden.

Israel kennt die Praxis der Ad-hoc-Aufnahme von Einwanderungsgruppen basierend auf der Einzelentscheidung des Innenministeriums, die zwar nicht mit den Regelungen des Staatsbürgerschaftskonzepts übereinstimmt, aber dennoch auf den ethnisch-nationalen Prinzipen des Staates basiert. Diese Gruppen weisen zwei Kriterien auf, die sich manchmal überlappen können: Sie müssen einmal in ihrer Gruppenidentität konsistent sein und zweitens müssen sie dem Staat Israel und seiner jüdischen Mehrheitsbevölkerung freundlich gesinnt sein. Es handelt sich dabei um nicht-jüdische und nicht-palästinensische Gruppen, deren Aufnahme im beschriebenen Staatsbürgerschaftssystem nicht vorgesehen ist. Die Parameter für ihre Einwanderung und in manchen Fällen auch Einbürgerung sind jeweils unterschiedlich und vom politischen Kontext abhängig. Die unterschiedliche Behandlung entspricht ihrer Beziehung zum Staat Israel und zu der jüdischen Gruppe, ein Muster, das auch in den differenzierten Zugangsbestimmungen für palästinensische Gruppen wiederkehrt.

Die Bandbreite solcher Einwanderungsgruppen ist enorm: Arbeitsmigranten, die für die Länge ihrer Dienstleistungen mit einem befristeten Aufenthaltsstatus ausgestattet werden; dem Judentum freundlich gesinnte religiöse Gruppen mit einer permanenten Niederlassungserlaubnis und der Möglichkeit, sich nach dem Staatsbürgerschaftsgesetz naturalisieren zu lassen, wie die African Hebrew Israelites of Jerusalem oder die Beth El Gemeinde; bis zu Kollaborateuren mit der israelischen Armee, wie zum Beispiel den Angehörigen der Südlibanesischen Armee und ihren Familien, die nach dem Rückzug aus dem Südlibanon im Jahr 2000 von Israel aufgenommen und eingebürgert wurden.[28]

Demnach findet in besonderen Fällen eine lockere Ausübung des Staatsbürgerschaftskonzepts statt, ohne von dessen restriktiven Grundprinzipien abzuweichen.[29]

---

27 Shapira: Israel's Citizenship (s. Anm. 21), S. 19.
28 Otamir Agmon: ›Budgets Intended for Former South Lebanon Army Personnel‹. In: Knesset research and information Center (2010), p. 1. Online unter: https://www.knesset.gov.il/mmm/data/pdf/m02846.pdf [abgerufen: 5.7.2018].
29 Shapira: Israel's Citizenship (s. Anm. 21).

III. Palästinensische Gruppenrechte im israelischen Rechtskontext

In den ersten Jahrzehnten nach der Entstehung des Staates hat die arabische Führung zunächst gleiche individuelle Rechte gefordert.[30] Damit verfolgten sie das Modell des liberalen Nationalstaates, der keinen Unterschied auf der Basis ethnischer bzw. religiöser Zugehörigkeit seiner Bürger macht. Seit den 1980er Jahren aber begannen arabische politische Parteien sowie Personen des öffentlichen Lebens sich für eine formale Anerkennung der israelischen Palästinenser als eines zweiten nationalen Kollektivs einzusetzen.

Ihrer Auffassung nach wird die momentane Situation der Ankündigung des Prinzips der Gleichheit in den konstitutiven Dokumenten Israels[31] nicht gerecht. Die Rechtswissenschaftler Amnon Rubinstein und Barak Medina kommentierten, dass es

> einerseits augenscheinlich [ist], dass nur individuelle Rechte, die dem Staatsbürgerschaftsstatus entstammen, nicht genügen, um das Gleichheitsprinzip vollständig zu erfüllen, weil Gruppenzugehörigkeit und damit Gruppenrechte für das menschliche Leben von entscheidender Bedeutung sind. Andererseits ist der jüdische Charakter des Staates vorgegeben – es ist kein jüdisch-arabischer Staat und kein Staat »aller seiner Bürger« – was zur Folge hat, dass der Umfang des Schutzes über die Gruppenrechte für das jüdische Kollektiv substantieller ist als für das arabische Kollektiv.[32]

Urteile des Obersten Gerichts sowie Untersuchungsausschüsse der Knesset bestätigen diese Interpretation durch die Einschätzung, dass unvollständige Gruppenrechte des palästinensischen Kollektivs angesichts der politischen Gruppenrechte der jüdischen Mehrheit nicht gegen die Antidiskriminierungsauflagen des Staates verstoßen.[33] Verfassungsrichter Yitzhak Zamir lieferte dazu die Vorlage, indem er kommentierte, dass das Gleichheitsprinzip nur auf der Ebene der Individualrechte angewendet werden kann, nicht aber auf der Ebene der Gruppenrechte.[34]

Die unterschiedlichen Gruppenidentitäten markieren trotz des de jure gleichwertigen Status der jüdischen und der palästinensischen Israelis als Staatsbürger weiterhin die rechtliche Differenzierung. So entschied das Oberste Gericht im Jahr 2013 gegen eine gruppenübergreifende staatsbürgerliche Zugehörigkeit, als es die Einführung einer »israelischen« Zugehörigkeit ablehnte, die

---

30 Von 1948 bis 1966 waren Palästinenser in Israel einer Militärherrschaft unterstellt und hatten somit nur einen eingeschränkten Status, der sich bis 1966 graduell gelockert hat.
31 Vgl. Unabhängigkeitserklärung 1948 sowie Grundgesetze.
32 Amnon Rubinstein und Barak Medina (2005): The constitutional Law of the State of Israel: Institutions. 6th edition 2005 [Hebrew], S. 463.
33 Vgl. Adalah v. The municipality of Tel Aviv-Jaffa; sowie Or Report.
34 Yitzhak Zamir: HaSamkhut HaMinhalit [Administrative Power] 1996, 44, Vol. 1.

alternativ zu »jüdisch«, »arabisch« etc. hätte in das Bevölkerungsregister eingetragen werden können.

Die Konsolidierung der nicht-jüdischen Gruppenidentitäten reicht zurück in die vorstaatliche Zeit und erfolgt mithilfe religiöser bzw. kultureller Gruppenrechte und gruppendifferenzierter Individualrechte, die auf den ersten Blick als politische Gruppenrechte erscheinen können. Ein Beispiel dafür ist das Recht auf Ausübung und Bewahrung der arabischen Sprache, die neben Neuhebräisch bis zur Verabschiedung des Nationalstaatsgesetzes im Juli 2018 die zweite offizielle Sprache Israels war.[35] Dieses Recht ging nicht auf die israelische Gesetzgebung zurück, sondern war die Folge des britischen Mandats. Der Artikel 82 des »Palestine Order in Council« von 1922 bestimmte Englisch, Hebräisch und Arabisch zu offiziellen Sprachen des Mandatsgebiets und setzte fest, dass amtliche Verordnungen auf der Regierungsebene und auf der Ebene lokaler Institutionen in diesen Sprachen formuliert sowie dass alle drei Sprachen in Diskussionen und Debatten der Legislative, der Regierung und der Gerichte verwendet werden müssen. Das israelische Recht übernahm dieses Gesetz wie auch fast alle anderen Mandatsgesetze.[36] Dabei ließ es jedoch die englische Sprache als dritte Amtssprache heraus, weswegen die Beibehaltung des Arabischen als eine bewusste Entscheidung gewertet werden kann.[37] Gleichzeitig jedoch hätte dessen Auslassung internationale Kritik verursacht, denn auch der UN-Teilungsplan von 1947 sah »Freiheit der Sprache« für die Minderheiten beider zu etablierender Staaten – Israel und Palästina – vor.[38]

Jedoch wurde der Status des Arabischen nie durch eigenständige israelische Gesetzgebung bekräftigt. Er besaß im israelischen Recht nie einen konstitutiven Rang, war somit kein Ausdruck des Selbstverständnisses des Staates als etwa bilingual und konnte mit absoluter Mehrheit in der Knesset verändert werden. Der ehemals »offizielle« Status des Arabischen entstammte nicht der Absicht, die palästinensische Minderheit durch ihre Sprache in politischen Institutionen zu repräsentieren. Er war vielmehr der Ausdruck des individuellen Rechts jedes einzelnen Bürgers auf die Verwendung seiner Muttersprache, welches vom Obersten Gerichtshof aus dem israelischen Grundgesetz zur »Menschenwürde und Freiheit« abgeleitet wurde. Diese auf dem Individualrecht basierte Begründung entstammt dem Gerichtsurteil darüber, dass alle israelischen Straßenschilder neben der hebräischen auch eine arabische Inschrift tragen müssen.[39] Des-

---

35 Das Nationalstaatsgesetz (Chok HaLeom) soll in nächster Zukunft durch das Oberste Gericht Israels auf seine Verfassungskonformität geprüft werden. Es ist nicht auszuschließen, dass der Status des Arabischen zum Gegenstand weiterer Gesetzgebung werden wird.
36 Vgl. Law and Administration Ordinance 1948.
37 Ilan Saban: Minority Rights (s. Anm. 16), S. 925.
38 Vgl. Resolution der Generalversammlung 1947, Art. 14.
39 Vgl. Adalah v. The Municipality of Tel-Aviv-Jaffa sowie das Grundgesetz zur Menschenwürde und Freiheit 1992.

wegen handelte es sich dabei genau genommen nicht um ein klassisches politisches Gruppenrecht, das an die Gruppe selbst veräußert wird, als vielmehr um ein über Gruppenzugehörigkeit gebündeltes individuelles Recht, welches nicht einmal zum Vorteil einer bestimmten Sprachgruppe intendiert wurde und damit eine ungleich schwächere Position hat.

Mit dem Recht auf den Gebrauch des Arabischen geht auch das Recht auf Bildung und Erziehung auf Arabisch einher. Basierend auf dem Individualrecht auf staatlich finanzierte Bildung in eigener Sprache können arabischsprachige Israelis entsprechende kommunal geführte Schulen besuchen.[40] Weiterführende Ausbildungsstätten wie beispielsweise Universitäten sind jedoch fast ausschließlich auf Hebräisch.[41] Die Möglichkeit der arabischsprachigen Schulbildung wird von Palästinensern meistens auch wahrgenommen, was zu geschlossenen separaten Bildungssystemen in zwei Sprachen führt und einen Anschein von einem De-facto-Gruppenrecht erschafft. Das ist aber auch unabhängig von der Begründung des individuellen Rechts auf staatliche Bildung insoweit falsch, als dass die Bildungsinhalte zentral bestimmt und nicht durch eigene Institutionen erstellt werden, wie es entsprechend einem Gruppenrecht auf autonome Bildung und Erziehung erfolgen müsste.[42] Auch die Rechtsgrundlagen für die separate Bildung wurden nicht mit dem Blick auf die palästinensische Minderheit ins Leben gerufen. Das Augenmerk der Legislative lag auf getrennten Schulsystemen für jüdische Kinder aus verschiedenen religiösen Strömungen.

Aufgrund dessen, dass rechtliche Normen nicht selektiv gelten, trifft man in Israel auf ein Phänomen, das als »peripheral radiation« bezeichnet wird:[43] Dabei strahlen insbesondere Gerichtsurteile zum Schutz jüdischer religiöser Gruppen auf andere Gruppen aus, die nicht deren ursprüngliches Objekt waren.[44]

»Peripheral radiation«, die Rechtsbeschlüsse des Britischen Mandats sowie des Osmanischen Reichs, bilden in erster Linie das Fundament für die gruppendifferenzierte Behandlung bzw. für Gruppenrechte nicht-jüdischer, meistens palästinensischer Bevölkerungsgruppen im heutigen Israel, und nicht eine

---

40 Vgl. The Israeli Compulsory Education Act, 1949.
41 Sarah Ozacky-Lazar: The Cultural and Educational Collective Rights of the Arabs in Israel. 2005, S. 3. Online unter: https://www.adalah.org/uploads/oldfiles/newsletter/eng/nov06/ar1.pdf [abgerufen: 5.7.2018].
42 Ozacky-Lazar: The Cultural (s. Anm. 41), S. 4.
43 Ilhan Saban: Hashpa-at Beyt-Ha-Mishpat Ha-Elyon al Ma-amad Ha-Aravim B-Yisra-el [The Impact of the Supreme Court on the Status of the Arabs in Israel], 3 Mishpat U-Mimshal [Law and Government in Israel] 1996.
44 Saban: Minority Rights (s. Anm. 16), S. 899.
   Ein anderes Beispiel für »peripheral radiation« stellt das Recht auf den wöchentlichen Ruhetag entsprechend der religiösen Zugehörigkeit dar, welches dadurch zustande kam, dass der Gesetzgeber eine Rechtsgrundlage für die Sabbatruhe für die jüdische Mehrheit formulierte. Vgl. Hours of Work and Rest Law, 1951.

gezielte israelische Gesetzgebung zu Minderheiten. Das bedeutendste Überbleibsel des osmanischen Rechts, das erst durch das britische Recht und dann durch das israelische Rechtssystem übernommen wurde, ist das Millet-System, welches bis heute die Grundlage für religiöse Gruppenrechte in Israel bildet. Dabei besitzen die zahlreich in Israel vorhandenen Konfessionen jeweils das Recht auf religiöse Autonomie.[45] Darunter fallen 14 anerkannte religiöse Gruppen: Juden, Muslime[46], Maroniten, Drusen, Bahai sowie Anhänger der römisch-katholischen, syrisch-katholischen, syrisch-orthodoxen, armenisch-katholischen, griechisch-katholischen, chaldäischen und weiterer Kirchen.

Das religiöse Gruppenrecht entfaltet sich auf zwei Weisen: Zum einen werden Angelegenheiten des Familienrechts wie Heirat, Scheidung und das Eltern-Kind-Verhältnis für alle israelischen Staatsbürger auf der Basis des jeweiligen religiösen Rechts entschieden, und zum anderen sind es religiöse Gerichte, die über die Jurisdiktion in diesen Fragen verfügen. Diese weitreichenden Befugnisse bis in das Privatleben des Einzelnen hinein führen dazu, dass neben der zeremoniellen religiösen Praxis ebenfalls die traditionellen Lebensformen und Modelle aufrechterhalten werden.

Gleichzeitig fügt sich das Millet-System unproblematisch in das ethnisch-nationale Rechtssystem Israels ein. Es stellt keine Herausforderung für das Selbstverständnis des Staates als primär jüdisch dar, da es die gesellschaftliche Segregation der verschiedenen religiösen Gruppen konsolidiert und jedwede Fluidität durch Mischehen als auch durch Assimilation ausschließt. Das ist auch im Sinne der religiösen Institutionen, weswegen das Millet-System im Großen und Ganzen sowohl von jüdischen Geistlichen als auch von Geistlichen anderer Gruppen unterstützt wird.[47] Es dient ebenso der Stabilität des ethnisch-nationalen Systems, dass die Aufsplitterung in kleine religiöse Gemeinschaften die Fähigkeit der palästinensischen Bevölkerung, mit einer Stimme zu sprechen, mindert.[48]

Dass dies ein erwünschter Effekt ist, zeigt sich an der weiteren Praxis der israelischen Bürokratie, Zugehörige mancher Religionsgruppen für den Eintrag im Bevölkerungsregister als Mitglieder eigenständiger Bevölkerungsgruppen anzuerkennen – Drusen seit 1962[49], palästinensische Christen als »christliche

---

45 Basierend auf »Palestine Order in Council 1922«, § 83 in: Robert H. Drayton: Laws of Palestine. Vol. III. London 1934, S. 2587.
46 Muslime waren im Osmanischen Recht nicht darunter gefasst, da Islam als Staatsreligion keine zusätzlichen Schutzrechte benötigte.
47 Grundsätzlich interveniert das israelische Recht nicht in das traditionelle und religiöse Leben seiner Minderheiten. Dennoch kann das Millet-System modifiziert werden, wenn es in Spannung zu liberalen Positionen gerät, wie zum Beispiel im Falle der Frauenrechte.
48 Gad Barzilai: Communities and Law: Politics and Cultures of Legal Identities. Ann Arbor 2003, S. 436.
49 Oren Yiftachel und Michaly D. Segal: Jews and Druze in Israel: State control and ethnic resistance. In: Ethnic and Racial Studies 21(3) (1998), S. 476–506.

Aramäer« seit 2014 –, was ihre Sonderstellung innerhalb der gesamten palästinensischen Minderheit impliziert und gleichzeitig ihre Zugehörigkeit zu der Gruppe der Palästinenser infrage stellt. Durch die Kategorie der »Aramäer« konstruiert der Staat sogar eine Identität, die religiös und historisch der jüdischen nahe ist. Die Sonderstellung der Christen innerhalb der gesamten palästinensischen Bevölkerung ist nicht zuletzt der Absicht geschuldet, gute Beziehungen mit dem christlichen Westen aufrechtzuerhalten.[50]

Ähnlich verhält es sich mit der Ausnahme palästinensischer israelischer Staatsbürger vom Militärdienst, die zunächst als eine Praxis erscheint, die sich an das gesamte palästinensische Kollektiv richtet und damit de facto ein – wenn auch negatives – Gruppenrecht darstellt.[51] Sie kann auch deswegen als ein Gruppenrecht verstanden werden, da ihre Begründung auf der gemeinsamen palästinensischen Gruppenzugehörigkeit fußt, die wiederum über den inhärenten Konflikt mit dem Staat Israel definiert wird.[52] Dennoch bezieht sich die Ausnahme vom Armeedienst nicht auf alle Palästinenser, sodass Beteiligung am israelischen Militär in Wirklichkeit zur Demarkation von freundlich gesinnten Gruppen dient.[53] Drusen fallen beispielsweise nicht darunter.[54] Beduinen können wiederum freiwilligen Wehrdienst leisten, standen doch manche ihrer Stämme bereits vor der Staatsgründung bei Kampfhandlungen auf der jüdischen Seite.

Wie bei der Ausnahmeregelung zur Familienzusammenführung entsprechend dem »Entry into Israel«-Gesetz, die zumeist Muslime trifft, findet auch hier eine de facto gruppendifferenzierte Praxis auf der Basis der jeweiligen Nähe und Loyalität zur jüdischen Mehrheit und dem Staat Israel statt. Damit gelingt manchen palästinensischen Gruppen eine ideelle Beteiligung am israelischen Staat, auch wenn sie in dessen zionistisches Narrativ nicht wie das jüdische Nationalkollektiv direkt eingeschrieben sind.

IV. Zusammenfassung

Das israelische Staatsbürgerschaftskonzept gründet auf der Erfahrung des Exils und moderner Rechtssetzung. Es zeichnet sich durch den Versuch aus, sowohl der jüdischen und der nicht-jüdischen Bevölkerung Israels einen Rechtsstatus zu verleihen, der das Zusammenleben regelt, ohne die gesellschaftliche Hierarchie infrage zu stellen, als auch die immerwährende Aufnahme jüdischer Dias-

---

50 Michael M. Karayanni: Two concepts of group rights for the Palestinian-Arab minority under Israel's constitutional definition as a »Jewish and democratic« state. In: International Journal of Constitutional Law 10/2 (2012), S. 304–339, hier: S. 328.
51 Vgl. Defence Service Law 5746–1986.
52 Saban: Minority Rights (s. Anm. 16), S. 948.
53 Vgl. Cynthia H. Enloe: Ethnic Soldiers: State Security in Divided Societies. Athens, GA 1982.
54 Vgl. H.C. 53/56, Hasuna v. Rosh Ha-Memshala, 10(1).

poragemeinden zu sichern. Das Konzept basiert auf verschiedenen rechtlichen Konfigurationen von Gruppen, die in Bezug auf den Zugang zur Staatsbürgerschaft, Einwanderung und Einbürgerung jeweils anderen Regelungen unterworfen werden.

Dabei gilt, dass die politischen Gruppenrechte der jüdischen Mehrheit und insbesondere der palästinensischen Minderheit in Israel sich zueinander wie in einem Nullsummenspiel verhalten. Weil der jüdischen Seite als einem nationalen Kollektiv politische Gruppenrechte gewährt werden, kann die palästinensische Seite nur religiöse bzw. kulturelle Gruppenrechte oder lediglich Individualrechte in gleicher Rechtsangelegenheit genießen. Das heißt, die politischen Rechte auf beiden Seiten werden jeweils gegeneinander abgewogen, damit die delikate Balance des ethnisch-nationalen Systems zugunsten der jüdischen Mehrheit nicht gefährdet wird. Daraus folgt, dass politische Ansprüche der palästinensischen Staatsbürger Israels leichter über klassische Individualrechte der Einzelnen als über die Zugehörigkeit zum palästinensischen Kollektiv einzuklagen sind.

Manche ihrer Rechte, wie das zur Verwendung der arabischen Sprache oder das unabhängige Bildungssystem, erscheinen wie politische Gruppenrechte. Tatsächlich handelt es sich dabei jeweils um individuelle gruppendifferenzierte Rechte. Darüber hinaus stammen sie entweder aus der Zeit vor der Gründung Israels oder wurden zugunsten anderer Bevölkerungsgruppen initiiert. Das israelische Rechtssystem legte sich insbesondere in Bezug auf die palästinensische Minderheit wie eine weitere Schicht auf die osmanischen und britischen Rechtssysteme, die vormals in dieser Reihenfolge auf dem Territorium maßgeblich entscheidend waren und deren Praxis oftmals in das israelische Recht überging.

Religiöse und kulturelle Gruppenrechte, welche den verschiedenen palästinensischen Glaubensgruppen zugestanden werden, können als ein Beweis für israelischen Pluralismus interpretiert werden. Jedoch blockiert die Unterteilung in mehrere kleine religiöse Gruppen eine einheitliche palästinensische Rechtsidentität und verhindert einen Anspruch auf politische Gruppenrechte. Ein Zusammenschluss wird auch dadurch erschwert, dass die jeweiligen Untergruppen infolge ihrer differenten rechtlichen Kategorisierung eine unterschiedliche gesellschaftliche Position – in Abhängigkeit zu ihrer Loyalität gegenüber der jüdischen Mehrheit und dem Staat Israel – einnehmen.

Das Muster der gruppendifferenzierten Behandlung zeigt sich im Staatsbürgerschaftssystem auch in Bezug auf nicht-jüdische und nicht-palästinensische Einwanderer. Die Hierarchie in der rechtlichen Behandlung entsteht hier sowie auch bei der palästinensischen Bevölkerung durch die Beziehung dieser Gruppen zum Staat, welche von ihrer Beteiligung am Militär und der Freundlichkeit gegenüber der jüdischen Bevölkerung und dem Judentum abgeleitet wird. Auf diese Weise wird das ethnisch-nationale Staatsbürgerschaftssystem nicht herausgefordert, sondern kann vielmehr konsolidiert werden.

Esther Weizsäcker

Wiedereinbürgerungsansprüche und Perpetuierung von Diskriminierung
Nachkommen während der NS-Zeit geflohener Emigrantinnen und Emigranten im deutschen Staatsangehörigkeitsrecht

I. Einleitung

Die allermeisten während der NS-Zeit aus Deutschland geflohenen Emigrantinnen und Emigranten verloren mit der Flucht auch ihre deutsche Staatsangehörigkeit – etwa weil sie durch das NS-Regime ausgebürgert wurden oder weil sie die Staatsangehörigkeit ihres Exillandes erworben hatten. Zudem wurde jüdischen Einwandererfamilien ohne deutsche Staatsangehörigkeit, die in vielen Fällen bereits seit mehreren Jahrzehnten in Deutschland lebten, durch die Verfolgung und erzwungene Emigration jede Chance auf einen Erwerb der deutschen Staatsangehörigkeit genommen. Zugleich ist das dominierende Prinzip im deutschen Staatsangehörigkeitsrecht bis heute das Abstammungsprinzip (»ius sanguinis«). Ein Kind wird als deutsche Staatsangehörige oder deutscher Staatsangehöriger geboren, wenn die Mutter oder der (rechtliche) Vater die deutsche Staatsangehörigkeit haben (vgl. § 4 Abs. 1 des Staatsangehörigkeitsgesetzes – StAG). Bis 1975 war dieses Prinzip zudem ein patrilineares Prinzip, da bis dahin in der Regel nur Kinder deutscher Väter (nicht aber deutscher Mütter) mit Geburt deutsche Staatsangehörige wurden. Die Reformen des Staatsangehörigkeitsrechts in den letzten Jahrzehnten haben die dominierende Bedeutung des Abstammungsprinzips zwar relativiert, im Grundsatz jedoch nicht angetastet.[1]

Aus diesen Gründen hat die Verfolgung von Juden und weiteren Bevölkerungsgruppen während der NS-Zeit für die Nachkommen der aus Deutschland geflohenen Emigrantinnen und Emigranten bis heute konkrete staatsangehörigkeitsrechtliche Konsequenzen. Aufgrund des Abstammungsprinzips und der »Vererbung« der deutschen Staatsangehörigkeit über die Generationen hinweg

---

1 Vgl. hierzu z. B. Johannes Masig: Wandel im Staatsangehörigkeitsrecht vor den Herausforderungen moderner Migration. Tübingen 2001, passim. Zur sogenannten Optionsregelung für im Inland geborene Kinder von nach Deutschland eingewanderten Eltern ohne deutsche Staatsangehörigkeit und deren Änderung im Jahr 2014 vgl. z. B. Uwe Berlit: Änderung des Optionsrechts. In: ZAR 2015, S. 90–97. Zur seit dem 01.01.2000 geltenden Bedingung der Anzeige der Geburt bzw. der Beantragung der Beurkundung der Geburt für im Ausland geborene Kinder eines nach 1999 im Ausland geborenen Elternteils vgl. § 4 Abs. 4 StAG.

wirken auch staatsangehörigkeitsrechtliche Diskriminierung und Entrechtung in der NS-Zeit in vielen Fällen bis heute fort. Wegen des Abstammungsprinzips können sich im Ausland lebende Nachkommen deutscher Staatsangehöriger häufig noch nach mehreren Generationen auf die deutsche Staatsangehörigkeit berufen – insbesondere in Staaten, in denen im Inland geborene Kinder automatisch und zusätzlich die Staatsangehörigkeit des Geburtslandes erwerben (»ius soli«) und ein Verlust der deutschen Staatsangehörigkeit durch Beantragung einer anderen Staatsangehörigkeit daher selten ist.[2] Für Nachkommen während der NS-Zeit geflohener Emigrantinnen und Emigranten gilt dies jedoch nur dann, wenn der Ausschluss der geflohenen Eltern oder Großeltern von der deutschen Staatsangehörigkeit im heute geltenden deutschen Staatsangehörigkeitsrecht Berücksichtigung findet – wenn also für die durch Diskriminierung und Verfolgung verhinderte Weitergabe der Staatsangehörigkeit an die Nachkommen ein rechtlicher Ausgleich vorgesehen ist.

Der Umgang des geltenden deutschen Staatsangehörigkeitsrechts mit den Folgen der NS-Zeit ist sehr ambivalent. Auf der einen Seite enthält das Grundgesetz für »frühere deutsche Staatsangehörige, denen zwischen dem 30. Januar 1933 und dem 8. Mai 1945 die Staatsangehörigkeit aus politischen, rassischen oder religiösen Gründen entzogen worden ist«, und für deren »Abkömmlinge« einen Anspruch auf Wiedereinbürgerung bzw. Feststellung der deutschen Staatsangehörigkeit (Art. 116 Abs. 2 des Grundgesetzes – GG). Die entsprechende Regelung wurde als Übergangsregelung in das Grundgesetz aufgenommen, um die Ausbürgerungen während der NS-Zeit und deren rechtliche Folgen rückgängig zu machen, und vermittelt bis heute Nachkommen von Emigrantinnen und Emigranten ein Recht auf die deutsche Staatsangehörigkeit.[3] Auf der anderen Seite können sich viele Nachkommen aus Deutschland geflohener Emigrantinnen und Emigranten nicht auf das Recht in Art. 116 Abs. 2 GG berufen, obwohl sich der Ausschluss von der deutschen Staatsangehörigkeit zumindest mittelbar auf die Verfolgung ihrer Eltern oder Großeltern während der NS-Zeit zurückführen lässt. Wegen der Anknüpfung an einen formalen Entzug der Staatsangehörigkeit in Art. 116 Abs. 2 GG und einer engen Auslegung des Begriffs »Abkömmling« in Rechtsprechung und Verwaltungspraxis werden viele Nachkommen aus Deutschland geflohener Emigrantinnen und Emigranten von dem grundgesetzlichen Anspruch in Art. 116 Abs. 2 GG

---

2 Nach § 25 des Reichs- und Staatsangehörigkeitsgesetzes von 1913 (RuStAG) verloren deutsche Staatsangehörige mit Wohnsitz im Ausland, die ohne sogenannte Beibehaltungsgenehmigung auf Antrag eine andere Staatsangehörigkeit erwarben, automatisch die deutsche Staatsangehörigkeit. Nach § 25 des seit dem 01.01.2000 geltenden StAG gilt dies auch bei einem Wohnsitz im Inland; seit August 2007 ist jedoch der Erwerb der Staatsangehörigkeit eines anderen EU-Mitgliedsstaates oder der Schweiz generell unschädlich.

3 Vgl. z. B. Peter Häberle (Hg.): Entstehungsgeschichte der Artikel des Grundgesetzes = Neuausgabe des Jahrbuch des öffentlichen Rechts der Gegenwart (JöR). Bd. 1 n. F. (1951), Abschnitt XI.

nicht erfasst. Ergänzende einfachgesetzliche Regelungen für Verfolgte und Emigranten im Staatsangehörigkeitsrecht der Bundesrepublik waren von Beginn an in ihrer Reichweite sehr beschränkt und sind mittlerweile praktisch nicht mehr relevant.

Dabei zeigen die verfügbaren Zahlen, dass die Beantragung der deutschen Staatsangehörigkeit durch Nachkommen während der NS-Zeit geflohener Emigrantinnen und Emigranten weiterhin eine relativ konstante quantitative Bedeutung hat. Laut der Einbürgerungsstatistik liegt die Zahl der Einbürgerungen auf der Grundlage des Art. 116 Abs. 2 GG seit 2008 bei ca. 2000–3000 jährlich; dies entspricht einem Anteil von ca. 2–3 % an allen Einbürgerungen in Deutschland.[4] Dabei ist zu berücksichtigen, dass Anträge bereits im Inland lebender Nachkommen während der NS-Zeit geflohener Emigrantinnen und Emigranten nicht von der Einbürgerungsstatistik erfasst werden, da entsprechende Anträge aufgrund der Regelung in Art. 116 Abs. 2 GG auf die Feststellung der deutschen Staatsangehörigkeit (und nicht auf eine Einbürgerung) gerichtet sind. In jedem Fall scheint gerade in der Generation der Enkelkinder der Emigrantinnen und Emigranten ein großes Interesse an der deutschen Staatsangehörigkeit und häufig auch an einer Rückkehr nach Deutschland zu bestehen. Einer der Gründe hierfür dürfte sein, dass die Enkelkinder über ihre Großeltern häufig noch einen direkten emotionalen Bezug zu Deutschland und der jeweiligen Familiengeschichte haben, aber nicht im gleichen Maße wie die Generation der Verfolgten und deren Kinder den mit Verfolgung und Flucht verbundenen Traumatisierungen ausgesetzt waren.

Dieser Beitrag soll zeigen, welche diskriminierenden Folgen Ausgrenzung und Verfolgung in der Vergangenheit und die weiterhin dominierende Bedeutung des Abstammungsprinzips im deutschen Staatsangehörigkeitsrechts für Nachkommen während der NS-Zeit aus Deutschland geflohener Emigrantinnen und Emigranten haben können – trotz des durch Art. 116 Abs. 2 GG garantierten Anspruchs auf Wiedereinbürgerung oder Feststellung der deutschen Staatsangehörigkeit. Zu diesem Zweck werden zunächst (unter II.–III.) die für diese Fragestellung wichtigsten Entwicklungen und Regelungen im deutschen Staatsangehörigkeitsrecht bis 1945 und in der staatsangehörigkeitsrechtlichen Gesetzgebung der Bundesrepublik in einem kurzen Überblick zusammengefasst.[5] Im Anschluss (unter IV.–VI.) werden die staatsangehörigkeitsrechtlichen Konsequenzen für Nachkommen während der NS-Zeit aus Deutschland geflohener Emigrantinnen und Emigranten anhand ausgewählter Fallkonstellatio-

---

4 Vgl. Statistisches Bundesamt: Einbürgerungen– Fachserie 1 Reihe 2.1, unter: https://www.destatis.de/DE/Publikationen/Thematisch/Bevoelkerung/MigrationIntegration/Einbuergerungen.html. [abgerufen: 27.6.2018].
5 Die staatsangehörigkeitsrechtliche Gesetzgebung in der DDR wird in diesem Beitrag nicht behandelt.

nen und (abstrahierter) Beispiele verdeutlicht. Der letzte Abschnitt (VII.) skizziert mögliche Lösungswege, die hoffentlich in eine Diskussion über eine geschichtsbewusste Modernisierung des deutschen Staatsangehörigkeitsrechts einfließen können.

II. Diskriminierung und Entrechtung im deutschen Staatsangehörigkeitsrecht bis 1945

1. Diskriminierung im deutschen Staatsangehörigkeitsrecht vor 1933

In den vergangenen zwei Jahrzehnten sind mehrere detaillierte Untersuchungen zur Geschichte des Staatsangehörigkeitsrechts in Deutschland erschienen. Insbesondere hat der Historiker Dieter Gosewinkel im Jahr 2001 eine umfassende Darstellung der Geschichte der Staatsangehörigkeitspolitik und des Staatsangehörigkeitsrechts bis zur Gründung der Bundesrepublik Deutschland veröffentlicht.[6] Der Historiker Oliver Trevisiol hat in dem 2006 erschienen Buch *Einbürgerungspraxis im Deutschen Reich 1871 bis 1945* die entsprechende Verwaltungspraxis in den Bundesstaaten Baden, Bayern und Preußen im Detail aufgearbeitet.[7] Eine übergreifende Darstellung der aufenthalts- und staatsangehörigkeitsrechtlichen Situation von Migranten in Deutschland vor 1933 findet sich u. a. in dem 2005 erschienen Buch *Migration und Politik in der Weimarer Republik* des Historikers Jochen Oltmer.[8]

Die oben genannten Veröffentlichungen zeigen, dass das deutsche Staatsangehörigkeitsrecht nicht erst in der Zeit des Nationalsozialismus, sondern bereits vor 1933 von massiven Diskriminierungen geprägt war. Neben Frauen, denen generell eine eigenständige Rechtsposition im Staatsangehörigkeitsrecht verweigert wurde, waren vor allem Juden Ziel diskriminierender Regelungen und Verwaltungspraktiken.

Für den Erwerb der Staatsangehörigkeit galt im Deutschen Reich zunächst das »Gesetz über den Erwerb und Verlust der Bundes- und Staatsangehörigkeit« vom 01.06.1870. Nach langen politischen Auseinandersetzungen wurde dieses Gesetz durch das »Reichs- und Staatsangehörigkeitsgesetz« vom 22.07.1913 (RuStAG 1913) abgelöst, auf dem das aktuell geltende Staatsangehörigkeitsrecht in Deutschland bis heute beruht. Das RuStAG 1913 führte das bereits im Gesetz von 1870 festgeschriebene patrilineare Abstammungsprinzip für den Erwerb der Staatsangehörigkeit fort. Nach § 4 RuStAG 1913 erwarben eheli-

---

[6] Dieter Gosewinkel: Einbürgern und Ausschließen. Die Nationalisierung der Staatsangehörigkeit vom Deutschen Bund bis zur Bundesrepublik Deutschland. Göttingen, 2. Aufl. 2003.
[7] Oliver Trevisiol: Die Einbürgerungspraxis im Deutschen Reich 1871–1945. Göttingen 2006.
[8] Jochen Oltmer: Migration und Politik in der Weimarer Republik. Göttingen 2005.

che Kinder eines Deutschen die Staatsangehörigkeit des Vaters und uneheliche Kinder einer Deutschen die Staatsangehörigkeit der Mutter. §§ 5 und 6 RuStAG 1913 sahen außerdem den automatischen Erwerb der deutschen Staatsangehörigkeit durch Legitimation oder Eheschließung mit deutschen Männern und § 17 RuStAG 1913 den automatischen Verlust der Staatsangehörigkeit für Frauen durch Eheschließung mit ausländischen Männern vor. Das Abstammungsprinzip wurde durch das RuStAG 1913 sogar noch verstärkt, da die Regelung zum automatischen Verlust der deutschen Staatsangehörigkeit nach zehnjährigem Aufenthalt im Ausland und fehlender Eintragung in die Konsularmatrikel im Gesetz von 1870 nicht in das RuStAG übernommen wurde.[9] Weder die Forderungen nach Gleichberechtigung von Frauen noch nach Einführung eines Territorialitätsprinzips (»ius soli«) konnten sich durchsetzen. Der Widerstand gegen die Einführung eines Territorialitätsprinzips nach dem Vorbild des französischen und US-amerikanischem Staatsangehörigkeitsrechts resultierte vor allem aus antisemitischen Vorbehalten gegen Zuwanderer aus Mittel- und Osteuropa.[10]

Sowohl das Gesetz von 1870, als auch das RuStAG 1913 sahen neben dem Erwerb der deutschen Staatsangehörigkeit durch Abstammung grundsätzlich auch die Möglichkeit einer Einbürgerung von Ausländern vor. Nach der Regelung in § 8 RuStAG 1913, die im Wesentlichen der Vorgängerregelung im Gesetz von 1870 entspricht, konnten Ausländer eingebürgert werden, wenn sie »einen unbescholtenen Lebenswandel« geführt und eine eigene Wohnung oder ein Unterkommen am Ort der Niederlassung gefunden hatten und sich und ihre Angehörigen ernähren konnten. Diese Ermessensregelung gilt fast unverändert bis heute fort (vgl. § 8 StAG), allerdings wurde sie 1993 durch einen gesetzlichen Anspruch auf Einbürgerung bei Erfüllung bestimmter zusätzlicher Voraussetzungen ergänzt (vgl. §§ 85, 86 AuslG 1990; § 10 StAG). Im Kaiserreich und in der Weimarer Republik lag die Einbürgerung dagegen ausschließlich im Ermessen der jeweils zuständigen Behörden. Rechtsschutzmöglichkeiten gegen negative Entscheidungen existierten nicht.

Die Anwendung der entsprechenden Regelungen war insgesamt von massiven Ressentiments gegen Zuwanderer aus Osteuropa und von Antisemitismus geprägt. Dabei bestanden allerdings erhebliche Unterschiede zwischen den einzelnen Bundesstaaten und Regierungen: So war die Einbürgerungspolitik in Preußen bis 1918 sehr restriktiv und antisemitisch sowie antipolnisch, dagegen in Baden und Bayern eher liberal. In der Weimarer Republik verfolgte Bayern dagegen eine besonders harte antisemitische Linie, während Baden und Preu-

---

9 Vgl. hierzu z. B. Gosewinkel: Einbürgern (s. Anm. 6), S. 280 und 320.
10 Gosewinkel: Einbürgern (s. Anm. 6), S. 278 ff.; Oltmer: Migration und Politik (s. Anm. 8), S. 47 ff.

ßen vergleichsweise moderate Positionen vertraten.[11] Nachdem das RuStAG 1913 grundsätzlich einen Zustimmungsvorbehalt der anderen Bundesstaaten bei der Einbürgerung eines Ausländers durch einen Bundesstaat in Kraft gesetzt hatte, wurden im Jahr 1921 erstmals gemeinsame Richtlinien der Bundesstaaten für die Behandlung von Einbürgerungsanträgen verabschiedet. Die Richtlinien sahen eine Mindestniederlassungsfrist von zehn Jahren für »fremdstämmige Ausländer« vor und setzten für die Einbürgerung voraus, dass sich die Antragsteller »der deutschen Eigenart und der deutschen Kulturgemeinschaft« angepasst hatten und sich die Einbürgerung nicht zum »Nachteil des deutschen Wirtschaftslebens« auswirkte.[12] Die Einbürgerungsrichtlinien wurden jedoch bereits nach kurzer Zeit durch Erlasse und Weisungen in den einzelnen Bundesstaaten wieder überholt – überwiegend mit restriktiver und antisemitischer Zielrichtung. Zudem wichen die zuständigen Einbürgerungsbehörden in der Praxis immer wieder von entsprechenden Vorgaben ab.

2. Radikalisierung und Instrumentalisierung des Staatsangehörigkeitsrechts in der NS-Zeit

a) Ausbürgerung und Entrechtung von Juden und anderen »Fremdvölkischen«
Mit Machtergreifung der Nationalsozialisten waren die ohnehin schon geringen Chancen jüdischer Familien (und weiterer Minderheiten) auf eine Einbürgerung komplett hinfällig. Bereits im März 1933 erging ein Runderlass des Reichsinnenministeriums an die Landesregierungen, der eine Zuwanderungs- und Einbürgerungssperre für Ausländer »ostjüdischer Nationalität« und ihre Ausweisung bzw. Abschiebung bei unbefugtem Aufenthalt anordnete. Im August 1933 verhängte das Reichsinnenministerium ein zentrales Einbürgerungsverbot für »Nichtarier«.[13] Fast zeitgleich trat zudem das »Gesetz über den Widerruf von Einbürgerungen und die Aberkennung der deutschen Staatsangehörigkeit« vom 14.07.1933 in Kraft, das (in § 1) einen Widerruf in der Weimarer Republik erfolgter »nicht erwünschter« Einbürgerungen durch die Landesbehörden und (in § 2) eine Aberkennung der deutschen Staatsangehörigkeit wegen »Schädigung deutscher Belange« für deutsche Emigranten durch das Reichsinnenministerium im Einvernehmen mit dem Auswärtigen Amt ermöglichte. Auf der Grundlage des § 1 dieses Gesetzes wurden Einbürgerungen in mindestens 10.487 Fällen widerrufen; 6.943 Fälle betrafen jüdische Familien.[14] Auf der

---

11 Trevisiol: Einbürgerungspraxis (s. Anm. 7), S. 49 ff. und S. 154 ff.; vgl. auch Gosewinkel: Einbürgern (s. Anm. 6), S. 317 ff.
12 Zitiert bei Trevisiol: Einbürgerungspraxis (s. Anm. 7), S. 49.
13 Gosewinkel: Einbürgern (s. Anm. 6), S. 370 und 382.
14 Hans Georg Lehmann: Acht und Ächtung politischer Gegner im Dritten Reich. Die Ausbürgerung deutscher Emigranten 1933–45. In: Michael Hepp (Hg.): Die Ausbürgerung deutscher Staatsangehöriger 1933–45 nach den im Reichsanzeiger veröffentlichten Listen. München,

Grundlage des § 2 des Gesetzes vom 14.07.1933 wurde insgesamt 39.006 und ebenfalls überwiegend jüdischen Emigranten die deutsche Staatsangehörigkeit aberkannt.[15] Die Ausbürgerung durch Einzelentscheidung wurde schließlich durch die 11. Verordnung zum Reichsbürgersetz vom 25.11.1941 ersetzt, nach der Juden mit gewöhnlichem Aufenthalt im Ausland automatisch die deutsche Staatsangehörigkeit verloren und enteignet wurden. Eine vertrauliche Anordnung des Reichsinnenministers stellte hierzu klar, dass diese Verordnung auch in den besetzen Gebieten galt, in die fast alle im Inland gebliebenen Juden deportiert wurden.[16] Parallel zu den Ausbürgerungen nach dem Gesetz v. 14.07.1933 wurde zudem die deutsche Staatsangehörigkeit zunächst durch Sonderrecht und dann auf der Grundlage der Nürnberger Gesetze von 1935 in verschiedene Klassen aufgespalten und Juden mit deutscher Staatsangehörigkeit systematisch entrechtet.[17]

b) Instrumentalisierung des Staatsangehörigkeitsrechts für imperialistische Zwecke

Ab 1938 instrumentalisierte die NS-Regierung das Staatsangehörigkeitsrecht darüber hinaus für imperialistische Zwecke und zur »ethnischen Entmischung« in den besetzen Gebieten.[18] Nach dem »Anschluss« Österreichs im März 1938 wurden die bisherigen österreichischen Staatsangehörigen zu deutschen Staatsangehörigen erklärt und gleichzeitig Regelungen zum Ausschluss österreichischer Juden erlassen.[19] Nach Besetzung des Sudetenlandes im November 1938 wurden die schon vor 1910 dort ansässigen Einwohner ebenfalls zu deutschen Staatsangehörigen erklärt und die Optionsmöglichkeit zugunsten der tschechoslowakischen Staatsangehörigkeit für »deutsche Volkszugehörige« ausgeschlossen.[20] Nach Besetzung des restlichen tschechischen Gebiets im März 1939 wurden außerdem die »volksdeutschen« Bewohner des »Protektorats Böhmen und Mähren« zu deutschen Staatsangehörigen erklärt.[21] Ähnliche Re-

---

New York u. a. 1985, S. XIII; Michael Hepp: Wer Deutscher ist, bestimmen wir ... In: Ders.: Ausbürgerung deutscher Staatsangehöriger, S. XXXVII.
15 Hepp, Wer Deutscher ist, bestimmen wir (s. Anm. 14), S. XXV.
16 Hepp: Wer Deutscher ist, bestimmen wir (s. Anm. 14), S. XXXV f.
17 Gosewinkel: Einbürgern (s. Anm. 6), S. 382 ff.
18 Gosewinkel: Einbürgern (s. Anm. 6), S. 402 ff.
19 Vgl. insb. die Verordnung v. 3.7.1938 (RGBl. I S. 790) u. die Verordnung v. 11.7.1939 (RGBl. I S. 1235), beide abgedruckt in: Alexander N. Makarov: Deutsches Staatsangehörigkeitsrecht. Kommentar. Frankfurt a. M., Berlin, 2. Auflage 1971, S. 562 f.
20 Vgl. §§ 1, 3 des Vertrags zwischen dem Deutschen Reich und der Tschechoslowakischen Republik über Staatsangehörigkeit und Optionsfragen v. 20.11.1938 (RGBl. II, S. 895 – abgedruckt in Makarov: Staatsangehörigkeitsrecht (s. Anm. 19), S. 319.
21 Vgl. die Verordnung v. 20.04.1939 (RGBl. I S. 815) und die Verordnung v. 06.06.1941 (RGBl. I S. 308), beide abgedruckt bei Makarov: Staatsangehörigkeitsrecht (s. Anm. 19), S. 460 f.

gelungen galten für das im März 1939 annektierte Memelland im litauischen Grenzgebiet.²²

Nachdem für den Begriff der »deutschen Volkszugehörigkeit« zunächst keine rechtliche Definition existierte, führte das Reichsinnenministerium in einem Runderlass aus, dass »deutscher Volkszugehöriger ist, wer sich selbst als Angehöriger des deutschen Volkes bekennt, sofern dieses Bekenntnis durch bestimmte Tatsachen, wie Sprache, Erziehung, Kultur usw., bestätigt wird«. In Zweifelsfällen sei »vor allem zu prüfen, ob derjenige, der auf Grund seiner angeblichen Zugehörigkeit zum deutschen Volke die deutsche Staatsangehörigkeit in Anspruch nimmt, nach seinem gesamten Verhalten einen erwünschten Bevölkerungszuwachs darstellt«. Der Erlass schloss »Juden, Zigeuner sowie Angehörige der außereuropäischen Rassen« generell von der Gruppe der »deutschen Volkszugehörigen« aus.²³

Im Zuge der Eroberung und Besetzung weiter Teile Europas nach Beginn des Zweiten Weltkriegs entwickelte die NS-Regierung dann ein komplexes staatsangehörigkeitsrechtliches System, das unterschiedliche Abstufungen für die Zuerkennung der Staatsangehörigkeit und Möglichkeit der Einbürgerung vorsah und in den verschiedenen besetzen Regionen (je nach militärischen und außenpolitischen Gegebenheiten) unterschiedlich ausgestaltet war. Die »Verordnung über die Deutsche Volksliste und die deutsche Staatsangehörigkeit in den eingegliederten Ostgebieten« v. 04.03.1941 (in der Fassung v. 31.01.1942) sah die Einrichtung einer in vier Abteilungen unterteilten »Deutschen Volksliste« in den westlichen Teilen Polens vor, deren nähere Ausgestaltung durch einen weiteren Erlass des Reichsinnenministeriums geregelt wurde.²⁴ Nach § 3 der Verordnung erwarben die Bewohner der entsprechenden Gebiete die deutsche Staatsangehörigkeit, sofern sie die Voraussetzungen für die Aufnahme in die Abteilungen 1 und 2 der Deutschen Volksliste erfüllten. »Juden, Zigeuner sowie jüdische Mischlinge« (vgl. § 4 Abs. 2 der Verordnung) waren wiederum ausgeschlossen. Für die Bewohner der entsprechenden Gebiete, die in den Abteilungen 3 oder 4 eingetragen wurden, war nach der Verordnung die Verleihung der deutschen Staatsangehörigkeit bzw. eine Einbürgerung auf Widerruf möglich (vgl. §§ 5 und 6 der Verordnung). Ähnliche Regelungen sah die »Verordnung über die Verleihung der deutschen Staatsangehörigkeit an die in die

---

22 Vgl. den Vertrag zwischen dem Deutschen Reich und der Republik Litauen über die Staatsangehörigkeit der Memelländer v. 08.07.1939 (RGBl. II S. 999), abgedruckt bei Makarov: Staatsangehörigkeitsrecht (s. Anm. 19), S. 463.

23 Runderlass vom 29.03.1939, RMBliV S. 738, unter: https://www.herder-institut.de/go/NP-d8da85 [abgerufen: 27.6.2018].

24 Zur Vorgeschichte und näheren Ausgestaltung der Deutschen Volksliste vgl. z. B. Universität Oldenburg: Online-Lexikon zur Kultur und Geschichte der Deutschen im östlichen Europa, unter: http://ome-lexikon.uni-oldenburg.de/begriffe/deutsche-volksliste/#c136959 [abgerufen: 27.6.2018].

Deutsche Volksliste der Ukraine eingetragenen Personen« vom 19.05.1943 vor. In Jugoslawien wurden für die Gebiete Untersteiermark, Kärnten und Krain vergleichbare Regelungen eingeführt, eine Deutsche Volksliste existierte dort jedoch nicht.[25] Daneben erwarben ab Beginn des Krieges zahlreiche »deutsche Volkszugehörige«, die im Rahmen der nationalsozialistischen Rasse- und Siedlungspolitik aus der Sowjetunion in die besetzen Gebiete in Polen umgesiedelt wurden, durch Einzeleinbürgerung die deutsche Staatsangehörigkeit.

Insgesamt sind die unterschiedlichen Regelungen zur Staatsangehörigkeit und ihren nach rassistischen und imperialistischen Kriterien ausgestalteten Abstufungen bis zum Ende des Krieges nur noch schwer zu überblicken. Eine eindeutige Grundlinie aller Regelungen war jedoch der Ausschluss von Juden und weiterer »Fremdvölkischer« von der Staatsangehörigkeit und die Ausbeutung und Vernichtung der als minderwertig angesehenen Bevölkerungsgruppen in den besetzten Gebieten.[26]

III. NS-Vergangenheit und staatsangehörigkeitsrechtliche Gesetzgebung in der Bundesrepublik

Die Staatsangehörigkeit als Kategorie der Zugehörigkeit zu Deutschland hatte sich bis zum Kriegsende vollkommen verschoben. Fast alle jüdischen (bzw. vom nationalsozialistischen Regime als jüdisch kategorisierten) ehemaligen deutschen Staatsangehörigen waren ermordet oder geflohen und ausgebürgert. Zahlreiche weitere Personen hatten aufgrund diskriminierender und repressiver Regelungen die deutsche Staatsangehörigkeit verloren – sofern sie die Verfolgungsmaßnahmen überhaupt überlebt hatten. Auf der anderen Seite hatten viele als »Volksdeutsche« kategorisierte Bewohner der besetzen mittel- und osteuropäischen Staaten die deutsche Staatsangehörigkeit während des Krieges neu erworben – teilweise freiwillig, teilweise aber auch unter Zwang. Viele dieser Personen mussten wiederum am Ende des Krieges aus den zuvor besetzen Staaten fliehen, um Diskriminierung und Repressalien zu entgehen.

Die Staatsangehörigkeit der am Ende des Krieges geflohenen »Volksdeutschen« wurde in den von den westlichen Alliierten verwalteten Zonen zunächst durch Landesgesetze bzw. durch die Rechtsprechung bestimmt. Nachdem das Reichsbürgergesetz von 1935 durch das Kontrollratsgesetz Nr. 1 v. 20.09.1945 aufgehoben worden war, richtete sich der Erwerb und Verlust der deutschen Staatsangehörigkeit außerdem generell wieder nach dem RuStAG 1913. In das im Jahr 1949 in Kraft getretene Grundgesetz wurde dann der als Übergangs-

---

25 Vgl. die Verordnung v. 14.10.1941 (RGBl. I S. 648) und die Verordnung v. 19.05.1943 (RGBl. I S. 321), abgedruckt bei Makarov: Staatsangehörigkeitsrecht (s. Anm. 19), S. 466 f.
26 Vgl. Gosewinkel: Einbürgern (s. Anm. 6), S. 404 und 420.

regelung konzipierte Art. 116 aufgenommen, der bis heute eine zentrale Bedeutung für das Staatsangehörigkeitsreicht in Deutschland hat und durch weitere bundesrechtliche Regelungen ergänzt und konkretisiert wurde.

1. Staatsangehörigkeitsrechtliche Gleichstellung ins Inland geflohener »deutscher Volkszugehöriger« und Bestätigung nationalsozialistischer Sammeleinbürgerungen

Nach Art. 116 Abs. 1 des Grundgesetzes gilt als Deutscher »vorbehaltlich anderweitiger gesetzlicher Regelungen, wer die deutsche Staatsangehörigkeit besitzt oder als Flüchtling oder Vertriebener deutscher Volkszugehörigkeit oder als dessen Ehegatte oder Abkömmling in dem Gebiete des Deutschen Reichs nach dem Stande vom 31.12.1937 Aufnahme gefunden hat«. Diese Regelung wurde bei Ausarbeitung des Grundgesetzes durch den Parlamentarischen Rat nicht ausführlich diskutiert, vielmehr wurde der entsprechende Vorschlag des Allgemeinen Redaktionsausschusses praktisch unverändert übernommen. Die entsprechende Formulierung beruhte aber auf im Wesentlichen inhaltsgleichen Regelungen der Flüchtlingsgesetze der Länder im US-amerikanischen Sektor und der Rechtsprechung in den Ländern bis 1949.[27] Durch Art. 116 Abs. 1 GG wurde in jedem Fall ein Status geschaffen, der in Anknüpfung an die »deutsche Volkszugehörigkeit« und einen Vertreibungstatbestand, aber unabhängig von der formalen Staatsangehörigkeit eine (weitgehende) Gleichstellung mit deutschen Staatsangehörigen bewirkte.

Aufgrund des in Art. 116 Abs. 1 GG enthaltenen Gesetzesvorbehalts konnten weitere Einzelheiten einfachgesetzlich (also durch Gesetze unterhalb der verfassungsrechtlichen Ebene) bestimmt werden. Das Bundesvertriebenengesetz (BVFG) vom 19.05.1953 definierte zum einen den Begriff der »deutschen Volkszugehörigkeit« – unter Fortführung des im Jahr 1939 ergangenen Erlasses des Reichsinnenministeriums galt nach § 6 Abs. 1 BVFG als deutscher Volkszugehöriger »wer sich in seiner Heimat zum deutschen Volkstum bekannt hat, sofern dieses Bekenntnis durch bestimmte Merkmale wie Abstammung, Sprache, Erziehung, Kultur bestätigt wird«. Zudem bestimmte das BVFG die Kriterien für die Vertriebeneneigenschaft (vgl. §§ 1–5 BVFG). Das BVFG war in erster Linie auf die soziale Integration der Betroffenen gerichtet, die entsprechenden Definitionen wurden jedoch überwiegend auch im Staatsangehörigkeitsrecht als maßgeblich angesehen.[28] Das erste Staatsangehörigkeitsregelungsgesetz vom 22.2.1955 (StARegG 1955) schrieb einen Anspruch auf Einbürgerung für Statusdeutsche i. S. d. Art. 116 Abs. 1 GG fest und sah auch

---

27 Makarov: Staatsangehörigkeitsrecht (s. Anm. 19), S. 242; Häberle (Hg.): Entstehung der Artikel des Grundgesetzes, JöR 1 n. F.
28 Vgl. hierzu z. B. Kokott in: Sachs (Hg.): Grundgesetz. 8. Auflage, 2018, Art. 116 Rn 3 ff.

für sonstige »deutsche Volkszugehörige« privilegierte Einbürgerungsmöglichkeiten vor (vgl. §§ 6 ff StARegG 1955).

Darüber hinaus wurden die Sammeleinbürgerungen durch das NS-Regime in den Jahren 1938 bis 1945 überwiegend für wirksam erklärt. Die Wirksamkeit der Sammeleinbürgerungen war bis zum Erlass des StARegG 1955 sehr umstritten und wurde in der Verwaltungs- und Gerichtspraxis sehr unterschiedlich gehandhabt.[29] Der § 1 des StARegG 1955 legte fest, dass die Sammeleinbürgerungen nach den oben dargestellten Regelungen in den östlichen bzw. südöstlichen besetzten Gebieten als wirksam anzusehen waren, sofern die Betroffenen die deutsche Staatsangehörigkeit nicht innerhalb der in den §§ 5 und 19 StARegG 1955 bestimmten Frist durch ausdrückliche Erklärung ausschlugen. Die kollektive Einbürgerung der österreichischen Staatsangehörigen im Jahr 1938 wurde dagegen durch das zweite Staatsangehörigkeitsregelungsgesetz vom 17.05.1956 generell rückgängig gemacht.

Das StAngRegG 1955 wurde im Jahr 2010 aufgehoben, laut Begründung des Aufhebungsgesetzes sollen die noch relevanten Einbürgerungsregelungen im StAngRegG 1955 jedoch bei Anwendung der geltenden Bestimmungen über Ermessenseinbürgerungen in §§ 8, 13 und 14 StAG weiterhin Berücksichtigung finden.[30] Die Anspruchseinbürgerung für Statusdeutsche nach § 6 StAngRegG wurde bereits im Jahr 1999 durch Regelungen zum automatischen Erwerb der deutschen Staatsangehörigkeit ersetzt (vgl. §§ 7 u. 40c StAG). Der Erwerb der deutschen Staatsangehörigkeit für deutsche Volkszugehörige i. S. d. Art. 116 Abs. 1 GG ist heute vor allem über das seit 1990 im BVFG vorgesehene (und mehrfach modifizierte) Aufnahmeverfahren für Spätaussiedler aus der ehemaligen Sowjetunion möglich.[31]

2. Wiedereinbürgerung während der NS-Zeit ausgebürgerter deutscher Staatsangehöriger
Den Folgen der nationalsozialistischen Ausbürgerungspolitik wurde im Grundgesetz durch Art. 116 Abs. 2 GG Rechnung getragen. Nach Art. 116 Abs. 2 S. 1 GG sind »frühere deutsche Staatsangehörige, denen zwischen dem 30.01.1933 und dem 08.05.1945 die Staatsangehörigkeit aus politischen, rassischen oder religiösen Gründen entzogen worden ist, und ihre Abkömmlinge [...] auf Antrag wieder einzubürgern«. Nach S. 2 gelten die Betroffenen nicht als ausgebürgert, sofern sie nach dem 08.05.1945 ihren Wohnsitz in Deutsch-

---

29 Makarov: Staatsangehörigkeitsrecht (s. Anm. 19), S. 312 f.; Kay Hailbronner: StAngRegG, Rn 3. In: Ders., Günter Renner und Hans-Georg Maaßen (Hg.): Staatsangehörigkeitsrecht. 5. Auflage, München 2010.
30 BT-Drs. 17/2279, S. 29.
31 Vgl. hierzu die Statistiken zum Aussiedleraufnahmeverfahren des Bundesverwaltungsamts, unter http://www.bva.bund.de/DE/Organisation/Abteilungen/Abteilung_BT/Spaetaussiedler/statistik/statistik-node.html. [abgerufen: 27.6.2018].

land genommen und keinen entgegengesetzten Willen zum Ausdruck gebracht haben. Art. 116 Abs. 2 GG räumte also Emigranten, die bis zu einer Ausbürgerung während der NS-Zeit die deutsche Staatsangehörigkeit hatten und ins Ausland fliehen konnten, einen (unbedingten) Anspruch auf Wiedereinbürgerung bzw. auf einen Wiedererwerb der deutschen Staatsangehörigkeit durch Rückkehr nach Deutschland ein.

Da die Rechte in Art. 116 Abs. 2 GG (ebenso wie die Regelung in Art. 116 Abs. 1 GG) auch für die »Abkömmlinge« gelten, sind sie bis heute relevant. Während jedoch Art. 116 Abs. 1 GG nach allgemeiner Auffassung grundsätzlich alle Nachfahren deutscher Volkszugehöriger umfasst, wird der Begriff »Abkömmlinge« bei Anwendung des Art. 116 Abs. 2 GG restriktiv ausgelegt. Nach dieser einschränkenden Auslegung, die sich seit Beginn der 1980er Jahre in der Rechtsprechung und Verwaltungspraxis durchgesetzt hat,[32] ist der Anspruch auf Wiedereinbürgerung (bzw. das Recht auf Feststellung der deutschen Staatsangehörigkeit) nach Art. 116 Abs. 2 GG auf diejenigen Abkömmlinge beschränkt, die ohne die Ausbürgerung die deutsche Staatsangehörigkeit nach formal-rechtlichen Kriterien aufgrund ihrer Abstammung erworben hätten. Da vor dem 01.04.1953 geborene eheliche Kinder (ehemals) deutscher Mütter und ausländischer Väter oder vor dem 01.07.1993 geborene nichteheliche Kinder deutscher Väter die deutsche Staatsangehörigkeit nicht durch Geburt bzw. nachfolgende Erklärung erwerben konnten, können sich vor den entsprechenden Stichtagen geborene Kinder ausgebürgerter Emigrantinnen oder Emigranten nach dieser Auslegung auch nicht auf die Rechte nach Art. 116 Abs. 2 GG berufen.[33]

3. Fehlende Berücksichtigung sonstiger vor dem NS-Regime geflohener Emigranten
Weitere Regelungen für Emigranten und vom NS-Regime Verfolgte wurden im StAngRegG 1955 getroffen – die Reichweite der entsprechenden Regelungen war aber sehr beschränkt. Nach § 11 StARegG 1955 hatten Personen, die aus rassischen Gründen von einer Sammelausbürgerung ausgeschlossen waren, einen Anspruch auf Einbürgerung – jedoch nur bei einem Wohnsitz im Inland und sofern sie nicht in der Zwischenzeit eine andere Staatsangehörigkeit erworben hatten. Von dieser Regelung dürfte kaum jemand profitiert haben, da die Betroffenen in der Regel nur bei einer Flucht ins Ausland überlebt hatten. Nach § 12 Abs. 1 StARegG 1955 hatten außerdem frühere deutsche Staatsangehörige, die im Zusammenhang mit Verfolgungsmaßnahmen aus politischen, rassischen oder religiösen Gründen in der Zeit von 1933 und 1945 vor Inkrafttre-

---

32 Vgl. hierzu VG Berlin, StAZ 1987, 142 m. w. N.
33 Vgl. BVerwGE 68, 220; 85,108; bestätigt durch BVerwGE 95, 36; 114, 195; a.A. VG Berlin, StAZ 1987, 142.

ten des StARegG 1955 eine fremde Staatsangehörigkeit erworben (und dadurch die deutsche Staatsangehörigkeit verloren) haben, einen Anspruch auf Einbürgerung (unabhängig vom Wohnsitz). Nach § 12 Abs. 2 StARegG 1955 stand der entsprechende Einbürgerungsanspruch Abkömmlingen jedoch nur bis zum 31.12.1970 zu.[34]

Für die zahlreichen deutschsprachigen jüdischen Familien, die vor der Flucht viele Jahre in Deutschland gelebt, aber nie die deutsche Staatsangehörigkeit erworben hatten bzw. erwerben konnten – d. h. vor allem für die seit Ende des 19. Jahrhunderts aus Ost- und Mitteleuropa eingewanderten Juden und deren in Deutschland geborene Nachkommen –, wurden im Staatsangehörigkeitsrecht der Bundesrepublik gar keine gesetzlichen Regelungen geschaffen. Während also die Regelungen in Art. 116 Abs. 1 GG bzw. das BVFG und das StAngRegG 1955 den Folgen der NS-Zeit für deutsche Volkzugehörige i. S. dieser Gesetze umfassend Rechnung trugen und eine weitreichende Anerkennung der nationalsozialistischen Einbürgerungspolitik in den besetzen Gebieten vorsahen, wurden aus Deutschland vertriebene jüdische Einwanderer staatsangehörigkeitsrechtlich nicht berücksichtigt. Im Unterschied zu den deutschen Volkszugehörigen aus Mittel- und Osteuropa hatten die geflohenen jüdischen Familien mangels formaler Zugehörigkeit zum deutschen Staat keine Möglichkeit einer privilegierten Einbürgerung, obwohl sie z. T. schon über mehrere Generationen in Deutschland gelebt hatten.

IV. Folgen für Nachkommen aus Deutschland geflohener jüdischer Frauen

Infolge der einschränkenden Rechtsprechung des BVerwG aus den 1980/1990er Jahren lehnen die zuständigen Einbürgerungsbehörden Anträge von Nachkommen aus Deutschland geflohener jüdischer Frauen nach Art. 116 Abs. 2 GG in aller Regel ab, sofern die Ehemänner der Emigrantinnen keine deutsche Staatsangehörigkeit hatten und die gemeinsamen Kinder vor dem 01.04.1953 geboren wurden. Anträge von ab dem 01.04.1953, aber vor dem 01.01.1975 geborenen Kindern ausgebürgerter deutscher Emigrantinnen werden zwar in der Regel berücksichtigt, da in diesem Zeitraum geborene eheliche Kinder deutscher Mütter aufgrund einer bis 1977 geltenden Übergangsregelung die Möglichkeit hatten, die deutsche Staatsangehörigkeit durch einfache Erklärung zu erwerben und das BVerwG diesen Personenkreis vom Anspruch nach Art. 116 Abs. 2 GG nicht ausgeschlossen hatte.[35] Vor dem 01.04.1953 geborene Kinder

---

34 Zur Aufhebung des StAngRegG 1955 siehe oben III.1. und Anm. 31.
35 Vgl. hierzu das Merkblatt »Hinweise zum Einbürgerungsanspruch nach Art. 116 Abs. 2 GG« (ausführliche Fassung, Stand: Dezember 2010) – laut dem Merkblatt wendet das Bundesverwal-

ausgebürgerter Emigrantinnen und deren Kinder (also Enkel und Urenkel der Emigrantinnen etc.) haben jedoch nach der derzeitigen Verwaltungspraxis keine Chance auf eine Wiedereinbürgerung oder Feststellung der deutschen Staatsangehörigkeit nach Art. 116 Abs. 2 GG, wenn keine besonderen Umstände gegeben sind (z. B. eine nichteheliche Geburt). Dass deutsch-jüdische Frauen aus der entsprechenden Generation gerade wegen der erzwungenen Emigration in vielen Fällen nicht-deutsche Männer heirateten und diese Interpretation zu einer deutlichen Benachteiligung der Nachkommen deutsch-jüdischer Frauen führt, wird dabei nicht berücksichtigt.

In dem maßgeblichen Urteil v. 27.03.1990 (1 C 5.87) hat das BVerwG (unter Bezugnahme auf ein früheres Urteil zur Nichtanwendbarkeit des Art. 116 Abs. 2 GG auf uneheliche Kinder ausgebürgerter deutscher Männer) seine Rechtsauffassung im Wesentlichen mit den folgenden Argumenten begründet:[36]

— Die einschränkende Auslegung entspreche dem Wortlaut des Art. 116 Abs. 2 GG, da bei nach der Ausbürgerung des maßgebenden Elternteils geborenen Abkömmlingen von einer »Wiedereinbürgerung« sinnvoll nur gesprochen werden könne, wenn an die infolge der Ausbürgerung vorenthaltene deutsche Staatsangehörigkeit angeknüpft, also der staatsangehörigkeitsrechtliche Zustand »wieder« hergestellt wird, wie er ohne die Ausbürgerung bestanden hätte; vor dem 01.04.1953 geborene eheliche Abkömmlinge einer ausgebürgerten deutschen Frau seien daher nicht aufgrund des Abstammungsverhältnisses zu ihrer Mutter anspruchsberechtigt.
— Die Auslegung entspreche auch dem Gesetzeszweck, da Art. 116 Abs. 2 GG die Wiedergutmachung (nur) staatsangehörigkeitsrechtlicher Unrechtsmaßnahmen des Nationalsozialismus bezwecke. Die Vorschrift ziehe die Folgerung daraus, dass der aus rassischen Gründen erfolgte Entzug der deutschen Staatsangehörigkeit grobes Unrecht war und deswegen keinen Bestand haben kann, wenn die Betroffenen das Wiederaufleben ihrer deutschen Staatsangehörigkeit wünschen. Dieser Gesetzeszweck führe nicht über den ohne die Ausbürgerungen gegebenen Rechtszustand hinaus.
— Es gebe keine Anhaltspunkte dafür, dass der Verfassungsgeber mit Art. 116 Abs. 2 GG eine weitergehende Möglichkeit des Erwerbs der deutschen Staatsangehörigkeit schaffen wollte. Auf das sonstige Verfolgungs- und Emigrationsschicksal stelle Art. 116 Abs. 2 GG nicht ab. Es sei daher unerheblich, wie das individuelle Lebensschicksal des Betroffenen ohne die nationalsozialistische Verfolgung verlaufen wäre und zu welchen staatsangehörigkeitsrechtlichen Folgen es geführt hätte.

---

tungsamt Art. 116 Abs. 2 GG »aus Wiedergutmachungsgründen« auch auf zwischen dem 01.04.1953 und 31.12.1974 geborene eheliche Kinder ehemals deutscher Mütter an.
36 Vgl. BVerwGE 85, 108/111 ff.

– Der einschränkenden Auslegung stehe auch der Grundsatz der Gleichberechtigung (Art. 3 Abs. 2 GG) nicht entgegen. Zwar sei es mit dem Grundsatz der Gleichberechtigung unvereinbar, bei dem Erwerb der deutschen Staatsangehörigkeit durch Geburt für eheliche Kinder ausschließlich an die Staatsangehörigkeit des Vaters anzuknüpfen. Daraus ergebe sich jedoch nicht, dass im Rahmen des Art. 116 Abs. 2 GG für die vor dem 01.04.1953 geborenen ehelichen Kinder auch an die Staatsangehörigkeit der Mutter anzuknüpfen sei, weil nach einer Übergangsregelung in Art. 117 Abs. 1 GG das dem Gleichberechtigungsgebot widersprechende Recht bis zum 31.03.1953 in Kraft blieb. Art. 116 Abs. 2 GG knüpfe lediglich an das jeweils geltende (verfassungsmäßige) Staatsangehörigkeitsrecht und die den Abkömmlingen der Verfolgten danach zukommende Rechtsstellung an.
– Die Auslegung sei auch mit dem Abkömmlingsbegriff des Art. 116 Abs. 1 GG (sog. Statusdeutscheneigenschaft für in Deutschland aufgenommene Vertriebene und Flüchtlinge deutscher Volkszugehörigkeit) vereinbar, der auch die ehelichen Kinder von Frauen deutscher Volkszugehörigkeit umfasst (unabhängig vom Geburtsdatum). In der unterschiedlichen Auslegung des Begriffs »Abkömmling« in Art. 116 Abs. 1 u. Abs. 2 liege kein Widerspruch, da die Regelung in Art. 116 Abs. 1 GG einen anderen Zweck verfolge; deutschen Volkszugehörigen sowie ihren Ehegatten und Abkömmlingen solle nach der Aufnahme in Deutschland wegen ihrer familiären Verbundenheit ein die Eingliederung fördernder einheitlicher Status verschafft werden.

Während es in den 1980er Jahren noch eine Reihe kritischer Stimmen zu der einschränkenden Auslegung des Art. 116 Abs. 2 GG gab, wird diese Auslegung und Begründung in der juristischen Fachliteratur inzwischen ganz überwiegend so hingenommen.[37] Eine (aktuelle) Ausnahme ist die Kommentierung zu Art. 116 Abs. 2 GG der Generalanwältin am EuGH Juliane Kokott in dem weitverbreiteten Grundrechts-Kommentar von Michael Sachs.[38] In dem Kommentar schreibt Kokott, dass der Ausschluss vor 1953 geborener Abkömmlinge von dem Anspruch aus Art. 116 Abs. 2 GG unter Anknüpfung an das Geschlecht ihrer Vorfahrinnen Bedenken erwecke, da darin eine »discrimination

---

37 Vgl. z.B. Andreas Zimmermann und Jelena Bäumler: Art. 116 Abs. 2 GG – ein verfassungsrechtliches Auslaufmodell? In: DÖV 3 (2016), S. 97–100 m.w.N., unter: https://beck-online.beck.de/Dokument?vpath=bibdata%5Czeits%5Cdoev%5C2016%5Ccont%5Cdoev.2016.97.1.htm [abgerufen: 24.05.2016]; für Nachweise zur gegenteiligen Auffassung vgl. z.B. Esther Weizsäcker: Jüdische Migranten im geltenden deutschen Staatsangehörigkeits- und Ausländerrecht. In: ZAR 3 (2004), S. 93f.
38 Michael Sachs (Hg.): Grundgesetz Kommentar. 8. Auflage, München 2018, unter: https://beck-online.beck.de/Dokument?vpath=bibdata%2Fkomm%2Fsachsogg_8%2Fcont%2Fsachsogg.htm&pos=0&hlwords=on [abgerufen: 25.05.2018].

par association« liege und eine solche Diskriminierung bzw. Auslegung der verfassungsrechtlichen Grundentscheidung für die Gleichberechtigung widerspreche.[39]

Außerdem ist zu berücksichtigen, dass das Bundesverfassungsgericht (BVerfG) die Frage der Anwendbarkeit des Art. 116 Abs. 2 GG auf Nachkommen deutsch-jüdischer Emigrantinnen bislang noch nicht abschließend geklärt hat.[40] Das BVerfG hat zwar in zwei Beschlüssen (Nichtannahme von Verfassungsbeschwerden) aus den Jahren 1999 und 2001 festgestellt, dass die Vereinbarkeit der Überleitungsregelung für eheliche Kinder deutscher Mütter (befristetes Erklärungsrecht für ab dem 01.04.1953 geborene Kinder und automatischer Erwerb durch Geburt ab dem 01.01.1975) mit dem Grundgesetz geklärt sei.[41] Allerdings betreffen diese Entscheidungen des BVerfG gerade nicht die Auslegung des verfassungsrechtlichen Begriffs »Abkömmling« i. S. d. Art. 116 Abs. 2 GG, sondern die einfachgesetzlichen Regelungen zum Erwerb der Staatsangehörigkeit durch Geburt.

Da die Folgen des Ausschlusses von Kindern deutscher Mütter vom Erwerb der Staatsangehörigkeit offenbar generell als unbefriedigend angesehen wurden, hat das Bundesministerium des Innern (BMI) im Jahr 2012 einen Erlass zur Einbürgerung vor dem 01.01.1975 geborener ehelicher Kinder deutscher Mütter und ausländischer Väter auf der Grundlage des § 14 StAG herausgegeben.[42] Nach § 14 StAG können im Ausland lebende Personen unter den sonstigen allgemeinen Voraussetzungen eingebürgert werden, »wenn Bindungen an Deutschland bestehen, die eine Einbürgerung rechtfertigen«. Diese Regelung ermöglicht also in besonderen Fällen eine Einbürgerung aus dem Ausland, wobei die Hürden in der Verwaltungspraxis des für entsprechende Anträge zuständigen Bundesverwaltungsamts (BVA) generell sehr hoch sind.[43] Bei Anträgen vor den jeweiligen Stichtagen geborener ehelicher Kinder deutscher Mütter ist nach dem Erlass von 2012 über das Vorliegen ausreichender Bindungen an Deutschland i. S. d. § 14 StAG anhand eines Kriterienkatalogs zu entscheiden, der im Regelfall Deutschkenntnisse auf dem Niveau C1 sowie nahe Familien-

---

39 Kokott, in Sachs: Grundgesetz (s. Anm. 38), Art. 116 Rn 23–27.
40 Eine andere Auffassung vertritt das OVG Münster in einem Beschluss v. 13.03.2013 (19 A 376/12, juris und beck-online), mit dem unter Verweis auf die in der folgenden Anm. zitierten Nichtannahmebeschlüsse des BVerfG ein Antrag auf Zulassung der Berufung in einem entsprechenden Fall abgelehnt wurde.
41 Vgl. Beschluss v. 24.01.2001–2 BvR 1362/99 – und Beschluss v. 22.01.1999–2 BvR 729/96 –, jeweils unter Bezugnahme auf den Beschluss v. 21.05.1974–1 BvL 22/71 und 21/72 – BVerfGE 37, 217.
42 Erlass zur Einbürgerung ehelicher Kinder deutscher Mütter und ausländischer Väter, die vor dem 01.01.1975 geboren sind und ihren gewöhnlichen Aufenthalt im Ausland haben, 28.03.2012, Az. V II 5–124 460/1.
43 Laut Einbürgerungsstatistik wurden im Jahr 2016 insgesamt 189 und im Jahr 2017 insgesamt 198 Personen auf der Grundlage des § 14 StAG eingebürgert.

angehörige mit deutscher Staatsangehörigkeit und längere oder häufige Aufenthalte in Deutschland verlangt. Für Kinder (ehem.) deutscher Mütter, die die deutsche Staatsangehörigkeit durch Ausbürgerung während der NS-Zeit verloren haben, sollen in der Regel Sprachkenntnisse auf dem Niveau B1 sowie nahe Familienangehörige mit deutscher Staatsangehörigkeit ausreichen. Laut dem Erlass können (nur) minderjährige Kinder miteingebürgert werden; auf erwachsene Enkelkinder (ehem.) deutscher Frauen wendet das BVA den Erlass daher bisher nicht an.

Da die Generation der vor dem 01.04.1953 geborenen Kinder aus Deutschland geflohener jüdischer Frauen bereits im Ruhestandalter ist und die Betroffenen in aller Regel keine minderjährigen Kinder mehr haben, stellt der Erlass von 2012 für diese Personengruppe kaum eine Verbesserung dar. Für die Betroffenen ist es in der Regel sehr wichtig, dass auch die Enkelgeneration die deutsche Staatsangehörigkeit bekommen kann und die damit verbundene Möglichkeit für ein Leben in Deutschland hat. Hinzu kommt, dass das BVA den Erlass bisher nicht auf vor dem Inkrafttreten des Grundgesetzes am 23.05.1949 geborene Kinder (ehem.) deutscher Mütter anwendet, obwohl er eine solche Einschränkung nicht explizit vorsieht und das entsprechende Merkblatt des BVA erst seit Ende 2016 einen Hinweis auf diese Einschränkung enthält. In der Konsequenz sind die Hürden für vor 1949 geborene Kinder ausgebürgerter Emigrantinnen bislang noch höher als für andere Kinder deutscher Mütter, obwohl die Folgen der NS-Zeit und die damit verbundenen Traumatisierungen und Entbehrungen gerade für vor 1949 geborene Kinder deutschjüdischer Frauen häufig besonders schwerwiegend sind.[44]

Eine Änderung der entsprechenden Regelungen durch das BMI ist offenbar in Arbeit, nähere Informationen hierzu waren jedoch bei Redaktionsschluss für diesen Beitrag noch nicht verfügbar.

Beispielsfall:[45]
Arie B. wurde 1948 in Palästina geboren. Beide Eltern waren deutschsprachige Juden, die in den 1930er Jahren als Teenager nach Palästina kamen. Die Familie der Mutter hatte bis zur Ausbürgerung 1941 die deutsche Staatsangehörigkeit, die frühere Staatsangehörigkeit des im ehem. Österreich-Ungarn geborenen Vaters ist nicht geklärt. Arie B. war bis zu seiner Pensionierung in Israel im sozialen Bereich tätig, zu seinen Aufgaben gehörte u. a. die Unterstützung von Holocaust-Überlebenden. Der Vater von Arie B. hatte enge berufliche Kontakte nach Deutschland und war maßgeblich an verschiedenen deutsch-israelischen Kooperationen beteiligt. Eine (nach 1953 geborene) jüngere Schwester von Arie B. und deren Kinder haben auf der Grundlage des Art. 116 Abs. 2

---

44 Laut Einbürgerungsstatistik wurden im Jahr 2016 nur 2 Personen mit israelischer Staatsangehörigkeit und im Jahr 2017 keine israelischen Staatsangehörigen nach § 14 StAG eingebürgert.
45 Namen und weitere für die rechtliche Bewertung nicht erhebliche persönliche Merkmale sind in diesem und den folgenden Beispielen geändert.

GG vor einigen Jahren die deutsche Staatsangehörigkeit erhalten. Die Deutsche Botschaft in Tel Aviv hatte Arie B. jedoch seinerzeit mitgeteilt, dass eine Einbürgerung für ihn und seine Kinder wegen der Geburt vor 1953 nicht möglich sei.

Nach Veröffentlichung der Informationen zur Möglichkeit einer erleichterten Einbürgerung für eheliche Kinder deutscher Mütter auf der Grundlage des § 14 StAG und des Erlasses des BMI von 2012 entschloss sich Arie B., erneut einen Einbürgerungsantrag zu stellen. Wichtigste Motivation hierfür war die Hoffnung, dass ein solcher Antrag in der Zukunft auch seinen Kindern helfen könnte – eine seiner Töchter war mittlerweile nach Deutschland gezogen und versuchte, dort Fuß zu fassen. Aber auch die engen Verbindungen der Familie nach Deutschland und der für Arie B. nicht nachvollziehbare Ausschluss von einer Wiedereinbürgerung aufgrund seines Alters und der deutschen Staatsangehörigkeit der Mutter (statt des Vaters) waren wichtige Gründe für einen (erneuten) Einbürgerungsantrag.

Nachdem er beim Goethe-Institut Tel Aviv einen B1-Sprachtest absolviert hatte, reichte Arie B. im Jahr 2015 die Antragsunterlagen (u. a. Gehaltsnachweise, einen Lebenslauf in deutscher Sprache, beglaubigte Übersetzungen der Geburts- und Heiratsurkunde etc.) über die Deutsche Botschaft in Tel Aviv ein. Nach knapp zweijähriger Bearbeitungszeit teilte das BVA jedoch mit, dass der Antrag voraussichtlich abgelehnt werden müsse, da die Möglichkeit einer erleichterten Einbürgerung nach dem Erlass von 2012 nur für nach Inkrafttreten des Grundgesetzes geborene Kinder gelte. Für vor dem 23.05.1949 geborene Kinder (ehem.) deutscher Mütter komme eine Einbürgerung nur in besonderen Einzelfällen in Betracht, z. B. wenn die Antragsteller neben aktuellen Bindungen an Deutschland auch einen beachtenswerten Beitrag zur Verständigung bzw. Aussöhnung zwischen Deutschland und Israel geleistet haben. Arie B. wies darauf in einem Brief an das Bundesverwaltungsamt (noch einmal) auf das Engagement seines Vaters für deutsch-israelische Kooperationen und seine eigene berufliche Tätigkeit im Bereich der Unterstützung von Holocaust-Überlebenden hin. Außerdem wies er darauf hin, dass er seitens der Deutschen Botschaft keinerlei Hinweise auf die Einschränkung der Einbürgerungsmöglichkeit auf nach dem 23.05.1949 geborene Kinder deutscher Mütter erhalten habe. Eine (abschließende) Entscheidung über den Antrag des Arie B. steht noch aus.

V. Folgen für Nachkommen von aus den besetzten Gebieten geflohenen Emigranten

Weitere diskriminierende Folgen ergeben sich aus dem Ausschluss von Juden und weiteren »unerwünschten« Bevölkerungsgruppen von den Sammel- und Einzeleinbürgerungen in den ab 1938 von Deutschland besetzen Gebieten und der Bestätigung bzw. unzureichenden Korrektur in der staatsangehörigkeitsrechtlichen Gesetzgebung der Bundesrepublik (s. o.). Nachkommen deutschsprachiger Bewohner aus den besetzten Gebieten, die während der NS-Zeit durch Sammeleinbürgerungen bzw. Eintragung in die sogenannten Volkslisten die deutsche Staatsangehörigkeit erworben haben, können sich infolge der Bestätigung der entsprechenden Regelungen durch das StAngRegG 1955 in vielen Fällen bis heute auf die deutsche Staatsangehörigkeit berufen.[46] Dagegen kommt eine solche »Vererbung« der deutschen Staatsangehörigkeit z. B. für Nachkommen ehemals in den besetzten Gebieten wohnhaften deutschsprachigen Juden wegen der Verfolgung und Ausgrenzung in der NS-Zeit und den unzureichenden Regelungen im StAngRegG 1955 grundsätzlich nicht in Betracht.[47]

Besonders deutlich wird dieses Missverhältnis bei den sogenannten Danzig-Fällen, die Gegenstand eines weiteren wichtigen Urteils des BVerwG aus dem Jahr 2001 waren. In Danzig lebende deutsche Staatsangehörige wurden nach dem Versailler Vertrag im Jahr 1920 automatisch Staatsangehörige der Freien Stadt Danzig. Nach der Besetzung Danzigs durch das Deutsche Reich 1939 wurde die Staatsangehörigkeit der Danziger zunächst vorläufig geregelt; durch die »Verordnung über die deutsche Volksliste und die deutsche Staatsangehörigkeit in den eingegliederten Ostgebieten« v. 04.03.1941 in der Fassung vom 31.01.1942 wurden Danziger Staatsangehörige dann – unabhängig von ihrem Aufenthaltsort – wieder zu deutschen Staatsangehörigen erklärt. Jüdische Danziger waren hiervon jedoch ausgeschlossen (vgl. § 4 der Verordnung).

Nachkommen von ehemaligen deutschen Juden aus Danzig können sich nicht auf Art. 116 Abs. 2 GG berufen, da die Betroffenen nicht während der NS-Zeit ausgebürgert wurden. Auch ein Wiedererwerb der deutschen Staatsangehörigkeit nach dem StAngRegG 1955 war praktisch ausgeschlossen (s. o.). Daher können (im Ausland lebende) Nachkommen von Danziger Juden eine Einbürgerung grundsätzlich nur nach den allgemeinen Regelungen zur Einbürgerung aus dem Ausland beantragen. Neben § 14 StAG, der eine Einbürgerung aus dem Ausland bei besonders engen Bindungen an Deutschland ermöglicht (s. o.), kam bei Danziger Juden und ihren Nachkommen bis 2007 auch eine Einbürgerung nach § 13 StAG in Betracht. Nach § 13 StAG in der bis 2007 geltenden Fassung war eine Einbürgerung ehemaliger Deutscher (also auch Danziger Staatsangehöriger, die zuvor deutsche Staatsangehörige waren) und von ehemaligen Deutschen abstammenden bzw. an Kindes statt angenommenen Personen im Ermessenswege möglich, ohne dass die Regelung ihrem Wortlaut nach weitere Bindungen an Deutschland voraussetzte. Im Jahr 2007 wurde diese Regelung allerdings auf ehemalige Deutsche und ihre minderjährigen Kinder beschränkt.[48]

In einem Grundsatzurteil v. 02.05.2001 (sog. Danzig-Urteil – 1 C 18.99) zur Einbürgerung von Nachkommen Danziger Juden auf der Grundlage des

---

46 Vgl. hierzu z. B. BT-Drs. 12/2816, S. 3 f.; eine Statistik mit genauen Fallzahlen existiert nicht.
47 Vgl. hierzu im Einzelnen BVerwG, Urteil v. 02.05.2001 (1 C 18/99), Rn 17 ff.
48 Kritisch hierzu wegen der Verschlechterung der Rechtsstellung jüdischer Emigranten z. B. Florian Geyer: § 13 StAG Rn 5. In: Rainer M. Hofmann (Hg.): Ausländerrecht. 2. Auflage, München 2016.

§ 13 StAG hat das BVerwG erklärt, dass bei Einbürgerungsanträgen von Abkömmlingen deutschstämmiger jüdischer Danziger Staatsangehöriger in jedem Fall der Rechtsgedanke des Art. 116 Abs. 2 GG zu berücksichtigen ist. Nach diesem Urteil steht der Wiedergutmachungsgedanke in entsprechenden Fällen zumindest bis zur Enkelgeneration so sehr im Vordergrund, dass eine Ermesseneinbürgerung nur unter besonderen Umständen abgelehnt werden kann. Neben dem Rechtsgedanken des Art. 116 Abs. 2 GG können zusätzlich auch die Nähe der Familie zum deutschen Kulturkreis und ein Wiedererwerb der deutschen Staatsangehörigkeit durch andere Familienmitglieder für eine Einbürgerung sprechen. Dagegen sind fehlende deutsche Sprachkenntnisse in entsprechenden Fällen als verfolgungsbedingt anzusehen und können den Antragstellern daher nicht entgegengehalten werden.[49]

Dennoch verlangt das BVA in Einbürgerungsverfahren für Kinder und Enkel Danziger Juden regelmäßig die Vorlage von Sprachzertifikaten auf dem Niveau B1 sowie weitere Nachweise zu »engen Bindungen« an Deutschland. Begründet wird dies mit der Beschränkung des Anwendungsbereichs des § 13 StAG auf minderjährige Kinder im Ausland lebender ehemaliger Deutscher im Jahr 2007. Infolge dieser Änderung können Einbürgerungsanträge von Nachkommen Danziger Juden nicht mehr auf § 13 StAG, sondern nur noch auf § 14 StAG gestützt werden. Das Bundesministerium des Innern hat in einem Schreiben an den ehemaligen Bundestagsabgeordneten Volker Beck vom Juli 2017 mitgeteilt, dass die entsprechende Verwaltungspraxis aus dortiger Sicht mit den Vorgaben im GG und der Rechtsprechung des BVerwG vereinbar sei. Allerdings ergibt sich aus den Ausführungen des BVerwG, dass der Rechtsgedanke des Art. 116 Abs. 2 GG auch bei Einbürgerungen auf der Grundlage sonstiger Ermessensnormen (inkl. des § 14 StAG) angemessen gewichtet werden muss.[50] Die aus der Verwaltungspraxis des BVA resultierende Schlechterstellung der Nachkommen jüdischer Danziger gegenüber den Abkömmlingen nichtjüdischer Danziger stellt zudem einen Verstoß gegen das Diskriminierungsverbot in Art. 3 Abs. 3 GG dar. Neuere Gerichtsentscheidungen zu dieser Frage existieren noch nicht oder sind noch nicht veröffentlicht.

Beispielsfall:
Tamar B. (geb. 1990) ist israelische Staatsangehörige und lebt seit 2013 in Österreich. Sie hat zunächst einige Jahre für die jüdische Gemeinde gearbeitet und ist nun in der Gastronomie tätig. Sie hat einen deutschen Freund, der ebenfalls in Österreich lebt, und möchte gerne dort bleiben.

---

49 Vgl. Rn 13 ff des Urteils.
50 Vgl. Rn 13 u 14 sowie 23 ff und – insbesondere – Rn 28 des Urteils des BVerwG v. 02.05.2001 (1 C 18.99).

Wiedereinbürgerungsansprüche und Perpetuierung von Diskriminierung 155

Der Großvater (Vater des Vaters) von Tamar wurde im Jahr 1920 in Danzig geboren. Der Großvater und dessen Eltern waren bis 1920 preußische bzw. deutsche Staatsangehörige und wurden mit der Gründung der Freien Stadt Danzig automatisch Danziger Staatsangehörige. Wegen antisemitischer Diskriminierung und Ausschreitungen konnte der Großvater seine Ausbildung in Danzig nicht beenden und wanderte Ende der 1930er Jahre über Jugoslawien (illegal) nach Palästina ein.

Die Großmutter (Mutter des Vaters) von Tamar wurde im Jahr 1922 in Berlin geboren. Die Eltern der Großmutter stammten aus Warschau und kamen vermutlich nach dem Ersten Weltkrieg nach Berlin. Der Vater führte ein Lederwarengeschäft in Kreuzberg, dem nach 1933 wegen der antisemitischen Boykott-Maßnahmen die Grundlage entzogen wurde. Die Eltern schickten die Großmutter und deren jüngere Schwester im Jahr 1936 nach Palästina, wo die beiden Mädchen in einem Kinder- und Jugenddorf untergebracht wurden. Der Vater der Großmutter wurde im Jahr 1940 im Konzentrationslager Sachsenhausen ermordet. Die Mutter der Großmutter gehörte zu einer Gruppe von Flüchtlingen, die im Jahr 1940 über Bratislava mit einem Donau-Dampfer nach Palästina gelangen wollten. Nach dem Schiffbruch des Dampfers im Mittelmeer wurden die Flüchtlinge von italienischen Truppen interniert. Im Jahr 1944 gelangte die Mutter schließlich nach Palästina und starb 1946 an den Folgen von Krankheiten, die sie sich während der Internierung zugezogen hatte.

Die Großeltern von Tamar B. heirateten im Jahr 1953 in Israel. Im Jahr 1954 wurde der Vater von Tamar B. in Israel geboren. Der in Israel lebende Vater von Tamar B. wurde im Jahr 2006 nach längerer Auseinandersetzung mit dem BVA auf seinen Antrag hin auf der Grundlage des § 13 StAG und des sog. Danzig-Urteils des BVerwG eingebürgert. Der jüngere Bruder von Tamar B., der ab 2007 bis 2014 überwiegend in Deutschland lebte und in Deutschland studiert hat, wurde im Jahr 2013 – ebenfalls nach längerer Auseinandersetzung mit den zuständigen Einbürgerungsbehörden – auf der Grundlage des § 8 StAG eingebürgert.

Tamar B. beantragte im 2015 über die Deutsche Botschaft in Wien die Einbürgerung auf der Grundlage des § 14 StAG. Mit dem Antragsformular reichte sie u. a. Unterlagen zum Einkommen, ein B1-Sprachzertifikat und einen Lebenslauf incl. Angaben zu den Bindungen an Deutschland (deutscher Freund, Besuche beim Bruder in Deutschland, deutsche Sprachkenntnisse) ein. Nach ca. zweijähriger Bearbeitungszeit teilte das BVA mit, dass eine Ablehnung des Antrags beabsichtigt sei, da kein öffentliches Interesse an der Einbürgerung bestehe. Die Rechtsprechung des BVerwG finde wegen der Änderung des § 13 StAG im Jahr 2007 (Beschränkung auf ehemalige Deutsche und ihre minderjährigen Kinder) keine Anwendung mehr. Eine Einbürgerung auf der Grundlage des § 14 StAG setze »in Abwägung des Wiedergutmachungsgehalts und den tatbestandlichen Vorgaben des § 14 StAG ein über die Generationen hinweg aufrecht erhaltene und noch bestehende besondere Nähe zu Deutschland [...]« voraus. Diese sei nicht gegeben, da Tamar B. niemals in Deutschland gelebt habe, sondern sich seit 2013 in Österreich integriere. Eine weitere Stellungnahme zu den Bindungen an Deutschland (incl. weiteren Angaben zur Familiengeschichte und B2-Sprachzertifikat) und der Rechtsprechung des BVerwG konnte das BVA bislang nicht umstimmen; eine endgültige Entscheidung steht jedoch noch aus.

VI. Status der Nachfahren jüdischer Emigranten ohne deutsche Staatsangehörigkeit

Schließlich führt auch die mangelnde Berücksichtigung der Verfolgung und Vertreibung vor der NS-Zeit nach Deutschland eingewanderter jüdischer Familien aus Mittel- und Osteuropa in Gesetzgebung und der Verwaltungspraxis zu einer Fortführung der Diskriminierung im Staatsangehörigkeitsrecht bis in die Gegenwart. Zu Beginn der NS-Zeit lebten zahlreiche jüdische Einwanderer in Deutschland, die häufig aus deutschsprachigen Familien aus Mittel- und Osteuropa stammten, bereits vor (oder unmittelbar nach) dem Ersten Weltkrieg nach Deutschland gekommen waren und sich in Deutschland erfolgreich eine wirtschaftliche Existenz aufgebaut hatten (häufig als kleine oder mittelständische Unternehmerinnen und Unternehmer). Wie oben dargelegt, war es für jüdische Einwanderer bereits vor 1933 außerordentlich schwierig oder unmöglich, in Deutschland eingebürgert zu werden; in jedem Fall war die Einbürgerungspraxis von massiver antisemitischer Diskriminierung geprägt. Nach 1933 entzogen die deutschen Behörden Einwanderern ohne deutsche Staatsangehörigkeit in vielen Fällen die Aufenthaltstitel und zwangen sie durch Schikanen und Übergriffe in die Emigration. Im Oktober 1938 wurden zwischen 12.000 und 17.000 jüdische Einwanderer im Rahmen der »Polenaktion« abgeschoben,[51] später folgten Deportation und Ermordung all derjenigen, die nicht rechtzeitig fliehen konnten.

Nachkommen von aus Deutschland abgeschobenen oder vertriebenen jüdischen Emigranten ohne deutsche Staatsangehörigkeit können sich nicht auf Art. 116 Abs. 2 GG berufen, da diese Regelung (im Unterschied zu der Regelung für vertriebene »deutsche Volkszugehörige« in Art. 116 Abs. 1 GG) eine ehemals bestehende (formale) deutsche Staatsangehörigkeit und Ausbürgerung der vertriebenen Eltern oder Großeltern voraussetzt. Es existieren auch keine sonstigen Regelungen oder allgemeinen Vorgaben für die Ermessensausübung, die eine erleichterte Einbürgerung der Nachkommen in entsprechenden Fällen vorsehen oder die Familiengeschichte in anderer Weise staatsangehörigkeits- oder migrationsrechtlich berücksichtigen. Nach einer Auskunft des für Einbürgerungsanträge aus dem Ausland zuständigen BVA vom Juni 2015 sind lediglich in Einzelfällen auf der Grundlage des § 14 StAG Ermessenseinbürgerungen für die »Erlebensgeneration« oder die erste Generation danach erfolgt, wenn z. B. ein Einbürgerungsantrag aus der Zeit vor 1933 nachweislich aus rassistischen Gründen nicht entschieden oder abgelehnt wurde und zusätzliche Bin-

---

51 Vgl. hierzu z. B. die Onlineversion des Gedenkbuches für die Opfer der NS-Judenverfolgung in Deutschland, Abschiebung nach Polen, unter: https://www.bundesarchiv.de/gedenkbuch/zwangsausweisung.html.de [abgerufen: 27.6.2018].

dungen an Deutschland im individuellen Fall nachgewiesen werden konnten. Auch für Nachkommen aus Deutschland geflohener jüdischer Emigranten ohne deutsche Staatsangehörigkeit, die heute wieder in Deutschland leben wollen, existieren keine allgemeinen Vorgaben, die Erleichterungen bezüglich des Aufenthaltsrechts und einer Einbürgerung im Inland vorsehen. Vielmehr müssen die Betroffenen grundsätzlich wie alle anderen Migranten aus Drittstaaten einen Aufenthaltstitel beantragen, um längerfristig in Deutschland leben zu können, und die allgemeinen Anforderungen für eine Einbürgerung in Deutschland erfüllen.

Die mangelnde Berücksichtigung der Verfolgungsgeschichte in entsprechenden Fällen führt bis heute zu einer Benachteiligung von Nachkommen aus Deutschland geflohener jüdischer Emigranten gegenüber in Deutschland aufgenommenen Abkömmlingen deutscher Volkszugehöriger i. S. d. Art. 116 Abs. 1 GG und gegenüber Nachkommen von deutschen Staatsangehörigen, die keiner Verfolgung oder Diskriminierung ausgesetzt waren. Denn aufgrund des Abstammungsprinzips können sich Nachkommen von seit Beginn des 20. Jahrhunderts emigrierten deutschen Staatsangehörigen in vielen Fällen noch heute auf die deutsche Staatsangehörigkeit berufen, ohne dass neben der Abstammung irgendwelche weiteren Voraussetzungen nachgewiesen werden müssen.

Beispielsfall:
Irit H. wurde im Jahr 1951 in Israel geboren. Die Familie der Mutter stammte ursprünglich aus Österreich-Ungarn (bzw. aus einer ab 1918 wieder polnischen Gegend), wanderte aber kurz nach Geburt der Mutter und noch vor dem Ersten Weltkrieg nach Deutschland aus. Die Mutter von Irit H. konnte Ende der 1930er Jahre nach Palästina emigrieren, die Großeltern und zahlreiche weitere Verwandte wurden später deportiert und ermordet. Der Vater von Irit H. hatte bei seiner Emigration nach Palästina in den 1930er Jahren die polnische Staatsangehörigkeit. Die Eltern von Irit H. sprachen untereinander und mit ihren Kindern deutsch.
Die 1980 geborene (einzige) Tochter von Irit H. lebt seit 2015 in Deutschland und ist als Ingenieurin in einem Unternehmen tätig. Sie hat für diese Tätigkeit eine Blaue Karte erhalten und möchte langfristig in Deutschland bleiben. Irit H. möchte nach Beendigung ihrer beruflichen Tätigkeit in Israel ebenfalls nach Deutschland ziehen, da sie in Israel keine weiteren Angehörigen hat und sich aufgrund ihrer Familiengeschichte und deutschen Sprachkenntnisse in Deutschland »zu Hause« fühlt.
Da die Eltern von Irit H. keine deutsche Staatsangehörigkeit hatten, ist ein Antrag auf Einbürgerung – zumindest vor einem Umzug nach Deutschland – nach der gegenwärtigen Rechtslage praktisch aussichtslos. Für einen Umzug und längerfristigen Aufenthalt in Deutschland ist wiederum eine Aufenthaltserlaubnis erforderlich. Das Aufenthaltsgesetz und die relevanten Verwaltungsvorschriften sehen jedoch die Erteilung einer Aufenthaltserlaubnis für einen entsprechenden Aufenthaltszweck (Nachzug zu erwachsenen Kindern, Umzug nach Deutschland im Rentenalter ohne frühere Erwerbstätigkeit in Deutschland) nicht vor.

VII. Mögliche Lösungswege

Im Hinblick auf das deutsche Staatsangehörigkeitsrecht stellt sich generell die Frage, ob die dominierende Bedeutung des Abstammungsprinzips noch zeitgemäß ist. Es erscheint zweifelhaft, ob ein Staatsangehörigkeitsrecht, das sich vorrangig an der Abstammung der betroffenen Personen orientiert, unserer heutigen gesellschaftlichen Realität und unserem heutigen Verständnis von Gleichheit und Demokratie noch entspricht. Der Vorrang des Abstammungsprinzips im geltenden deutschen Staatsangehörigkeitsrecht führt zudem auch über die oben beschriebenen Folgen für Nachkommen aus Deutschland geflohener Emigrantinnen und Emigranten hinaus zu einer Diskriminierung bestimmter Personengruppen (z. B. generell der Nachkommen deutscher Frauen). Dem Vorrang des Abstammungsprinzips könnte z. B. durch eine weitere Erleichterung der Einbürgerung im Inland lebender Migranten und einen konsequenteren »Generationenschnitt« für im Ausland lebende Nachkommen emigrierter deutscher Staatsangehöriger und der daraus resultierenden Stärkung des Lebensmittelpunkts als Kriterium im Staatsangehörigkeitsrecht entgegengewirkt werden.[52] Unabhängig von einer umfassenden Reform des Staatsangehörigkeitsrechts kommen aber in jedem Fall die folgenden Lösungswege in Betracht, um der Benachteiligung von Nachkommen während der NS-Zeit aus Deutschland geflohener Emigrantinnen und Emigranten zu begegnen.

1. Erleichterte Einbürgerung von Nachkommen während der NS-Zeit aus Deutschland geflohener Emigrantinnen und Emigranten

Für während der NS-Zeit aus Deutschland geflohene Emigrantinnen und Emigranten sowie für deren Kinder und Enkelkinder sollte generell die Möglichkeit einer erleichterten Einbürgerung geschaffen werden, sofern nicht bereits ein Anspruch auf Wiedereinbürgerung nach Art. 116 Abs. 2 GG besteht. Die Möglichkeit einer erleichterten Einbürgerung sollte in jedem Fall Nachkommen ausgebürgerter deutscher Emigrantinnen umfassen, denen aufgrund der einschränkenden Auslegung des Art. 116 Abs. 2 GG in der bisherigen Rechtsprechung des BVerwG eine Wiedereinbürgerung verwehrt wird. Darüber hinaus sollten aber auch Nachkommen von während der NS-Zeit aus Deutschland oder den besetzten Gebieten geflohener Emigrantinnen und Emigranten ohne deutsche Staatsangehörigkeit einbezogen werden, um eine aus der Vergangenheit folgende Benachteiligung der Nachkommen insbesondere jüdischer Emigranten in aktuellen staatsangehörigkeitsrechtlichen Entscheidungen zu vermeiden.

---

52 Vgl. hierzu z. B. Falk Lämmermann: Reformbedarf bei Mehrstaatigkeit und Generationenschnitt? In: ZAR 9 (2017), S. 352 ff. m. w. N.

Die Möglichkeit einer erleichterten Einbürgerung für Nachkommen während der NS-Zeit aus Deutschland geflohener Emigrantinnen und Emigranten kann durch einfachgesetzliche Regelungen im Staatsangehörigkeitsgesetz oder auch durch Vorgaben für die Verwaltungspraxis bei Entscheidungen über Anträge auf Ermessenseinbürgerungen nach § 8 StAG (Einbürgerung im Inland lebender Personen durch die zuständigen Landesbehörden) oder § 14 StAG (Einbürgerung im Ausland lebender Personen durch das BVA) geschaffen werden. Bei Ausgestaltung der genauen Kriterien sind in jedem Fall das sogenannte Danzig-Urteil des BVerwG von 2001 und die Ausführungen des BVerwG zur Berücksichtigung des Grundsatzes der Wiedergutmachung auch außerhalb des unmittelbaren Anwendungsbereichs des Art. 116 Abs. 2 GG im Staatsangehörigkeitsrecht zu berücksichtigen. Die Möglichkeit einer erleichterten Einbürgerung muss neben den Emigranten und deren Kindern mindestens auch die Enkelgeneration umfassen, die über die aus Deutschland geflohenen Großeltern bzw. Großmütter in der Regel noch einen direkten emotionalen Bezug zur Familien- und Verfolgungsgeschichte hat. Entsprechend der Ausführungen des BVerwG darf die Einbürgerung außerdem nicht von Voraussetzungen abhängig gemacht werden, die dem Grundsatz der Wiedergutmachung widersprechen (z. B. überzogenen Anforderungen an die Sprachkenntnisse).

2. Zulassung der doppelten Staatsangehörigkeit aus Gründen der Wiedergutmachung

Nach dem derzeit geltenden deutschen Staatsangehörigkeitsrecht steht die Möglichkeit einer doppelten oder mehrfachen Staatsangehörigkeit in erster Linie Personen offen, die die deutsche Staatsangehörigkeit qua Geburt von einem deutschen Elternteil erworben haben. Während eine Einbürgerung in Deutschland grundsätzlich die Aufgabe der bisherigen Staatsangehörigkeit voraussetzt und der Erwerb einer anderen Staatsangehörigkeit auf Antrag grundsätzlich zum Verlust der deutschen Staatsangehörigkeit führt, können Kinder deutscher Elternteile ohne (wesentliche) Einschränkungen auch die Staatsangehörigkeit des anderen Elternteils behalten. Daher haben z. B. Nachkommen zu Beginn des 20. Jahrhunderts nach Süd- oder Nordamerika emigrierter Deutscher häufig bis heute neben der Staatsangehörigkeit ihres Herkunftsstaats auch die deutsche Staatsangehörigkeit, da die Kinder der Auswanderer aufgrund des in den amerikanischen Staaten geltenden Territorialitätsprinzips (»ius soli«) die dortige Staatsangehörigkeit i. d. R. durch Geburt automatisch erworben und die deutsche Staatsangehörigkeit nie verloren haben. Auch Flüchtlinge und Vertriebene i. S. d. Art. 116 Abs. 1 GG mussten und müssen für den Erwerb der deutschen Staatsangehörigkeit die bisherige Staatsangehörigkeit nicht aufgeben.

Nachkommen während der NS-Zeit aus Deutschland geflohener Emigrantinnen und Emigranten müssen die aktuelle Staatsangehörigkeit nicht aufgeben, wenn sie sich auf den Anspruch auf Wiedereinbürgerung oder Feststellung der deutschen Staatsangehörigkeit nach Art. 116 Abs. 2 GG berufen können. In sonstigen Fällen, also bei Einbürgerungen auf der Grundlage des Staatsangehörigkeitsgesetzes, ist die Aufgabe der bisherigen Staatsangehörigkeit grundsätzlich notwendig – Ausnahmen sind nur in besonderen Fällen bzw. aufgrund einer Einzelfallprüfung möglich. Solange die Bundesregierung bzw. der Bundestag keine Entscheidung für eine allgemeine Zulassung der doppelten oder mehrfachen Staatsangehörigkeit treffen, sollte sie zumindest bei Einbürgerungen von Nachkommen während der NS-Zeit aus Deutschland geflohener Emigrantinnen und Emigranten nach dem Staatsangehörigkeitsgesetz generell zugelassen werden, um eine Benachteiligung gegenüber sonstigen Nachkommen deutscher Staatsangehöriger zu vermeiden. Zu diesem Zweck könnten z. B. die einfachgesetzlichen Regelungen zur Hinnahme der Mehrstaatigkeit bei Einbürgerungen geändert oder in den Verwaltungsvorschriften bzw. Anwendungshinweisen zum StAG klargestellt werden, dass eine Diskriminierung oder Verfolgung aus Deutschland stammender Vorfahren einen Grund für die Hinnahme von Mehrstaatigkeit darstellt.

3. Berücksichtigung der Vertreibung aus Deutschland während der NS-Zeit im Aufenthaltsrecht

Der Vertreibung der Vorfahren aus Deutschland muss – sofern sie nicht bereits durch die Möglichkeit zu einer erleichterten Einbürgerung berücksichtigt wird – außerdem auch bei Regelung der Einreise und des Aufenthalts von Personen aus Staaten außerhalb der EU Rechnung getragen werden. Bei der Entscheidung über das Aufenthaltsrecht von Kindern oder Enkeln von Emigranten ohne deutsche Staatsangehörigkeit, denen während der NS-Zeit das Aufenthaltsrecht und die Lebensgrundlage in Deutschland entzogen wurde, kann die Verfolgungs- und Familiengeschichte nicht ignoriert werden, da die Familien in den allermeisten Fällen ohne die Verfolgungsmaßnahmen in Deutschland geblieben wären. Aus dem Grundsatz der Wiedergutmachung folgt daher, dass den Nachkommen auch dann ein Aufenthaltsrecht gewährt werden sollte, wenn sie die spezifischen Voraussetzungen für die Erteilung eines Aufenthaltstitels im Aufenthaltsgesetz (z. B. für eine Aufenthaltserlaubnis zum Zweck einer qualifizierten Beschäftigung oder zum Zweck des Familiennachzugs) nicht erfüllen. Dabei ist auch zu berücksichtigen, dass für jüdische Emigranten aus der ehemaligen Sowjetunion seit 1991 mit der historischen Verantwortung Deutschlands begründete Sonderregelungen existieren, die ein Aufenthaltsrecht außerhalb der regulären Einwanderungsmöglichkeiten nach dem Aufenthaltsgesetz (AufenthG) ermöglichen.[53]

---

53 Zur Entstehungsgeschichte dieser Regelungen vgl. Weizsäcker: Jüdische Migranten (s. Anm. 37), S. 93–97.

Eine Berücksichtigung der Familien- und Verfolgungsgeschichte könnte in entsprechenden Fällen durch eine Änderung des AufenthG im Rahmen der aktuell geplanten Reformen oder auch durch Verwaltungsvorschriften zur Auslegung und Anwendung des § 7 Abs. 1 S. 2 AufenthG erfolgen. Nach § 7 Abs. 1 S. 2 AufenthG kann Ausländern in »begründeten Fällen« eine Aufenthaltserlaubnis auch dann erteilt werden, wenn die Betroffenen keinen der im AufenthG vorgesehenen spezifischen Aufenthaltszwecke erfüllen und die allgemeinen Erteilungsvoraussetzungen nach § 5 AufenthG (insbesondere Sicherung des Lebensunterhalts, Einhaltung des Visumsverfahrens) erfüllt sind. Das BMI und/oder die zuständigen Landesbehörden könnten durch entsprechende Vorgaben in Verwaltungsvorschriften und Anwendungshinweisen zu § 7 AufenthG z. B. festlegen, dass Nachkommen während der NS-Zeit aus Deutschland geflohener Emigranten eine Aufenthaltserlaubnis nach § 7 AufenthG in der Regel zu erteilen oder die Familien- und Verfolgungsgeschichte bei der Entscheidung über die Erteilung zumindest zu berücksichtigen ist.

Eine Rückkehr der Nachkommen während der NS-Zeit aus Deutschland geflohener Emigrantinnen und Emigranten sowie eine Stärkung ihrer Bindung an Deutschland durch den Zugang zur deutschen Staatsangehörigkeit liegt in jedem Fall im innen- und außenpolitischen Interesse Deutschlands. Entsprechende Erleichterungen im Staatsangehörigkeits- und Aufenthaltsrecht fördern die gesellschaftliche Vielfalt im Inland und können die Beziehungen zu Israel und weiteren Exilländern vertiefen und verfestigen. Auch deswegen ist es bedauerlich, dass der Status der Nachkommen während der NS-Zeit geflohener Emigrantinnen und Emigranten in der Gesetzgebung bisher einen so geringen Stellenwert hat und die bestehenden Spielräume für die Verwaltung in der Tendenz zulasten der Betroffenen genutzt wurden. Die hier vorgeschlagenen Verbesserungen können zeitnah auch ohne Änderung der gesetzlichen Regelungen auf der Ebene von Verwaltungsvorschriften und Anwendungshinweisen in Angriff genommen werden. Mittelfristig sind jedoch eine Regelung durch den Gesetzgeber und eine gesetzliche Verankerung wünschenswert.

Vielen Dank an die Veranstalterinnen und TeilnehmerInnen des Workshops »Staatsbürgerschaft und Staatenlose im Kontext von Exil und Migration« der Gesellschaft für Exilforschung im Februar 2018, Dr. Anusheh Farahat, LL.M., und Dr. Ulrich Baumann für hilfreiche Hinweise und Anregungen.

III. Eindeutige Identifizierungen?
Passregime und Bürokratie in der literarischen
und künstlerischen Reflexion

Doerte Bischoff

Kriegszustand
Logiken des Militärischen und die Macht der Pässe in literarischen Reflexionen über Staatsbürgerschaft seit 1918

I. Zugehörigkeit auf Widerruf: Passregime seit dem Ersten Weltkrieg

In vielen Textzeugnissen der Zwischenkriegszeit und des Exils findet man Erstaunen und Entsetzen darüber formuliert, dass und in wie kurzer Zeit Pässe und andere Identitätspapiere zum zentralen Ausweis von Zugehörigkeit geworden waren. Ältere Autoren wie Stefan Zweig erinnern sich geradezu ungläubig daran, wie er und viele andere mühelos und ohne im Besitz eines Passes zu sein, früher als reisende Kosmopoliten Ländergrenzen überschritten hatten. Die Flucht ins Exil, die nicht nur meist durch einen gewaltsamen Ausschluss aus dem Herkunftsland initiiert wird, sondern die auch eine Konfrontation mit immer neuen, immer wieder unüberwindlich scheinenden Grenzen bedeutet, erscheint dabei der selbstbestimmten, entgrenzenden Bewegung dieser Reisenden radikal entgegengesetzt. Dabei wird besonders registriert, dass die neuerdings erzwungene pausenlose Beschäftigung mit Identitätsnachweisen, Visa und Beglaubigungen sich nachhaltig auch auf die Möglichkeiten der Flüchtenden auswirkt, sich weiterhin primär als Intellektuelle und Bildungsbürger zu begreifen. »[J]eder von uns«, schreibt Stefan Zweig um 1940 im brasilianischen Exil,

> hat in diesen Jahren mehr amtliche Verordnungen studiert als geistige Bücher, der erste Weg in einer fremden Stadt, in einem fremden Land ging nicht mehr wie einstens zu den Museen, zu den Landschaften, sondern auf ein Konsulat, eine Polizeistube, sich eine »Erlaubnis« zu holen.[1]

Selbst untereinander spreche man mehr über »Affidavits und Permits« als über die Gedichte Baudelaires, und die Bekanntschaft einer Konsulatsbeamtin sei vielfach »lebenswichtiger als die Freundschaft eines Toscanini oder eines Rolland«[2]. Einem Freund gegenüber charakterisiert sich Zweig 1940 als »vormals Schriftsteller, jetzt Experte für Visa«.[3] Was hier als kulturkonservative Diagnose von Zerstörung und Verlust einer ehemals heilen Welt erscheint, die nur

---
1 Stefan Zweig: Die Welt von Gestern. Erinnerungen eines Europäers. Frankfurt a. M. 1970, S. 467.
2 Zweig: Die Welt von Gestern (s. Anm. 1), S. 467.
3 Zit. nach George Prochnik: Das unmögliche Exil. Stefan Zweig am Ende der Welt. Aus dem Englischen v. Andreas Wirtensohn. München 2016, S. 18.

mehr nostalgisch rekonstruiert werden kann, lässt sich zugleich in eine Reihe mit zeitgenössischen Texten stellen, die gleichfalls vorführen, dass staatliche Identifizierungs- und Beglaubigungsverfahren eine derart existenzielle Dimension gewonnen haben, dass andere Parameter der Identifikation mehr oder weniger vollständig verdrängt werden. Die Vorstellung einer politikfernen Sphäre der Literatur und des Geistes, die auf privilegierte Weise identitätsstiftend sein könne, wird dabei zugleich sehr grundlegend infrage gestellt. Literatur zeichnet die überall wahrnehmbaren Verschiebungen auf, indem sie ihre Erscheinungsweisen und Wirkungen vorführt. Auch literarische Texte wie Anna Seghers Exilroman *Transit*, in dem Passbehörden und Konsulate zu den dominierenden Schauplätzen der Handlung werden, demonstrieren den Einbruch der Welt staatlicher Bürokratien in das Leben der Menschen, deren Verhältnisse und Selbstentwürfe von deren Logik weitgehend absorbiert erscheinen. Dies überträgt sich auch auf die Erzählstrukturen, die von jenem Modus des schier endlosen passiven Wartens auf Papiere geprägt sind, auf den sich die Flüchtenden allzu oft verwiesen sehen. Dabei überrascht nicht, dass Kafkas »Türhüterlegende«, die – als einziger zu Lebzeiten veröffentlichter Teil des *Process*-Konvoluts – paradigmatisch die Absurdität und Ambivalenz moderner Identifizierungsversprechen gestaltet, als Intertext nicht nur bei Seghers deutlich entzifferbar ist.

Selbst Zweigs *Welt von Gestern* bezeugt letztlich, dass die Allgegenwart von Grenzkontrolle und Passregime auch das eigene Selbstverhältnis in einer Weise zu prägen begonnen hat, die sich nicht mehr als bloß äußerliche Fremdbestimmung auf Distanz halten lässt. Vielmehr stellt der Erzähler fest, dass der Moment, in dem er seinen österreichischen Pass verlor und er »von den englischen Behörden ein weißes Ersatzpapier, einen Staatenlosenpaß erbitten«[4] musste, für ihn tatsächlich die eigentliche Zäsur darstellte. Nun erst wird fühlbar, dass er jetzt als Emigrant, als »›Refugee‹« zu einer »›Sorte‹ Mensch« gehört, zu »den Rechtlosen, den Vaterlandslosen, den man nicht notfalls abschieben und zurückspedieren konnte in die Heimat wie die andern, wenn er lästig wurde und zu lange blieb«[5]. Im Moment des Verlusts erscheint die durch den Pass beglaubigte österreichische Staatsbürgerschaft plötzlich rückblickend als Garant einer selbstverständlichen Zugehörigkeit. Diese ist nun unwiderruflich verloren, auf Visa und fremde Pässe gibt es keinen Anspruch, sie müssen erbeten werden, der Bittsteller sieht sich dem Wohlwollen und vielfach der Willkür von Behörden ausgesetzt:

[I]ch zögere nicht zu bekennen, daß seit dem Tage, da ich mit eigentlich fremden Papieren oder Pässen leben mußte, ich mich nie mehr ganz als mit mir zusammen-

---

4 Zweig: Die Welt von Gestern (s. Anm. 1), S. 463.
5 Zweig: Die Welt von Gestern (s. Anm. 1), S. 465.

gehörig empfand. Etwas von der natürlichen Identität mit meinem ursprünglichen und eigentlichen Ich blieb für immer zerstört.⁶

Paradoxal in Zweigs Text erscheint dabei, dass die Entgegensetzung von ursprünglicher und sekundär zugeschriebener Identität, von Eigenem und Fremdem, hier immer bereits durch ein Drittes supplementiert und gestört wird. Wenn er mit dem (österreichischen) Pass auch die Heimat verliert, wie es im Text ausdrücklich heißt, erscheint diese gerade nicht losgelöst von staatlicher und juristischer Regulierung, vielmehr sind beide unauflöslich aufeinander bezogen. Fremd und prekär ist nicht nur das Staatenlosendokument mit den eingestempelten Aufenthaltsbewilligungen verschiedener Länder, als prekär zeigt sich im und durch das Exil auch die vormalige Zugehörigkeit, die nun als eine auf Widerruf gewährte, jederzeit verlierbare erscheint. Allein die Möglichkeit, dass man mit seinem Pass auch die Heimat verlieren kann, bringt eine Dimension moderner Vergesellschaftung des Menschen zum Vorschein, die Geburt, Herkunft und Identität unweigerlich an staatliche Beglaubigungsverfahren geknüpft erweist. Der Traum vom staatenlosen Kosmopoliten, der sich von jeder nationalen Beschränkung gelöst hat, wird angesichts der tatsächlich tausendfach erlebten Staatenlosigkeit als illusionär entlarvt. Stefan Zweig selbst hat 1938, im Jahr des sogenannten Anschlusses Österreichs, die britische Staatsangehörigkeit beantragt und wurde gemeinsam mit seiner zweiten Frau Lotte 1940 in England eingebürgert. Mit diesem Pass konnte er verschiedene Länder, vor allem in den beiden Amerikas, bereisen. Auch gelingt ihm, dem schon bei früheren Besuchen dort enthusiastisch Gefeierten, ein unbefristetes Visum für Brasilien zu erhalten, wo er sich 1941 ansiedelt. Zweigs Biograf George Prochnik beschreibt seinen britischen Pass als ein 19 dicht beschriebene und vielfach gestempelte Seiten umfassendes geradezu magisch wirkendes Dokument.⁷ Als solches bezeugt es die Prekarität von Zugehörigkeit und Mobilität im Exil, die im deutlichen Kontrast steht zu den mühelosen Grenzüberschreitungen des selbstbestimmt Reisenden vor 1933.

Einen Raum jenseits der Pässe und (nationalen) Staatsbürgerschaften gibt es offensichtlich nicht mehr, was auch für die literarische Imagination der Zeit Konsequenzen hat. Wo für grenzüberschreitende Abenteurer und reisende Kosmopoliten kein Platz mehr ist,⁸ werden die Ausgeschlossenen und Exilierten zu

---

6 Zweig: Die Welt von Gestern (s. Anm. 1), S. 468.
7 Vgl. Prochnik: Das unmögliche Exil (s. Anm. 3), S. 18.
8 Das Exil bringt allerdings eigene Figuren des Kosmopolitischen hervor, die in diesem Rahmen nicht eingehender betrachtet werden können. Zum Kontext von häufig mit Vertreibung und Exil verknüpfter Staatenlosigkeit und Kosmopolitismus vgl. Miriam Rürup: Von der Offenheit der Geschichte: Der Umgang mit Staatenlosigkeit und die weltbürgerliche Idee. In: Bessere Welten. Kosmopolitismus in den Geschichtswissenschaften. Hg. v. Bernhard Gißibl und Isabella Löhr. Frankfurt a. M., New York 2017, S. 71–102.

denjenigen – auch literarischen – Figuren, über die die herrschende Ordnung besonders eindrücklich perspektiviert und analysiert werden kann.[9] Zugleich kommen mit ihnen aber auch Verfahren und Inszenierungen der Überschreitung in den Blick, die diese Ordnung ihrerseits als beweglich und veränderlich vorführen.

II. Bürokratische Mobilisierung und Staatenlose in der Zwischenkriegszeit: B. Travens *Totenschiff*

Eine der eindrücklichsten Literarisierungen der Verdichtung der von den Nationalstaaten kontrollierten (Lebens-)Räume stellt der 1926 erstmals erschienene Roman *Das Totenschiff* von B. Traven dar. Dieser beschreibt, wie ein junger Seemann, der in Belgien gestrandet ist, weil er sein aus dem Hafen in Antwerpen abgehendes Schiff nach einem Landgang nicht mehr rechtzeitig erreicht hatte, zunächst noch zuversichtlich, schließlich immer verzweifelter versucht, seine Identität und Zugehörigkeit zu beweisen, um sich überhaupt in die Lage zu versetzen, einen legitimen Aufenthalt und Arbeit – und sei es auf einem anderen Schiff – zu bekommen. Da er mit seinem ehemaligen Schiff seine Seemannskarte, den einzigen Identitätsnachweis, den er besessen hat, verloren hat, verweigern es alle Behörden, an die er sich wendet, ihm einen Pass oder ein vergleichbares Identitätspapier auszustellen. Dem neuen Regime der Passpflicht und Passkontrollen, das sich inzwischen flächendeckend etabliert hat, steht er ohnmächtig und fassungslos gegenüber. »[W]er keinen Paß hat, ist niemand«[10], wird ihm mitgeteilt, was in absurden Dialogen gipfelt, in denen Vertreter staatlicher Behörden bezweifeln, dass er überhaupt geboren sei, da er dies ja offensichtlich nicht nachweisen könne. Dabei spielt durchaus eine Rolle, dass sich der Protagonist für einen Amerikaner hält, auch der Untertitel akzentuiert, dass es sich um die »Geschichte eines amerikanischen Seemanns« handelt. Zum einen ist Amerika weit weg – der Versuch einer Beglaubigung von Herkunft wird dadurch offensichtlich besonders schwierig, weil der Protagonist Herkunftsorte nicht einfach aufsuchen kann, sondern sich durch Konsulate, Behörden also, die das Land symbolisch auf fremden Boden vertreten und ihrerseits auf papierene, stellvertretende Evidenzen angewiesen sind, einen Zugang zu ihnen verschaffen muss. Zum anderen wird mit Amerika das Versprechen einer Zuflucht

---

9 Vgl. hierzu auch Valentin Groebner: Der Schein der Person. In: Quel Corps? Eine Frage der Repräsentation. Hg. v. Hans Belting, Dietmar Kamper und Martin Schulz. München 2002, S. 309–232; hier: S. 321: »Denn es waren (und sind) Migranten und Flüchtlinge, die am meisten über [die] magische Macht der Personalpapiere wissen.«

10 B. Traven: Das Totenschiff. Die Geschichte eines amerikanischen Seemanns. Hamburg 1954, S. 19.

für diejenigen aufgerufen, die – aus welchen Gründen auch immer – aus ihren Herkunftsländern auswandern oder fliehen, um einen Neuanfang hin zu einem besseren Leben zu suchen. Doch die Gegenwart scheint vor allem dadurch gekennzeichnet, dass sich solche anderen Zufluchts-Räume geschlossen haben. Spätestens mit dem Eintritt der USA in den Ersten Weltkrieg hat eine Nivellierung in den Verfahren der Grenzsicherung stattgefunden,[11] Amerika ist zu einem Nationalstaat unter anderen geworden und hat jedes imaginäre Potenzial in Bezug auf Entwürfe von Freiheit, Chancengleichheit und Neubeginn verloren. Die eigene Geschichte von Migration und Einbürgerung wird dabei verleugnet:

> Der Mann, der vor fünf Jahren in Amerika einwanderte und gestern sein zweites Bürgerpapier erhielt, ist heute der Mann, der am wildesten schreit: »Macht die Grenzen fest zu, laßt niemand mehr herein.« Und doch sind sie alle nur Einwanderer und Söhne von Einwanderern, der Präsident nicht ausgeschlossen.[12]

In diesem letzten Satz scheint doch noch einmal die Möglichkeit auf, das eigene Schicksal mit der Geschichte Amerikas zu verknüpfen. Ein Nachhall dieser Referenz findet sich auch in der Schilderung einer Begegnung des pass- und mittellosen Protagonisten mit einem reichen Amerikaner und seiner Frau. Nachdem er diesen eine höchst unterhaltsame Erzählung als Geschichte seines Lebens buchstäblich erfolgreich verkauft hat und von den beiden als begabter Künstler gelobt wird, wird zumindest kurz angedeutet, dass es (in Amerika) möglich sein könnte, sich selbst neu zu erfinden und seinem Leben als Erzähler eine neue Grundlage zu geben. Hier lassen sich nicht nur autobiografische Bezüge zu dem wirkungsvollen Spiel mit verschiedenen (Autor-)Identitäten erkennen, mit denen B. Traven (der eigentlich ganz anders hieß) sich selbst immer wieder der Identifizierung und Festlegung auf Namen, Herkünfte und Nationalitäten entzog.[13] Die Episode lässt sich als selbstreferenzieller Kommentar auf *Das Totenschiff* lesen, das als Geschichte eines schiffbrüchigen Seemanns gerahmt wird, der einem als ›Sir‹ angesprochenen Gegenüber berichtet. Das Erzählen angesichts von Staatenlosigkeit und Schiffbruch ist so als Bericht eines (offenbar) Überlebenden gekennzeichnet, der von jenem anderen Ort, dem Ort der Ausgegrenzten und Verstoßenen, die normalerweise keine Stimme haben,

---

11 Vgl. zu den veränderten Einwanderungsbestimmungen in den USA seit dem Ersten Weltkrieg auch den Beitrag von Claus-Dieter Krohn in diesem Band.
12 Traven: Das Totenschiff (s. Anm. 10), S. 68.
13 Der nach dem Sturz der Münchner Räterepublik, in deren Kontext er als Journalist aktiv war, in Deutschland gesuchte Traven, war in London wegen Verstoßes gegen das Ausländergesetz inhaftiert worden. Nach seiner Entlassung gelangte er 1924 nach Mexiko, wo er *Das Totenschiff* und weitere Romane schrieb und bis zuletzt lebte. Zu Travens Herkunft und seinen angenommenen Identitäten vgl. Jan-Christoph Hauschild: B. Traven – Die unbekannten Jahre. Zürich, Wien, New York 2012.

erzählt. Strukturell kann dieser Ort des Erzählens auch als exilischer beschrieben werden, insofern der Erzähler selbst ein von Ausgrenzung und Auslöschung Betroffener ist, er aber doch aus der Perspektive der Entortung heraus darüber berichten kann.

Die staatliche Bürokratie, die der Kontrolle der Grenzen und damit der Bewegungsfreiheit der Menschen dient, ist, wie Travens Protagonist feststellt, überall genau dieselbe. Gerade in der Abgrenzung der Nationalstaaten gegeneinander offenbaren diese ihre eigentliche strukturelle Äquivalenz.

> Alle Konsuln sind in dieselbe Form gegossen wie alle übrigen Beamten. Sie gebrauchen wörtlich denselben Redeschatz, den sie bei ihren Prüfungen vorweisen mußten, sie werden würdevoll, ernst, befehlshaberisch, devot, gleichgültig, gelangweilt, interessiert und tieftraurig bei denselben Gelegenheiten, und sie werden heiter, lustig, freundlich und geschwätzig bei denselben Gelegenheiten, ob sie im Dienste Amerikas, Frankreichs, Englands oder Argentiniens stehen.[14]

Wer den Krieg gewonnen hat,[15] ist letztlich eine uninteressante und unbeantwortbare Frage, sie tritt hinter die Feststellung zurück, dass der Krieg eine neue Ordnung etabliert hat, die seitdem alle Lebensbereiche durchdringt. Dass sie dies tut, hat wiederum unmittelbar mit den Erfordernissen des Krieges selbst zu tun. Der Registrierung und Konskription der eigenen (vor allem männlichen) Bevölkerung stehen die Abgrenzung nach außen und die Kontrolle der Grenzen gegenüber. Der umfassenden Mobilisierung der Bevölkerung, die für den Ersten Weltkrieg so charakteristisch war, entspricht ein möglichst lückenlos organisiertes autoritäres Sozialgefüge, das eine biopolitische Kontrolle der Bevölkerung ermöglicht.[16] Die Einführung der allgemeinen Passpflicht in Deutschland stützte sich auf genau jenen Passus des insgesamt liberalen Passgesetzes von 1867, der sich ausdrücklich auf Sonderregelungen im Kriegsfall bezog.[17] Mit der allgemeinen Passpflicht, die nun erstmals auch an die einheitliche Bestimmung gebunden ist, dass Passinhaber durch Fotos identifizierbar sein müssen, wird zugleich eine neue Kategorie der Gleichheit etabliert, die auch Autoritäten und Amtsträger zu Ausführungsorganen einer einmal in Gang gesetzten und nun maschinenhaft weiter funktionierenden Bürokratie macht. Bereits zu Beginn, als Travens Protagonist allmählich versteht, dass er ohne Papiere in der

---

14 Traven: Das Totenschiff (s. Anm. 10), S. 41.
15 Vgl. Traven: Das Totenschiff (s. Anm. 8), S. 36 f.: »›Who won the war? Wer hat den Krieg gewonnen, Yank?‹ Möchte wissen, was mich das angeht. Ich habe ihn nicht gewonnen, das weiß Ich einmal ganz genau. Und die ihn wirklich gewonnen zu haben meinen, die haben auch nichts zu lachen und wären froh, wenn niemand davon überhaupt sprechen möchte.«
16 Vgl. auch Michel Foucault: Die Geburt der Biopolitik, in: Schriften, Bd. III (1976–1979), Frankfurt a. M 2003, S. 1020–1028, hier: S. 1026.
17 Vgl. John Torpey: The Invention of the Passport. Surveillance, Citizenship and the State. Cambridge 2000, S. 112. Vgl. hierzu auch den Beitrag von Andreas Fahrmeir in diesem Band.

neuen Ordnung unsichtbar, namen- und rechtlos ist, bringt er dies mit dem Krieg in Verbindung:

> Die Seemannskarte scheint der Mittelpunkt des Universums zu sein. Ich bin sicher, der Krieg ist nur geführt worden, damit man in jedem Lande nach seiner Seemannskarte oder nach seinem Paß gefragt werden kann. Vor dem Kriege fragte niemand nach der Seemannskarte oder nach dem Paß, und die Menschen waren recht glücklich. Aber Kriege, die für Freiheit und für Demokratie und für das Selbstbestimmungsrecht der Völker geführt werden, sind immer verdächtig. [...] Wenn Freiheitskriege gewonnen werden, dann sind die Menschen nach dem Kriege alle Freiheit los, weil der Krieg die Freiheit gewonnen hat.[18]

Die neu erkämpfte Freiheit hat, wie in einer späteren Passage noch einmal deutlich formuliert wird, vor allem ein Merkmal: »sie muß abgestempelt sein.«[19] Die doppelte Konnotation dieser Formulierung ist gerade auch im Horizont der Kriegsanalogie, die für die Beschreibung der staatenlosen Existenzen immer wieder aufgerufen wird,[20] besonders sprechend. Als Mannschaft eines sogenannten Totenschiffs, auf dem sie im zweiten und dritten Teil des Romans ein Dasein als moderne Sklaven fristen, sind sie lebendige Tote, die, im Schatten der menschlichen Gemeinschaft vegetierend, nicht mehr in diese zurückkehren können:

> Im Grunde [...] war ich ja schon lange tot. Ich war nicht geboren, hatte keine Seemannskarte, konnte nie im Leben einen Paß bekommen, und jeder konnte mit mir machen, was er wollte, denn ich war ja niemand, war offiziell überhaupt gar nicht auf der Welt, konnte infolgedessen auch nicht vermißt werden. Wenn mich jemand erschlug, so war kein Mord verübt worden. Denn ich fehlte nirgends.[21]

Diese Darstellung der Staatenlosen knüpft gewissermaßen eine Verbindung zwischen dem Ersten Weltkrieg, in dem es auch bereits massenhaft Internierungen ›feindlicher Ausländer‹ gab,[22] und den Internierungs- und Vernichtungslagern der 1930er und 40er Jahre. Tatsächlich liest sich der Mitte der 1920er Jahre verfasste Text aus heutiger Sicht geradezu prophetisch im Hinblick auf die noch kommenden Entwicklungen, wenn darin etwa diagnostiziert wird, dass der Staat in der extremen Verwirklichung seiner Idee keine andere Möglichkeit hat, als »dem einzelnen Menschen, der nicht numeriert werden kann«[23], einen exterritorialen Ort, eben das Totenschiff, zuzuweisen, das selbst alle Züge eines

---

18 Traven: Das Totenschiff (s. Anm. 10), S. 29.
19 Traven: Das Totenschiff (s. Anm. 10), S. 183.
20 Vgl. Traven: Das Totenschiff (s. Anm. 10), S. 180: »Wir sind im Kriege«.
21 Traven: Das Totenschiff (s. Anm. 10), S. 58 f.
22 Vgl. Andreas Fahrmeir: Citizenship. The Rise and Fall of a Modern Concept. New Haven, London 2007, S. 120.
23 Traven: Das Totenschiff (s. Anm. 10), S. 166.

Arbeitslagers trägt, in dem Menschen nicht als Arbeitskräfte angestellt sind, sondern als Auswurf der Staaten vegetieren, als »Kehricht«[24], der über ihre Mauern geworfen, gesammelt und verbraucht wird.[25] Von hier aus sei es nur noch ein kleiner Schritt zu ihrer Ermordung durch den Staat, zu der dieser tatsächlich noch kommen werde. Vorerst jedoch erkenne der Kapitalismus noch ihren Nutzen, indem er aus ihnen und ihrer Situation Profit schlage. Neben den Gefängnissen der verschiedenen europäischen Staaten, in denen sich Travens Protagonist im ersten Teil des Buches regelmäßig wiederfindet,[26] spielt hier auch bereits die Möglichkeit der Internierung in einem Lager eine Rolle. Als er von der Polizei in Holland aufgegriffen wird, erklärt ihm diese: »Wer ohne Paß aufgegriffen wird, bekommt sechs Monate Arbeitshaus und Deportation nach seinem Heimatlande. Ihr Heimatland wird bestritten, und wir müssen Sie in das Internierungslager schicken.«[27] Hannah Arendt hat genau diese Logik in ihren Ausführungen zum »Volk der Staatenlosen«, das sich in der Zwischenkriegszeit infolge der russischen Revolution, dem Zerfall der Habsburgermonarchie und der Herausbildung neuer Nationalstaaten in Osteuropa herausgebildet hatte, pointiert beschrieben: »Der einzig praktische Ersatz für das ihm [dem Staatenlosen, D. B.] mangelnde Territorium sind immer wieder die Internierungslager gewesen; sie sind die einzige *patria*, die die Welt dem Apatriden anzubieten hat.«[28]

Für Arendt ist klar, dass die Konzentrationslager des Nationalsozialismus eine strukturelle Vorgeschichte haben, die mit der systematischen »Tötung der juristischen Person« in engstem Zusammenhang steht, »die im Falle der Staatenlosigkeit automatisch dadurch erfolgt, daß der Staatenlose außerhalb allen geltenden Rechts zu stehen kommt«.[29] In diesem Kontext ist aufschlussreich, dass die Besatzung des Totenschiffs sämtlich ohne (nachweisbare) Nationalität ist, dass sie für die Gesellschaften, die sie verworfen haben, ebenso wie die lagerartigen Schiffe, auf denen sie durch die Weltmeere treiben, nicht sichtbar sind:

---

24 Traven: Das Totenschiff (s. Anm. 10), S. 166.
25 Zur Nähe der Figuration des Totenschiffs zum Lager vgl. auch Burkhardt Wolf: »Es gibt keine Totenschiffe«. B. Travens *sea change*. In: DVjs 80.3 (2006), S. 435–455; hier: S. 442.
26 Zur Zirkularität als Dargestelltes und Verfahren der Darstellung vgl. Jesper Gulddal: Passport Plots: B. Traven's *Das Totenschiff* and the Chronotope of Movement Control. In: German Life and Letters 66.3 (2013), S. 292–307; hier: S. 301–303.
27 Traven: Das Totenschiff (s. Anm. 10), S. 32.
28 Hannah Arendt: Elemente und Ursprünge totaler Herrschaft. München 1986, S. 594. Ganz analog zu den Schilderungen der immer neuen Abschiebungen von Travens Protagonisten über nationale Grenzen – meist bei ›Nacht und Nebel‹ und ohne klare rechtliche Grundlage – beschreibt Arendt, dass die massenhafte Existenz von Staatenlosen, welche die Ordnung der Nationalstaaten letztlich selbst produziert hat, die »Legalität überhaupt im Innern der betroffenen Staaten wie in ihren zwischenstaatlichen Beziehungen« unterminiere. Arendt: Elemente und Ursprünge (s. Anm. 28), S. 592.
29 Arendt: Elemente und Ursprünge (s. Anm. 28), S. 921 f.

Kriegszustand 173

»Es gibt keine Totenschiffe«.[30] Wenn gleichzeitig mehrfach festgestellt wird, dass jede Nation ihre Totenschiffe habe, so ist dies kein Widerspruch, sondern weist auf die besondere Situation, dass die homogenisierende und ausschließliche Erfassung der Bevölkerung in den Nationalstaaten einen menschlichen ›Rest‹ produziert, der auf ihrem Boden – territorial und juristisch – nicht erfasst werden kann, aber doch strukturell an sie gebunden bleibt. Giorgio Agamben hat im Anschluss an Hannah Arendt das Lager als einen Raum beschrieben, »der sich öffnet, wenn der Ausnahmezustand zur Regel zu werden beginnt«[31]. Da die Ausnahme – auch und gerade, wo sie massenhaft auftritt – nicht im Rahmen des innerhalb der Staaten für seine Bevölkerung geltenden Rechts erfasst werden kann, greifen diese häufig auf Bestimmungen zurück, die aus dem Kriegsrecht abgeleitet sind.[32] In Travens Roman wird dies explizit in einer Szene vorgeführt, in der der Protagonist in Südfrankreich in der Nähe der Grenze zu Spanien von einem Offizier festgenommen und abgeführt wird. Dieser teilt ihm ohne Umschweife mit, dass er »[l]aut Kriegsgrenzgesetz« innerhalb der nächsten 24 Stunden erschossen werden müsse. Während seiner Haft gibt der Protagonist gegenüber einem Leutnant zu bedenken, dass der Krieg doch längst vorbei sei, woraufhin dieser ihn belehrt, die spanische Grenze gelte wegen der bedrohlichen Verhältnisse in der nordafrikanischen Kolonie (gemeint ist offenbar der sogenannte Rifkrieg in Marokko 1921–1926) als Gefahrenzone: »Wir befinden uns hier im Kriegszustande. Unsere Grenzforts haben ihre Reglements nicht um einen Punkt geändert.«[33] Nicht nur die kolonialen Interessen der Nation, sondern auch die Erfordernisse, sich unzugehöriger Fremdkörper zu erwehren, gebieten es, so wird hier suggeriert, am Kriegsrecht festzuhalten. Dass der Protagonist schließlich doch nicht in dessen Anwendung standrechtlich erschossen, sondern vielmehr »[m]it allen militärischen Ehren« an der Seite von zwei Offizieren mit aufgepflanzten Bajonetten nach Spanien expediert wird, zeigt noch einmal in grotesker Zuspitzung die prekäre Situation, in der er sich befindet. Als Staatenloser fordert er den Grenzfall der Ordnung heraus, an dem sein Leben ungeschützt der Willkür der Staatsmacht ausgesetzt ist. Die literarische Groteske führt dabei jedoch auch vor, dass hier Repräsentanten der Staatsmacht als Militärs im Umgang mit dem Passlosen selbstgesetzte Grenzen überschreiten müssen.[34] Dabei treten diese Grenzen sowie die Umstände und Konsequenzen ihrer Setzung als solche in den Blick.

---

30 Traven: Das Totenschiff (s. Anm. 10), S. 175. Vgl. Wolf: »Es gibt keine Totenschiffe« (s. Anm. 22).
31 Giorgio Agamben: Homo Sacer. Die souveräne Macht und das nackte Leben. Frankfurt a. M. 2002, S. 177.
32 Agamben: Homo Sacer (s. Anm. 31), S. 175.
33 Traven: Das Totenschiff (s. Anm. 10), S. 62.
34 Als Erzählgenre hat die Forschung für den ersten Teil des Romans auch den Schelmenroman ausgemacht. Vgl. Thorsten Czechanowsky: Die Irrfahrt als Grenzerfahrung. Überlegungen zur

Eine etwas anders gelagerte, strukturell aber ganz ähnliche Konstellation findet sich etwa in Ödön von Horváths 1932 entstandenem »Lustspiel in zwei Teilen« *Hin und Her*, in der ein aus einem Land, in dem er den größten Teil seines Lebens verbracht hat, Ausgewiesener nicht mehr in seinem Geburtsland aufgenommen wird, weil er versäumt hat, seinen Pass zu verlängern.[35] Infolgedessen steckt er auf der Brücke zwischen beiden Ländern, gleichsam im Niemandsland, fest, auf der er ›hin und her‹ läuft, ohne eine Landesgrenze überschreiten und sich irgendwo niederlassen zu können. Am Schluss tauchen auch die beiden Staatschefs inkognito an der Grenze auf, um die die Länder verbindende Brücke zu betreten und geheim miteinander zu verhandeln. Komödiantisch-grotesk erscheinen dabei nicht nur die sich dann ergebenden Verwechslungen zwischen dem Staatenlosen und den Staatschefs, die eine strukturelle Nähe zwischen dem obersten Repräsentanten des Staates und dem von ihm Ausgeschlossenen offenlegen. Grotesk ist vor allem auch das Detail, dass Letztere, um einander jenseits ihrer Landesgrenzen begegnen zu können, selbst mit gefälschten Pässen auftreten müssen, die von den eigenen Grenzorganen sehr schnell als solche erkannt werden. Die Aporien der staatlichen Autorität, die auf der Macht, Grenzen zu setzen und zu kontrollieren, aufruht, treten in beiden Texten in dem Moment zutage, in dem das keinem Land zugehörige Niemandsland selbst zum Schauplatz der Handlung wird und die ›Niemande‹, die hierher verwiesen sind,[36] zu deren Protagonisten.

Auch bei Hannah Arendt findet sich eine entsprechende Beobachtung, nach der der Staatenlose in dem Maße, in dem er selbst außerhalb des Gesetzes steht, jede Regierung, die es mit ihm zu tun bekommt, zwinge, die Sphäre des Gesetzes zu verlassen.[37] Dass Militär und Polizei als Vertreter und ausführende Organe staatlicher Gesetze »sich illegaler Mittel bedienen«[38] müssen, wo sie es mit Staatenlosen zu tun haben, rückt zudem den Status der Papierlosen als Illegale, die schuldlos kriminalisiert werden, und derjenigen, die im Dienst des Gesetzes stehen, in eine Nähe, aus der heraus ihre Komplizität deutlich wird. Ebendiese Komplizität nämlich wird in einer durchbürokratisierten Welt, in der nicht

---

Metaphorik der Grenze in B. Travens Roman *Das Totenschiff*. In: mauerschau 1 (2008), S. 47–58; hier: S. 50. Dem ist wohl mit Blick auf die hier gerade radikal eingeschränkten Bewegungsmöglichkeiten des Protagonisten zu widersprechen (vgl. Wolf: »Es gibt keine Totenschiffe«, S. 448; Gulddal: Passport Plots, S. 301), allerdings bringt eine quasi-pikareske Erzählhaltung gerade im ersten Teil doch die Absurdität der immer gleichen Vorgänge besonders deutlich zum Vorschein.

35 Ödön von Horváth: Hin und Her. Lustspiel in zwei Teilen. In: Gesammelte Werke. Bd. 7: Die Unbekannte aus der Seine und andere Stücke. Frankfurt a.M. 2001, S. 75–156; hier: S. 84 f.

36 Auf die Frage einer Figur, wer denn der Herr auf der Brücke sei, antwortet eine andere: »Niemand. Ein amtlicher Fall.« Horvath: Hin und Her (s. Anm. 35), S. 87.

37 Arendt: Elemente und Ursprünge (s. Anm. 28), S. 592. Weiter heißt es dort: »Dies wird besonders deutlich, sobald es sich darum handelt, den Staatenlosen auszuweisen.«

38 Arendt: Elemente und Ursprünge (s. Anm. 28), S. 592.

mehr einzelne Autoritäten und Entscheidungsträger klar erkennbar sind, sondern Papier und Stempel über Inklusion und Ausschluss entscheiden, zunehmend unsichtbar. »Die sitzen am Tisch und schreiben Formulare voll«[39], beschreibt Travens Erzähler das Tagesgeschäft der Staatsbeamten und Konsulatsvertreter. »Hundert Meilen hinter der Front des nackten Lebens. Tapferkeit im Kriege? Quatsch!«[40]

Die Rede vom nackten Leben erscheint hier ganz im Sinne ihrer späteren theoretischen Modellierung bei Arendt und Agamben im Kontext einer Analyse der fatalen Folgen, die nationalstaatliche Registrierungen und Regulierungen für diejenigen haben, die von ihnen ausgeschlossen werden, da sie das Recht auf Schutz und Zugehörigkeit zu einem Gemeinwesen verlieren. Allerdings geht es dabei offensichtlich nicht nur um bestimmte Personen, denen mit dem Status als Staatsbürger in dieser Zeit auch ein Anspruch auf basale Menschenrechte verwehrt wird, sondern generell darum, dass Leben, Geburt und Menschsein nur vermeintlich Grundlage von Bestimmungen von Zugehörigkeit zu einer Nation (von *natio*) sind. Wo nur gestempelte Existenzen gelten, wird das bloße, ›nackte‹ Leben zu einer hoch gefährdeten Größe, da es sich nicht jenseits des biopolitischen Zugriffs des Staates manifestieren kann. Die ›Front des nackten Lebens‹, von der hier die Rede ist, verweist zugleich auf eine militärische Konstellation, in der das eigentliche Kampfgeschehen, in dem der Einzelne sein Leben aufs Spiel setzt, von woanders ausgelöst und bestimmt wird. Die bürokratische Maschinerie, die es in erster Linie mit körperlosen Papieren zu tun hat, wirkt gleichzeitig auf die Körper, die dem Nationalstaat unterworfen werden. Dieser behauptet sich im Moment der Kriegsführung nicht nur als gegen andere abgegrenzte Einheit, sondern auch als höchster Wert, für den gestorben werden soll. Insofern lässt sich der Kriegszustand als Katalysator der Nation begreifen, der ihre Strukturprinzipien offenlegt.[41]

III. Der Pass als Uriasbrief: Leben und Tod als bürokratisch kontrollierte Konditionen (Konrad Merz, Joseph Roth)

In einer frühen Literarisierung des durch den Nationalsozialismus erzwungenen Exils wird die Flucht aus dem Heimatland und der damit verbundene Verlust von Zugehörigkeit zu einer (nationalen) Gemeinschaft mit der Metapher des Herausfallens beschrieben, die den gesamten Text durchzieht. Der Roman

---

39 Traven: Das Totenschiff (s. Anm. 10), S. 171.
40 Traven: Das Totenschiff (s. Anm. 10), S. 171.
41 Vgl. hierzu auch Dieter Gosewinkel: Schutz und Freiheit? Staatsbürgerschaft in Europa im 20. und 21. Jahrhundert. Frankfurt a. M. 2016, S. 98: »Der Krieg enthüllt eine existentielle Dimension von Staatsbürgerschaft, die im Frieden verborgen bleibt.«

Ein Mensch fällt aus Deutschland von Konrad Merz (eigentlich Kurt Lehmann), 1936 im Amsterdamer Exilverlag Querido erschienen, beschreibt überwiegend in fragmentarischer Brief- und Tagebuchform die ersten Tage und Monate eines Exilanten, der sich nach Holland retten konnte und sich dort zu orientieren beginnt. Dabei wird er immer wieder von Erinnerungen und Visionen heimgesucht, die Verbindungen zwischen seinem jetzigen Zustand und der früheren Heimat herstellen, zugleich aber jede Möglichkeit, sich in einem sinnhaften Zusammenhang zu verorten, zerschlagen. So drängt sich ihm einmal die Vorstellung auf, er säße etwas gegenüber, das ihm breit, hart und starr erscheint: »eine Kriegsuniform. Der Raum war entzweigebrochen davon. Eine graue Kriegsuniform.«[42] Diese gespenstische Erscheinung ohne Kopf entpuppt sich als der im Ersten Weltkrieg gefallene Vater, der ihn mit Grabesstimme fragt, warum er aus Deutschland geflohen sei: »Bist du ein Verbrecher?«[43] Der Graben, über den hinweg diese Frage gestellt wird, ist der Tod, aber auch die Grenze des Landes, mit dem der Vater sich bis zuletzt identifiziert hatte, während der Sohn sich nun außerhalb im Exil befindet. Die mit dem Flüchtlingsstatus verbundene Kriminalisierung klingt an, ebenso der Vorwurf des Landesverrats. Zugleich weist der Text aber auch auf Parallelen zwischen den die Generationen so offenbar trennenden Bezügen zu ihrem Heimatland: »Mein Vater ist *für* Deutschland gefallen, sein Sohn ist *aus* Deutschland gefallen«[44], heißt es an einer Stelle pointiert. Gerade angesichts der Flucht des Sohnes vor Verfolgung, Konzentrationslager und möglicherweise Ermordung erscheint das väterliche Opfer für das Vaterland besonders sinnlos. Aus der Perspektive des Exilierten wird die fatale Logik der Aufrichtung des nationalen Gemeinschaftskörpers durch die Körper derjenigen, die für diesen zu ›fallen‹ haben, entzifferbar. Der etablierte Begriff des Fallens in diesem Kontext wird als Euphemismus für einen Todesfall entlarvt, mit dem die Nation regelrecht rechnet, um sich zu konstituieren. Demgegenüber wird der Fall des Exilanten – im doppelten Wortsinn als unkontrollierbarer Sturz und als Exempel – als einer perspektiviert, der gerade keine Einheit generiert, sondern Fragmentierung und Dissoziation, die sich auch im Schreibverfahren des Textes manifestiert, zur Folge hat.[45] Aus der Perspektive der so Gefallenen wird die ausgrenzende und tödliche Logik nationaler Homogenisierung und Kontrolle erkennbar: »Denn wir sind ja herausgefallen. Aus den Dingen, aus den Grenzen, aus den Gewohnheiten. [...] Aus den Grenzen gefallen, gänzlich draußen und außerhalb.«[46] Die Ambivalenz der nationa-

---

42 Konrad Merz: Ein Mensch fällt aus Deutschland. Berlin, Weimar 1994, S. 48.
43 Merz: Ein Mensch fällt aus Deutschland (s. Anm. 42), S. 48.
44 Merz: Ein Mensch fällt aus Deutschland (s. Anm. 42), S. 32.
45 Zu Bezügen des Textes zur Avantgarde-Ästhetik vgl. Doerte Bischoff: Prothesenpoesie. Über eine Ästhetik des Exils mit Bezug auf Barbara Honigmann, Anna Seghers, Konrad Merz und Herta Müller. In: Metaphora. Journal for Literary Theory and Media 3 (2018), S. III 1–24.
46 Merz: Ein Mensch fällt aus Deutschland (s. Anm. 42), S. 132.

len Registrierung wird nicht zuletzt in jenen Passagen deutlich, die auf die Verfahren Bezug nehmen, die zum einen die Mobilisierung zum Krieg, zum anderen Verfolgung und Ausgrenzung ermöglichen. »[A]ufgespießt hat man uns in Stempelämtern und Arbeitsdienstlagern«[47], heißt es einmal rückblickend in Bezug auf die Zeit des Heranwachsenden in Deutschland. Selbst im Exilland ist der Pass des Flüchtlings existenzielle Voraussetzung seines Überlebens. Ähnlich wie Carl Zuckmayers ›Hauptmann von Köpenick‹ braucht er ihn nötiger als das tägliche Brot.[48] Anschaulich wird dies, als er seinen Pass von seiner Freundin aus Berlin eingebacken in einen Kuchen bekommt und er in ihn hineinbeißt, als er den Kuchen essen will.[49] Der Pass ermöglicht ihm letztlich aber nur wiederum »abgestempelt« zu werden, er beglaubigt weiterhin Existenz nur um den Preis einer bürokratischen Erfassung – diesmal im Exilland –, deren literarische Inszenierung die Fragwürdigkeit ihrer Kategorisierungen vor Augen stellt:

> Ilse hat den Paß in das [Kuchen-]Herz gebacken. Ich bin wieder vorhanden. Wieder abgestempelt. »Staatsangehörigkeit ›Preußen‹«. Ist das wahr? »Gestalt: leider vorhanden«. – »Beruf: Ausländer.« – »Farbe der Augen: verboten.« – »Gesicht: unangenehm.« – »Besondere Kennzeichen: Hat mächtigen Hunger.« – »Wohnort: auf der Erde, postlagernd.«[50]

Dass die allgemeine Passpflicht nicht nur ein eigentlich für den Kriegsfall gedachtes Instrument der Bevölkerungskontrolle darstellt, sondern auch nach dem Ende des Krieges das Fortdauern einer Art Kriegszustand anzeigt, hat Joseph Roth bereits kurz nach dem Ende des Ersten Weltkriegs bemerkt. Als charakteristisch für seine Zeit beschreibt er, dass »die Notwendigkeiten des Militarismus ins Zivile übersetzt«[51] worden seien. Mit der Militarisierung, die die Menschen auf die Nation eingeschworen und auf diese beschränkt hatte, war, so analysiert er in einem 1919 erschienenen Zeitungsartikel, letztlich ein nach allen Seiten abgedichtetes Gefängnis entstanden. »Durch das Gitter unserer Stacheldrähte blickend sahen wir wieder nur Kerker. Es war eine Welt aus Vaterländern. Man war Staatsbürger, eingerückt, Held, Häftling.«[52] Während der

---

47 Merz: Ein Mensch fällt aus Deutschland (s. Anm. 42), S. 12.
48 Vgl. Carl Zuckmayer: Der Hauptmann von Köpenick. In: Ders.: Gesammelte Werke. Bd. 3, Frankfurt a. M. 1960, S. 311. (»[i]ck will nur 'n Papier haben. 'n Papier, det is doch mehr wert als de janze menschliche Konstitution, det brauch ick doch neetijer als det tägliche Brot!«)
49 Merz: Ein Mensch fällt aus Deutschland (s. Anm. 42), S. 69.
50 Merz: Ein Mensch fällt aus Deutschland (s. Anm. 42), S. 69. Vgl. auch ebd., S. 109. Im Rathaus des holländischen Ilpendam lässt der Protagonist seinen Pass von einem Beamten stempeln: »Er fragte nicht, lächelte und stempelt. Und jetzt bin ich ganz und gar vorhanden.«
51 Joseph Roth: Die Kugel am Bein. In: Ders.: Das journalistische Werk. Bd. I (1915–1923). Köln 1989, S. 145–148, hier: S. 146.
52 Roth: Die Kugel am Bein (s. Anm. 51), S. 147. Auch in Travens *Totenschiff* erscheint der abgeschlossene Nationalstaat als »Zuchthaus«. Traven: Das Totenschiff (s. Anm. 10), S. 166.

Kriegsheld möglicherweise noch wusste, wofür er kämpft und Restriktionen hinnimmt, ist diese Art von Legitimation nun völlig weggefallen. An ihre Stelle ist die bürokratische Verkopplung des Einzelnen mit dem Staat getreten, »ein papierener, stempelbesäter Begriff: Staatsbürgerschaft«. Der sie bezeugende Pass beschreibt nicht das Individuum, vielmehr wird dieses umgekehrt durch ihn als Instrument einer normalisierenden Erfassung und Einordnung geprägt und regelrecht festgesetzt: »Ich bin nichts anderes als Paßbesitzer, als vom Paß besessener Staatsbürger.« Ganz ähnlich heißt es in Brechts im Exil entstandenen *Flüchtlingsgesprächen*: »Man kann sagen, der Mensch ist nur der mechanische Halter eines Passes. Der Paß wird ihm in die Brusttasche gesteckt wie die Aktenpakete in ein Safe gesteckt werden, das an und für sich keinen Wert hat, aber Wertgegenstände enthält.«[53]

In Joseph Roths frühem Feuilleton wird darüber hinaus die bedrohliche Dimension des Passregimes noch besonders akzentuiert: »Sie stecken zusammen, alle beide: der Staat und die Grenzkontrolle. Sie wollen mich vernichten. Der Paß ist ein Uriasbrief.« Diese Bezeichnung verweist auf den alttestamentarischen Fall des Urias, der selbst seinem Feldherrn jenen Brief überbringen muss, auf den hin dieser seine Einsetzung in vorderster Kampffront befiehlt, was einem sicheren Todesurteil gleichkommt.[54] Der Pass wird damit einmal mehr in einem Kriegskontext gedeutet, der hier jedoch zunächst, wie in der biblischen Geschichte, als solcher nicht erkennbar scheint. Der Brief ist hier ein Stück Papier, das die Figur selbst nicht unmittelbar zu betreffen scheint, da sie lediglich der Überbringer einer schriftlichen Nachricht ist. Deutlich ist dabei bereits, dass es sich nicht um einen Brief handelt, den er selbst verfasst hätte und der Auskunft über ihn als Individuum, seine Gedanken oder Gefühle geben könnte. Wie sich dann herausstellt, ist der Brief aber buchstäblich mit dem ›Geschick‹ des Boten verknüpft, da er dessen (sicheren) Tod auf dem Schlachtfeld bedeutet. Auf diese Weise wird der eigentlich harmlos scheinende Pass als Papier beschrieben, das das ihn mit sich führende Individuum nur noch in dem Maße bezeichnet, indem es seinen Tod bestimmt. Die Möglichkeit, auf dem Schlachtfeld zu sterben, ist nur vordergründig nach 1918 nicht mehr real gegeben. Tatsächlich, so jedenfalls analysiert es dieser Text, ist sie als Bedrohung ständig präsent und das umso mehr als sie unsichtbar geworden ist, indem sie von den schwer durchschaubaren Maschinerien des Papier-Zeitalters ausgeht.[55] Die Herrschaft des Papiers, wie Roth sie beschreibt, umfasst sowohl Presse und Zei-

---

53 Bertolt Brecht: Flüchtlingsgespräche. Frankfurt a. M. 1995, S. 7.
54 Vgl. 2 Sam 11,15.
55 Vgl. auch Joseph Roth: Papier. In: Ders.: Das journalistische Werk. Bd. I. (s. Anm. 51), S. 159 f. Zur Virulenz des Themas bei Joseph Roth insgesamt vgl. Thomas Rahn: Aufhalter des Vagabunden: Der Verkehr und die Papiere bei Joseph Roth. In: Unterwegs. Zur Poetik des Vagabundentums im 20. Jahrhundert. Hg. v. Hans Richard Brittnacher und Magnus Klaue. Köln, Weimar, Wien 2008, S. 109–125.

tungspropaganda, die im Ersten Weltkrieg eine beispiellose politische Macht entfalteten,[56] wie die Pässe als Symptome eines ähnlich geschlossenen Systems der Verkopplung von Individuum und einer mobilisierten Gesellschaft. Dass Roths Feuilleton bereits 1919 ausdrücklich die potenziell vernichtende Macht der Pässe herausstellt, liest sich wie eine dunkle Vorahnung der nationalsozialistischen Pass-Gesetze, die Juden zu Staatsbürgern zweiter Klasse machten, ab 1938 einen sogenannten ›Judenstempel‹ in ihren Pässen vorsahen, sie schließlich ganz von den Bürgerrechten ausschlossen und der Vernichtung preisgaben.[57]

IV. Passagen ins Exil: prekäre Übergänge zwischen traditioneller Kriegslogik und rassistischer Neubestimmung von Staatsbürgerschaft (Zuckmayer, Sahl)

Nicht überall, wo literarische Texte ein Fortwirken militärischer Codes und Organisationsstrukturen in der Zwischenkriegszeit gestalten, geschieht dies jedoch in dem Sinne, dass eine Kontinuität zwischen der Kriegsordnung und dem Folgenden im Vordergrund steht. Gerade in später entstandenen Texten, die von der zunehmenden Durchsetzung rassistischer Kategorien der Ausgrenzung und Verfolgung und der sich verdichtenden Kontrolle und Repression erzählen, werden auch Diskontinuitäten zwischen der Zeit des Ersten Weltkriegs und den späteren Tendenzen herausgestellt. In seiner Autobiografie *Als wär's ein Stück von mir* beschreibt Carl Zuckmayer, wie er nach dem sogenannten ›Anschluss‹ 1938 aus Österreich, wohin er 1933 seinen Wohnsitz verlagert hatte, flieht. Bei dieser Flucht mit dem Zug spielen Passkontrollen eine zentrale Rolle. Die kontrollierenden SS-Leute entscheiden darüber, ob er als legal Reisender anerkannt wird und passieren kann oder ob der Versuch der Grenzüberschreitung ihm zum Verhängnis und mit Festnahme und Internierung enden wird. Die Schwelle zwischen beiden Möglichkeiten ist unkalkulierbar (»Die Chancen waren so etwa halb und halb«[58]). Der Flüchtende sieht sich der Willkür der neuen Machthaber ausgesetzt, die Menschen beliebig als vogelfrei erklä-

---

56 Wenn in Roths Feuilleton die Phrase als Kerkermeister vorgestellt wird, ist der Bezug zu Karl Kraus und seiner unermüdlichen Pressekritik während der Kriegsjahre deutlich erkennbar. Die Zusammenführung von Zeitungsmacht und der Durchsetzung der Nation als primäres Gemeinschaftsmodell lässt zugleich an Benedict Anderson denken, der für die Konsolidierung der Nation als kollektive Imagination nicht zuletzt den Aufstieg der Presse im 19. Jahrhundert verantwortlich macht. Vgl. Benedict Anderson: Imagined Communities. Reflections on the Origin and Spread of Nationalism. London, New York 2006.
57 Vgl. hierzu Josef Walk (Hg.): Das Sonderrecht für die Juden im NS-Staat. Eine Sammlung der gesetzlichen Maßnahmen und Richtlinien – Inhalt und Bedeutung. Heidelberg 1981.
58 Carl Zuckmayer: Als wär's ein Stück von mir. Horen der Freundschaft. Frankfurt a. M. 2006, S. 94.

ren können.⁵⁹ Zuckmayer reist mit einem deutschen Pass, der ihm im deutschen Konsulat in Salzburg ausgestellt worden war und der weder mit einem großen roten J gestempelt noch, wie bei jüdischen Pässen in dieser Zeit bereits üblich, von besonders kurzer Gültigkeit ist. Der Pass gibt also zunächst keine Auskunft darüber, dass Zuckmayers Mutter »eine geborene Goldschmidt war«, zugleich weist er ihn als Schriftsteller aus, was der SS ebenso suspekt und nahezu gleichbedeutend mit seiner Kategorisierung als Jude erscheint.⁶⁰ Zuckmayer kommt schließlich ungeschoren durch, weil er noch im Besitz ›korrekter‹ Papiere ist, weil er einem SS-Führer gegenüber ehrlich ins Gesicht sagt, dass seine Werke in Deutschland verboten sind und dass er deswegen auf dem Weg nach England ist und vor allem, weil er Attribute mit sich führt und Codes beherrscht, die auf seine Vertrautheit mit einer kriegerischen Ordnung verweisen. Der Verweis auf die unverdächtigen Papiere funktioniert zirkulär: nicht mit der tatsächlichen ›Unbescholtenheit‹ der Person wird argumentiert, sondern damit, dass Behörden diese offenbar festgestellt hätten: »Daß ich beliebig ins Ausland reisen kann, sehen Sie doch aus meinem Paß, sonst hätte ich ihn nicht. Das muß Ihnen doch genügen.«⁶¹ Die Logik der bürokratischen Beglaubigung und Kontrolle ist eine geschlossene, eine Referenz auf ihre äußerlichen Umstände und Sachverhalte ist im Prinzip nicht mehr möglich.

Die Episode, in der Zuckmayer ehrlich zugibt, dass und warum seine Werke in Deutschland verboten sind, fällt hier etwas aus dem Rahmen: Sie dokumentiert jedoch die unübersichtliche und prekäre Übergangssituation, in der durchaus noch ein überkommener Ehrkodex als Referenzrahmen der Kommunikation aktiviert werden kann,⁶² das Gelingen einer solchen Diskursverlagerung aber keineswegs garantiert ist. Zuckmayer, der die Episode viele Jahre später⁶³ aus der Perspektive des Überlebenden, dem die Flucht ins Exil gelungen war, erzählt, akzentuiert gerade die Prekarität dieser Schwellensituationen, in denen die Grenze und die Bedingungen ihrer Passierbarkeit (noch) nicht eindeutig fixiert erscheinen. So wird denn auch die Strategie des Flüchtenden, in der Situation der Grenz- und Passkontrolle auf einen militärischen Kodex zu referieren, als zwar im konkreten Fall erfolgreich, aber zugleich als kaum verallgemeinerbar und dauerhaft funktionierend beschrieben. Nachdem Zuckmayer bei einer ersten »Nazikontrolle«⁶⁴ in einem Polizeigebäude seinen »deutschen

---

59 Zuckmayer: Als wär's ein Stück von mir (s. Anm. 58), S. 87.
60 Vgl. Zuckmayer: Als wär's ein Stück von mir (s. Anm. 58), S. 105. (»Komisch‹, sagte er und schüttelte den Kopf, ›ich habe doch mal irgendwas über Sie gehört, aber ich weiß nicht mehr genau. Sie sind also gar kein Hebräer.‹«).
61 Zuckmayer: Als wär's ein Stück von mir (s. Anm. 58), S. 107.
62 Vgl. Zuckmayer: Als wär's ein Stück von mir (s. Anm. 58), S. 107: »Fabelhaft!‹ rief er. ›Diese offene Aussage! Diese Ehrlichkeit! […] – Sie sind halt ein deutscher Mann‹«.
63 Die Autobiografie erschien zuerst 1966.
64 Zuckmayer: Als wär's ein Stück von mir (s. Anm. 58), S. 96.

Paß, diesen gebrechlichen Rettungsanker«[65] auf den Tisch geworfen und »in schärfsten Kommißdeutsch den diensttuenden Polizisten« angeschrien hatte, wird er tatsächlich »durch die Hintertür« wieder freigelassen. Als der Zug an der Grenzstation hält, findet wiederum eine Kontrolle statt, die der Passagier endgültig zu seinen Gunsten entscheiden kann, als er wie zufällig den Blick auf die Kriegsorden freigibt, die er unter seinem Mantel trägt. Mit strategischem Kalkül hatte er diese Dekorationen, von denen es heißt, er und seine Kameraden hätten sie »selbst im Krieg respektlos als Klempnerladen bezeichnet«[66], vor der Reise angelegt, »wie schützende Amulette«. Tatsächlich verfehlen sie ihre Wirkung nicht, bei den anderen Flüchtlingen, die seinen Status als sicher Reisenden überschätzen, und vor allem bei der ihn kontrollierenden SS. Diese zeigt sich so beeindruckt von seinem Eisernen Kreuz I. Klasse und anderen Auszeichnungen, die ihn nicht nur als ehemaligen Offizier, sondern als Kriegshelden ausweisen, dass er ohne weitere Umstände passieren kann.[67] Die Erleichterung darüber, dass sein »Husarenstück«, in dem er sich selbst vorkommt wie der Hauptmann von Köpenick,[68] erfolgreich war, ist aber gedämpft angesichts der vielen Schicksale um ihn herum, denen die rettende Passage nicht gelingt. Einem jüdischen Paar ermöglicht er immerhin noch in der Situation kraft seiner theatral inszenierten Autorität die Ausreise. Die Selbstinszenierung als Kriegsheld funktioniert, weil die faschistische Ordnung Elemente des Militärischen und des mit ihm verbundenen Ausnahmezustands integriert hat. Zugleich wird deutlich, dass die rassistische Neubestimmung von Staatsbürgerschaft und der verstärkte Einsatz von Schutzhaft, Internierung und Mord zur Durchsetzung neuer Grenzziehungen mit der alten Ordnung des Krieges und ihren Kategorien von Ehre und Heldentum nicht mehr viel zu tun haben, wie insbesondere die vielen Fälle jüdischer Träger hoher Kriegsauszeichnungen zeigen, die durch diese später überhaupt nicht mehr geschützt waren.

Auch in Hans Sahls deutlich nach 1945 verfasstem »Roman einer Zeit« *Die Wenigen und die Vielen* erscheint der Rekurs auf militärische Codes die Passage ins Exil als letzte noch mögliche Grenzüberschreitung zunächst zu erleichtern. Ein nicht-jüdischer Freund begleitet den Protagonisten Georg Kobbe, der aufgrund seiner jüdischen Herkunft, aber auch wegen seiner politischen Haltung verfolgt wird, zum Bahnhof.

> Er schämte sich, daß er nicht in Gefahr war. Er wollte an mir gutmachen, was jene mit uns und seinem Land taten. Als ein Mann mit einem Gewehr unter dem Arm mich nach meinen Papieren fragte, herrschte er ihn an: »Hauptmann Seehaus von

---

65 Dies und das Folgende Zuckmayer: Als wär's ein Stück von mir (s. Anm. 58), S. 97f.
66 Zuckmayer: Als wär's ein Stück von mir (s. Anm. 58), S. 100.
67 Vgl. Zuckmayer: Als wär's ein Stück von mir (s. Anm. 58), S. 108.
68 Zuckmayer: Als wär's ein Stück von mir (s. Anm. 58), S. 108f.

der Richthofen-Staffel. Der Herr steht unter meinem persönlichen Schutz. Ich verbitte mir jede außerdienstliche Einmischung.« Der Mann schlug die Hacken zusammen, salutierte und ließ uns vorbei.[69]

Wie bei Zuckmayer handelt sich hier um einen bewusst strategischen Einsatz des militärischen Habitus, denn eigentlich hasst Seehaus seit dem Krieg alles, was mit ihm zusammenhängt.[70] Als Kobbe schließlich im Zug nach Prag sitzt, erinnert er sich an einen Familienausflug, von dem er als Kind in umgekehrter Richtung »an einem Sonntagabend des Jahres 1914« nach Berlin zurückkehrte, als plötzlich klar wurde, dass es Krieg geben werde. »Jetzt fuhr ich in entgegengesetzter Richtung. Wieder sprach man von Krieg. Aber es war noch immer derselbe, und er hörte niemals auf.«[71] Wird hier die Kontinuität des Kriegszustands betont, so wird daran im Folgenden eine noch weitergehende Vision angeschlossen. Nachdem Kobbe drei junge Nazis in Uniform im Zug dabei beobachtet hat, wie sie den Raum dominieren und sich als Sieger inszenieren, träumt er etwas später von drei Soldaten im Zug, die den Krieg offenbar nicht mehr vor, sondern hinter sich haben: Es sind Kriegsversehrte mit fehlenden Körperteilen, wie sie in Bildern von Otto Dix oder George Grosz zu ikonografischen Topoi geworden sind. Als der eine die Sorge äußert, ob sie wohl noch über die Grenze gelassen werden, entgegnet ein anderer: »es gibt keine Grenze mehr. Die Grenze – das sind wir selber. Weiter geht es nicht.«[72] Als Kobbe aus diesem monströsen Traum erwacht, nähert sich sein Zug der Grenze. »Alle sahen zur Tür. Worauf warteten sie? Sie warteten auf die Grenze. Die Grenze ging durch den Zug. Man hörte sie sprechen. [...] ›Ihren Paß, bitte!‹«[73]

Die Grenze, die »knarrende deutsche Lederstiefel« trägt und von Männern mit Dolchen und Gewehren flankiert wird, ist gerade darin so bedrohlich, dass sie nicht mehr genau verortet werden kann. Sie bewegt sich durch einen seinerseits in Bewegung befindlichen Zug von Flüchtenden. Zudem erscheint die Differenz zwischen grenzsetzender und grenzkontrollierender Gewalt aufgehoben: Die Grenze selbst, die nicht nur Zugehörigkeit und Aufenthaltsrechte reguliert, sondern über Leben und Tod entscheidet, wird verkörpert von einer exekutiven Gewalt, deren Auftauchen unmittelbare Folgen hat für diejenigen, die mit ihr in Berührung kommen. Diese Gewalt, so wird suggeriert, hat kein Außen mehr, ihre Herrschaft ist total. Dies lässt sich einerseits auf den unbeschränkten Expansionswillen des Nationalsozialismus beziehen, der traditionelle Ländergrenzen obsolet erscheinen lässt, andererseits auf deren biopoliti-

---

69 Hans Sahl: Die Wenigen und die Vielen. Roman einer Zeit. Hamburg 1991, S. 130.
70 Vgl. Sahl: Die Wenigen und die Vielen (s. Anm. 69), S. 82.
71 Sahl: Die Wenigen und die Vielen (s. Anm. 69), S. 132.
72 Sahl: Die Wenigen und die Vielen (s. Anm. 69), S. 133.
73 Sahl: Die Wenigen und die Vielen (s. Anm. 69), S. 134.

schen Zugriff auf das Leben der Menschen. Die Grenze, die sich dem Protagonisten nähert, lässt keinen Abstand zwischen Ich und Staat, keine Bewegungsräume mehr. Einzig die Hoffnung, doch noch in ein Exilland zu gelangen, rechtfertigt eine letzte Hoffnung: »Deutschland war nur noch einige Zentimeter lang, so lang wie der Zeigefinger, mit dem er über die Liste fuhr, um schließlich bei dem Buchstaben K stehenzubleiben.«[74] K ist der Anfangsbuchstabe des Nachnamens von Georg Kobbe, er verweist aber auch auf Kafka und seinen Protagonisten K, der der verselbstständigten Macht der Prozess-Bürokratie ausgesetzt ist und zuletzt ermordet wird. Dass hier eine andere Geschichte erzählt werden kann, wird dem Umstand zugeschrieben, dass ›die Grenze‹ ihn zufällig doch noch verschont, sodass er ins Exil gelangt. Das Exil ist die Bedingung des Überlebens und Voraussetzung eines Erzählens, für das die Frage nach den Bedingungen und Kategorisierungen von Staatsbürgerschaft zentral ist, weil sie zugleich die Bedingungen der eigenen Möglichkeit betreffen. Literarische Inszenierungen erkunden damit nicht nur die diskursive Logik von historisch spezifischen Konzepten von Staatsbürgerschaft, sie loten auch Imaginations- und Handlungsräume aus, welche die von ihnen jeweils gesetzten Grenzen unterlaufen bzw. in Bewegung versetzen. Indem dabei, wie gezeigt werden konnte, Grenzen immer wieder als Schauplatz der Handlung oder sogar als handelnde Figuren auftauchen, wird deren gesetzmäßige Geltung fragwürdig und eine Transformation des Gegebenen vorstellbar.

---

74 Sahl: Die Wenigen und die Vielen (s. Anm. 69), S. 135.

Burcu Dogramaci

Die Kunst der Passfälschung
Exil, Flucht und Strategien der Grenzüberschreitung

Pässe weisen staatliche Zugehörigkeiten aus, die über Bewegungsspielräume entscheiden. Die »richtige« Staatsangehörigkeit kann einen Grenzübertritt ermöglichen, anderen jedoch bleibt die Einreise verwehrt. Über politisches Asyl entscheidet in vielen Fällen neben den Ursachen der Flucht auch das Herkunftsland, sodass organisierte Passfälschungen zu einem wesentlichen Bestandteil historischer und gegenwärtiger Fluchtpraktiken gehören. Der Beitrag wird mit Blick auf die Zeit des Nationalsozialismus Strategien der verbotenen Grenzübertritte in den Blick nehmen. Dabei werden Ich-Fälschungen wie auch Passfälschungen als Möglichkeiten des Überlebens und der Überwindung von Grenzen diskutiert. Was geschieht, wenn, wie im Falle von Cioma Schönhaus, Bil Spira, Oskar Huth oder Gerhard Churfürst, Künstler zu Passfälschern wurden? Die Passage von einem Land ins andere bedingt bisweilen auch eine Verschiebung innerer Grenzen, die (zumindest zeitweise) mit der Aufgabe der eigenen Identität einhergeht. Dann nämlich, wenn Grenzüberschreitungen nur unter falschem Namen und Leben, mit gefälschten Papieren gelingen können. Flucht und Exil sind demnach nicht nur eng an Staatszugehörigkeiten gebunden, sondern können mit Tarnung, Fälschung (von Papieren, Identitäten, Herkunfts- und Transitgeschichten) und Leugnung bei »illegalen« Grenzüberschreitungen zusammenfallen. Darauf reagieren Künstlerinnen und Künstler auch in der Gegenwart, wenn sie in ihren Werken Grenz- und Passregime, Pässe und deren Manipulationen verhandeln.

I. Pass(bild), Mimesis und Manipulation

»Ein Mensch ohne Paß ist eine Leiche auf Urlaub«[1], heißt es in Erich Maria Remarques Roman *Liebe deinen Nächsten* von 1941, in dem er das Schicksal dreier Emigranten beschreibt, die ohne Ausweispapiere keine Zuflucht in einem europäischen Land finden. Grenzübertritte konnten ohne gültige Ausweisdokumente nur inoffiziell erfolgen. Bereits die russischen Flüchtenden der Oktoberrevolution 1917 und jene, die 1922 aufgrund von politischen Repres-

---

1 Erich Maria Remarque: Liebe deinen Nächsten (1941). Köln 2017, S. 23.

sionen oder Hungersnot aus der Sowjetunion flohen, standen vor der Herausforderung, ohne Pässe auf der Flucht zu sein. Denn die UdSSR aberkannte den Geflüchteten die Staatsbürgerschaft.[2] Die seit Beginn des Ersten Weltkrieges rigiden Passbestimmungen und Passkontrollen verunmöglichten ein grenzübergreifendes Reisen ohne gültige Ausweisdokumente.[3] 1922 entschieden 22 der 53 Mitgliedsstaaten des Völkerbundes, den sogenannten Nansen-Pass als Dokument anzuerkennen.[4] Dieser Pass stattete seinen Besitzer zwar nicht mit einer staatlichen Zugehörigkeit aus, ermöglichte den Betreffenden jedoch zunächst für ein Jahr, Grenzen zu passieren, sich in einem Land Arbeit zu suchen und niederzulassen.[5]

Bereits Mitte des 15. Jahrhunderts erschienen erstmals obligatorische Ausweispapiere, die Personen das Passieren von Kontrollen ermöglichten: »Passeport« heißt wörtlich »Geh durch die Tür«.[6] Mit diesem Dokument konnten und können politische Ordnungen und Gesellschaften den Zugang von Personen regulieren. Der Pass ist heute ein Ausweis (staatlicher) Zugehörigkeit, ermöglicht die Reisebewegung von einem souveränen Staat in den anderen ebenso wie die Rückkehr in das eigene Hoheitsgebiet. Der Pass ist ein Werkzeug zur Erfassung und Verwaltung der Bürger und trägt somit zur Staatssicherheit bei.[7] Er erfasst als amtlicher Ausweis die Identität seines Besitzers, enthält Angaben zu physiognomischen Merkmalen, Geburtsort und -datum, Name, Geschlecht und Meldeadresse. Der staatlichen Kontrollfunktion stehen die Rechte der Passbesitzer gegenüber, die als Staatsbürger ihren Aufenthalt sichern.

---

2 Vgl. Thomas Claes: Passkontrolle! Eine kritische Geschichte des sich Ausweisens und Erkanntwerdens. Berlin 2010, S. 59.
3 Der Erste Weltkrieg führte grundsätzlich zu einer verbreiteten Ausweispflicht zwischen Staatsgrenzen. Dazu Stefan Zweig: »In der Tat: nichts vielleicht macht den ungeheuren Rückfall sinnlicher, in den die Welt seit dem ersten Weltkrieg geraten ist, als die Einschränkung der persönlichen Bewegungsfreiheit des Menschen und die Verminderung seiner Freiheitsrechte. Vor 1914 hatte die Erde allen Menschen gehört. Jeder ging, wohin er wollte und blieb, solange er wollte. Es gab keine Erlaubnisse, keine Verstattungen, und ich ergötze mich immer wieder neu an dem Staunen junger Menschen, sobald ich ihnen erzähle, daß ich vor 1914 nach Indien und Amerika reiste, ohne einen Paß zu besitzen oder überhaupt je gesehen zu haben.« Stefan Zweig: Die Welt von Gestern. Erinnerungen eines Europäers. Stockholm 1942, S. 464.
4 Vgl. Jan M. Piskorski: Die Verjagten. Flucht und Vertreibung im Europa des 20. Jahrhunderts. München 2013, S. 93.
5 Vgl. dazu auch Martin Lloyd: The Passport. The History of Man's Most Travelled Document. Canterbury 2009, S. 110.
6 Vgl. Valentin Groebner: Zeig mir den Vogel: Pässe und Passmagie, historisch. In: Das neue Deutschland. Migration und Vielfalt. Hg. v. Özkan Ezli. Ausst.-Kat. Deutsches Hygiene-Museum, Dresden. Konstanz 2014, S. 108–110; hier: S. 109. Siehe auch Claes: Passkontrolle! (s. Anm. 2), S. 7.
7 Vgl. Claes: Passkontrolle! (s. Anm. 2), S. 9. Siehe auch Eva Horn: Der Flüchtling. In: Dies., Stefan Kaufmann und Ulrich Bröckling (Hg.): Grenzverletzer. Von Schmugglern, Spionen und anderen subversiven Gestalten. Berlin 2002, S. 23–40; hier: S. 27.

Die Fotografie nimmt für die Kontrolle erst seit 1914 eine zentrale Rolle ein. Denn obwohl die offizielle Einführung der Bildtechnik auf das Jahr 1839 datiert, wurde diese erst nach Ausbruch des Ersten Weltkrieges zum Bestandteil der Pässe: Am 21. Dezember 1914 führte das Außenministerium der USA das Passbild ein. Die fotografische Bebilderung von Ausweisdokumenten führt zu Fragen des Verhältnisses von schriftlicher und bildlicher Beschreibung. Es lässt sich von einer Verschiebung des Feststellungsverfahrens vom Wort zum Bild sprechen.[8] Der Transfer von der textlichen zur Text-Bild-Repräsentation der Bürger im Medium des Passes führte zu einer veränderten Gestaltung dieses offiziellen Dokuments. Die Platzierung und Befestigung der Fotografie wurde stetig verfeinert, vor allem um es durch Stempel fälschungssicher zu machen, denn Fotografien konnten ausgetauscht werden.[9] Das fotografische Porträt schien aufgrund der ihm zugesprochenen hohen mimetischen Fähigkeit ein idealer Ausgangspunkt für Identifikationszwecke zu sein. Bereits das gemalte Bildnis wurde seit ehedem als Sichtbarmachung von Physiognomie und Charakter einer Person interpretiert: »Das Bildnis verspricht daher sowohl authentisches Abbild eines ausgewählten Individuums als auch ein komplex gestaltetes Sinnbild seiner einzigartigen Persönlichkeit zu sein.«[10]

Ausweispapiere bescheinigen, dass eine Person sie selbst ist, sie bestimmen die Identität durch Kennzeichnung. Ausweisliche, fotografische Identifizierung beruht auf Annahme von zeitlicher und räumlicher Kontinuität: »Identität setzt die Tatsache voraus, daß jemand als dieselbe Person zu verstehen ist, die er oder sie vor einem Monat war.«[11] Diese vermeintliche »Ähnlichkeit« und die Fragwürdigkeit ausweislicher und fotografischer Identifikation sind zwei Aspekte in Felix Nussbaums *Selbstporträt mit Pass* (1943, Abb. 1). Zu jener Zeit war der Maler bereits seit zehn Jahren im Exil und versteckte sich zuletzt in Brüssel, wo auch das Selbstbildnis entstand. Der Künstler malte sich vor einer Mauer stehend. Das Brustbild zeigt ihn in Dreivierteldrehung am vorderen Bildrand, sodass er sein Gegenüber direkt adressiert. Sein Mantelkragen ist hochgeklappt und entblößt den gelben Judenstern, in seiner Linken hält der Künstler seinen belgischen Fremdenpass und präsentiert ihn den Betrachtenden. Diese Geste führt zu einem unmittelbaren Vergleich zwischen Dokument und seinem Besit-

---

8 Lloyd führt beispielsweise den Pass eines Nigerianers aus den 1990er Jahren an, in dem bei Augen- und Haarfarbe ein handschriftliches »voir photo« eingefügt ist – wobei das Passfoto schwarz-weiß gehalten ist. Vgl. Lloyd: The Passport (s. Anm. 5), S. 88.
9 Vgl. Lloyd: The Passport (s. Anm. 5), S. 88.
10 Petra Göldüren: Das Porträt nach dem Porträt. Positionen der Bildniskunst im späten 20. Jahrhundert. Berlin 2013, S. 12.
11 Valentin Groebner: »Identität womit? Die Erzählung vom dicken Holzschnitzer und die Genese des Personalausweises«. In: Unverwechselbarkeit. Persönliche Identität und Identifikation in der vormodernen Gesellschaft. Hg. v. Peter von Moos. Köln, Weimar, Wien 2004, S. 85–98; hier: S. 85.

Die Kunst der Passfälschung

Abb. 1: Felix Nussbaum: Selbstbildnis mit Fremdenpass, 1943, Öl auf Leinwand, Felix-Nussbaum-Haus, Osnabrück.

zer. Dabei fällt die Ähnlichkeit zwischen Nussbaum und seinem Alter Ego, dem Passbild, auf –, die bis zur vestimentären Übereinstimmung reicht. Nussbaum konstruiert eine indexikalische Beziehung zwischen Pass und seinem Referenten, die aber so nicht gegeben war. Das Originaldokument[12] (Abb. 2) zeigt nicht nur ein anderes Passbild – Nussbaum ohne Hut –, auch fehlen die Bezeichnung »Jude«, und der Geburtsort ist deutlich erkennbar. Für das Gemälde

---

12 Peter Junk und Wendelin Zimmer: Felix Nussbaum. Leben und Werk. Köln 1982, S. 111.

Abb. 2: Belgischer Fremdenpass von Felix Nussbaum, ausgestellt 1937.

ist der Pass also verändert worden. Nussbaum hat sein Dokument seiner Situation als Verfolgter angepasst, wobei ihm die Verfolgungsgründe unweigerlich seine Identität als Jude zuwiesen.[13] Der Pass erscheint hier als flexibilisiertes Ego-Dokument, das weniger einen sachlichen Ist-Zustand konstatiert, als vielmehr veränderbar ist. Mit malerischen Mitteln vollzieht Nussbaum hier also eine mimetische Angleichung zwischen Pass(bild) und seinem Besitzer. Damit werden auch dezidiert kunsttheoretische Fragen nach »Original« und »Kopie« oder »Natur« und »Abbild« behandelt.[14] Dies betrifft die Beziehung zwischen Passbild, Pass und Passbesitzer, aber auch das Verhältnis von Modell, Malerei

---

13 Zu diesem Aspekt der »von der Außenwelt diktierte[n] Identität als verfolgter Jude« siehe Felix Nussbaum: Verfemte Kunst – Exilkunst – Widerstandskunst. Ausst. Kat. Kulturgeschichtliches Museum Osnabrück. Bramsche 1994, S. 412. Siehe auch Emily D. Bilski: Felix Nussbaum: A Mirror of his time. In: Dies. (Hg.): Art and Exile. Felix Nussbaum 1904–1944. Ausst.-Kat. The Jewish Museum. New York 1985, S. 19–69; hier: S. 19.
14 Zu den Ordnungen der Mimesis und ihrer Kritik siehe Martin Jay: Mimesis und Mimetologie: Adorno und Lacoue-Labarthe. In: Gertrud Koch (Hg.): Auge und Affekt. Wahrnehmung und Interaktion. Frankfurt a. M. 1995, S. 175–201; hier: S. 176.

und Fotografie (die hier als »gemalte« Fotografie in Erscheinung tritt).¹⁵ Ob der gemalte und veränderte Pass hier als Ausdruck einer Handlungsmacht des Künstlers in Zeiten der Bedrängnis gedeutet werden kann, wird zu diskutieren sein: Nussbaum gestaltete und veränderte den Fremdenpass, machte ihn damit zu etwas Eigenem. Das behördliche Dokument, das ein Instrument der Migrationskontrolle belgischer Behörden im Ausnahmezustand war, wird damit zu einem »Auto-Porträt«.

II. Passfälschung mit den Mitteln der Kunst

Zur selben Zeit war der Pass im nationalsozialistischen Deutschland ein Mittel der Repression, Diffamierung und Ausgrenzung. Durch das im Juli 1933 eingeführte »Gesetz über den Widerruf von Einbürgerungen und die Aberkennung der deutschen Staatsangehörigkeit« konnte auch jenen die Staatsbürgerschaft abgesprochen werden, die einen deutschen Pass besaßen, seit Jahren oder Jahrzehnten im Land lebten oder sogar dort geboren wurden. Das Gesetz ermöglichte den Widerruf der deutschen Staatsangehörigkeit von nach 1918 eingebürgerten sogenannten Ostjuden, die damit zu Staatenlosen wurden.¹⁶ Überdies wandte das NS-Regime die Strafexpatriierung gegen Exilanten (Verletzung der »Pflicht zur Treue gegen Reich und Volk«) und als Zwangsmaßnahme gegen jüdische Staatsbürger an, die damit Rechte, Schutz und ihr Vermögen verloren.¹⁷ In der Türkei wurde Emigranten, denen von deutschen Behörden die Staatsbürgerschaft abgesprochen wurde, die Bezeichnung »Haymatloz« in den Pass gestempelt.¹⁸ Dass mit der Staatenlosigkeit auch der Begriff der Heimat(Haymat)losigkeit verbunden wurde, hatte mit dem türkischen Begriff »vatan« zu tun, der als Vaterland oder Staatsangehörigkeit zu übersetzen ist, aber auch Heimat heißen kann.

Spätestens mit der »Verordnung über Reisepässe von Juden« vom 5. Oktober 1938 wurden Pässe zu Instrumenten der Stigmatisierung: Juden durften nur noch Pässe besitzen, in denen ein rotes »J« eingestempelt war, das sie fortan nach nationalsozialistischer Rasseideologie definierte.¹⁹ Ab dem 1. Januar 1939

---

15 Zur Mimesis als aktiver Prozess der Angleichung und Täuschung im Kontext der Porträtmalerei siehe Michele de Monte: Having the Face. The Portrait in Person. In: Gottfried Boehm, Orlando Budelacci u. a. (Hg.): Gesicht und Identität. Face and Identity. Paderborn 2014, S. 123–141; hier: S. 125–133.
16 Vgl. Dieter Gosewinkel: Einbürgern und Ausschließen. Die Nationalisierung der Staatsangehörigkeit vom Deutschen Bund bis zur Bundesrepublik Deutschland. Göttingen 2001, S. 370. Siehe auch den Beitrag von Esther Weizsäcker in diesem Band.
17 Gosewinkel: Einbürgern und Ausschließen (s. Anm. 16), S. 376 f.
18 Siehe auch den Beitrag von Corry Guttstadt in diesem Band.
19 Claes: Passkontrolle! (s. Anm. 2), S. 70 f.

wurden Juden, deren Vornamen nicht im »Katalog der jüdischen Vornamen« gelistet waren, verpflichtet, sich amtlich den weiteren Vornamen »Israel« oder »Sarah« geben und eintragen zu lassen. Diese rigiden Maßnahmen der Diskriminierung, Registrierung und Normierung hatten weite Folgen: Bei Reisen ins Ausland wie auch bei Kontrollen im Inland waren jüdische deutsche Staatsbürger sofort als solche identifizierbar. Diese historische und politische Ausgangssituation bedingte und beeinflusste das organisierte Fälschungswesen im nationalsozialistischen Deutschland und in den von deutschen Truppen besetzten und kontrollierten Gebieten: Praktiken der Passfälschungen waren wichtige Überlebensstrategien. Camouflage und Identitätswechsel gehörten zu den verbreiteten Vorgehensweisen für rassisch oder politisch Verfolgte, die sich tarnen und Unterschlupf finden mussten, um nicht verhaftet oder ermordet zu werden. Gefälschte Pässe waren oftmals auch Voraussetzung, um das Land zu verlassen und zu emigrieren und einen offiziellen Aufenthaltsstatus im Exil zu haben.

Bislang ist kaum beachtet worden, welchen Anteil Künstler[20] an der Praxis der Passfälschungen hatten. Kunstschaffende verfügten über Wissen und Können, das für das Fälschen von Ausweisdokumenten äußerst wichtig sein konnte wie eine Kunstfertigkeit im Umgang mit Mal- und Zeichengeräten sowie -materialien und Erfahrung in der Praxis des Kopierens. Im Nationalsozialismus war eine ganze Zahl an Künstlern als Passfälscher tätig – darunter auch Bil Spira. Nach dem »Anschluss« Österreichs war der Zeichner und Karikaturist Spira verhaftet worden, flüchtete nach Frankreich und lebte seit 1938 unter dem Namen Willy Freier zunächst in Paris, seit 1940 in Marseille.[21] Dort kam Spira in Kontakt mit Varian Fry, der vom American Emergency Rescue Committee mit einer Namensliste mit 200 gefährdeten Schriftstellern, Künstlern und Wissenschaftlern ausgestattet und im August 1940 nach Marseille geschickt worden war. Den aufgeführten Personen sollte Fry eine Ausreise aus Frankreich in die USA ermöglichen. Innerhalb der folgenden 13 Monate konnte Fry mehreren Tausend Menschen zur Flucht aus Frankreich verhelfen.[22]

---

20 Neben Bil Spira, Cioma Schönhaus und Oskar Huth, die im Folgenden ausführlicher behandelt werden, wäre auch der Maler und Zeichner Gerhard Churfürst zu nennen, der in der Zeit des Nationalsozialismus Ausweisdokumente fälschte und zu den »stillen Helfern« der Widerstandsgruppe »Saefkow-Jacob-Bästlein-Organisation« gehörte. Vgl. Berliner Arbeiterwiderstand 1942–1945. »Weg mit Hitler – Schluß mit dem Krieg!«. Die Saefkow-Jacob-Bästlein-Organisation. Ausst.-Kat. Berliner Vereinigung der Verfolgten des Naziregimes – Bund der Antifaschistinnen und Antifaschisten e. V. (VVN-BdA). Berlin 2009, S. 60.

21 Zu solchen in französischen Internierungslagern entstandenen Zeichnungen siehe Rosamunde Neugebauer (d. i. Rosa von der Schulenburg): Zeichen im Exil – Zeichen des Exils? Handzeichnung und Druckgraphik deutschsprachiger Emigranten ab 1933. Weimar 2003, S. 55, 193.

22 Vgl. Oliver Bentz (Hg.): Bil Spira. Künstler, Fälscher, Menschenretter, Pariser Impressionen. Ausst.-Kat. Jüdisches Museum Speyer. Speyer 2013, S. 5.

Dies gelang ihm nur durch ein großes Netzwerk an Helfern und Kollaborateuren, zu dem auch Spira zeitweise gehörte. Seine Aufgabe war es, Pässe und Identitätskarten zu fälschen. Während Varian Fry in den letzten Jahren durch Ausstellungen und Publikationen vermehrt Aufmerksamkeit zuteilwurde, fristet Spira als Fälscher (nicht als Porträtist) noch immer ein Dasein im Schatten des amerikanischen Fluchthelfers.[23] Dies mag mit seiner Arbeit zusammenhängen: Als Helfer war er zwar wichtig, jedoch nur Teil eines Netzwerkes. Seine Fälschungen sollten möglichst nicht zu identifizieren sein, sodass das Fälschen als künstlerische oder kulturelle Praxis in der Grauzone der Unsichtbarkeit stattfand. Passdokumente sind als Produkte künstlerischer Handlungen nicht anerkannt. Auch wenn sich über diese gefälschten Dokumente als »Kunst« sicherlich diskutieren lässt, waren sie doch Ergebnis einer künstlerischen Praxis.

Fry muss Spiras Talent sofort erkannt und seinen möglichen Beitrag für die Rettungsaktion richtig eingeschätzt haben. So schreibt er in seinen Erinnerungen: »Er war ein sehr geschickter Zeichner und machte Stempel so perfekt nach, daß nur ein Experte erkennen konnte, daß sie mit dem Pinsel gemalt waren.«[24] Das Material für die Fälschungen waren oft gebrauchte und noch gültige Dokumente aus Dänemark, Schweden, Holland, England oder der Tschechoslowakei, die auf dem Schwarzmarkt kursierten. Spira fälschte auch Identitätskarten, die in jedem Tabakladen zu erwerben waren und eigentlich auf dem Polizeikommissariat ausgefüllt und gestempelt werden mussten. Der Künstler jedoch versah die Identitätskarten mit Passfotografien und einem elsässischen Stempel. Neue, elsässische Namen wurden erfunden, ebenso wie Geburts- und Wohnorte; den Abschluss gab die Unterschrift des Kommissars.[25] Die Fälschungen waren jedoch noch nicht komplett. Um sie glaubwürdig erscheinen zu lassen, mussten die Dokumente einem Alterungsprozess unterzogen werden:

---

23 Noch in Anne Kleins Untersuchung zu »Varian Fry und die Komitees zur Rettung politischer Verfolgter« wird Spira nur kurz erwähnt: Im Kapitel zu den klandestinen Netzwerken werden die gefälschten Identitätsdokumente erwähnt, der Urheber dieser Fälschungen wird als der »österreichische(n) Karikaturist Bill Freier« bezeichnet. Anne Klein: Flüchtlingspolitik und Flüchtlingshilfe 1940–1942. Varian Fry und die Komitees zur Rettung politisch Verfolgter in New York und Marseille. Berlin 2007, S. 272. Es ist bezeichnend, dass die Autorin den Künstler nur unter seinem Pseudonym aufführt, seine wahre Identität jedoch nicht benennt (an anderer Stelle wird er zumindest als Willy Spira erwähnt). In der großen Ausstellung zu Varian Fry in der Akademie der Künste in Berlin im Jahr 2007, die ganz wesentlich zur Wiederentdeckung des amerikanischen Fluchthelfers beitrug, wurde Spira nur kurz behandelt. Marion Neumann: Karikaturist und Passfälscher: Bil Spira. In: Ohne zu zögern: Varian Fry: Berlin – Marseille – New York. Hg. v. Angelika Meyer. Ausst.-Kat. Berlin 2007, S. 260–266. Siehe auch den kritischen Kommentar von Bentz: Bil Spira (s. Anm. 22), S. 6 f.
24 Varian Fry: Auslieferung auf Verlangen. Die Rettung deutscher Emigranten in Marseille 1940–1941. Frankfurt a. M. 1995, S. 60.
25 Vgl. Bil Spira: Die Legende vom Zeichner. Wien – Vernet – Gross-Rosen – Paris. Wien 1997, S. 106.

Ein paar Kaffeeflecken, etwas Staub, Wassertropfen, einige Klopfer mit der Schuhsohle halfen da wirkungsvoll nach. Und schließlich trampelte ich noch mit nackten Füßen darauf herum. Mit dieser Karte konnte sich ihr Inhaber auf die Straße wagen und ausweisen, wenn er von der Polizei angehalten wurde. Er mußte allerdings seinen Namen auswendig wissen und auch Details seiner Heimatstadt kennen, selbst wenn er diese nie im Leben gesehen hatte.[26]

Die Rosskur, der die Dokumente ausgesetzt waren, um sie wahrhaftiger wirken zu lassen, verdeutlicht, dass Spira nicht nur die offiziellen Zeichen kopierte, sondern dem Dokument auch eine Vergangenheit geben musste. So wie bei Kunstfälschungen die Alterungserscheinungen von Gemälden künstlich hervorgebracht werden, so mussten auch die gefälschten Pässe zu Dokumenten mit einem scheinbaren Vorleben werden. Die neuen Pässe ebenso wie die Identitätskarten schufen den Verfolgten eine neue, offiziell beglaubigte Vergangenheit, eine neue Lebensgeschichte.

Für seine Tätigkeit wurde Spira in Aussicht gestellt, dass auch ihm zur Flucht verholfen werden würde. Kontakt zu den Abnehmern seiner Pässe hatte Spira nicht; nur einmal erkannte der Künstler den zukünftigen Inhaber seines gefälschten Ausweisdokuments durch dessen Passbild: den Schriftsteller Franz Werfel, den er zufällig am selben Tag in einem Café sitzen sah:

> Ich fand es interessant, ja aufregend, ganz in der Nähe des Mannes zu sitzen, zu dessen baldiger Rettung ich mit falschen Stempeln und unrichtigen Daten das meine beigetragen hatte. Ich hätte nie gedacht, mit Werfel verbunden zu sein. Und er mit mir? Noch viel weniger.[27]

Auch ein weiterer Passfälscher in der NS-Zeit, Cioma Schönhaus, war Künstler und Grafiker. In Berlin setzte er sich mit seinen Passfälschungen für das Überleben von Verfolgten und Bedrohten des NS-Regimes ein – und gehörte selbst wegen seiner jüdischen Herkunft zu den Bedrohten und Verfolgten.[28] Schönhaus hatte für kurze Zeit an einer privaten Kunstschule studiert und ging kurz nach der Deportation seiner Eltern 1942 in den Untergrund. Die Widerstandskämpferin Edith Wolff, Fluchthelferin und Mitglied einer zionistischen Vereinigung,[29] vermittelte ihm seinen ersten Auftrag als Passfälscher: Er sollte das Passbild des Vorbesitzers auswechseln und den Stempel ergänzen, der über Fotografie und Papier reichte: »Also den Hoheitsadler mit den zwölf großen

---

26 Spira: Die Legende vom Zeichner (s. Anm. 25), S. 106.
27 Spira: Die Legende vom Zeichner (s. Anm. 25), S. 107.
30 Cioma Schönhaus' Wirken als Fälscher war kürzlich Gegenstand des Films *Die Unsichtbaren – Wir wollen Leben* (Deutschland, 2017). Ich danke Barbara Schieb von der Gedenkstätte Stille Helden in Berlin für Informationen und Hinweise zu Cioma Schönhaus und Oskar Huth.
29 Zu Wolff siehe Irmgard Klönne: »1933 wurde das anders. Da habe ich alles Jüdische betont.« Edith Wolff genannt EWO – Eine Würdigung. In: Ariadne. Almanach des Archivs der deutschen Frauenbewegung 23 (1993), S. 28–33.

und den vierundzwanzig kleinen Federn und allem, was dazugehört, in der richtigen Farbe, mit der richtig verlaufenden Struktur so zu imitieren, dass der Stempel jeder Kontrolle standhält.«[30] In dieser kurzen Beschreibung durch Schönhaus wird deutlich, dass die Fälschung der Identität nicht unweigerlich nur eine physiognomische Anpassung meint, sondern das beurkundende Papier miteinschließt. Die Fälschung ist zunächst eine Veränderung von ausweisenden Dokumenten, der dann erst die Transformation des Ichs durch veränderte Namen und Koordinaten folgt. Die Kopie, die Nachahmung, ist dabei eine Arbeitspraxis, um den Weg zum anderen Ich zu ebnen.[31]

Für Schönhaus lag die besondere Herausforderung in der mimetischen Nachahmung des Stempels, die ein hohes Maß an Exaktheit erforderte, so wie an der gefälschten Kennkarte für Kurt Hirschfeld ersichtlich (Abb. 3). Benutzt wurde die Kennkarte eines Freundes von Hirschfeld, Heinz Gützlaff, in die Hirschfelds Foto einmontiert und der Stempel retuschiert wurde. Schönhaus schreibt:

> Auf dem Passbild des ehemaligen Besitzers zeichne ich unter einer Lupe mit einem spitzen Japanpinsel den Hoheitsadler samt Hakenkreuz nach. Genau im Originalviolett mit Aquarellfarbe. Nun nehme ich ein Stück Zeitungspapier, befeuchte es an einer unbedruckten Stelle mit der Zunge, und drücke es auf den mit Wasserfarbe nachgezeichneten Stempel. Das feuchte Papier saugt die Aquarellfarbe auf und es entsteht ein Spiegelbild des Stempels. Jetzt gilt es nur noch, das feuchte Zeitungspapier mit dem Negativ des Stempels auf die richtige Ecke des Fotos [...] zu drücken. Danach das neue Foto mit den alten Ösen wieder befestigen und der Ausweis ist perfekt.[32]

Fehleranfällig waren eben jene zwei Ösen, mit denen das Passfoto auf dem Papiergrund befestigt war. Die Zange, mit der Schönhaus die Ösen öffnete, hinterließ Spuren der Beschädigung. Einem Schumacher kaufte der Fälscher deshalb eine Stanzmaschine ab, mit der eigentlich Ösen für Schnürsenkel gestanzt werden. Dazu Jizchak Schwersenz, für den Schönhaus ebenfalls einen Pass

---

30 Cioma Schönhaus: Der Passfälscher. Die unglaubliche Geschichte eines jungen Grafikers, der im Untergrund gegen die Nazis kämpfte. Augsburg 2004, S. 98.
31 Der Künstler und Fälscher Oskar Huth, der in den 1930er Jahren an der Hochschule der bildenden Künste in Berlin studierte, beschreibt in seinen Lebenserinnerungen, dass das Kopieren in der Nationalgalerie zu seiner künstlerischen Vor- und Ausbildung gehörte und ihm das Sehen vermittelte. Später zeichnete Huth zum Gelderwerb im Botanischen Institut in Dahlem Herbarien und setzte sich intensiv mit der Anatomie und Struktur der Pflanzen auseinander. Vgl. Oskar Huth: Überlebenslauf. Hg. v. Alf Trenk. Berlin 2001, S. 14, 16, 30. Zu Huth siehe die Würdigungen in Hanns Zischler: Berlin ist zu groß für Berlin. Berlin 2013, S. 52–65 (Kapitel »›Mein Monsterlatsch‹ – Oskar Huth«). Siehe auch Ilse Vogel: Über Mut im Untergrund: eine Erzählung von Freundschaft, Anstand und Widerstand im Berlin der Jahre 1943–1945. Berlin 2014, S. 132–188 (Kap. »Oskar [Götterdämmerung]«).
32 Schönhaus: Der Passfälscher (s. Anm. 30), S. 100.

Abb. 3: Cioma Schönhaus: Gefälschter Pass für Kurt Hirschfeld, 1942.

fälschte: »Die Hauptschwierigkeit lag darin, die in deutschen Pässen verwendeten zwei Ösen, mit denen das Foto befestigt war, behutsam zu lösen und nach Einfügen des neuen Paßbildes diese alten oder andere, ähnliche Ösen wieder einzuheften.«[33] Dennoch blieben die Ausweise anfällig: Die Stempel aus Aquarellfarbe konnten sich bei Nässe auflösen.

Das Fälschen war ein aufwendiges Kopieren und Anverwandeln bestehender behördlicher Zeichensysteme und musste sich beständig auch neuer technischer Veränderungen in der Passpraxis und -herstellung anpassen. In der künstlerischen Praxis als Passfälscher ging es dabei vor allem um Unsichtbarkeit, denn der Akt der Fälschung sollte nicht als solcher erkannt werden. Um Erfolg zu haben, mussten die Authentizität des Dokuments glaubwürdig erscheinen und die Kontrollinstanzen getäuscht werden. Die Passfälschung im Nationalsozialismus war eine subversive Taktik, innerhalb eines Systems zu agieren und die ordnungsstiftenden Mittel der Kontrolle für andere, gegenteilige Zwecke einzusetzen. Indem Ausweisdokumente verändert und angepasst wurden, konnten sich die betreffenden Akteure innerhalb dieses Systems bewegen, ohne sofortige Verhaftung zu befürchten, und sich bisweilen auch über Staatsgrenzen hinweg

---

33 Jizchak Schwersenz: Die versteckte Gruppe. Ein jüdischer Lehrer erinnert sich an Deutschland. Berlin 2000, S. 119.

absetzen. Bei der Passkontrolle, die im Nationalsozialismus als repressives Instrument zur Überprüfung und Festsetzung eingesetzt wurde, konnte sich der Erfolg der Fälschung messen lassen. Dann etwa, wenn kein Argwohn geweckt wurde. Gleichzeitig fand eine stille Umdeutung der nationalsozialistischen Hoheitszeichen statt: Wo der Reichsadler mit Hakenkreuz für Praktiken der Inklusion (der Reichsdeutschen arischer Herkunft) und der Exklusion von Staatsbürgern aus rassischen oder politischen Gründen einstand, erhielt das gefälschte Zeichen eine andere, lebensrettende Funktion und wurde damit in sein Gegenteil verkehrt.

III. Pass, Passbesitzer, Original und Fälschung

Nicht immer jedoch handelte es sich um manuelle Techniken der Fälschung: Der Künstler Oskar Huth, der in die Illegalität ging, um seiner Einberufung in den Kriegsdienst zu entgehen und nicht für die Nationalsozialisten den Dienst an der Waffe leisten zu müssen, beschaffte sich eine gebrauchte lithografische Handpresse. Damit war er in der Lage, behördliche Papiere professionell herzustellen, da er so in vielen Drucktechniken drucken konnte. In einem aufwendigen fotografischen Verfahren, bei dem er die fotografische Reproduktion von Originalmarken zunächst manuell korrigieren musste, konnte Huth mit der Handpresse Buttermarken produzieren, die ihm und anderen das Überleben sicherten.[34] Diese waren besonders wenig fälschungssicher.[35] Später optimierte er seine drucktechnischen Fertigkeiten derart, dass er auch Pässe fälschen konnte. Dabei war es besonders wichtig, die »richtigen« Papiersorten zu beschaffen, die eine Materialähnlichkeit zu den Originalpapieren aufwiesen und die von Huth dann teils durch Vergautschung (also Verpressung) mehrerer Papierschichten produziert wurden.[36] Neben dem Augenschein, dem die gefälschten Papiere standhalten mussten, ist über das Material, Gewicht und Oberfläche auch vor allem der Tastsinn angesprochen. Bei der Kontrolle von Papieren werden Dokumente in die Hand genommen, aufgeschlagen, berührt. Diesen taktilen Fertigkeiten, dem Fingerspitzengefühl der Kontrolleure, ausgesetzt, mussten gefälschte Dokumente ihre Überzeugungskraft entfalten. Und dies belegt sich schlichtweg an dem Umstand, dass nicht nur einige Fälschungen Huths, sondern auch ihre Inhaber überlebten.

---

34 Beschreibung des technischen Fälschungsverfahrens bei Huth: Überlebenslauf (s. Anm. 31), S. 90–94.
35 Huth: Überlebenslauf (s. Anm. 31), S. 75. Um den Rand originalgetreu zu perforieren, benutzte Huth eine Nähmaschine, die er zur Stanzmaschine umarbeitete. Vgl. Huth: Überlebenslauf (s. Anm. 31), S. 98.
36 Vgl. Oskar Huth. In: Für den Fall der Nüchternheit. Oskar-Huth-Gesellschaft: Almanach zum 60. Geburtstag von Oskar Huth. Berlin 1978, S. 22.

Abb. 4: Oskar Huth: Gefälschter Ausmusterungsschein für Heinz Trökes, 1942.

Huth fälschte einen Ausmusterungsschein für den Maler Heinz Trökes (1942, Abb. 4) und einen Wehrpass für den Widerstandskämpfer Ludwig von Hammerstein-Equord (Abb. 5), der nach dem gescheiterten Anschlag vom 20. Juli 1944 untertauchen musste. Für ihn ersann sich Huth eine gefälschte

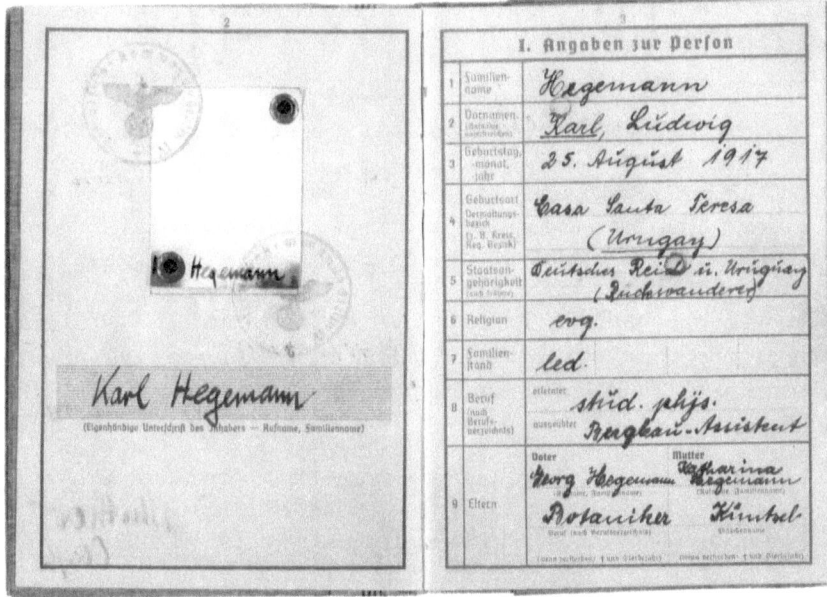

Abb. 5: Oskar Huth: Gefälschter Wehrpass für Ludwig von Hammerstein auf den Namen Karl Hegemann, 1944.

Lebensgeschichte: So wurde Hammerstein in seinem Wehrpass unter dem Namen Karl Hegemann zum Auslandsdeutschen, der in Casa Santa Teresa geboren wurde. Bemerkenswert ist indes, dass Uruguay im Wehrpass falsch geschrieben ist (»Urugay«), was aber den Eindruck von Glaubwürdigkeit nicht trübte. Hammerstein überlebte im Untergrund.[37] Huths Passfälschung für den Widerstandskämpfer Hammerstein führt zur Frage der ethischen Bewertung der Tätigkeit des Passfälschers. Dass die Passfälschung in der Zeit des Nationalsozialismus als Akt des Widerstands gegen ein repressives Regime zu bewerten ist, lässt sich nicht nur auf der Basis behördlicher Einschätzungen, etwa in Wiedergutmachungsakten, postulieren. Huth selbst schreibt:

> Am Anfang der Illegalität hatte ich überhaupt keine Vorstellung, daß ich irgendeine Art von Widerstand ausüben oder in solchem Zusammenhang irgendjemand mal nützlich sein könne. Ich hatt' auch nicht die Vorstellung, durch Widerstand etwas am Getriebe ändern zu können. Am Anfang war meine Vorstellung: ›Ich werde mir selber helfen, solange ich kann.‹[38]

---

37 Vgl. Oskar-Huth-Gesellschaft: Almanach (s. Anm. 36), S. 17 f.; Abbildung des Passes S. 85.
38 Huth: Überlebenslauf (s. Anm. 31), S. 107.

Anders fällt das Urteil von Ludwig von Hammerstein über Huth aus, der schreibt:

> Im Grund genommen hat ja keine der verschiedenen Widerstandsgruppen erreicht, den Nationalsozialismus wirksam zu stoppen oder zu stürzen, sondern es waren doch immer nur Aktionen, die zeigten, die zeigen sollten, daß überhaupt Widerstand geleistet wurde. Ich glaube, der wirksamste Widerstand war der, der geholfen hat, Juden und anderen Verfolgten das Überleben zu erleichtern. Oskar [Huth] ist nicht einordbar, ich würde beinahe sagen, in keine Gesellschaft.[39]

Die Interrelation zwischen Individuum, seinem (gefälschten) Pass und der erfundenen Person ist auch Thema in dem Roman *Hundejahre* von Günter Grass (Luchterhand, 1963), in dem eine Hommage an den Passfälscher Oskar Huth enthalten ist:

> ... im Köfferchen führte der leichtfüßige junge Mann einen Paß mit sich, der ist gefälscht. Ein Klavierbauer von Profession, ›Hütchen‹ genannt, hat, Wochen vor dem doppelten Schneewunder, diesen Paß geschaffen. Die Fälscherhand hat an alles gedacht: denn wunderbarerweise schmückt den Paß ein Foto, das die straffen, ein wenig starren Gesichtszüge des jungen Mannes mit dem Schmerz um den Mund nachbildet. Auch stellte Herr Huth den Paß nicht auf den Namen Eduard Amsel aus: er nannte den Paßbesitzer: Hermann Haseloff, geboren zu Riga am vierundzwanzigsten Februar neunzehnhundertsiebzehn. [...] was tat Herr Haseloff, als er in Berlin – Stettiner Bahnhof – eintraf? Er bezog ein Hotelzimmer, begab sich am nächsten Tag in eine Zahnklinik und ließ sich gegen gutes, vormals Amselsches, nun Haseloffsches Geld, den eingefallenen Mund mit Gold füllen. Herr Huth, ›Hütchen‹ genannt, mußte im neuen Paß hinter dem Vermerk: Besondere Kennzeichen, den Nachtrag liefern: ›Künstliches Gebiß, Goldkronen.‹ Fortan, wenn Herr Haseloff lacht, wird man ihn mit zweiunddreißig Goldzähnen lachen sehen: aber Haseloff lacht selten.[40]

Das mimetische Versprechen des Passes ist bei einer Fälschung also noch verbindlicher als bei dem behördlich ausgegebenen Dokument. Denn dieser Nachtrag wäre in einem offiziellen Ausweis vermutlich nie derart zeitnah erfolgt.

Diese Hommage von Günter Grass an den Passfälscher Huth, aber auch der von Huth gefälschte Wehrpass Ludwig von Hammersteins führen vor Augen, dass Passfälschungen das gesamte Subjekt erfassen und es neu erfinden und zur Glaubwürdigkeit von Fälschungen eine Destabilisierung des Ichs notwendig ist.

So wie Identität erst durch Haltungen, Relationen und Zuschreibungen entsteht, so ist auch die gefälschte Identität performativ und entsteht als Aushand-

---

39 Ludwig von Hammerstein, zitiert nach: Oskar-Huth-Gesellschaft: Almanach (s. Anm. 36), S. 18.
40 Günter Grass: Hundejahre. Berlin 1963, S. 266 f.

lung zwischen Individuum und »den Anderen«.[41] An dieser Stelle sei auf Erving Goffmans 1956 erschienene soziologische Untersuchung *The Presentation of the Self in Everyday Life* verwiesen.[42] Goffman geht von der Annahme aus, dass Subjekte in zwischenmenschlichen Interaktionen gewisse Bilder von sich vermitteln und dabei Rollen einnehmen. Goffman bezieht sich auf das Theater als Modell für die Wirklichkeit, dem er auch seine Begrifflichkeiten entlehnt und von »Darstellung« (Performance), Publikum oder Zuschauer sowie »Rolle« (part) spricht.[43] Menschliches Agieren und Interagieren ist nach Goffman der andauernde Versuch, die Kontrolle über sich und seine Wirkung zu erhalten. Dieser Ansatz bietet eine Basis, um das Selbst als Ergebnis einer Aushandlungsstrategie zu begreifen und die Fälschungen des Selbst als eine Variable oder einen Rollenwechsel zu verstehen. Dieses Verständnis von Ich-Erzeugung als performativen Akt stellt damit die Normativität von Begriffen wie »authentisch«, »ehrlich« oder »glaubwürdig« infrage.

Denn wie lässt sich eine wahre, authentische Identität gegenüber einer gefälschten konturieren oder definieren, wenn wir es insgesamt mit erzeugten Subjekten zu tun haben, bei denen der Einzelne eben nicht nur seine Rolle für andere spielt, sondern auch »selbst an den Anschein der Wirklichkeit glaubt, den er bei seiner Umgebung hervorzurufen trachtet«[44]? Bereits der Begriff des Authentischen muss kritisch reflektiert werden. Erst durch Verifizierungsstrategien und Dokumente – fotografische Wiedererkennung, Fingerabdruck, DNA-Abgleich und Geburtsurkunde, Abstammungsbuch oder Ausweis – kann ein Individuum als es selbst erkannt und bezeugt werden. Diese Abhängigkeit der Authentizität vom Authentifizieren und die Verwandtschaft des Authentischen mit dem Glaubwürdigen lässt sich bereits etymologisch und lexikalisch nachvollziehen, wie die Erklärungen in einem Lexikon des 19. Jahrhunderts aufzeigen: Die »Authentica persona« ist eine »glaubwürdige Person«, »Authentie« wiederum wird als »Selbstständigkeit, Aechtheit, Gültigkeit, Ansehen, Glaubwürdigkeit« definiert. »Authentie« ist, wenn sie auf Texte bezogen ist, »die Aechtheit, der ächte Ursprung einer Schrift«, dem entgegenstehe

> das Unächte, das Untergeschobene (τὸ νόδον, Spurium, Suppositium), welches darin besteht, daß eine Schrift nicht von dem Verfasser herrührt, dessen Namen sie führt, oder nicht dem Zeitalter, dem Volke zugehört, dem sie zugehören will, sondern zu irgend einem Zwecke erdichtet worden ist.

---

41 Vgl. Caroline Rosenthal und Stefanie Schäfer: Introduction. In: Dies. (Hg.): Fake Identity? The Impostor Narrative in North American culture. Frankfurt a. M. 2014, S. 11–26; hier: S. 11. Siehe auch Charles Taylor: Quellen des Selbst. Frankfurt a. M. 1996, S. 71: »In diesem Sinne ist es ausgeschlossen, allein ein Selbst zu sein.«
42 Erving Goffman: Wir alle spielen Theater. Die Selbstdarstellung im Alltag (1956/1969). München 1973.
43 Vgl. Goffman: Wir alle spielen Theater (s. Anm. 42), S. 18.
44 Goffman: Wir alle spielen Theater (s. Anm. 42), S. 19.

»Authentisch« gilt als »ächt, hinlänglich verbürgt, angesehen«.⁴⁵ Diese Definitionen verdeutlichen, dass Authentizität nicht für sich einstehen kann, sondern eines Beweises bedarf, der die Echtheit authentifiziert und verbürgt. Vorausgesetzt wird jemand (ein Betrachter oder Leser), der Vertrauen in die Güte und Richtigkeit des Dokuments hat. Überdies wird Authentie mit ihrem Gegenteil zusammengebracht und von diesem abgegrenzt – der »Inauthenticity« und »Insincerity«.⁴⁶ In seiner Untersuchung *Sincerity and Authenticity* verweist Lionel Trilling darauf, dass Authentizität zunächst für die Echtheit von Objekten einstand und erst später auf Personen übertragen wurde: Das lateinische »sincerus« meint sauber, rein oder pur und stammt von »sine cera« (ohne Wachs), was auf den puren Honig verweist, der gänzlich vom Wachs der Bienenwabe bereinigt ist.⁴⁷ Pass und Passbesitzer, »Original« und »Fälschung« werden durch Passfälscher wie Oskar Huth in eine neue Relation gesetzt. Der falsche Pass authentifiziert das gefälschte Subjekt, Echtheit ist in diesem Sinne kein absoluter Begriff mehr, sondern ein dehnbares Phänomen.

IV. Pass und Kunst – ein Ausblick in die Gegenwart und zurück in die Vergangenheit

Seit vielen Jahren sind Grenzen und Geflüchtete, Pässe und ihre Fälschungen nicht nur im Blick der Politik und von Regierungen, sondern auch immer wieder von Künstlerinnen und Künstlern verhandelt worden: Flucht- und Migrationsbewegungen sind in Geschichte und Gegenwart häufig mit prekären Einreise-, Aufenthalts- und Arbeitsbedingungen verbunden. Das gilt vor allem für Geflüchtete und Asylsuchende. Sie sind zwar nach der Genfer Flüchtlingskonvention geschützt, doch bietet ihnen das Asylrecht verschiedener Ankunftsländer unterschiedlich hohe Hürden, die erst überwunden werden müssen. Und oft sind sie hierbei gezwungen, ihre Identitäten zu wechseln, ihre eigenen Papiere zu vernichten, sich ein neues Alter, einen neuen Namen, eine andere Religion und ein anderes Herkunftsland zu konstruieren, um als Verfolgte und anerkannte Asylsuchende akzeptiert zu werden.⁴⁸ Ausweispapiere entscheiden über den Status quo von Personen: Ausgestattet mit den »richtigen« Pässen können ihre Besitzer Landesgrenzen überqueren und sich an vielen Orten der Welt aufhalten. Politische Verfolgung liegt in Deutschland nach Art. 16 a GG dann vor, wenn der Person in ihrem Herkunftsland wegen ihrer Rasse, Reli-

---

45 Alle Definitionen aus Meyer's Conversations-Lexikon, Bd. 4, 2. Abteilung: Astronomische Beobachtungen – Baden. Hildburghausen u. a. 1844, S. 934.
46 Vgl. Rosenthal, Schäfer: Introduction (s. Anm. 41), S. 13.
47 Lionel Trilling: Sincerity and Authenticity. London 1972, S. 12.
48 Zu den »Sans papiers« siehe Horn: Der Flüchtling (s. Anm. 7), S. 24–28.

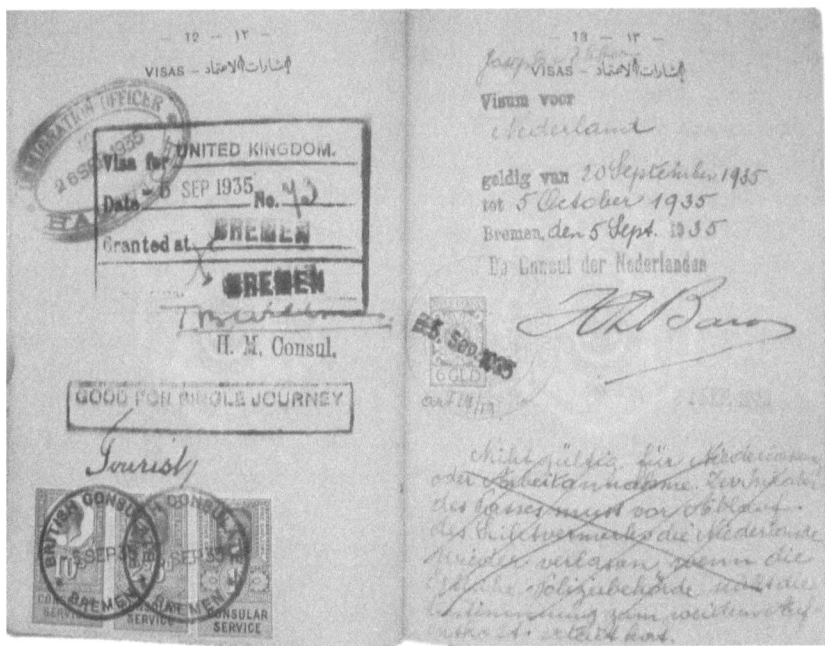

Abb. 6: Doppelseite aus dem Ägyptischen Reisepass von Jussuf Abbo, 1935.

gion, Nationalität, Zugehörigkeit zu einer sozialen Gruppe oder ihrer politischen Überzeugungen Verfolgung mit Gefahr für Leib und Leben droht.[49] Das Herkunftsland entscheidet also auch darüber, ob ein Asylantrag Aussicht auf Erfolg haben kann. Nicht zuletzt deshalb floriert in der gegenwärtigen Fluchtbewegung nach Europa der Handel mit gefälschten Papieren. Die Zahl der Geflüchteten, die bei ihrer Einreise falsche Angaben machen, sei signifikant gestiegen, hieß es im September 2015 – darunter viele »Syrer, die gar keine Syrer sind«[50]. Gefälschte Papiere existieren, weil Ausweisdokumente die Macht der Legitimation besitzen; Papiere legitimieren Personen und beglaubigen ihren Namen, Wohnsitz und ihre Staatsangehörigkeit.[51] Dies führt zu der Frage, was Pässe, ihre Fotografien und die in ihnen befindlichen Reisestempel oder Visa tatsächlich über eine Person aussagen. In der Exilforschung sind Pässe wie von Jussuf Abbo (Abb. 6) häufig Zeugnisse eines Lebens im Transit, sie verraten etwas über den Aufwand einer Ausreise, über Reisebewegungen, über erhaltene,

---

49 Vgl. Manfred Schmidt: Das Bundesamt für Migration und Flüchtlinge und der Wandel des Asylrechts. In: Stefan Luft und Peter Schimany (Hg.): 20 Jahre Asylkompromiss. Bielefeld 2014, S. 187–200; hier: S. 189.
50 Peter Dausend: Gefälschte Papiere. In: Die Zeit, Nr. 38, 17.9.2015. Online unter: http://www.zeit.de/2015/38/fluechtlinge-asyl-syrer-ausweise-faelschungen [abgerufen: 9.7.2018].
51 Vgl. Horn: Der Flüchtling (s. Anm. 7), S. 27.

verwendete und bisweilen auch ungenutzte Visa. Zugleich muss den Pässen ein Kontext erst gegeben werden, dann etwa, wenn auch Inhaltliches über die Reisen und die Aktivitäten zu erfahren ist.

In seiner Auseinandersetzung mit Formen des Selbstporträts beschreibt der Künstler Mikhail Karasik den Pass als »probably the most formal and featureless biography of a person«.[52] Gerade diese formalisierten und normierenden Angaben über den Besitzer lassen den Pass zum Ausgangspunkt eines künstlerischen Self-Makings werden. Pässe sind in Rirkrit Tiravanijas *untitled 2005 (passport)* (2005)[53] oder in *(Re)collection of Togetherness* (2007–ongoing) von Tintin Wulia etwas von den Künstlerinnen und Künstlern zu Gestaltendes. Wulia etwa stellt die Pässe in Handarbeit her, trägt die Insignien der Staaten mit goldener Farbe auf, schneidet das Papier zu, stanzt die Löcher für die Fadenbindung. Dabei werden in jeder Etappe dieses auf fortdauernde Erweiterung angelegten Projekts Anpassungen des Konvoluts vorgenommen, etwa, wenn Staaten nicht mehr existieren oder neue hinzukommen.[54] Der Pass ist – verändert durch Praktiken der Collage, Malerei, Zeichnung und Beschriftung – nicht mehr unveränderlich und behördlich »fixiert«. Vielmehr wird er zurückgebunden an das Individuum und seine Bedürfnisse von Zugehörigkeit. Zeitgenössische künstlerische Praktiken im Umgang mit Pässen können im Kontext einer (Kunst- und Kultur-)Geschichte der Pässe und ihrer Fälschungen gesehen werden. Zugleich bestimmen neue, auch digitale Verfahren die Pass- und Grenzregime wie biometrische Identitätskontrolle oder das »Racial Profiling«, das die Hautfarbe oder Gesichtszüge als Entscheidungsgrundlage für Personenkontrollen, Ermittlungen und Überwachungen heranzieht.

Zugleich werden mit den Mitteln der Gegenwartskunst und zeitgenössischer Ausstellungspraxis auch die historischen Kontexte von Pässen und Passfälschungen neu perspektiviert. Im National Holocaust Museum in Amsterdam fand 2017/2018 (30.10.2017–4.3.2018) die Ausstellung *Identity Cards and Forgeries. Jacob Lentz / Alice Cohn – Installation Robert Glas* statt. Die Schau bestand aus zwei Bereichen, die jeweils einer historischen Person gewidmet waren: Jacob Lentz verschrieb sich als niederländischer Beamter der Registrierung der Bevölkerung und stellte sich nach der Besetzung der Niederlande in den Dienst der nationalsozialistischen Besatzer.[55] Sein System der lückenlosen Er-

---

52 Mikhail Karasik: Self-Portrait. Ausst.-Kat. The State Russian Museum. Sankt Petersburg 2003, S. 27.
53 Abb. in: Rirkrit Tiravanika und Francesca Grassi (Hg.): Rirkrit Tiravanija. A Retrospective (tomorrow is another fine day). Ausst.-Kat. Serpentine Gallery. London 2005, S. 213.
54 Siehe dazu ausführlich Burcu Dogramaci: From no man's land. Heimat im Kontext von Ausweis und Ausweisen. In: Sigrid Ruby, Amelia Barboza u. a. (Hg.): Heimat zwischen Kitsch und Utopie. Köln, Wien 2019 (in Vorb.).
55 Jacob Lentz (auch Jacobus Lambertus Lentz) wird umfassend erwähnt in: Louis de Jong: Het Koninkrijk der Nederlanden in de Tweede Wereldoorlog. Bd. 5.1: Maart '41–Juli '42. 'S-Gra-

Die Kunst der Passfälschung 203

Abb. 7: Original eines niederländischen Personalausweises mit eingestempeltem »J«, datiert 9. September 1941.

fassung der Bevölkerung in einer Zentraldatei und der von Lentz entwickelte, 1941 eingeführte manipulationssichere Personalausweis können als bürokratische Voraussetzungen für die Identifikation, Verfolgung und Ermordung niederländischer Juden, Oppositioneller und Widerstandskämpfer betrachtet werden. Als besonders fälschungssicher galten die Ausweispapiere (Abb. 7), da sie gleich zwei Fingerabdrücke des Besitzers enthielten, wobei einer unter einer Schutzschicht versiegelt war. Auf der anderen Seite des Personalausweises war eine in das Papier eingearbeitete, gestempelte Fotografie angebracht, die strengen Richtlinien entsprechen musste, die Format, Größe des Porträts, Porträtansicht bzw. -Drehung des Kopfes mit sichtbarem Ohr betrafen. Eine identische

venhage 1974, S. 171, 446–458, 475, 531–534; siehe auch Jacques Presser: Ondergang: De vervolging en verdelging van het Nederlandse Jodendom 1940–1945. Soesterberg 1965/2013, Bd. 1: S. 61, 63, 161; Bd. 2: 57, 58, 83.

Abb. 8: Robert Glas: A portrait of Jacob Lentz, 2017, Ausstellungsansicht National Holocaust Museum, Amsterdam.

Kopie der Fotografie wurde in dem zentralen Melderegister verwahrt.[56] Der niederländische Künstler Robert Glas widmete sich in einem künstlerischen Forschungsprojekt dem »civil servant« Lentz und erarbeitete für die Amsterdamer Ausstellung mehrere multimediale Arbeiten. Grundlage waren drei Porträtfotografien, die Lentz zeigen und die Glas erst nach aufwendiger Recherche in verschiedenen Archiven fand. Damit konnte er dem Bürokraten, der für die niederländische Bevölkerung einen Ausweis mit Passbild eingeführt hatte und damit die Fotografie zum Kontrollinstrument erhob, ein Gesicht geben.

Für eine seiner Installationen (Abb. 8) ließ der Künstler die manipulationssichere Tinte nachmischen, die Lentz einst für seine Personalausweise hatte entwickeln lassen. Doch musste heute auf eine als besonders toxisch klassifizierte Komponente verzichtet werden. Mit dieser roten Tinte ließ Glas eine Porträtfotografie des niederländischen Bürokraten großformatig drucken. Da jedoch der giftige und vermutlich »fälschungssichere« Bestandteil der Tinte fehlte, verblasste das Rot des Porträts und verwandelte sich innerhalb weniger Tage in ein helles Grau. Ein Video, das dem ausgestellten Porträtdruck zur Seite gestellt ist,

---

56 Siehe dazu Robert Glas: Portfolio, S. 2, unter: http://www.robertglas.nl [abgerufen: 9.7.2018]. Ich danke Robert Glas für Informationen und die großzügige Überlassung von Bildmaterial. Ferner danke ich Annemiek Gringold, Kustodin am National Holocaust Museum, die mir über die Konzeption und Genese der Ausstellung berichtete und mir den Kontakt zu Robert Glas und Evelyne Bermann vermittelte.

zeigt diese Veränderung.⁵⁷ Die Installation verdeutlicht, wie wehrhaft Lentz' Tinte noch in der Gegenwart erscheint, da sie kaum zu fälschen ist und Manipulationsversuche sofort kenntlich macht.

Dass auch ein manipulationssicheres System wie der niederländische Persoonsbewijs Fälschungsversuche provozierte, zeigt der zweite Teil der Ausstellung. Dieser widmet sich Alice Cohn, einer jungen Künstlerin und Passfälscherin im Widerstand gegen die Nationalsozialisten. Cohn hatte in Breslau eine Schreinerlehre absolviert mit einem Schwerpunkt auf Intarsien-Arbeiten, zudem Zeichenunterricht an der Kunstgewerbeschule erhalten.⁵⁸ Ihr Ziel war es eigentlich, Innenarchitektin zu werden. Doch 1933 wurde Cohn als Jüdin aus der Handwerker-Innung ausgeschlossen, ein Architekturstudium war fortan nicht mehr möglich. An der Berliner Reimann-Schule studierte sie Grafik und Schaufensterdekoration und unterhielt bis 1936 ein eigenes Atelier in Breslau. Dann emigrierte sie in die Niederlande. Nach der Besetzung begann Cohn erstmals mit dem Fälschen von Ausweispapieren und führte diese Fälschungen auch noch weiter, als sie 1943 in Utrecht untertauchte. Im Versteck manipulierte sie die von Lentz als fälschungssicher eingeführten Personalausweise. Sie eliminierte oder veränderte Nummern und Buchstaben. Fotografien wurden ausgetauscht, Stempel und Unterschriften retuschiert und nachgeahmt. Somit konnten gestohlene und auf dem Schwarzmarkt erworbene Personalausweise bei Kontrollen nicht mehr identifiziert und ihre neuen Besitzer nicht überführt werden. Das eingestempelte J für »Jude/Jood« ließ sich auch chemisch nicht entfernen. Musste trotzdem ein solcher Ausweis verändert werden, arbeitete Cohn in Intarsientechnik (Abb. 9). Die oberste Papierlage mit dem J wurde herausgeschnitten, ein passendes Teil aus dem Hintergrundmuster eines anderen Ausweises in der exakten Form eingeklebt. (Diese Ausweise waren nur für eine oberflächliche Kontrolle geeignet.) Während Cohn zunächst die Stempel einzeln mit der Hand nachgezeichnet hatte, konnte sie mit der Zeit unzählige Vorzeichnungen von Städtesiegeln und Stempeln der NS-Besatzer herstellen, von Hand in Originalgröße mit Tusche auf Transparentpapier gezeichnet (Abb. 10). Davon wurden durch ein Mitglied der kleinen Widerstandsgruppe Metallclichés und Gummistempel angefertigt.⁵⁹ Auf diese Weise konnte eine größere Zahl an Fälschungen bewältigt werden, die besonders für die Freistellungen von der Zwangsarbeit benötigt wurden. Bei dieser Arbeit konnte Cohn auf ihre künstlerische Ausbildung als Grafikerin und ihre handwerklichen Fä-

---

57 Siehe dazu Robert Glas: Portfolio (s. Anm. 56), S. 5.
58 Alice Cohn war die erste Frau im Schreiner-Verband. Siehe Evelyne Bermann: Von Breslau nach Schaan. Alice Bermann-Cohn 1914–2000. Ein engagiertes Frauenleben in stürmischer Zeit. Schaan 2014, S. 12. Ich danke Evelyne Bermann, der Tochter von Alice Cohn, für ihre Unterstützung und umfassende Informationen.
59 Vgl. Bermann: Von Breslau nach Schaan (s. Anm. 58), S. 34–38.

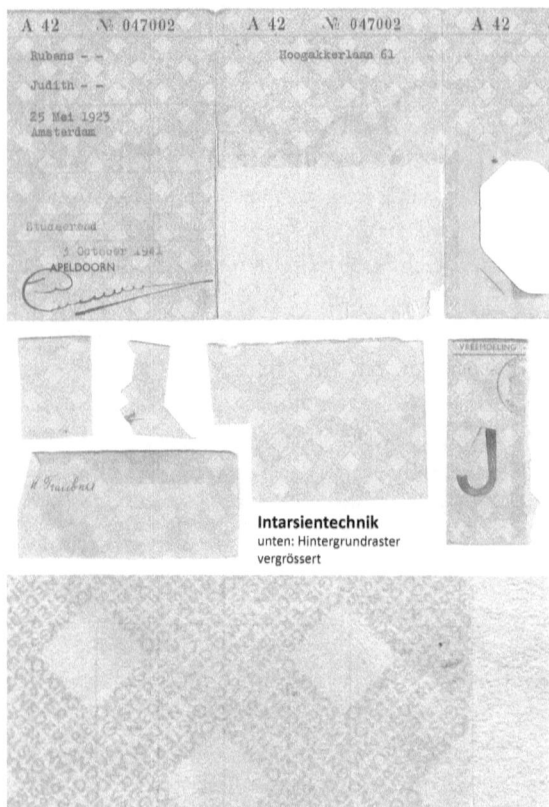

Abb. 9: Alice Cohn: Intarsienarbeiten zur Veränderung von Personalausweisen, 1940er Jahre.

higkeiten in der Feinarbeit mit Intarsien aufbauen, die ebenfalls Präzision und Augenmaß erforderte. Cohn arbeitete als Mitglied eines kleinen konspirativen Netzwerkes und fälschte eine große Zahl an Ausweisen, Lebensmittelmarken, Bewilligungen zur Benutzung von Verkehrsmitteln, Freistellungen von Zwangsarbeit. Sie war insbesondere auch Expertin darin, fremde Unterschriften zu fälschen, sie in einem Zug nachzuschreiben, wodurch diese besonders echt wirkten. Durch ihre Arbeit überlebten nicht nur verfolgte Juden, sondern auch Personen, die zum Arbeitseinsatz nach Deutschland gebracht werden sollten.[60] Auch andere Mitglieder des holländischen Widerstands wurden dadurch ge-

---

60 Auch Alice Cohn selbst überlebte unter dem falschen Namen Jules Goedman die Zeit der Besatzung. Cohn lebte seit 1947 in Liechtenstein, verheiratete Alice Bermann-Cohn, wo sie im Jahr 2000 verstarb. Vgl. Bermann: Von Breslau nach Schaan (s. Anm. 58), S. 6f. Alice Cohn wurde postum am 30.10.2017 durch die Internationale Jüdische Organisation B'NAI B'RITH als Retterin im Holocaust ausgezeichnet. Information von Evelyne Bermann in einer E-Mail an die Verf., 15.4.2018.

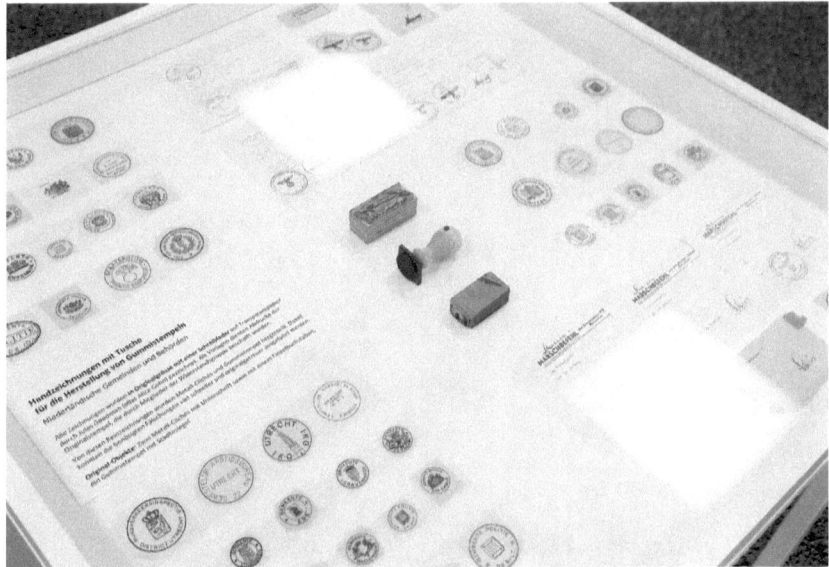

Abb. 10: Ausstellung zu Alice Cohn in domus. Museum Galerie, Schaan / Liechtenstein, 2014: Vitrine mit Zeichnungen für die Herstellung von gefälschten Stempeln.

schützt. Die Ausstellung im National Holocaust Museum zeigte umfangreiche Materialien aus ihrer Tätigkeit als Fälscherin im Widerstand gegen die nationalsozialistischen Besatzer, darunter abgepauste Unterschriften auf Transparentpapier, Vorlagen zur Herstellung der Stempel, Papierausschnitte, gefälschte und »echte« Ausweise.

In der Dramaturgie der Ausstellung, die sich in zwei Raumachsen entwickelte, wurden der niederländische Bürokrat Jacob Lentz und die in den Niederlanden Exilierte Alice Cohn zu Antagonisten. Dabei wurden auch zwei verschiedene Konzepte der Repräsentation gewählt. Auf der einen Seite steht der Kollaborateur Jacob Lentz, der Thema einer komplexen künstlerischen Reflexion ist, die nach den Beziehungen zwischen Administration, Überwachung und Verfolgung fragt. Der Künstler Robert Glas blickt explizit aus der Gegenwart auf das monströse Werk eines Beamten im Dienste seiner Profession, indem er mit den künstlerischen und technischen Mitteln unserer Zeit wie Doppelprojektion, Video und Audiospur operiert. Auf der anderen Seite werden Alice Cohn und ihre Arbeiten im Detail mit den Mitteln einer klassischen Museumsausstellung mit Vitrinen und erklärenden Tafeln vermittelt (Abb. 11). Diese Form der Repräsentation breitet das Handwerkszeug und die komplexen Techniken der Fälschung vor dem Auge der Betrachtenden aus und entreißt Cohns Arbeit damit der Unsichtbarkeit: Denn das Werk der Ausweisfälscherin war dann gelungen, wenn es nicht auffiel.

Abb. 11: Ausstellung *Identity Cards and Forgeries. Jacob Lentz / Alice Cohn – Installation Robert Glas.* Ausstellungsteil zu Alice Cohn im National Holocaust Museum, Amsterdam.

Die Ausstellung stellt die Frage, welchen Anteil »unschuldige« Materialien wie Tinte oder Papier, technische Erfindungen wie die Fotografie, amtliche Vorgänge wie ein Melde- und Registrierungsverfahren und schließlich auch der Beamte Jacob Lentz an den nationalsozialistischen Verbrechen in den Niederlanden hatten. Zugleich zeigt die Ausstellung, dass auch in einem scheinbar perfekten Erfassungs- und Überwachungssystem Möglichkeiten widerständigen Handelns existierten. Die Zivilcourage von Alice Cohn und ihre Arbeit als Fälscherin mit künstlerischer Vorbildung retteten vielen Menschen das Leben.

Die in diesem Beitrag vorgestellten Überlegungen zu Fälschern von Pässen, Ausweispapieren oder Lebensmittelkarten in der Zeit des Nationalsozialismus zeigten auf, dass Maßnahmen zur Abwehr von Fälschungen neue Versuche der Manipulation nach sich zogen. Die manipulierten Papiere halfen Verfolgten, konnten ihnen zumindest auf Zeit das Überleben sichern oder die Ausreise ermöglichen. Einige der Fälscher waren Künstlerinnen und Künstler, und ihre Ausbildung verhalf ihnen zu besonderen Fähigkeiten, die für die Fälschungen grundlegend wichtig waren, so etwa das Kopieren, die Montage oder die Intarsienarbeit. Mit der Veränderung der Fotografien, der Namen und Stempel musste der zukünftige Ausweisbesitzer auch eine neue Identität annehmen und damit sein Selbst an die Angaben im Dokument annähern. Erst die Metamorphose auf dem Papier *und* der Person ermöglicht die Täuschung. (Künstlerische) Fälschung, Manipulation und identitäre Transformation sind damit wichtige, bislang noch zu wenig beachtete Kategorien einer kunst- und kulturwissenschaftlichen Auseinandersetzung mit Exil- und Fluchtgeschichte.

Bildnachweis:
Abb. 1: In: Ulrich Pfisterer und Valeska von Rosen (Hg.): Der Künstler als Kunstwerk. Selbstporträts vom Mittelalter bis zur Gegenwart. Stuttgart 2006, S. 165; Abb. 2: In: Peter Junk und Wendelin Zimmer: Felix Nussbaum. Leben und Werk. Köln 1982, S. 111; Abb. 3: Gedenkstätte Deutscher Widerstand, Sammlung Hirschfeld; Abb. 4: In: Oskar-Huth-Gesellschaft: Für den Fall der Nüchternheit. Almanach zum 60. Geburtstag von Oskar Huth. Berlin 1978, S. 14; Abb. 5: © Privatbesitz/Reproduktion Gedenkstätte Deutscher Widerstand; Abb. 6: © Estate of Jussuf Abbo; Abb. 7: Privatarchiv Evelyne Bermann: Nachlass Alice Bermann-Cohn; Abb. 8: Foto: Tom Janssen. Courtesy of the artist; Abb. 9: Privatarchiv Evelyne Bermann: Nachlass Alice Bermann-Cohn; Abb. 10: Foto: Eddy Risch. Privatarchiv Evelyne Bermann: Nachlass Alice Bermann-Cohn; Abb. 11: Foto: Monique Kooijmans.

Charlton Payne

Style and Index
Viktor Shklovsky's Defamiliarization of Identity in the Age of Statelessness

More than simply the documental recognition of preexisting individual persons, passports represent acts of documentation that make individuals and nations into realities. And yet those realities rest on shaky foundations. In the twentieth century, both the legal protections and the sense of belonging which citizenship was supposed to guarantee for individuals were radically disputed by the redrawing of national borders, the displacement of millions of persons, and the emergence of statelessness. These unsettling phenomena of modern political life have, in turn, revealed the very instability of signifiers of identity as such and thereby exposed limitations in the ways that nation-states determine citizenship and protect the rights of persons. Nowhere does the desire to document the identity of persons and the referential instability upon which citizenship is based appear in a more condensed form than in the passport, one of the modern nation-state's most prevalent instruments of governmental identification.

The possibility of becoming stateless ushered in a radical rethinking of signification and reference. During the massive displacements of the twentieth century, the signifying conventions that had been established for the sake of ordering persons within nation-states proved insufficient to represent all persons and populations. Signifiers of national identity and citizenship are represented in a condensed and portable form in the passport; and yet, the passport system has also left some persons undocumented, namely irregular migrants and travellers as well as those without a nation-state willing to guarantee their citizenship. An unmooring of referential certainty in the age of statelessness has, in turn, led to a greater scrutiny of our signifying conventions. In its early phases (and still to this day) that scrutiny is directed at the very question of how we identify the traces of the human being in an age obsessed with officially documenting the identities of persons yet plagued by the insufficiencies of the techniques by which we do so.

I want to examine the relationship between statelessness and the semiotic uncertainty of documented identity it exposes by focusing on literary (-theoretical) articulations of the tension between style and reference. For some authors, as I wish to show in what follows, literary style is an expression of a distinct human being in a world in which there is no place for mere human beings ever since modern politics came to operate on the assumption that every human being is born as a citizen of a particular nation-state. National languages and literatures, as well as birth records and identity documents, are all institutions with the aim of creating national identities and governing them in accordance with principles of national sovereignty. Yet my examples show that to be human means to be able to speak otherwise and live with the possibility of signification without reference, as well as the doublings and instabilities our techniques of identification engender, which ultimately thwart the desire for documental certainty encapsulated in the passport. Writers have seized upon this doubleness of language to defamiliarize our perceptions of the world by highlighting the representational conventions we use to establish reference in political life.

I therefore want to return to the highly influential theory and poetics of defamiliarization, seminally formulated by the Formalist theorist Viktor Shklovsky during the displacements of the First World War and the Russian Revolution, to look at how they form a counterpoint to the identification regimes of nation-states. Shklovsky's poetics of defamiliarization not only articulate suspicion towards the medial and semiotic presuppositions of documented national identity but also seek to disrupt the bureaucratic habits of perception to which documental identification gives rise. In a world in which every person is expected to live as the citizen of a nation-state, the stateless person is the human being without a place in the world. This doubling of persons into nationals and human beings brings about a cognitive dissonance, as it were, of semiotic reference, and not only for those who find themselves abroad without a passport, but even for bearers of valid identity papers, who might find themselves wondering who is this person referred to in the passport in the first place? With the consolidation of a regime of standardized identity documents in the twentieth century, the question about how to adequately represent the human being who is imperiled by the at best reductionist and at worst distorted representations brought into being by governmental identity regimes has been raised on the register of literary style. Style, according to authors such as Joseph Roth, Hannah Arendt, and above all Viktor Shklovsky, is where the defamiliarization of reference takes place.

Style Guides

As a subset of *elocutio* in the rhetorical tradition, style describes the verbal shape of a text – i. e. how a subject-matter is represented in language. According to the rhetorical principle of the *aptum*, certain types of speech are appropriate to specific occasions or the social status of a speaker. Style in the rhetorical tradition is about how ideas are embodied in language and customized to a communicative context. Over time, these rhetorical designations have given way to the view of style as the striking features of a text or the hallmark of a particular writer's way of writing.

Questions of style have therefore shifted from a concern with adhering to proper conventions of speech and genre to reflecting on and sometimes even breaking with them. Two recent scholarly interventions in particular serve as valuable guides for helping us draw connections between literary style, the representational regimes of nation-states, and the experience of displacement. In these accounts, style is connected to a linguistic act of doubling over and against a given content, mode of existence, or type of speech. It is through this act of doubling in language that writers articulate a critical consciousness vis-à-vis their subject matter and find alternative voices to signifying conventions and widely accepted accounts of imagined communities.

For example, Rebecca Walkowitz has singled out a transnational strand within modernism that deploys literary devices to articulate a cosmopolitan consciousness vis-à-vis the nation-state. Walkowitz's model draws on the notion of style as the way a writer articulates an attitude, stance, posture, and self-consciousness. For instance, she describes how Joseph Conrad, the non-native English speaker who adopted English as his literary language, puts adaptability and naturalness itself on display. The stance Conrad develops towards his depictions of cosmopolitan scenes of international travel and colonialism, in the interplay between his author comments (both public and private) and the narratives he pens, emphasizes that British norms of culture and perspective are produced through purposeful imitations. By writing for effect, Conrad exposes characteristics held to be distinctively British as products of social processes. In similar confrontations with cultural conventions, Joyce, Woolf, Sebald, and Ishiguro deploy literary style, Walkowitz argues, »to generate specific projects of democratic individualism, on the one hand, and of antifascism or anti-imperialism, on the other,« reflecting »both a desire for and an ambivalence about collective social projects«[1]. Cosmopolitan style, in Walkowitz's sense, expresses a critical consciousness vis-à-vis the presuppositions of belonging and the representational norms which shape the lives of citizens of nation-states.

Lyndsey Stonebridge, on the other hand, has identified the elements of a »refugee style« in Hannah Arendt's seminal essay »We Refugees« from 1943. Writing as a stateless person in exile in New York, Arendt articulates a scathing critique of Jews whose desperate efforts to assimilate at all costs were exposed as both conformist and futile after the National Socialists made them into stateless refugees. But more fundamentally, Stonebridge points out, Arendt's essay is about how a person deals with »being echoed in a category not of one's mak-

---

[1] Rebecca L. Walkowitz: Cosmopolitanism Style. Modernism Beyond the Nation. New York 2006, p. 4.

ing«[2]. Arendt performs a doubling of voice to articulate both a poignant analysis of a new category of political life – the stateless person – and a »fierce protest against the condition of statelessness«[3]. A distancing and doubling of refugee voice is evident in the simultaneous use and disavowal of the category of the refugee as a modifier of the first-person-plural pronoun in the essay's title. The person speaking of and as »we refugees« is displaced from the outset: it is a highly paradoxical utterance from the standpoint of those who, having been stripped of citizenship, and hence of the right to have rights, have no standpoint from which to speak and act in society. Stonebridge emphasizes the slippage between an asserted and disavowed identity ascription in the essay's first line: »In the first place, we don't like to be called ›refugees‹«[4]. Arendt's linguistic disavowals double as an irony that enacts the difficulty not only of how to adequately describe but even enunciate the predicament of stateless persons: »Apparently nobody wants to know that contemporary history has created a new kind of human beings – the kind that are put in concentration camps by their foes and in internment camps by their friends«[5]. If we try to follow the logic of the modifier »apparently« in Arendt's poignant observation, we see that refugee style is a form of indirect speech that alternates, through a parroting, citational iteration, between uncomfortable self-evident truths and the exposure of political illusions and historical denial.[6] By enacting the uncertainty of a stable point of reference within the syntax of a constative utterance about the new category of human beings brought about by statelessness, Arendt's trenchant observation thereby highlights the unstable relationship between object of description and mode of expression, between reference and style, in the age of political displacement.

In the following remarks, which I consider to be a continuation of this discussion about the relationship between modernist writing and political community, I connect the political implications of style explored by Walkowitz and Stonebridge to the medial conditions of regimes of identification. In particular, I call attention to the passport as an expedient semiotic device deployed by the bureaucracies of nation-states, in their efforts to identify their citizens and police their borders, and the influential role it has had for writers in the twentieth century, as they sought to rethink literary signification and socio-political reference in an era in which political existence has been shaped by passports as well as undocumented and stateless persons. Shklovsky's work in particular explores

---

[2] Lyndsey Stonebridge: Refugee Style: Hannah Arendt and the Perplexities of Rights. In: Textual Practice 25.1 (2011), p. 71–85, here: p. 75.
[3] Stonebridge: Refugee Style (see fn. 2), p. 72.
[4] Hannah Arendt: We Refugees. In: Altogether Elsewhere. Writers on Exile. Ed. by Marc Robinson. Boston, London 1994, p. 110–119; here: p. 110.
[5] Arendt: We Refugees (see fn. 4), p. 111.
[6] Stonebridge: Refugee Style (see fn. 2), p. 74.

the doublings of critical consciousness in his reflections on the function of stylistic devices in plot construction. As I will show, his poetic concepts were formulated while trying to depict the displacements of the time as a fugitive and refugee of the Russian Revolution. But before turning to his theory of defamiliarization, it is necessary to revisit the ways in which the passport system itself has struggled with the instability of reference since its emergence as an international instrument for governing the identities and movements of persons.

Supplementing the Passport

Stateless persons are living proof of the deficiency of the representational regime underlying the passport system. When, in 1920, the League of Nations appointed the Norwegian explorer Fridtjof Nansen as the first High Commissioner for refugees, they ushered in the era of international refugee administration. The »Arrangement of 5 July 1922« created the Nansen Passports, the first documents introduced to provide some sort of documentation for stateless persons, as a supplement of regular passports. According to this arrangement, participating governments could issue these supplementary passports without granting citizenship rights to the bearer. Nansen passports were first issued to refugees from Russia, millions of whom were de-nationalized by the Bolsheviks in 1922; later, they were extended to Armenians as well. The »Agreement of 30 June 1928« gave the High Commissioner for Refugees the authority to perform consular activities, such as certifying identity, for refugees. Non-binding at first, the agreement was codified into international law in the 1933 Convention on Refugees.

And yet the supplementary function of the Nansen passport reveals the insufficiency and irregularity at the heart of documented citizenship. This is because the passport harbors an indelibly symbolic dimension. In the terms of Charles Peirce's semiotics, the passport is an assemblage of iconic, indexical, and symbolic signifiers – a picture (iconic), biometric data and a signature (indexical), but also the authenticating stamps and seals of the issuing authority (symbolic).[7] Despite all efforts by the policing administrations of nation-states to attribute a semiotic wholeness to the passport and vest it with the authority of an indexical signifier, the passport simply cannot be the index of a person's individual identity. Its powers of signification are always haunted by a reminder that the signifiers of national identity are ultimately unmotivated conventions. This symbolic element of documental identity, to return to Peirce's term, is the

---

7 Charles S. Peirce: A Sketch of Logical Critics. In: Peirce Edition Project (ed.): The Essential Peirce Selected Philosophical Writings. Vol. 2 (1893–1913). Bloomington, Indianapolis 1998, p. 451–462; here: p. 460–461.

effect of a discursive displacement, a deictic shift that is codified in and as the conventions of an identity document.

It is this rhetorical shift underlying documental authority that writers have subjected to critical scrutiny. For instance, in a short article written for the newspaper *Der Neue Tag* in 1919, titled »Die Kugel am Bein,« Joseph Roth criticizes the reduction of the identity of a person to a citizenship represented on paper. »The passport« (»der Paß«), Roth sardonically states:

> doesn't even reveal my home country. It only verifies that sort of home country that is represented by police, district administration, and a magistrate and is not at all a homeland but a concept drowned in stamps: Citizenship. [...] The passport does not verify that I – am I. It verifies that I am just some I. That I am a citizen.
> verrät nicht einmal meine Heimat. Er konstatiert nur jene Sorte von Heimat, die durch Polizei, Bezirkshauptmannschaft, Magistrat repräsentiert wird und keine Heimat ist, sondern ein papierener, stempelbesäter Begriff: Staatsbürgerschaft. [...] Der Paß beweist nicht, daß ich – ich bin. Er beweist, daß ich irgendein Ich bin. Daß ich Staatsbürger bin.[8]

Roth was concerned that modern state bureaucracies were creating entire citizenries on paper which had little basis in the lived realities of the persons that identity documents were supposed to represent. Like Arendt, who, as Stonebridge points out, over twenty years later expresses her own concern with what it means to articulate a voice when one is »echoed in a category not of one's making«[9], Roth voices his unease with the emergence of an official identity which does not seem to correspond with his own sense of who he is and where he belongs.

Shklovsky's Defamiliarization as a Response to Documental Identification

Viktor Shklovsky (1893–1984) became a leading purveyor of Russian Formalism with his poetics of »ostranenie«, a neologism which I will refer to in translation as defamiliarization, though it is often translated as »alienation,« »estrangement,« or even »enstrangement.«[10] In the essay »Art as Device,« originally published in 1917 and later reprinted in *Theory of Prose*, Shklovsky defines de-

---

8 Joseph Roth: Die Kugel am Bein [1919]. In: Werke I: Das journalistische Werk (1915–1923). Ed. by Klaus Westermann with a foreword by Fritz Hackert and Klaus Westermann. Cologne 1989, p. 145–148; here: p. 147. The translation is mine.
9 Stonebridge: Refugee Style (see fn. 2), p. 75.
10 See Benjamin Sher's translator's introduction in Viktor Shklovsky: Theory of Prose [2nd Edition, 1929]. Trans. by Benjamin Sher. Champaign, London 1990, p. xviii-xix.

familiarization as a technique or method for »seeing things out of their usual context«[11]. By transferring »an object from its customary sphere of perception to a new one«, this technique aims to disrupt our habitual ways of seeing the world. Defamiliarization is for Shklovsky »the very hallmark of the artistic«: art removes an object »from the domain of automatized perception«, causing the observer or, in the case of poetic language, the reader, to dwell on it.[12] Svetlana Boym, one of the leading interpreters of Shklovsky's poetics, points out that the *stran* in *ostranenie* is the root of the Russian word for country, *strana*. In this sense, *ostranenie* can also entail dislocation, an aspect underscored by Shklovsky when he refers to Aristotle's notion that poetic language has the character of something foreign.[13] It is precisely this link between artistic technique and political displacement that I want to explore in Shklovsky's writings.

At the same time that he was formulating these central concepts of Russian Formalism, Shklovsky had a brief but tumultuous political career. He fought in the First World War, was awarded the Georgian Cross for his bravery, and was severely wounded. Though he supported the February Revolution, he did not initially embrace the events of the October Revolution of 1917. He joined the Socialist Revolutionary Party in 1918, which voted against the dispersal of the Constitutional Assembly by the Bolsheviks. He then became one of the organizers of an anti-Bolshevik coup. Facing the threat of being arrested for his political activities, he went into hiding throughout Russia and the Ukraine and, after being implicated in the trial of prominent Socialist Revolutionaries in the summer of 1922, he first fled to Finland and then on to Berlin, where he did not stay for long. In 1923 he was able to negotiate his return to the newly formed Soviet Union in Russia.

Shklovsky recorded his experiences during this tumultuous period of revolution and civil war in his experimental autobiographical novel *A Sentimental Journey: Memoirs, 1917–1922*.[14] The text was published in Russian in 1923 while Shklovsky was living in exile in Berlin. As the title suggests, Shklovsky's writing was greatly influenced by Laurence Sterne's *Sentimental Journey*, particularly Sterne's digressive style.[15] Shklovsky's *Sentimental Journey* consists of two sections. The first section, »Revolution and the Front,« recounts, in a rela-

---

11 Viktor Shklovsky: Art as Device. In: Theory of Prose (see fn. 10), p. 1–14; here: p. 9.
12 Shklovsky: Art as Device (see fn. 11), p. 12.
13 Shklovsky: Art as Device (see fn. 11), p. 12; Svetlana Boym: Estrangement as Lifestyle. Shklovsky and Brodsky. In: Poetics Today 17.4 (1996), p. 511–530; here: p. 515.
14 Viktor Shklovsky: A Sentimental Journey. Memoirs, 1917–1922 [1923/1970]. Trans. by Richard Sheldon. Champaign, Dublin, London 2012 [2nd Edition].
15 Sterne's novel even includes a significant passport episode during Yorick's stay in Paris. For an analysis of this episode in Sterne's text, see Jesper Gulddal: Porous Borders: The Passport as an Access Metaphor in Laurence Sterne's A Sentimental Journey. In: symplokē 25.1–2 (2017), p. 43–59.

tively straightforward manner, his impressions of events from the February Revolution to the occupation of Persia in 1917. The second part, »Writing Desk«, is a more experimental and self-reflective account of his effort to write about the period of his anti-Bolshevik activities, his search for refuge in the Ukraine, and his work on literary theory from 1918–1922. *A Sentimental Journey* was republished after his return in the Soviet Union in 1924 and 1929. Due to its critical depictions of the Bolsheviks, Part One was omitted from the 1924 edition and Part Two was greatly abridged.

Shklovsky's »Writing Desk« opens with him starting to write, on May 20, 1922 in Raivola, Finland, about his experiences of the previous years. During those years, in which he conducted clandestine operations for the party of the Socialist Revolutionaries, he had made himself a target of the Bolsheviks. Shklovsky's narrative unfolds on (at least) two levels: one is the verbal expression of the reflections of the exiled writer recalling events in the first-person (»I'm starting to write on May 20, 1922 in Raivola«) while on a second narrative level the remembered events unfold, though not chronologically, but rather digressively and associatively. The figure of the writing desk, which is also a leitmotif throughout this part of the book, lays bare both the device and the process of writing itself.[16] The narrative is interspersed with reflections, such as the following remark on the outcome of the Revolution: »And, like a closed circle, everything returned to its former place. / Only the ›places‹ no longer existed«.[17] This perspective on the Revolution reflects an iterative structure of perception in which things (people, institutions) are caught up in a repetition – they return to their former place – with the difference that those places no longer exist. In Shklovsky's sentence, that iterative structure of places returning to their now absent former places is marked by the enclosure of the word »place« in quotation marks in its second appearance in the sentence. The placement of the word »place« within quotation marks enacts a displacement within the syntax of a sentence describing the political displacements of the time.

Indeed, such ironic turns of phrase constituted by repeated iterations are not only a striking feature of Shklovsky's text but also a central tenant of his poetics of defamiliarization. Another example is when our narrator-writer qualifies at the outset his regrets for getting involved in the Revolution. The attribution of motives for human action and the assessment of the morality of those actions – traditional narrative fodder – are countermanded by Shklovsky's assertion that he and the other protagonists were moved by external forces. Here the contra-

---

16 For more on this procedure of laying bare the device and reflective digression in the wider context of Formalist poetics, see Aage A. Hansen-Löve: Der russische Formalismus. Methodologische Rekonstruktion seiner Entwicklung aus dem Prinzip der Verfremdung. Vienna 1978, p. 563–565.
17 Shklovsky: A Sentimental Journey (see fn. 14), p. 142.

dictory paratactic repetitions confront the reader with a startling and insurmountable difference that interrupts the narrative flow. These are examples of what Shklovsky refers to as the device of parallelism, which plays a central role in his theory of defamiliarization. Shklovsky's poetics of parallelism, I will now show, emerged out of his own encounters with the doublings brought about by the passport system's ghostly iterations of personal identity.

We are transposed to a second narrative level when Shklovsky flashes back to his return to Petersburg from northern Persia in January 1918. After the dissolution of the Constituent Assembly and Russia's withdrawal from the war, Russian society was in turmoil as warring political factions fought for control over the institutions of the state. He likens his return to Petersburg at this time of civil war to falling into a hole, a chaotic vacuum, in which »there was no regular life of any kind, only wreckage«[18].

Shklovsky's first mention of a passport seems to refer to him being issued an official passport by the authorities at the »commissariat« in St. Petersburg.[19] But shortly thereafter, he found out that, due to his ties to organizations opposed to the Bolsheviks, the Cheka, the Bolshevik secret police force, was looking for him,[20] and the fugitive Shklovsky began using fake documents to elude them. He travelled, for instance, to the southwestern Russian city of Saratov carrying false documents, where he lived clandestinely for some time before moving on to the Russian town of Atkarsk and assuming the identity of a machinist (although he admits that he identified rather with the shoemakers with whom he worked repairing old shoes and other scraps declared rubbish).

Shklovsky reports that he was writing an essay on »The Connection between Plot Devices and General Stylistic Devices« around the same time that he became a fugitive. According to Richard Sheldon's editorial notes to the English publication of *A Sentimental Journey*, this essay was published in 1919 and reprinted in *Theory of Prose* in 1925.[21] While he was writing this essay, the Bolsheviks shot several of his comrades as well as his brother. At this juncture, his reflections on connections between plot and stylistic devices appear in practice as the question of how to write his own memoir of these tumultuous events. The act of reporting his brother's death becomes an occasion for him to raise the narrative question of what motivated his brother to become a protagonist, asking »Why did he fight?« And in a textbook example of laying bare a narrative device, Shklovsky immediately draws attention to his own effort to create pro-

---

18 Shklovsky: A Sentimental Journey (see fn. 14), p. 134.
19 Shklovsky: A Sentimental Journey (see fn. 14), p. 144.
20 Shklovsky: A Sentimental Journey (see fn. 14), p. 147.
21 Viktor Shklovsky: The Relationship between Devices of Plot Construction and General Devices of Style. In: Theory of Prose (see fn. 10), p. 15–51.

tagonists in his narrative by finding explanations for what motivated them to act as they did:

> Why did he fight?
> I haven't said the most important thing.
> We had heroes.
> And you and I are people. So I'm writing about what kind of people we were.[22]

As part of laying bare the plot device of characterization here, he emphasizes that protagonists, even heroic ones, are people with whom readers identify and that it is therefore necessary to give them recognizably human attributes. Yet Shklovsky submits this presumption of identification, recognition, and similarity to closer scrutiny in different scenes in his autobiographical novel. An identification of narrators and readers with protagonists cannot simply be taken for granted when the very identities of persons have become a contested battlefield of politics, even a matter of life and death, in spheres of (inter-)action populated by doubles and specters.

Shklovsky's device of plot formation here is, therefore, more precisely a case of parallelism, to use a term out of the vocabulary he developed in the aforementioned essay on style and plot formation that he tells us he was writing at the time. In that essay, Shklovsky dedicates several pages to explaining the importance of the stylistic device of parallelism in the construction of plot. Parallelisms help create what Shklovsky calls »differential perceptions« – impressions of »slight aberrations from the norm in the choice of expressions«, repetitions and doublings that make us aware of a deviation from a linguistic norm.[23] Parallelisms are examples of doubling and speaking otherwise, stylistic features that we see later put to use in Arendt's writing about the condition of statelessness in the 1940s and her celebration of a tradition of secularized Jews she refers to as conscious pariahs.[24] For Shklovsky, parallelisms have a referent, but that referent is an affective sensation of difference by the observer:

> Whenever we experience anything as a *deviation* from the ordinary, from the normal, from a certain guiding canon, we feel within us an emotion of a special nature, which is not distinguished in its kind from the emotions aroused in us by sensuous forms, with the single difference being that its »referent« may be said to

---

22 Shklovsky: A Sentimental Journey (see fn. 14), p. 147.
23 Shklovsky: The Relationship between Devices of Plot Construction and General Devices of Style (see fn. 21), p. 21.
24 As Svetlana Boym points out: »Shklovsky's parallelisms hesitate among irony, analogy, and allegory, all of which are rhetorical figures based on doubleness, double entendre, or speaking otherwise.« And she sees in both Shklovsky and Arendt a similar valorization of estrangement as a device of critical consciousness and conscience. Boym: Poetics and Politics of Estrangement. Victor Shklovsky and Hannah Arendt. In: Poetics Today 26.4 (2005), p. 581–611; here: p. 589.

be a perception of a discrepancy. What I mean is that its referent stands for something inaccessible to empirical perception.[25]

Shklovsky's account of his experience as a fugitive (/refugee) using fake passports to elude his political enemies provided subject matter for his reflections on parallelism in the formation of plot. In his account, doubles are the product of the duplicities and bifurcations that emerged in response to the Bolsheviks' administrative policing apparatus. He describes parallel uncertainties with regard to his assumed identity vis-à-vis the Cheka as well as his own sense of self. A bifurcation occurs in the encounters between the false-passport-carrying protagonist Shklovsky with the Cheka. He recalls being able to »convincingly« answer their questions about his identity, such as »who are you, what did you do before the war, during the war, between February and October, and so on« as well as his occupation as indicated on the passport he was bearing.[26] Yet, the parallel identity that his fake passport allows him to assume vis-à-vis the governmental authorities even induces a certain pleasure in deceptive loss of self:

> It's pleasant to lose yourself. To forget your name, slip out of your old habits. To think up some other man and consider yourself him. If it had not been for my writing desk, for my work, I would never again have become Viktor Shklovsky. I was writing a book, *Plot as a Stylistic Phenomenon*. To transport the books I needed for references, I had unbound them and divided them into small parcels.[27]

The pleasure he notes feeling here is not far from the defining feature of art for Shklovsky, namely the way that it can disrupt habitual modes of perception. The assumption of aliases is a way to break with the habitual acceptance that a proper name is ineluctably attached to the person to whom it is meant to refer. Imagining a different identity – and in the case of those forced underground, adopting that identity – is yet another instance of parallelism that brings about an awareness of the devices of representation.[28] In this case, it is the proper name that loses its referential self-evidence. Somewhat paradoxically, it was by authoring a book (apparently never finished) on such stylistic devices as parallelism, Shklovsky claims, that he maintained a connection to his proper name.

The appearance of specters are another parallelism that create the differential impressions described by Shklovsky in his essay on devices of style and plot. In this case, the unstable signifying practices of the passport system create uncanny

---

25 Shklovsky: The Relationship between Devices of Plot Construction and General Devices of Style (see fn. 21), p. 20–21.
26 Shklovsky: A Sentimental Journey (see fn. 14), p. 151.
27 Shklovsky: A Sentimental Journey (see fn. 14), p. 151.
28 For fake passports and assumed identities in exile see the contribution of Burcu Dogramaci in this volume.

repetitions that double as specters. In the same context of Shklovsky's remarks on the pleasure of adopting a parallel identity in *A Sentimental Journey*, he recalls inspecting his false passport more closely and discovering a black stamp indicating a death. Ruminating on the implications of what it means to carry the passport of a dead man, he imagines »an interesting conversation between the Cheka and me: ›Are you so-and-so?‹ / ›Yes.‹ / ›And why are you already dead?‹«[29] In this imagined scenario, the seemingly prosaic form of standardized bureaucratic representation holds the potential for a type of poetic parallelism. The particularly unsettling irony of this imagined encounter, of course, is that the secret police force checking his papers embody the perpetual threat of deadly state violence. The Cheka agents are surprised that he is already dead because their goal was to take his life. At any rate, these examples show that Shklovsky's ruminations on stylistic features of plot formation are closely connected with his experiences of the nation-state's documental norms, the threat of violence that enforce them, and the strange differential impressions they elicit.

The passport's pragmatic and prosaic semiotic devices represent a bundle of habituated bureaucratic ways to identify a person. However, in the era of statelessness, the identity of a person is not – and indeed, according to Shklovsky's theory of defamiliarization, probably should not be – immediately recognizable. In a political world order defined by the sovereignty of nation-states, statelessness entails human beings existing outside of their usual context, thus raising a political question of what it means to interact within established administrative channels with human beings who are not recognizable as citizens of a nation-state. A closer look at Shklovsky's applied poetics in the early 1920s has revealed a link between his formulation of a theory of defamiliarization in and around 1917 and the massive displacements, culminating in the emergence of widespread statelessness, shortly thereafter. That link comes to the fore, moreover, with the emergence of the passport, which doubles as a thematic element and an occasion for reflection on poetic reference in Shklovsky's writing in the early 1920s. The encounter with the semiotic devices of the passport system has exposed the referential uncertainties underlying official representations of citizenship. Out of that encounter there has emerged a remarkable strand of writing which seeks poignant modes of expression for those who threaten to vanish in a world in which every person must be identifiable as the citizen of a nation-state.

---

29 Shklovsky: A Sentimental Journey (see fn. 14), p. 151.

Burkhardt Wolf

Staatsbürgerschaft und bürokratische Form
Österreichs Juden in Heimrad Bäckers *nachschrift*

Worin besteht das Singuläre der nationalsozialistischen Judenverfolgung? Vielleicht nicht allein im beispiellosen Ausmaß dieses Massenmords, sondern mehr noch in seiner eigentümlichen Logik der Elimination: Zum einen nämlich sollte er sich in der gänzlichen Vertilgung jüdischen Lebens erfüllen, sollte er die einzelnen Betroffenen vom Erdboden und aus dem sozialen Gedächtnis verschwinden lassen, so als hätten sie niemals existiert, während von ›der Judenheit‹ insgesamt, als einer evolutionären Sackgasse und einem zählebigen historischen Versehen, nur mehr planmäßig aufgebaute Archive und Museen zeugen sollten; zum anderen versuchte man, auch die Zeugen und Zeugnisse der Vernichtung verschwinden zu lassen, so als hätte das Verbrechen niemals stattgefunden. Gerade diese Ungeheuerlichkeit des Genozids zeitigte einen gerichtlichen Beweisnotstand,[1] stellte die Historiografie vor ungekannte Probleme und machte die Geretteten von glaubwürdigen Zeugen zu bloßen Überlebenden, die nichts weiter als ihre »eigene, besondere Erfahrung« vorzubringen hatten.[2] Vermutlich war es eben diese Konstellation, die den autobiografischen (oder ›autofiktionalen‹) Erfahrungsbericht zum dominanten Genre der ›Holocaust-Literatur‹ hat werden lassen.

Doch scheinen Erfahrungsberichte dem Singulären der Shoah unangemessen, sobald man es in ihrer rationalen Organisation begründet sieht: Nicht nur, dass dieser Massenmord industriell, auf Grundlage einer hoch technisierten Infrastruktur und nach den tayloristischen Maßgaben des *scientific management* betrieben wurde; weitgehend geräuschlos konnte er nur dadurch vonstattengehen, dass er zur Sache einer umfänglichen und effizienten Staatsbürokratie geworden war. Die nazistische Judenvernichtung radikalisierte jenen Prozess der ›Rationalisierung‹, mit dem bereits Max Weber die Möglichkeit, Hannah Arendt dann rückblickend die Wirklichkeit des Totalitarismus verband. Dem trug die ›Holocaust-Forschung‹ Rechnung, seitdem sie, spätestens mit Raul

---

1 Vgl. hierzu Gerhard Werle und Thomas Wandres: Auschwitz vor Gericht. Völkermord und bundesdeutsche Strafjustiz. Mit einer Dokumentation des Auschwitz-Urteils. München 1995, S. 134.
2 Jean-François Lyotard: Der Widerstreit. 2. Aufl. München 1989, S. 17. – Vgl. auch Giorgio Agamben: Was von Auschwitz bleibt. Das Archiv und der Zeuge (Homo sacer III). Frankfurt a. M. 2003, S. 13–35, v. a. S. 14 f.

Hilbergs *The Destruction of the European Jews* (1961), ihre historiografische Rekonstruktionsarbeit auf die bürokratische Organisation des Genozids verlegte.

Welche Rolle aber bleibt dann der Literatur, wenn sie sich nicht auf Erfahrungsberichte beschränken, von der ›eigenen, besonderen Erfahrung‹ der Verfolgten aber ebenso wenig absehen wie sich auf die bloße Rekonstruktion bürokratischer Machenschaften beschränken will? Kein literarisches Genre hat sich herausgebildet, das dem autologisch destruktiven und zugleich bürokratischen Charakter der Shoah antworten würde. Dieser monströsen Singularität scheinen nur singuläre ›Schreibweisen‹ angemessen. Die *nachschrift* Heimrad Bäckers (1925–2003), an der dieser österreichische Autor seit den 1960er Jahren bis 1986 und 1997 (den Erscheinungsjahren der beiden Bände) kontinuierlich gearbeitet hat, kann man als eine derart eigentümliche »écriture« (Roland Barthes) bezeichnen: Gerade dadurch, dass sie ganz und gar im Horizont herrschender Sprachformen verbleibt und damit auf einen Nullpunkt des Stils tendiert, erhebt sie die Literatur zur Institution des Engagements und zum Ort eines überpersönlichen und dennoch einmaligen Ausdrucks.³

Einerseits handelt es sich bei der *nachschrift* um ›dokumentarische Literatur‹, die Sprachzeugnisse zitiert und montiert, nicht aber narrativ und argumentativ kontextualisiert; andererseits ist es eben dieses reduktive und reproduktive Verfahren, das den Text auf einen immensen historischen und literaturhistorischen Sub- und Kontext hin ausrichtet. Präsentiert er Zeugnisse dafür, wie die administrative Organisation der Judenvernichtung in Wien angestoßen wurde, schreibt er sich in jene literarische Tradition Österreichs ein, die der dortigen Bürokratie von jeher eine spezifisch staatstragende und kulturstiftende Rolle zusprach; im selben Zuge aber setzt er die wirklichkeitskonstitutive (oder auch wirklichkeitsverzerrende) Funktion in Szene, die der Schriftmacht ›Bürokratie‹ immer schon zugesprochen wurde. Jener ›literarischen Bürokratie‹, die etliche österreichische Autoren im Rückblick auf Habsburg entwarfen, setzt Bäcker eine ›bürokratische Literatur‹ entgegen – als sei die Verwaltung nicht nur ein Sujet, sondern ein Subjekt der Literatur, und als vermöchte allein deren *écriture*, allein noch deren autorlos generierter Text der Singularität der Shoah beizukommen.

Augenscheinlich verzichtet die *nachschrift* auf alles Erzählerische. Wenn sich jedoch das Erzählen von einer konstativen oder deklarativen Sprachhandlung dadurch unterscheidet, dass es menschliche »Erfahrung« – beispielsweise, aber nicht ausschließlich durch die Konstruktion einer fiktionalen ›Als-Wirklichkeit‹ – vermittelt,⁴ wahrt Bäckers Text den Bezug zum Narrativen. Zwar baut er

---

3 Vgl. hierzu Roland Barthes: Am Nullpunkt der Literatur. Frankfurt a. M. 2006, S. 15, 27, 44.
4 Monika Fludernik: Erzähltheorie. Eine Einführung. 2. Aufl. Darmstadt 2008, S. 73. – Zum Begriff der fiktionalen ›Als-Wirklichkeit‹ im Gegensatz zum bloß fiktiven ›Als-ob‹ vgl. Käte Hamburger: Die Logik der Dichtung. 4. Aufl. Stuttgart 1994, S. 53 f.

sämtliche homo- und intradiegetischen Elemente ab, wie sie das Genre des persönlichen ›Erfahrungsberichts‹ kennzeichnen. Spuren der Erfahrung und jene Momente, in denen sie einen radikalen Weltverlust erleidet, legt er jedoch dadurch frei, dass er den Übergriff bürokratischer Maßnahmen auf die Lebenswirklichkeit zeigt, den Augenblick also, in dem Verwaltungshandeln (nach Max Webers Formulierung) »schlechthin unentrinnbar« wirkt.[5] Was aber bürokratische und Lebensform konkret verkoppelt, ist die Kategorie der ›Staatsbürgerschaft‹. Mit ihr ist nämlich jene Sphäre bezeichnet, die die moderne Verwaltung dem Subjekt, seinem Dasein und dessen Entfaltung einräumt – oder aber ihm aberkennt, um seine Exklusion, seinen sozialen und im Extremfall physischen Tod anzubahnen.

Seit dem frühen 20. Jahrhundert umschreibt die Staatsbürgerschaft die Möglichkeitsbedingung sozialer Existenz. Dass er sie als ein Instrument dafür erkannte, die Verfolgung zur völligen Vernichtung zu radikalisieren, ist innerhalb der Geschichte des Antisemitismus eine weitere Besonderheit des Nationalsozialismus. Insofern die *nachschrift* die Shoah von dieser bürokratischen ›Kategorie‹ (im ursprünglichen Wortsinn von ›Eigenschaft‹ und ›Anklage‹) her rekonstruiert, konkretisiert sie deren Singularität. Im selben Zuge aber stellt sie die Shoah in den Horizont jener verwickelten Geschichte, die die moderne Staatsbürgerschaft in Österreich und im besonderen Fall der jüdischen Minderheit kennzeichnet. Anders gesagt: Die Judenvernichtung ist für Bäcker von der totalitären Bürokratie so untrennbar wie diese von der Kategorie der Staatsbürgerschaft.

Schicksalshafte Züge gewann die Staatsbürgerschaft (und ihre formaljuristische Voraussetzung, die ›Staatsangehörigkeit‹), als sie von einer Nebensächlichkeit zur politischen Kernfrage geworden war und man aus ihr nicht nur die bürgerlichen Freiheiten oder die Rechte sozialer und kultureller Selbstverwirklichung, sondern auch den elementaren Schutz des Daseins ableitete.[6] Die Grundlegung moderner Staatsbürgerschaft hat man auf die Französische Revolution zurückgeführt, ihre Etablierung auf das Zeitalter (konkurrierender) Nationalstaaten und ihre Implementierung (durch das Passwesen und ein lückenloses Grenzregime) schließlich mit dem Ersten Weltkrieg verbunden.

Ungeachtet ihrer vermeintlichen Verwurzelung in Naturtatsachen war von jeher unverkennbar, dass die Staatsbürgerschaft ein Produkt der Willkür ist; ihre Bestimmung konnte schließlich völlig unterschiedlich ausfallen, je nachdem, ob man ›Nationalität‹ nun territorial oder sprachlich, konfessionell, ethnisch oder ›rassisch‹ interpretierte. Vollends offenbar wurde ihre prekäre

---

5 Max Weber: Wirtschaft und Gesellschaft. Grundriss der verstehenden Soziologie. 5., rev. Aufl. Hg. v. Johannes Winckelmann. Tübingen 1980, S. 128.
6 Vgl. Dieter Gosewinkel: Schutz und Freiheit? Staatsbürgerschaft in Europa im 20. und 21. Jahrhundert. Berlin 2016, S. 18–20. – Zum Folgenden vgl. auch den Beitrag von Andreas Fahrmeir in diesem Band.

Definition in Vielvölkergebilden wie dem Zarenreich und der Habsburger Monarchie, in denen sich nicht nur unterschiedlich homogene ›Nationen‹ als solche allererst erkannten und dann zur Geltung zu bringen suchten, sondern auch Minderheiten wie die der Juden zu integrieren hatten, deren Status als ›Nation‹ umstritten war und denen man gelegentlich auch eine eigentümliche ›Übernationalität‹ zusprach. Sobald diese multinationalen Imperien zusammenbrachen, offenbarte sich die fatale Kehrseite moderner Staatsbürgerschaft: Als Voraussetzung elementarer Rechte durchgesetzt, konnte sie nunmehr auch einfach verlorengehen und völlig schutz- und beziehungslose Daseinsformen wie die der ›Staatenlosen‹ entstehen lassen. Diese wurden zur Manövriermasse innenpolitischer und zwischenstaatlicher Strategien und damit zum Exempel dafür, wie willkürlich mit einem ›nackten‹, weil staats- und völkerrechtlich unqualifizierten Leben zu verfahren ist.

Nicht nur, dass der Einzelne durch die Kategorie der Staatsbürgerschaft völlig der souveränen Macht und Entscheidung ausgeliefert ist – so als gewähre erst das Recht, einem Staat ›anzugehören‹, das Recht, überhaupt Rechte zu haben und ihnen entsprechend das bloße Leben (*zoe*) zu einer bestimmten Lebensform (*bios*) zu erheben. Seitdem die Erklärung der Menschenrechte das Leben als Prinzip der Souveränität und als Schauplatz ihrer Entscheidungen politisiert hatte,[7] wurzelte die moderne, nationalstaatliche Souveränität in der durch Geburt naturalisierten Zugehörigkeit ihrer Bürger. Auf Basis der ›Staatsangehörigkeit‹ formierte sie fortan das individuelle Dasein im Sinne einer ›Bio-Macht‹, das kollektive Dasein aber bekräftigte sie, am radikalsten im Fall der nazistischen ›Thanato-Macht‹, durch die Exklusion vermeintlich Unzugehöriger.

Hannah Arendts Totalitarismustheorie hat es am nachdrücklichsten gezeigt: Die Judenvernichtung war aufs Engste mit dem Problem der Staatenlosigkeit verknüpft, dieses aber *ex negativo* mit der Kategorie der Staatsbürgerschaft und deren Implementierung wiederum mit einem bürokratischen Regime, das ins Vakuum des verschwundenen Gemeinsinns stieß: Wer zur Gemeinschaft zählt und welches Leben welche Form annehmen kann, wurde mehr und mehr zur Frage des Verwaltungshandelns, seiner willkürlichen Verordnungen und seines anonymen Schriftverkehrs. Diese *écriture* des »Verwaltungsmassenmordes«[8] führt Bäckers *nachschrift* ›konkret‹, unter Beschränkung auf das Dokumentarische vor. Was sie ausspart und dennoch impliziert, ist die Bürokratisierung jüdischer Staatsbürgerschaft und die Literarisierung österreichischer Bürokratie.

---

7 Vgl. Giorgio Agamben: Homo sacer. Die souveräne Macht und das nackte Leben. Frankfurt a. M. 2002, S. 151 f.
8 Hannah Arendt: Elemente und Ursprünge totaler Herrschaft. Frankfurt a. M. 2009, S. 361. Den Begriff »administrative massacre« übernahm Arendt von A. Carthill, einem, wie sie vermutete, unter Pseudonym publizierenden britischen Verwaltungsbeamten in Indien. – Vgl. Arendt, S. 470, FN 39.

I. Die Bürokratisierung jüdischer Staatsbürgerschaft

Seit der Begriffsprägung durch den Physiokraten Vincent de Gournay bezeichnete *bureaucratie* ein Heer beamteter, mittelmäßiger und selbstherrlicher Schreiber, dem gleichsam souveräne Entscheidungsmacht übertragen worden ist. Wissenschaftliche Weihen erlangte der Begriff erstmals in Alexis de Tocquevilles *De la démocratie en Amérique* (1835/40), ehe Robert von Mohl 1846 eine Art Katalog bürokratiekritischer Gemeinplätze entwarf. Dass die Verwaltung einen »Civilprocess mit dem Leben« führe und dass ihrer Herrschaft letztlich nur »unzweckmässiger Formenkram« zugrunde liegt[9] – derlei Topoi verkehrte Max Weber dann ins Positive. Ihm zufolge garantierten gerade die Unpersönlichkeit und Unmenschlichkeit der Bürokratie, ihr »sine ira et studio«, ihre arbeitsteilige Ausrichtung an Regel und Zweck sowie ihre versachlichten, rein aktenmäßigen Prozeduren dem Bürger weitgehend Rechtssicherheit.[10]

Für sein idealtypisches Verwaltungskonzept setzte Weber ›Rationalität‹ in doppelter Hinsicht voraus: die betriebsökonomische Effizienz bürokratischer Abläufe und deren Programmierung auf ›vernünftige‹ Herrschaftszwecke. Beide Rationalitätsdimensionen hat Niklas Luhmann später präzisiert: Einerseits zeige sich rationale Effizienz über konkrete »Bezugsprobleme der funktionalen Leistungen«, also in der Lösung jener Probleme, die die Bürokratie selbst geschaffen hat; andererseits funktionieren Organisationen auch ohne äußere Zielsetzungen, denn sie »bestehen aus Entscheidungen, die sie durch Entscheidungen, aus denen sie bestehen, selbst anfertigen«.[11] Bürokratien erzeugen sich ›autopoietisch‹ und schaffen sich ihre eigene Ratio. Legitimiert werden sie zunächst politisch; da sie aber selbst ›Legitimität durch Verfahren‹ herstellen, können sie der Politik ihrerseits neue Legitimität verschaffen.

Als Weber seinen ›Idealtyp‹ von Bürokratie entwarf, stand ihm die preußische Verwaltung vor Augen; Luhmanns Konzept ist von der angelsächsischen Organisationssoziologie inspiriert; die österreichische Verwaltung indes begründete eine eigene, bereits im 18. Jahrhundert als ›gegenpreußisch‹ verstandene Tradition: ›Bürokratie‹ bezeichnete hier nicht bloß den Verwaltungsapparat, sondern auch jenen Stand, der sich seines Amtsgeists und Habitus wegen als eine Art Herrschaftsadel und als der eigentliche ›Kulturträger‹ des Reichs begreifen durfte. Schließlich waren es – spätestens seit Joseph I., am deutlichsten aber zu Zeiten der Doppelmonarchie – die Bürokraten, die den fragilen

---

9 Robert von Mohl: Politische Schriften. Hg. v. Klaus von Heyme. Wiesbaden 1966, S. 281, 300.
10 Weber: Wirtschaft und Gesellschaft (s. Anm. 5), S. 129.
11 Niklas Luhmann, »Organisation«. In: Willi Küpper und Günther Ortmann (Hg.): Mikropolitik. Rationalität, Macht und Spiele in Organisationen. 2. Aufl. Wiesbaden 1992, S. 165–185; hier: S. 166.

Reichsverbund unterschiedlichster Nationalitäten zusammenhielten. »Die Staatlichkeit des Reiches war in Österreich gleichbedeutend mit Verwaltung.«[12] Um dieser Staatlichkeit willen garantierte sie die Übernationalität des Reichs. Was aber überhaupt eine ›Nation‹ bilden und wer ihr zugehören sollte, war, ehe Habsburgs unterschiedliche ›Völker‹ um ihre besonderen Rechte stritten, eine verwaltungstechnische Frage. Welche Kriterien dabei anzusetzen waren, dass hier etwa die Sprache (wohlgemerkt nicht die Mutter-, sondern Umgangssprache) entscheidend sein sollte, war das Ergebnis nicht bloß obrigkeitlicher Verwaltung, sondern auch dauernder Aushandlung mit den Betroffenen. Zwar klagte man auch in Habsburg darüber, dass sich die Bürokratie »zumeist in endloser Aktenschreiberei und kleinlichen Praktiken auslebte«, dass sie »das Hindernis jedes Fortschrittes« sei und nichts als »Despotismus, gemildert durch Schlamperei« verkörpere.[13] Doch war sie mehr als ein bloßes Herrschaftsinstrument. Nicht nur auf dem Aktenweg, auch und gerade im Parteienverkehr zeigte sie ihre eigene Rationalität. Und wenn sie hier »den ›Staat‹ tatsächlich in ihrem Wirken bedeutete«, dann weil sie dem »vielfältigen Länder- und Völkerverband« erst eine »organisatorische und gefühlsmäßige Einheit« gab.[14]

Jene Einheit, die man sich anderswo nur durch die Idee der Nation einzubilden wusste, fand das Reich imaginär in der Habsburger Dynastie, realiter aber in der Verwaltungspraxis. Bereits zu theresianischer und josephinischer Zeit war diese »zentriert um ein wohlfahrtsorientiertes, zivilisatorisches Missionsbewußtsein«.[15] An die Stelle des Landespatriotismus und des (seit 1789 virulenten) nationalen Patriotismus setzte sie einen dynastisch gebundenen ›Staatspatriotismus‹, an die Stelle des Nationalstaats also den Nationalitätenstaat oder, besser, die ›Staatsnation‹. Und unter diesen Vorzeichen bekam die Staatsbürgerschaft einen weitgehend inklusiven, weil ethisch und konfessionell neutralen Charakter: Tendenziell sollte die Wohnbevölkerung mit dem Staatsvolk zusammenfallen. Dass das Heimatrecht nicht zur völlig gleichberechtigten Staatsbürgerschaft führte, zeigte sich freilich nicht zuletzt an der Bürokratie selbst: Ihrerseits immerzu mit Nationalitäten- und Minderheitenfragen beschäftigt, rekrutierte sich die Beamtenschaft bis 1918 fast ausnahmslos aus katholischen Deutschen, selten aus Protestanten und fast nie aus Juden.

---

12 Waltraud Heindl: Bürokratie, Staat und Reform. Überlegungen zum Verhältnis von Bürokratie und Staat im aufgeklärten Absolutismus von Österreich. In: Moritz Csáky (Hg.): Etatisation et bureaucratie. Symposion der Österreichischen Gesellschaft zur Erforschung des 18. Jahrhunderts. Wien 1990, S. 39–48; hier: S. 42.
13 Josef Redlich: Das österreichische Staats- und Reichsproblem. Geschichtliche Darstellung der inneren Politik der habsburgischen Monarchie von 1848 bis zum Untergang des Reiches. Bd. 1. Leipzig 1920, S. 74, und Victor Adler, zit. nach: Carlo Moos: Habsburg post mortem. Betrachtungen zum Weiterleben der Habsburgermonarchie. Wien, Köln, Weimar 2016, S. 78.
14 Redlich: Das österreichische Staats- und Reichsproblem (s. Anm. 13), S. 451.
15 Helmut Kuzmics und Roland Axtmann: Autorität, Staat und Nationalcharakter. Der Zivilisationsprozeß in Österreich und England 1700–1900. Opladen 2000, S. 119.

Trotz dieser offensichtlichen Einschränkungen erlebten die Habsburger Juden seit 1781 einen bemerkenswerten Emanzipationsprozess. Mit dem josephinischen Toleranzpatent, seinen Ergänzungsgesetzen und Nachfolgeverordnungen waren sie unter jene ›Akatholiken‹ subsumiert worden, deren staatsbürgerliche Gleichstellung man seither verwirklichen sollte, etwa bei der Berechtigung »zu Offiziersstellen, […] zu akademischen Würden und Civilbedienstungen«.[16] Nicht nur wurden damit »alle Obrigkeiten und Aemter zu einem bescheidenen Betragen gegen Akatholiken angewiesen«.[17] Umgekehrt erwarben zahlreiche Juden das Heimatrecht und die Staatsbürgerschaft aus freiem Willen. Spätestens nachdem sie im Staatsgrundgesetz von 1867 die gänzliche Gleichstellung erreicht hatten, schien aus vormaligen Fremden das österreichische Staatsvolk *par excellence* geworden. Weil »die Juden allein Oesterreicher sind sans phrase, d. h. ohne ein zweites nationales Adjectiv, welches das erste einschränkt«, bezeichnete sie Joseph Samuel Bloch als »Grundstock« für eine »specifisch österreichische Nationalität« – für einen Staatspatriotismus abseits von »Stammes-, Racen- und Blutsgemeinschaft«.[18] Als eigener ›Volksstamm‹ spielten die derart ›übernationalen‹ Juden, obschon sie fast vier Prozent der Reichsbevölkerung ausmachten, in den diversen Ausgleichswerken tatsächlich keine Rolle. Nichtsdestotrotz wurden ihre Minderheitenrechte vom Kaiser, den etliche Juden als ihren Schirmherrn verehrten, verbürgt und in der Verwaltungspraxis auch respektiert.

Mit dem Zusammenbruch des Vielvölkerstaats wurde ihre ›Übernationalität‹ indes zum Problem, wenn die Juden ihr Indigenat außerhalb der österreichischen Kernlande genossen hatten, dieses aber nicht nachweisen oder – als notorisch Habsburgtreue – in den Nachfolgestaaten nicht geltend machen konnten. Zudem begegnete man in Wien den von Staatenlosigkeit bedrohten Kriegs- und Pogromflüchtlingen aus Galizien und der Bukowina nun mit prononcierter Feindschaft. Die Unterscheidung zwischen West- und Ostjuden mag ökonomisch motiviert gewesen sein. Als jedoch 75.000 deutschsprachigen Juden aus den habsburgischen Nachfolgestaaten die Staatsbürgerschaft verweigert wurde, weil sie, nach dem Urteil des Innenministeriums und des Obersten Gerichtshofs, ›rassisch‹ nicht für deutsch gelten konnten,[19] war der radikale Antisemitismus erstmals hoffähig geworden – nicht am Kaiserhof, sondern unter den Bedingungen des neuen Nationalstaats. Spätestens 1921 vertraten dann auch Österreichs Behörden den Geist des deutschen ›Reichs- und Staatsangehö-

---

16 Toleranzpatent Kaiser Joseph II. Online unter: https://de.wikisource.org/w/index.php?title=Das_Toleranzpatent_Kaiser_Joseph_II. [abgerufen: 10.7.2018].
17 Toleranzpatent (s. Anm. 16).
18 Joseph Samuel Bloch: Der nationale Zwist und die Juden in Oesterreich. Wien 1886, S. 38 f., 41.
19 Vgl. Pieter Judson: Habsburg. Geschichte eines Imperiums 1740–1918. München 2017, S. 566 f.

rigkeitsgesetzes‹ von 1913, das die Staatsbürgerschaft ausschließlich auf das *ius sanguinis* gründete.[20]

Das nationalsozialistische ›Gesetz über den Widerruf von Einbürgerungen und die Aberkennung der deutschen Staatsangehörigkeit‹ von 1933 galt dann, neben emigrierten Antifaschisten, vor allem zugewanderten Ostjuden, erleichterte aber auch die ›strafweise‹ Ausbürgerung längst etablierter Juden. Das ›Reichsbürgergesetz‹ (1935) unterschied zwischen Reichsbürgern, (deutschen) Staatsangehörigen, Staatsangehörigen auf Widerruf, Schutzangehörigen (des Deutschen Reichs) sowie Ausländern,[21] und die ›Nürnberger Gesetze‹ (1935) besiegelten, zugunsten des nationalen ›Blutschutzes‹, die Staatsbürgerschaft von Juden als eine solche minderen Rechts, die durch bloße Verordnung abzuerkennen war. Mit der ›Elften Verordnung zum Reichsbürgergesetz‹ (1941) verloren Juden, nachdem deren Auswanderung verboten worden war, beim Grenzübertritt (oder im Klartext: bei der Deportation) ins Ausland ihre Staatsangehörigkeit, und ihr Vermögen fiel an den Staat. Mit der ›Dreizehnten Verordnung‹ (1943) schließlich wurden Juden unter bloßes Polizeirecht gestellt.

Nach dem ›Anschluss‹ revidierte man in aller Eile die Emanzipationsgeschichte der österreichischen Juden und höhlte ihre Staatsbürgerschaft sukzessive aus: Das vom 13. Jahrhundert bis in die Neuzeit wirksame Ämterverbot etwa reinstallierte man ebenso wie die durch Joseph abgeschaffte Kennzeichnungspflicht.[22] Während das komplexe Staatsbürgerrecht der Ersten Republik (mit den Ebenen von Heimatrecht, Landes- und Bundesbürgerschaft) auf dem Verordnungswege an die deutsche Gesetzeslage angepasst wurde, erprobte Adolf Eichmann an der neu eingerichteten ›Zentralstelle für jüdische Auswanderung‹ sein ›Wiener Modell‹. Wenn es zur künftigen Abwicklung der jüdischen Ausplünderung, Deportation und ›Endlösung‹ einer Bürokratie bedurfte, die straff gegliedert, zugleich aber durch die Initiative und das Engagement der untergeordneten Beamten flexibilisiert war, wurde sie hier beispielhaft ins Werk gesetzt.[23]

Der Dreh- und Angelpunkt all dieser juristischen und bürokratischen Maßnahmen war allemal die Frage jüdischer Staatsbürgerschaft. Hannah Arendt hat unterstrichen, »mit welcher Sorgfalt die Nazis darauf bestanden, daß Juden nichtdeutscher Staatsangehörigkeit ›vor dem Abschub oder spätestens am Tage der Deportierung ihre Staatsangehörigkeit verlieren‹«, denn lediglich »mit den Staatenlosen, nicht mit den feindlichen Ausländern, konnte jeder Staat ma-

---

20 Vgl. Christiane Kuller: Bürokratie und Verbrechen. Antisemitische Finanzpolitik und Verwaltungspraxis im nationalsozialistischen Deutschland. München 2013, S. 334.
21 Vgl. hierzu den Beitrag von Esther Weizsäcker in diesem Band.
22 Vgl. Hannelore Burger: Heimatrecht und Staatsbürgerschaft österreichischer Juden. Vom Ende des 18. Jahrhunderts bis in die Gegenwart. Wien, Köln, Graz 2014, S. 147 f.
23 Zum Zusammenspiel zwischen der Zentralstelle, der Gestapo und der Wiener ›Möbelverwertungsstelle‹ vgl. Kuller: Bürokratie und Verbrechen (s. Anm. 20), S. 402–404.

chen, was er wollte«.²⁴ Dass man die in Ghettos oder Konzentrationslager verbrachten Staatenlosen nochmals »aller Welt öffentlich« anbot, damit sie, wie erwartet, kein anderer Staat für sich reklamiere, habe nur »ihre Unbezogenheit zur Welt und ihre Weltlosigkeit« belegt.²⁵ Zu einem »abstrakte[n] Menschenwesen«,²⁶ dessen Ermordung keinerlei Recht verletzt, ist der Deportierte geworden, indem man seine ›Staatenlosigkeit‹ festgestellt hat. Die Möglichkeitsbedingung seiner Vernichtung war ein bürokratischer Akt.

Unter der Maßgabe, dem ›Volkswillen‹ auf ›unbürokratische‹ Weise zu entsprechen, hatte die nationalsozialistische Verwaltung allen ›unzweckmäßigen Formenkram‹ zu vermeiden. Anders als die ins ›Dritte Reich‹ verstrickten Bürokraten nach dessen Ende behaupteten, arbeitete die Administration nicht nur befehlsgemäß und ›sine ira et studio‹, sondern mit bemerkenswertem Engagement an der Vernichtung, wozu auch die meisten »Anordnungen in einer interpretationsoffenen Form erteilt« wurden.²⁷ Die Bürokratie bewährte sich, mit Weber gesagt, als »das spezifische Mittel, ›Gemeinschaftshandeln‹ in rational geordnetes ›Gesellschaftshandeln‹ zu überführen«,²⁸ und beschaffte so, mit Luhmann gesprochen, der Politik immer wieder Legitimität. Spontan und *bottom up* kooperierte sie mit den Schöpfern politischer Programme, und erst so konnte jene von Arendt beschriebene Herrschaftsform entstehen, in der »die Verordnung an die Stelle des Gesetzes und die anonyme Verfügung eines Büros an die Stelle öffentlich-rechtlicher Entscheidungen tritt«.²⁹ Auch und gerade die Bürokratie beförderte das Wirklichwerden einer ideologischen Fiktion und arbeitete an der »Verwirklichung einer Welt, in der es Realität und Tatsache im Sinne einer dem Menschen vorgegebenen Faktizität nicht mehr gibt«.³⁰

II. Die Literarisierung österreichischer Bürokratie

Bürokratien ›beobachten‹ die Welt im Medium der Akten, um für jeden Einzelfall zu einer Entscheidung zu kommen, die ihrerseits in die Akten kommt. Dabei arbeiten sie unweigerlich mit der Fiktion, auf rationale Weise entschieden und dies jederzeit ausreichend dokumentiert zu haben. Wie aber Verwal-

---

24 Arendt: Elemente (s. Anm. 8), S. 710, 748.
25 Arendt: Elemente (s. Anm. 8), S. 752, 766.
26 Arendt: Elemente (s. Anm. 8), S. 766.
27 Dirk van Laak: Schreibtischtäter – eine vorläufige Bilanz. In: Ders. und Dirk Rose (Hg.): Schreibtischtäter. Begriff – Geschichte – Typologie. Göttingen 2018, S. 297–312; hier: S. 302. Vgl. auch Yaacov Lozowick: Hitler's Bureaucrats. The Nazi Security Police and the Banality of Evil. London, New York 2000, 279, passim.
28 Weber: Wirtschaft und Gesellschaft (s. Anm. 5), S. 570.
29 Arendt: Elemente (s. Anm. 8), S. 489.
30 Arendt: Elemente (s. Anm. 8), S. 1086.

tungsakten tatsächlich zustande kommen, welche Folgen ein Verwaltungsakt haben kann und welche Medien, Menschen und Milieus die ›Herrschaft des Büros‹ überhaupt ermöglichen, dies enthüllt nur die Beobachtung bürokratischer Weltbeobachtung. Eine ›Beobachtung zweiter Ordnung‹, die die Operationen sozialer Systeme, Teilsysteme und Organisationen reflektiert, ist aber, wie Luhmann sagt, seit der Neuzeit die Domäne der Literatur. Insofern sie sich den habituellen Voraussetzungen, den Geheimnissen, Perversionen oder Dysfunktionen der Bürokratie zuwendet, die, ganz entgegen dem Selbstverständnis der Verwaltung, niemals zu den Akten genommen wurde, macht sie, als exzentrisch funktionsloses Medium, »Ordnungsmöglichkeiten sichtbar, die anderenfalls unsichtbar blieben«.[31]

Zu einem literarischen Thema geworden ist die Bürokratie wohlgemerkt nicht erst, seitdem es ihren Namen gibt. Bereits die inquisitorische Verwaltungspraxis, die der nicht nationale, aber orthodoxe Einheitsstaat der spanischen Habsburger seit dem 16. Jahrhundert mit ›antijudaistischer‹ Stoßrichtung institutionalisierte, hat die *novela picaresca* auf den Plan gerufen, die sich um das Schicksal ›infamer‹ Menschen dreht. Nachdem sich Gournays Begriff *bureaucratie* etabliert hatte, erlangten deren Auswüchse bei Balzac das Format einer *Comédie humaine*. Anders als in Nationalstaaten wie Frankreich und Deutschland, deren Dichter die Bürokratie der Beschränkung bürgerlicher Freiheiten ziehen, entstand in Habsburg eine eigentümliche Allianz zwischen Verwaltung und Literatur: Zahlreiche Autoren waren ursprünglich Beamte, so wie sich etliche Beamte, die seit Josephs Reform ja Bildungsprivilegien genossen, als Literaten zu betätigen suchten.

Franz Kafka gilt zwar als der prominenteste Verfasser bürokratischer Schreckensszenarien. Doch war er, was seine ›Amtlichen Schriften‹ offenbaren, letztlich ein engagierter Reformbürokrat, ein Fürsprecher und Analytiker der habsburgischen Bürokratie. Als Jurist und Anstaltsautor in der halbstaatlichen Arbeiter-Unfall-Versicherungs-Anstalt Prags wusste Kafka um die politische Bedeutung der Verwaltung: Schlechthin minoritäre ›Völkerschaften‹ wie die Juden mochten vom kaiserlichen Willen beschirmt werden. Zu ›Österreichern sans phrase‹ wurden sie erst durch die Bürokratie des Wohlfahrtsstaats: durch das Großprojekt der Sozialversicherung, die den politischen Streit rein rechnerisch beilegte und, ganz wie es Thomas Marshall später formulierte, durch die Gewährung ›sozialer Rechte‹ allererst die Staatsbürgerschaft aller verwirklichte.

Dass Habsburgs sozialstaatliche Fundierung Utopie geblieben ist, dass das k.k. Reich keine *ratio status*, kein staatlicher Daseinsgrund zu tragen vermochte und dass seine Teile (zuvorderst die ›königlich ungarischen‹ und ›kaiserlich kö-

---

31 Niklas Luhmann: Die Kunst der Gesellschaft. Frankfurt a. M. 1997, S. 157.

niglich österreichischen Stücke«) allein vom »papierweißen Arm der Verwaltung« zusammengehalten wurden,[32] führt in Robert Musils *Mann ohne Eigenschaften* zuletzt zu jenem Weltkrieg, in den Habsburgs und Europas Völker taumeln. Wohl bemühte sich die Bürokratie um ›Kakaniens‹ Übernationalität, dies aber vornehmlich durch ihr ›Fortwursteln‹ und ›Asservieren‹:[33] durch die aktenmäßige Aufbewahrung zu späterer Erledigung. Und wie in der ›Parallelaktion‹ des Romans gab es hier durchaus eine Idee von Einheit, doch kaum einen wirksamen Gemeinsinn, der über ein alles erfassendes Verwaltungsbegehren hinausgegangen wäre. Zwischen den 1920er und 40er Jahren entstanden, entfaltet Musils Roman ein ganzes Spektrum bürokratischer Existenzen; er rekonstruiert jenes personelle Netzwerk, in dem die Bürokraten weiterhin die Strippen zu ziehen glaubten; und er deutet zuletzt an, wie dieses kaum mehr regierte, nur mehr verwaltete Reich an der großdeutsch-antisemitischen Mobilisierung zugrunde gehen musste.

Joseph Roth stieß sich an Musils Namensgebung ›Kakanien‹. Schließlich war für ihn, den seit 1933 emigrierten Juden, Habsburg die versunkene und bessere Welt von gestern. An Texten wie *Radetzkymarsch* (1932) konnte Claudio Magris deshalb später jenen ›habsburgischen Mythos‹ exemplifizieren, dessen Kernstück die k.k. Bürokratie ausmacht: Gerade, weil sie ›Despotismus‹ so sehr wie ›Schlamperei‹ verkörpern, erweisen sich Roths Staatsbeamte als Garanten der Übernationalität. Und obschon es Habsburg für Roth versäumt hatte, den bloß künstlichen »Begriff ›Nation‹« zu widerlegen, erschien ihm der Kaiser rückblickend als Gewährsmann für die jüdische Staatsbürgerschaft *par excellence*. Mit des Kaisers Abtreten seien aber vor allem die Ostjuden zu einer »Nation im Exil« geworden: Ihr Leben wurde »fast ebenso von den Pässen abhängig« wie »von den bekannten Fäden«; und zuletzt, auf ihrer Wanderung »von einer Behörde zur andern«, wurden diese Staatenlosen nicht mehr als Minderheit gesehen, »sondern als eine *Minderwertigkeit*«.[34]

In Österreichs Zweiter Republik befriedigte der habsburgische Mythos dann nicht mehr nur nostalgische Sehnsüchte, sondern vor allem das Bedürfnis nach Verdrängung. Heimito von Doderer etwa, vormals ein Nationalsozialist der ersten Stunde, setzte seinen poetischen Ehrgeiz darein, aus der ›Tiefe der Jahre‹ das wahre Österreich zu bergen, wozu er auf sein Großprojekt der 1930er Jahre, auf den Roman *Die Dämonen* zurückgriff. In seiner Erstfassung hatte dieser Text ein rassisch organisiertes Österreich zum Thema, seit 1951 ging aus ihm dann die ›Wiener Trilogie‹ hervor, die, als »äußerste Fronde gegen die sogenannte Jetzt-Zeit«, »das (transzendentale) Wesen der Amts-Ehre« sichtbar machen soll-

---

32 Robert Musil: Der Mann ohne Eigenschaften. Hg. v. Adolf Frisé. Reinbek 1990, S. 32.
33 Vgl. Musil: Der Mann ohne Eigenschaften (s. Anm. 32), S. 216, 225.
34 Joseph Roth: Juden auf Wanderschaft (1927). In: Werke. Bd. II. Hg. v. Klaus Westermann. Köln 1994, S. 827–902; hier: S. 834f., 894, 897f.

te.³⁵ Was Österreich allein historische Kontinuität verbürgte, war für Doderer das alte Pflicht- und Standesbewusstsein und die, bei aller zwischenzeitlichen Unmenschlichkeit, zuletzt doch menschliche Gemütlichkeit der Bürokratie.

Hatte Doderer für die ›amtliche Regelpoetik‹ seiner Trilogie noch Auszüge aus Habsburger Dienstordnungen collagiert, beschränkte der (als Jude verfolgte) Autor Albert Drach die Aktenmäßigkeit seines Schreibens nicht mehr aufs Nostalgische: Seine Erzählungen unterstehen ganz dem Duktus, Zwang und Format des amtlichen Protokolls und führen damit die Bürokratie als gnadenloses Herrschaftsinstrument, die Aktenverwaltung aber als Fälscherwerkstätte vor. Statt sie milde zu verklären, profilieren seine Texte Habsburgs Bürokratie als totalitäre Herrschaft: Immer schon haben die Beamten an der Entrechtung der ›Anderen‹ und ›Fremden‹ gearbeitet, mit dem Ende des Reichs aber, da sich der ›Volkswille‹ zur Neuordnung der Vermögens- und Machtverhältnisse regte, auf ungehemmt, ja passioniert judenfeindliche Weise. In diesem Sinne verfolgt Drachs 1939 im französischen Exil entstandener Roman *Das große Protokoll gegen Zwetschkenbaum* am Beispiel eines kriegs- und pogromflüchtigen Ostjuden eben jene Wanderung von Behörde zu Behörde und von der Staatenlosigkeit in die Vernichtung, die Roth befürchtet hat.

III. Das bürokratische Regime der *nachschrift*

Texte wie die Drachs stehen bereits am äußersten Ende des habsburgischen Mythos; Heimrad Bäckers *nachschrift* markiert dann eine Ferne, die unüberbrückbar scheint. Worauf sie sich beschränkt, sind Dokumente der Judenvernichtung. Nicht bloß, dass ›Welthaltigkeit‹ hier auf das Format von Akten eingeschrumpft ist; der bürokratische Apparat erscheint als eine ›Fälscherwerkstatt‹, die der ideologischen Fiktion zu ihrer Wirklichkeit verhilft. Wie Drachs Protokolle kennzeichnet Bäckers Texte eine strikte *impassibilité*, die jede ›Empathie‹ vereitelt. Doch radikaler noch als bei Drach wird die Literatur hier zu einer bloßen *écriture* ohne auktoriale Begründung und ohne ästhetischen Zweck; sie wird zu einem Engagement, das über die persönlichen Beweggründe des Verfassers hinausreicht, zu einem Schreiben, das seine ›Werkherrschaft‹ (Heinrich Bosse) alleine noch aus Aktenherrschaft rekrutiert.

Als Großmontage ohne Rahmung fordert die *nachschrift* Kontextualisierung. Als Resonanzraum wird das Habsburgische jedoch sekundär, weil überlagert von einem bürokratisch gesteuerten Genozid, der in Wien seinen Ausgang

---

35 Heimito von Doderer: Die Strudlhofstiege oder Melzer und die Tiefe der Jahre. 13. Aufl. München 1996, S. 457, 747.

nimmt,[36] um sich dann bis auf die ehemals habsburgischen ›Grenzländer‹ auszudehnen[37] und in den östlichen Vernichtungslagern zu enden. Dokumentiert wird zunächst die sukzessive Entrechtung österreichischer Juden, dann die Zersetzung ihrer Staatsbürgerschaft, zuletzt ihre völlige Exklusion.[38] Wie die Juden, nach Himmlers Formulierung, »ausgewandert werden«,[39] zeigt sich zunächst darin, dass ihnen nicht mehr Passdokumente ausgegeben, sondern Empfangsquittungen für den Judenstern abverlangt werden (II. 34); bald schon zeigt es sich an der Straflosigkeit, ja Lauterkeit ihrer spontanen Tötung (I. 102); was die »völkerwanderung der juden« (Himmler, II. 71) dann aber in Gang und mit der ›Endlösung‹ zum Abschluss bringen wird, ist die behördliche »abschiebung«, »erklärung«, »einflussnahme«, »einwirkung« und »durchführung«. (II. 50)

Montiert werden in der *nachschrift* Ausschnitte aus behördlichen Verordnungen und Dienstanweisungen, aus Tagesordnungen und Registern, aus Protokollen, Aktenvermerken und Listen, Berichten, Berichtigungen und Richtlinien; flankiert werden diese Dokumente von Zeitungsmeldungen, Verbots- und Gesetzestexten, Gerichtsurteilen, Statistiken oder Propagandaschriften, überdies von ein paar Wandinschriften, Briefen und Tagebüchern. Als solche kenntlich sind all diese Textsorten nicht immer auf den ersten Blick; doch weisen ein Anmerkungsteil und Literaturverzeichnis zahlreiche Quellen aus. In diesem Zuge bezeichnet der Begriff der Nachschrift nicht nur den derivativen Status von ›Bäckers‹ Text, sondern auch das Projekt schriftlicher Rekonstruktionsarbeit und Spurensicherung; denn nicht die Ereignisse als solche, sondern ihre administrativen Bedingungen sollen gesichert werden. Oder genauer: nicht bloß das, was in der Bürokratie verzeichnet wurde, sondern vielmehr dessen rationale Organisation. Nicht die einzelne Tat und der einzelne Täter, sondern das Regime einer ›totalitären‹ Bürokratie ist Gegenstand der *nachschrift*.

Allgemein gesprochen, führen Bürokratien bestimmte Entscheidungsprogramme aus. Hierzu legen sie bestimmte Kommunikationswege fest und stützen sich auf ein bestimmtes Personal. Entsprechend der drei Kommunikations-

---

36 Vgl. den sukzessiven Ausschluss der Juden aus dem öffentlichen Leben in: Heimrad Bäcker: nachschrift. Hg. v. Friedrich Achleitner. Verb. u. korr. Aufl. Graz, Wien 1993, S. 10, 12.

37 Von Galizien, im Rahmen des habsburgischen Mythos und insbesondere bei Joseph Roth noch das vielbeschworene Zentrum der *Kresy*-(›Grenzland‹-)Literatur, bleiben in der *nachschrift* nur eine undurchschaubare Folge bürokratischer Siglen, die einen Tötungsbefehl codieren (vgl. Bäcker: nachschrift [s. Anm. 36], S. 53) und die Berichts-Chiffre »lfd. reduziert«. – Heimrad Bäcker: nachschrift 2. Hg. v. Friedrich Achleitner. Graz, Wien 1997, S. 138.

38 Aus dem Jahre 1942 wird ein Dokument zitiert, demzufolge in der Slowakei, in Kroatien und Rumänien angefragt wurde, »ob sie ihre juden in angemessener frist aus deutschland abberufen oder ihrer abschiebung in die gettos im osten zustimmen wollten«. – Bäcker: nachschrift 2 (s. Anm. 37), S. 188.

39 Bäcker: nachschrift (s. Anm. 36), S. 16. – Alle folgenden Zitate mit Band- und Seitenangabe im fortlaufenden Text.

komponenten Mitteilung, Verstehen und Information kann eine Person Autor, Adresse oder Thema sein. Totalitäre Bürokratien indes kennzeichnet die »Zerstörung genau dieser Trias«[40]. Ihre Machenschaften sind ›weltlos‹ im Sinne von unzurechenbar und unerzählbar, und ihre Agenten sind im Sinne Arendts nicht weniger ›weltlos‹ als ihre Opfer. Wiederholt zeigt die *nachschrift*, wie auf dem totalitären »administrativwege« Autorschaft zunichte geht (I. 18). Akten ersetzen hier nicht nur »Befehl, Gehorsam und Kontrolle der Beamten«, sondern auch personales *agere* und zurechenbare *agency*. Letztlich lassen sie sich auf ihr »core set« reduzieren: auf die Liste.[41] Wenn die *nachschrift* immer wieder Listen präsentiert, zuweilen sogar leere, weil allerletzte Listen – wie eine solche in »GETÖTET/ NICHT GETÖTET« rubrizierte (II. 29) –, dann um deren diskursive Kraft zu erörtern: ihr zunächst akten-, zuletzt handlungsgenerierendes, ihr ›*to-do*-Potenzial‹.

Ungeachtet des Topos, ›Auschwitz‹ sei ob seiner Singularität und Monstrosität ›unsagbar‹, gibt es durchaus eine Sprache der Judenvernichtung: die der bürokratischen Kommunikation, wie sie von der Demontage jüdischer Staatsbürgerschaft ihren Ausgang nahm.[42] Allerdings ist diese Kommunikation unsagbar im Sinne von nicht-vokalisierbar: ›Erfolgsstatistiken‹ der Mordunternehmung etwa, wie sie sich von selbst zu einem Kreuz anordnen (I. 33), bedürfen zu ihrer Wahrnehmung der optischen Präsentation. Diese wiederum erschöpft sich nicht schon in der begriffslosen Anschauung, sondern erst im Verbund mit Bäckers bibliografischem Apparat. Die *nachschrift* ist mithin ›konkret‹ in dem Sinne, dass sie ihre Materialien durch Auswahl, Anordnung und Annotation als ›Aussagen‹ konkretisiert: Diese können in sprachlichen, grafischen oder numerischen Elementen bestehen, korrelieren aber allemal einen Gegenstand (›die Juden‹), ein Thema (die Judenverfolgung) und bestimmte (›maßnahmenbezogene‹) Begriffe mit einer (bürokratischen) Subjektposition. Im Gegensatz zu den experimentellen Texten der Stuttgarter oder Wiener Gruppe, die die Sprache durch deren ›konkrete‹ Entsemantisierung neu pragmatisieren wollten, versucht die *nachschrift*, wie Bäcker sagt, einen prekären »Dokumentenbestand aufzugreifen, der schon konkrete Formen bildet, die man nur noch herüberheben muß«.[43] Was Eugen Gomringer eine ›Konstellation‹ nennt, die asyntaktische Rekonfiguration materiell-sprachlicher Zeichen, findet Bäcker in den Dokumenten selbst: Rotieren hier etwa die KZ-Kürzel innerhalb der Deportationslisten, dann nicht aufgrund artistischer Manipulation, sondern bedingt

---

40 Niklas Luhmann: Organisation und Entscheidung. Opladen, Wiesbaden 2000, S. 92.
41 Cornelia Vismann: Akten. Medientechnik und Recht. Frankfurt a. M. 2000, S. 22.
42 Vgl. Robert Cohen: Zu Heimrad Bäckers »nachschrift«. In: Peter Weiss Jahrbuch für Literatur, Kunst und Politik im 20. Jahrhundert 8 (1999), S. 141–153; hier: S. 141 f.
43 Judith Veichtlbauer und Stephan Steiner: ›Die Wahrheit des Mordens‹. Ein Interview. In: Heimrad Bäcker. Die Rampe. Porträt. Linz 2001, S. 85–88; hier: S. 86.

durch den beschleunigten Genozid und einen entsprechend raschen Aktenlauf (I. 38).

Derlei Konstellationen allein aus den Dokumenten und deren »Reihung, Wiederholung, Aussparung« (I. 131) freizusetzen, ist Bäckers eigentlich ›literarische‹ Operation: »Aus den unbeabsichtigt wirksamen Ordnungsritualen einer Aktennotiz kann sich ein literarisches Gebilde entfalten.«[44] Bäckers Schreiben bedarf keiner Fiktionalität, weil die in ihm präsentierten Dokumente selbst eine ungeheure ›Als-Wirklichkeit‹ erzwungen haben. Zu begreifen ist seine »Literatur des Zitats als Literatur der Identität mit der nichtliterarischen Wirklichkeit (oder ihrem Schein), die selbst eine Ansammlung, eine ungeheure Klitterung von Zitaten ist«.[45] Wo die Dokumente aber Wirklichkeit nicht nur herstellen, sondern das Sprachliche und Reale ihrer Herstellung zugleich verschleiern und entstellen (vgl. I. 43, II. 28, 41, 53, 73), legt Bäckers Montage ihren pragmatischen Kontext und ihre ›konversationellen Implikaturen‹ (Paul Grice)[46] frei: Ein Geheimauftrag, der abstrakt und irreal wirkt; eine gemütliche Tagesordnung (samt »Frühstück«); und ein technokratisch verklausuliertes Protokoll – in ihrer Konstellation geben diese drei Dokumente preis, dass mit ihnen die ›Wannseekonferenz‹ initiiert, veranstaltet und ›erfolgreich‹ beendet wurde. (I. 25)

IV. Das Nachleben der Bürokratie

Bäckers Grundverfahren wurde als das eines ›offenen Zitats‹ beschrieben: Während ›geschlossene Zitate‹ deutlich markiert, durch eine klare syntaktische Funktion und einen bestimmten referenziellen Wert charakterisiert sind, lösen sich Bäckers Zitate, obwohl oder gerade weil ohne Anführungszeichen, von ihrer Quelle, von ihrem Textstatus und ihrem ›eigentlichen‹ semantischen Wert. Offen zitiert werden Dokumente syntaktisch reinskribiert und dadurch wieder ›semantisch aktiv‹.[47] Offen zitiert wird aber auch an handschriftlichen Notizen (wie einer solchen Hitlers, I. 93) etwas Neues sichtbar (etwa Hitlers bürokratische Systematizität bei der Konstellierung ideologischer Kernbegriffe wie »Weltliteratur« und »Juden«) oder an bürokratisch-statistischen Vermerken (etwa wie diese versuchen, die obszöne Zahl erfasster Mordtaten durch die Kombination von lateinischen und arabischen Zahlzeichen zu kaschieren, II. 148 f.).

---

44 Zit. nach: Henry W. Pickford: Heimrad Bäcker's ›System nachschrift‹ and the Philosophy of Quotation. In: Modern Austrian Literature 41/4 (2008), Special Issue: Heimrad Bäcker, S. 51–73; hier: S. 61.
45 Heimrad Bäcker, zit. nach: Pickford: Heimrad Bäcker's ›System nachschrift‹ (s. Anm. 44), S. 63.
46 Vgl. Thomas Eder: Heimrad Bäckers »nachschrift«: Perspektiven der Forschung. In: Modern Austrian Literature 41/4 (s. Anm. 44), S. 1–10; hier: S. 3 f.
47 Vgl. Pickford: Heimrad Bäcker's ›System nachschrift‹ (s. Anm. 44), S. 64–67.

»Meine *nachschrift* ist ein einziges Zitat«, sagt Bäcker: »einerseits von Phraseologie und andererseits der Stimme des Unterliegenden«.[48] Erst durchs offene Zitat scheinen auch die Untergegangenen zu Wort zu kommen: »meine leiche befindet sich diesseits der schule beim straßenwärterhaus, wo albegno ist, diesseits der brücke. Ihr könnt sofort mich holen kommen./dies ist mein letzter brief, und ich lasse dich wissen, daß ich am 1. september um sechs uhr erschossen worden bin.« (I. 114f.) Im Moment der Niederschrift artikulieren diese beiden Abschiedsbriefe nur ein unmögliches Sprechen; eins werden das Subjekt der Aussage und das des Ausgesagten erst nachträglich: nicht im Dokument als solchem, das nur die Aussage zu den Akten nimmt, wohl aber in seinem Zitat, das die Spannung zwischen Aussage und Äußerung wiederherstellt.

Wenn sich die offenen Zitate der *nachschrift* gerade ob ihrer semantischen Reaktivierung als Grabinschriften zu erkennen geben, werden nicht nur Abschiedsbriefe namenlos Vernichteter, sondern auch als solche deklarierte ›Kulturzeugnisse‹ zu Kenotaphen – zu Kenotaphen von ›Kultur‹. Heißt es etwa am Ende des ersten Bands »MONUMENTA GERMANIAE HISTORIAE (s.d.)« (I. 129), so verweist dieses Zitat zunächst auf *Meyers Konversations-Lexikon* von 1897. Das »s.d.« bezeichnet eine Referenz in der Referenz, denn schon im *Meyers* wird vom Lemma »Deutschland (Literatur zur Geschichte)« auf »Monumenta Germaniae historica« verwiesen, von dort aber auf des Freiherrn von Steins Projekt, der aufstrebenden ›deutschen Nation‹ über ihre ältesten Quellen ihre ursprüngliche Macht und Einheit vor Augen zu führen. Dass dieses archivarische Vorhaben von Anbeginn auf einem Mangel gegründet war, dass der Versuch, von Staats wegen auf die eine ihn fundierende ›Nation‹ zu stoßen, immer schon vergeblich war und sich gerade Habsburgs Vergangenheit dem preußischen Einheitsprogramm nicht einverleiben ließ, wurde wohlgemerkt gerade zur Zeit des ›Dritten Reichs‹ offenbar.[49] In ihren Quellen findet die *nachschrift* also keinen festen Halt, vielmehr hat sie diese einem unablässigen *re-enactment* auszusetzen. Zweck ihres Anhangs ist nicht der historiografisch solide Nachweis, sondern ein »intertextueller Aktionsplan«, der sämtliche Quellen *post festum* inventarisiert.[50]

Die ›semantische Reaktivierung‹ betrifft in der *nachschrift* nur vereinzelte ›historische‹ Quellen, in der Mehrzahl aber Akten. Was deren ›offene Zitation‹ zutage fördert, ist die imperativische Kraft des Schreibakts, seine unmittelbare Wirksamkeit als, wie es Deleuze und Guattari nennen, »körperlose

---

48 Heimrad Bäcker: Sprache neu zu sprechen. In: Ernst Grohotolsky (Hg.): Provinz, sozusagen. Österreichische Literaturgeschichten. Graz, Wien 1995, S. 55–62; hier: S. 56.
49 Vgl. Wolfgang Ernst: Im Namen von Geschichte. Sammeln – Speichern – Er/Zählen. Infrastrukturelle Konfigurationen des deutschen Gedächtnisses. München 2003, S. 184f., 265, 445–452.
50 Vgl. Ethan Altan: »nachschrift« und die Zitate. In: Modern Austrian Literature 41/4 (s. Anm. 44), S. 85–96; hier: S. 86.

Transformation«[51]. Nicht, dass sie von einer »einsatzgruppe« misshandelt wurden, hat den Juden ihr Recht, Rechte zu haben, genommen, sondern die exakt datierte und sofort wirksame Publikation bestimmter Reichsgesetzblätter (I. 8); und die Deportierbarkeit der Wiener Juden besiegelte nicht deren erstmaliger körperlicher Abtransport, sondern dass dieser im Oktober 1939 von der ›Zentralstelle für jüdische Auswanderung‹ in die Akten aufgenommen wurde (I. 20). Wie weit sich die totalitäre Schriftmacht der Körper zu bemächtigen vermag, zeigt eine offizielle Empfehlung (oder vielmehr Drohung) an jene Blockschreiber, die die KZ-Totenbücher zu führen hatten: »wenn der blockschreiber irrtümlicherweise eine nummer mit dem vermerk *verstorben* versieht, kann solch ein fehler später einfach durch die exekution des nummernträgers korrigiert werden« (II. 124).

»der schreiber schreibt«, heißt es in der *nachschrift*. Als metaleptischer Schreibakt werden diese drei Worte in einem Faksimile von Bäckers Handschrift umgesetzt (I. 119). Doch dient dem ›schreiber‹ Bäcker seine Handschrift nicht dazu, sich der *nachschrift* als deren Autor ›einzuschreiben‹. Vielmehr wird das Syntagma »der schreiber schreibt« etliche Male wiederholt und von seinen Wiederholungen überschrieben. Letztlich verweisen die Tautologie der Aussage und das zeitlose Präsens der Äußerung auf Bäckers Praxis des Zitierens, damit aber auch auf jenen Rollenzwang, dem der ›konkrete Dokumentarist‹ ausgesetzt ist. Solange er nämlich deren Schriften ›offen‹ und damit distanzlos zitiert, übernimmt ›der schreiber‹ unweigerlich die Positionen unterschiedlichster Bürokraten:[52] die Position der nazistischen ›Schreibtischtäter‹, aber auch die Position derer, die die Judenverfolgung erforscht, und die derer, die ihre Organisatoren angeklagt haben. Diesem dauernden Rollentausch entspricht, dass die *nachschrift* nicht nur zwischen Haupt-, Neben- und Paratexten, sondern auch zwischen dokumentarischem und Forschungsmaterial keinen prinzipiellen Unterschied mehr macht. Bei einigen ›offenen Zitaten‹ bleibt es tatsächlich offen, ob es sich nun um NS-Dokumente, um Zeugnisse späterer Aufarbeitung oder die Rekonstruktionsarbeit etwa Raul Hilbergs handelt (I. 21, 65). Denn nicht nur, dass etliche nazistische Begriffsprägungen in den Sprachgebrauch der Nachwelt (sei es der Forschung, sei es der gerichtlichen Aufarbeitung) eingesickert sind, dass also die Sprache der Vernichtung im geschlossenen Zitat kaum zu bannen ist (I. 39, 121). Auch besteht, wie die *nachschrift* etwa an Aktenstücken der Nürnberger Prozesse demonstriert (II. 134), zwischen den Aufschreibesystemen der Vernichtung und denen der Aufarbeitung große Familienähnlichkeit, wenn nicht gar Identität.

---

51 Vgl. Gilles Deleuze und Félix Guattari: Tausend Plateaus. Kapitalismus und Schizophrenie II. Berlin 1992, S. 113f.
52 Vgl. Patrick Greaney: Aestheticization and the Shoah: Heimrad Bäcker's ›Transcript‹. In: New German Critique 109 (Winter 2010), S. 27–51; hier: S. 42f.

Unentrinnbar scheint die Bürokratie. Dies gilt bereits für den Fall gewährter oder auch verweigerter Staatsbürgerschaft. Die Deklaration der Menschenrechte hat nämlich das nackte Leben nicht von der staatlichen Souveränität emanzipiert, sie hat es ihr vollends unterworfen, weshalb Staatenlose ohne den Beistand einer Staatsbürokratie willkürlicher Gewalt gänzlich ausgeliefert sein mussten. Dass es jenseits der Menschen- und Staatsbürgerrechte ein »Recht, Rechte zu haben«[53], geben muss, wurde für Arendt gerade durch die totalitäre Übermacht der modernen Verwaltung offenbar. Auch bei Bäcker tritt dieses Recht zutage: als bürokratisches Residuum im Modus einer ihrerseits bürokratischen *nachschrift*. Konsequent allegorisiert deshalb das Szenario, mit dem sie endet, die unentrinnbare Bürokratie: Ein Häftling und dessen Kontrolleur werden von einem Kontrolleur bewacht, der sich seinerseits von einem Kontrolleur bewacht sieht (II. 236). Eine Kontrolle, die die Kontrolle kontrolliert – diese Konstellation geisterte als Topos der Bürokratiekritik bereits durch die Habsburger Welt. Wie der Anhang zu Bäckers letztem Dokument verrät, stammt sie jedoch nicht etwa von Josef Olszewski oder Hermann Bahr,[54] sondern aus den Protokollen zum Eichmann-Prozess. Am Ende der *nachschrift* ist das übernationale Habsburg nur mehr eine versunkene Welt von gestern. Der Totalitarismus ist unsere Jüngstvergangenheit – seine Bürokratie aber unsere Gegenwart und Zukunft. Denn obwohl Eichmann seinen Prozess nicht überlebt hat, ist seine ›Tatwaffe‹, die Bürokratie, geblieben und wird wohl bleiben. Schließlich ist, wie bereits Weber feststellen musste, »kein geschichtliches Beispiel dafür bekannt, daß sie da, wo sie einmal zur völligen Alleinherrschaft gelangt war […], wieder verschwunden wäre, außer mit dem völligen Untergang der ganzen Kultur, die sie trug«[55].

---

53 Arendt: Elemente (s. Anm. 8), S. 754.
54 Vgl. entsprechende Kontroll-Konzepte in Josef Olszewski: Bureaukratie. Würzburg 1904, S. 98, und Hermann Bahr: Österreichische Ordnung. In: Das Hermann-Bahr-Buch. Berlin 1913, S. 297–306; hier: S. 305.
55 Weber: Wirtschaft und Gesellschaft (s. Anm. 5), S. 834.

IV. Zugehörigkeit und Demokratie jenseits nationalstaatlicher Regelungen: aktuelle Perspektiven

Lena Laube

Was ist (m)ein Pass wert?
Ungleiche Mobilitätsrechte, der strategische Erwerb von
Staatsbürgerschaft und Migrations- und Grenzdiplomatie

I. Einleitung

Die Chance, an grenzüberschreitender Mobilität teilzunehmen, ist in der gegenwärtigen Welt sowohl von großer Bedeutung für die Verwirklichung individueller Lebenschancen als auch oftmals für die Sicherung der eigenen Existenz. Dabei hängen die rechtlichen Möglichkeiten, mobil sein zu können, in hohem Maße von der jeweiligen Staatsangehörigkeit einer Person ab. *Empowering Global Citizenship* ist das Motto einer Agentur namens Arton Capital, deren Programmwebsite darüber informiert, welche zusätzliche Staatsbürgerschaft zur jeweils eigenen einen Vorteil hinsichtlich internationaler Reisefreiheit bietet.[1] Es wird dafür geworben, sich eine zweite (oder dritte) Staatsbürgerschaft zuzulegen, um die eigenen Optionen des individuellen Reisens, Handelns und Investierens sowie Lehrens und Lernens zu erweitern oder zu sichern. Für eine deutsche Staatsbürgerin, die ohnehin weitreichende Mobilitätsrechte besitzt, so lässt sich schnell feststellen, würde die Staatsbürgerschaft des karibischen Inselstaates Grenada eine interessante Erweiterung des persönlichen Mobilitätsspielraums bedeuten. Der grenadische Staat bietet seit 2013 ein sogenanntes »Citizenship by Investment«-Programm an, das bei einer einmaligen Schenkung von 150.000 US-Dollar den Erwerb der grenadischen Nationalität als zweiter Staatsbürgerschaft regelt.

Mit der zusätzlichen Erlangung der grenadischen Staatsbürgerschaft werden laut der Website den vielen Ländern, in die eine deutsche Staatsbürgerin einreisen darf, ohne zuvor ein Visum beantragen zu müssen, noch drei weitere hinzugefügt. Da es sich dabei um die freie Einreise für 90 Tage nach China, Kuba und

---

1 Weitere auch in der Forschungsliteratur bekannte Beispiele für solche Agenturen sind allen voran Henley & Partners sowie LaVida (Manuela Boatcă: Globale Ungleichheiten und gekaufte Staatsbürgerschaft: Zum Mechanismus eines knappen Gutes. In: Die Zwischengesellschaft: Aufbrüche zwischen Tradition und Moderne? Hg. v. Caroline Y. Robertson-von Trotha. Mannheim 2016, S. 147–160; Yossi Harpaz: Compensatory citizenship: dual nationality as a strategy of global upward mobility. In: Journal of Ethnic and Migration Studies/Special Issue: Strategic Citizenship: Negotiating Membership in the Age of Dual Nationality [2018]). Diese Agenturen beraten nicht nur interessierte Privatkunden, sondern sind zum Teil Vertragspartner für die Länder, die Staatsbürgerschaften zum Verkauf anbieten, wie etwa Henley & Partners für Malta (vgl. Boatcă: Globale Ungleichheiten und gekaufte Staatsbürgerschaft, S. 158.)

Russland handelt, könnte dies für deutsche Geschäftsleute, Wissenschaftlerinnen, Lobbyisten, Weltenbummlerinnen und Journalisten von Interesse sein. Ein Staatsbürger Malis dagegen könnte mit dem Erwerb der grenadischen Staatsbürgerschaft seinen bisherigen Spielraum hinsichtlich globaler Bewegungsfreiheit verdreifachen und unter anderem den freien Zugang zum gesamten EU-Schengen-Raum für 90 Tage erlangen.[2] Doch die finanziellen Kosten des Erwerbs sind dermaßen hoch, dass für durchschnittlich verdienende malische Staatsbürger, aber selbst auch deutsche, diese Option überhaupt nicht infrage kommt. Diese Programme richten sich an die in der soziologischen und wirtschaftswissenschaftlichen Ungleichheitsforschung als »Super-Reiche« bezeichneten Personen, eine global mobile und vermögensstarke Elite, die, wie erste Studien über den käuflichen Erwerb von Staatsbürgerschaften zeigen, überwiegend aus China und Russland stammt.[3] Für diesen Personenkreis, der qua Nationalität wenig globale Bewegungsfreiheit genießt, aber vereinzelt über sehr große Vermögen, die es zu sichern gilt, kann eine Staatsbürgerschaft eine Ware bzw. ein Luxusgut sein. Sie stecken nicht wie andere in einer Notlage, in der mit einer neuen Staatsbürgerschaft die Hoffnung verbunden ist, einer gegenwärtig untragbaren Situation für Leib und Leben zu entrinnen, wie es in Fällen von Verfolgung, Zwangsausbürgerung und Exil der Fall ist, von denen viele Beiträge des vorliegenden Bandes berichten. Und doch spielt auch in manchen dieser Beiträge die ökonomische Dimension von Staatsbürgerschaft(en) eine Rolle. Ein Blick auf aktuelle Entwicklungen kann somit auch neue Perspektiven für eine Betrachtung der historischen Konstellationen von Exil und Staatsangehörigkeit eröffnen.

Was in den eingangs genannten Beispielen marktförmig ver- oder besser gehandelt wird, ist die Erlangung einer Staatsbürgerschaft, die dem Besitzer als Mitglied einer Gemeinschaft besondere Rechte und Pflichten bringt. In diesem Beitrag liegt der Fokus auf den individuellen Mobilitätsrechten, die eine Staatsbürgerschaft heute beinhaltet. So wird im Folgenden mithilfe des selbst erstellten Datensatzes »Global Visa Net« (1969/2010/2014) analysiert, wie durch die ungleiche Verteilung von Mobilitätsrechten nach Kriterien der Staatsangehörigkeit globale, soziale Ungleichheit entsteht bzw. verfestigt wird.

Moderne Staaten regeln den kurzfristigen Zugang zu ihrem Territorium in Form eines Antragsverfahrens für ein Touristen- oder Reisevisum. Dieses gehört

---

2 Die hohe Anzahl von Mobilitätsrechten für grenadische Staatsbürger erklärt sich aus der kolonialen Vergangenheit und der noch bestehenden Mitgliedschaft des Landes im British Commonwealth.
3 Zur Verwendung des Begriffs der »Super-Reichen« siehe zum Beispiel Eric Neumayer: The Super-rich in Global Perspective. A Quantitative Analysis of the Forbes List of Billionaires. In: Applied Economic Letters 11/13 (2004), S. 793–796. Xin Xu, Ahmed El-Ashram und Judith Gold: Too Much of a Good Thing? Prudent Management of Inflows under Economic Citizenship Programs. IMF, 2015. Siehe Website des IWF: https://www.imf.org/en/Publications/WP/Issues/2016/12/31/Too-Much-of-a-Good-Thing-Prudent-Management-of-Inflows-under-Economic-Citizenship-Programs-42884 [abgerufen: 12.7.2018].

zu dem international etablierten Set an Regeln, nach denen Personen legal an grenzüberschreitender Mobilität teilnehmen dürfen.[4] Die Bestimmungen über eine Visumspflicht (rechtlich gesehen die Regel) oder über die Befreiung von dieser (bedarf einer Ausnahmeregelung) gilt gegenüber bestimmten Herkunftsländern und damit gegenüber allen Bürgern dieses Landes gleichermaßen. Als beispielsweise die Visumspflicht im Schengen-Raum gegenüber Serbien (2009) oder der Republik Moldau (2014) aufgehoben wurde, profitierten unmittelbar alle Bürgerinnen und Bürger dieser Länder qua ihrer Zugehörigkeit zur nationalen Gemeinschaft von dem neuen Handlungsspielraum der visa-freien Einreise in die EU für 90 Tage. Dieses Recht auf Mobilität wird einer Person von einem anderen Staat eingeräumt und hier als individuelle Ressource verstanden. Um Mobilitätsrechte nutzen zu können, sodass sie zu einer Erhöhung der persönlichen Lebenschancen werden, muss jedoch in der Regel auch ein gewisses Maß an Wohlstand vorliegen. Aus dem Fokus des Beitrags auf Mobilitätschancen und den strategischen Umgang mit ihnen folgt somit, dass es eher um diejenigen geht, die Mittel besitzen, freiwillig mobil zu sein, als um diejenigen, die zur grenzüberschreitenden Mobilität gezwungen werden, oder auch diejenigen, die immobilisiert sind, weil sie beispielsweise allein die Reise- und Visumskosten für eine Auslandsreise nicht aufbringen können.

Programme, die nur einen erleichterten Zugang zu einem Aufenthaltsstatus und einer Arbeitsgenehmigung ermöglichen (z. B. US Green Card), werden als »Golden Visa«-Programme bezeichnet.[5] Es gibt sie derzeit in bis zu einem Viertel aller Staaten.[6] Den direkten und kurzfristigen Erwerb der Staatsbürgerschaft durch Investition oder Schenkung bieten hingegen gegenwärtig nur etwa zehn Länder an.[7] Ein solches »ius pecuniae«[8] ist bislang, gemessen an der Nutzung,

---

4 Alexander Betts (Hg.): Global Migration Governance. New York 2011; Marina Caparini und Otwin Marenin (Hg.): Borders and Security Governance. Managing Borders in a Globalised World. Wien 2006; Mathias Czaika, Hein de Haas und Maria Villares-Varela: The Global Evolution of Travel Visa Regimes. An Analysis based on the DEMIG VISA database. International Migration Institute. Oxford 2017; Steffen Mau: Das globale Mobilitätsregime und die Ungleichheitsfrage. In: Transnationale Vergesellschaftungen. Hg. v. Hans-Georg Soeffner. Wiesbaden 2013, S. 467–482.
5 Ayelet Shachar und Rainer Bauböck (Hg.): Should Citizenship be for Sale? In: Robert Schuman Center for Advanced Studies Working Papers 2014/01. San Domenico di Fiesole 2014.
6 Ayelet Shachar: Citizenship For Sale? In: The Oxford Handbook of Citizenship. Hg. v. Ayelet Shachar, Rainer Bauböck, Irene Bloemraad und Maarten Vink. Oxford 2017, S. 789–816.
7 Einige prominente Programme, durch die Staatsbürgerschaften verkauft werden, finden sich in Österreich, Zypern, Malta und Grenada. Länder, die eine Aufenthalts- und Arbeitsgenehmigung zu bestimmten Konditionen anbieten, sind Australien, Belgien, Malaysia, Portugal, UK, USA und andere mehr, siehe Website von Henley & Partners, https://www.henleyglobal.com/residence-programs/[abgerufen: 12.7.2018], und https://www.artoncapital.com/global-citizen-programs/program-overview/[abgerufen: 12.7.2018].
8 Jelena Dzankic: The Pros and Cons of Ius Pecuniae: Investor Citizenship in Comparative Perspective. Robert Schuman Centre for Advanced Studies Working Papers 2012/14. San Domenico di Fiesole 2012.

eine Rarität und wird die Institution Staatsbürgerschaft und die traditionellen Regeln ihrer Erlangung oder »Vererbung«[9] nicht so leicht aufbrechen. Dennoch, so soll hier argumentiert werden, sind diese Programme eines der typischen Phänomene moderner Gesellschaften, die sich vor die Frage gestellt sehen, wie in einer immer mobileren Welt der Zusammenhang von individuellen Lebenschancen und Staatsbürgerschaft, aber auch nationaler Selbstbestimmung und Wohlstandssicherung, neu zu definieren sei. Nötig geworden ist diese Neukonfiguration unter der Bedingung zunehmender Personenmobilität, die gegenüber anderen historischen Phasen auch dadurch charakterisiert ist, dass mobile Personen heute vielfach auch in den nationalen Aufnahmekontexten ihre Menschenrechte einklagen. Sie sind dann mit Flüchtlings- und Mobilitätsrechten sowie konsularischem Schutz durch die Auslandsvertretungen ausgestattet. So stellen sich alte Fragen mit neuer Dringlichkeit: Benötigen Personen zur Realisierung von Lebenschancen Bewegungsfreiheit (über ein nationales Territorium hinaus)? Inwiefern bestimmt die Nationalität die individuellen Lebenschancen? Wer erhält Zugang zu einer Staatsbürgerschaft und auf welche Art und Weise? Und wie verändern sich in diesem Prozess die Beziehungen zwischen den Staaten, um deren Staatsbürger es dabei geht?

Die eingenommene Perspektive orientiert sich an der politischen Soziologie sozialer Ungleichheit.[10] Es wird danach gefragt, welche politischen Prozesse auf nationaler Ebene globale, soziale Ungleichheitsverhältnisse stabilisieren oder verändern. Damit soll dem Anliegen gefolgt werden, »die allzu enge […] Bindung der herkömmlichen Theorie der sozialen Ungleichheit an die politisch vorgegebenen Grenzen existierender Staatsgesellschaften zu überwinden und soziale Ungleichheit im weltgesellschaftlichen Kontext zu sehen«.[11] Diskutiert werden im Folgenden Phänomene der Gegenwart, die die Rolle der Staatsangehörigkeit für die ungleiche Verteilung von Mobilitätschancen in der Weltgesellschaft reflektieren. Dabei werden vor allem diejenigen in den Blick genommen, die als globale, ökonomische Elite das entstehende globale Mobilitätsregime mit seinen zunehmend standardisierten Regeln für Einreise, Verbleib und Rückkehr von Nicht-Staatsbürgern in Hoheitsgebiete für sich zu nutzen wissen. Auf individueller Ebene, so wird argumentiert, erlangt die unterschiedliche Attraktivität von Pässen eine besondere Bedeutung und führt zu neueren Praktiken des Erwerbs einer (weiteren) Staatsangehörigkeit. Ausgehend von der Annahme, dass Mobilitätsrechte für Nicht-Staatsbürger an Relevanz gewinnen,

---

9 Ayelet Shachar: The Birthright Lottery. Citizenship and Global Inequality. Cambridge, MA 2009.
10 Manuela Boatcă: Global Inequalities beyond Occidentalism. Farnham 2016; Reinhard Kreckel: Politische Soziologie sozialer Ungleichheit. Frankfurt a. M. 1997; Mau: Das globale Mobilitätsregime und die Ungleichheitsfrage (s. Anm. 4); Anja Weiß: Soziologie Globaler Ungleichheiten. Berlin 2017.
11 Kreckel: Politische Soziologie sozialer Ungleichheit (s. Anm. 10), S. 10.

wird zudem beobachtet, wie Visapolitik in den vergangenen Jahren zu einem bedeutenden Thema zwischenstaatlicher Politik geworden ist. Alle diese Phänomene weisen auf globale Ungleichheitsstrukturen hin, für die die nationale Zugehörigkeit einer Person als legitime Basis für eine Ungleichbehandlung fungiert.

II. Ungleichheit, Staatsbürgerschaft und das Recht auf Mobilität

Mobilität wird als zentraler Prozess von Globalisierung verstanden.[12] Die Chance, individuell mobil zu sein, ist aus dieser Sicht eng mit der Frage verbunden, wie sehr eine Person an der Globalisierung teilhaben oder sogar von ihr profitieren kann. Neben den klassischen Dimensionen sozialer Ungleichheit wie Einkommen und Bildung, die durch Kategorien der Klassenzugehörigkeit, Alter und Geschlecht strukturiert werden, soll hier auf grenzüberschreitende Mobilitätsrechte als eine bedeutende Ressource zur Verwirklichung individueller Wünsche und Bedürfnisse fokussiert werden. Diese Ressource wird, wie gezeigt werden soll, maßgeblich durch das Vorhandensein bestimmter Nationalitäten strukturiert, das heißt, sie ist nicht nur empirisch ungleich zwischen den Nationen verteilt, sondern leitet sich als Handlungsspielraum direkt von dem einer Person zugeschriebenen Merkmal der nationalen Staatsbürgerschaft ab.

Konkret eröffnet der freie Zugang zu anderen Ländern dem Individuum Handlungsspielräume, die anderen Personen vorenthalten werden können. Da diese Zugangsmöglichkeiten über die Staatsangehörigkeit vermittelt werden, gehen Ayelet Shachar und Rainer Bauböck[13] davon aus, dass Nationalität nicht nur wieder an Bedeutung gewinne, sondern dass inzwischen der primäre Wert einer Staatsbürgerschaft in den mit ihr verbundenen Mobilitätsrechten liege. Den Hintergrund dieser Annahme bildet die Beobachtung vieler Autorinnen und Autoren, dass heute soziale und bürgerliche Rechte, z. T. sogar politische Rechte, sehr weitgehend für Nicht-Staatsbürger, die dauerhaft auf einem Territorium leben, geöffnet wurden. Dies habe dazu geführt, dass die Erlangung der lokalen Staatsangehörigkeit für die sogenannten »Denizens« an Bedeutung verloren hat.[14] Der Prozess der Naturalisierung war in Europa schon immer sehr aufwendig, dauert zwischen zwei und 24 Monaten und kann zumeist über-

---

12 John Urry: Mobilities. Cambridge, MA 2007.
13 Shachar und Bauböck (Hg.): Should Citizenship be for Sale? (s. Anm. 5).
14 Tomas Hammar: Legal Time of Residence and the Status of Immigrants. In: From Aliens to Citizens. Redefining the Status of Immigrants in Europe. Hg. v. Rainer Bauböck. Aldershot 1994, S. 187–197; Christian Joppke: Transformation of Citizenship. Status, Rights, Identity. In: Citizenship Studies 11/1 (2007), S. 37–48; Jürgen Mackert: Staatsbürgerschaft. Eine Einführung. Wiesbaden 2006.

haupt erst nach fünf bis zehn Jahren legalem Aufenthalt durchlaufen werden.[15] Für den Regelfall wurden eine ganze Reihe Bedingungen geschaffen, die erfüllt sein müssen, ehe eine Einbürgerung zulässig ist, z. B. der Spracherwerb, Aneignung von Kenntnissen über das Land, Nachweis über längerfristige, durchgängige und legale Anwesenheit im Land. Die Einbürgerung wurde daher immer weniger attraktiv, je kleiner der Unterschied zwischen den Rechten eines Staatsbürgers und denen einer Person mit dauerhaftem, legalem Aufenthalt im Land wurde. Doch für immer mehr Menschen, deren Lebenswelt sich transnationalisiert,[16] macht der visa-freie, kurzfristige Zugang zu bestimmten anderen Ländern einen wichtigen Aspekt ihrer Lebensplanung und -gestaltung aus. Zum Teil geht es dabei um touristische und kulturelle Reisen, um Familienbesuche, Pendelmigration, geschäftliche Anlässe und den Aufbau internationaler Geschäftsbeziehungen oder auch nur um das Gefühl, nicht von bestimmten Regionen der Welt ausgeschlossen zu sein.[17] Sofern diese Bewegungsfreiheit an bestimmte Staatsbürgerschaften geknüpft ist, so das Argument, kann es auch wieder zu einem Bedeutungsgewinn der Einbürgerung kommen.

Eine ungleiche Verteilung der Chancen auf grenzüberschreitende Mobilität, zunächst egal ob kurz- oder langfristig, wird im Folgenden als Form sozialer, globaler Ungleichheit konzipiert. Nach der Definition von Reinhard Kreckel liegt

> soziale Ungleichheit im weiteren Sinne […] überall dort vor, wo die Möglichkeiten des Zugangs zu allgemein verfügbaren und erstrebenswerten sozialen Gütern und/oder Positionen, die mit ungleichen Macht- und/oder Interaktionsmöglichkeiten ausgestattet sind, dauerhafte Einschränkungen erfahren und dadurch die Lebenschancen der betroffenen Individuen, Gruppen oder Gesellschaften beeinträchtigen bzw. begünstigt werden.[18]

Auf die Relevanz geografischer Mobilität für die Verwirklichung individueller Lebenschancen geht auch Anja Weiß in ihrem Buch »Soziologie globaler Ungleichheiten«[19] ein. Sie betont, dass die Lebenschancen einer Person durch Mobilität gesteigert werden können, dies aber nicht notwendigerweise der Fall sei und insofern nicht Mobilität selbst, sondern eine »sozial-räumliche Autono-

---

15 Sara Wallace Goodman: Naturalisation Policies in Europe: Exploring Patterns of Inclusion and Exclusion. EUI, Florenz 2010.
16 Steffen Mau: Transnationale Vergesellschaftung. Die Entgrenzung sozialer Lebenswelten. Frankfurt a. M. 2007; Ludger Pries: Transnationale Soziale Räume. Theoretisch-empirische Skizze am Beispiel der Arbeitswanderungen Mexiko–USA. In: Zeitschrift für Soziologie 25/6 (1996), S. 437–453.
17 Yossi Harpaz: Compensatory Citizenship: A Comparative Study of Dual Nationality in Serbia, Mexico and Israel. (Dissertation), Princeton University, Princeton 2016.
18 Kreckel: Politische Soziologie sozialer Ungleichheit (s. Anm. 10), S. 17.
19 Weiß: Soziologie Globaler Ungleichheiten (s. Anm. 10).

mie« als Handlungsressource das entscheidende Kriterium aus Sicht der Ungleichheitsforschung sein sollte. Ob Mobilität tatsächlich erfolgt, solle Sache der Person bleiben. Auf Wunsch mobil sein zu *können*, stärke die Möglichkeit zur individuellen Entwicklung.[20] Diesem Ansatz folgend haben Personen unter anderem dann eine größere sozial-räumliche Autonomie, wenn für sie territoriale Grenzen und die damit verbundenen sozialen Institutionen keine Hürde für Mobilität darstellen. Für Weiß impliziert Mobilität immer die Suche nach einem Ort, an dem die eigenen Ressourcen besser zum gegebenen Kontext passen. Neben den ökonomischen Ressourcen einer Person sowie den transferierbaren Fähigkeiten (z. B. Ausbildung) nennt Weiß ausdrücklich die Nationalität bzw. den Pass einer Person als bedeutsame Dimension, um individuelle sozialräumliche Autonomie bemessen zu können.[21]

Über die Frage, wer in ein nationales Territorium einreisen oder dort bleiben darf, entscheiden, sofern es sich nicht um die eigenen Staatsbürger des Landes handelt, jeweils souverän die nationalen, staatlichen Instanzen. Die Regulation der Personenmobilität von Nicht-Staatsbürgern obliegt, abgesehen von dem völkerrechtlichen Grundsatz der Nicht-Zurückweisung von Personen in Staaten, in denen ihnen schwerwiegende Menschenrechtsverletzungen drohen, nach wie vor den Nationalstaaten. Im Falle der EU obliegt diese Entscheidung dem jeweiligen Staat, in dem eine Person den Schengen-Raum betritt. Dieser Entscheidung über Einreise und Aufenthalt geht ein politischer Prozess voraus, innerhalb dessen kollektiv bindend darüber befunden wird, welche Gruppen von Reisenden oder Migrantinnen und Migranten besonders willkommen sind oder einfach akzeptiert werden und welche Personengruppen vom Zutritt abgehalten werden sollen und notfalls auch zurück in ihre Heimatländer geschoben werden.[22] Liberale Demokratien haben seit der internationalen Kodifizierung von Menschen- und Flüchtlingsrechten in den 1940er bis 1960er Jahren weniger Spielraum dabei, souverän über die Bewegungsfreiheit ihrer eigenen Bürger wie auch von Nicht-Staatsbürgern zu entscheiden.[23] Dies betrifft sowohl die Begrenzung von Einreise oder Einwanderung, wie im Fall von Asylsuchenden, wie auch die Genehmigung der Ausreise oder Zwangsmaßnahmen der Abschiebung.[24]

---

20 Weiß: Soziologie Globaler Ungleichheiten (s. Anm. 10), S. 125.
21 Weiß: Soziologie Globaler Ungleichheiten (s. Anm. 10), S. 125.
22 Steffen Mau, Heike Brabandt, Lena Laube und Christof Roos: Liberal States and the Freedom of Movement. Selective Borders, Unequal Mobility. Houndmills 2012; Mark B. Salter: Borders, Passports, and the Global Mobility Regime. In: The Routledge International Handbook of Globalization Studies. Hg. v. Bryan S. Turner. London 2010, S. 514–530.
23 Christian Joppke: Why Liberal States Accept Unwanted Immigration. In: World Politics 50/2 (1998), S. 266–293.
24 Czaika, de Haas und Villares-Varela: The Global Evolution (s. Anm. 4), S. 29–30.

Während bei langfristigen Aufenthalten vor allem die Motivation einer konkreten Person eine Rolle bei der Genehmigung spielt (Arbeitssuche, Integrationsbereitschaft), wird bei der Vergabe einer kurzfristigen Einreisegenehmigung, einem Visum für Touristen oder Geschäftsreisende, zuallererst die Nationalität der Person als Kriterium herangezogen.[25] Personen mit bestimmten Staatsangehörigkeiten brauchen für einen Aufenthalt von bis zu drei Monaten gar kein Visum, andere besitzen kein Recht auf Zulassung und müssen eine Einreise- und Aufenthaltserlaubnis beantragen. Noch eine dritte, wenn auch kleine Gruppe wird qua ihrer Nationalität gleich ganz von der An- und Einreise ausgeschlossen. Ein aktuelles Beispiel hierfür bildet der sogenannte »US Travel Ban«, den US-Präsident Trump per Dekret erstmals im Januar 2017 für 90 Tage gegenüber Bürgerinnen und Bürgern aus sieben Staaten verhängte. Das Einreiseverbot für bestimmte Nationalitäten wurde jedoch in Teilen von US-Gerichten außer Kraft gesetzt.

Die Nationalität fungiert in allen Fällen für das Zielland der jeweiligen Mobilität als Prädiktor für das Verhalten und die Motivation der Personen, z. B. für die stark verallgemeinerte Annahme, ob eine Person freiwillig zum gegebenen Zeitpunkt wieder ausreisen wird. Im positiven Fall einer Aufhebung der Visumspflicht kann dies als »generalisiertes Vertrauen« gegenüber einem bestimmten Herkunftsland verstanden werden.[26] Die Chancen auf visa-freies Reisen in andere Länder sind mittels dieser Brückenannahme institutionell an die Staatsbürgerschaft einer Person gebunden.

Staatsbürgerschaft wird in den Sozialwissenschaften als Instrument sozialer Schließung verstanden,[27] die sowohl nach innen wie nach außen erfolgt. Es werden also Mitglieder inkludiert und Nicht-Mitglieder exkludiert.[28] Die Nationalität, als Zugehörigkeit zu einer sozialen Kategorie bzw. Gruppe, wird in aller Regel bei Geburt vergeben und ist damit ein zugeschriebenes Merkmal einer Person, das durch eigenes Handeln nicht oder nur schwer verändert werden kann. Als nominales Merkmal markiert die Nationalität eine Differenz zwischen Personen, die als Ordnungs- oder Sortierungskriterium genutzt werden kann. Durch die intergenerationale Vererbung der Staatsbürgerschaft kommt ihr eine wichtige Rolle bei der Reproduktion von globaler Ungleich-

---

25 Steffen Mau, Fabian Gülzau, Lena Laube und Natascha Zaun: The Global Mobility Divide: How Visa Policies have Evolved Over Time. In: Journal of Ethnic and Migration Studies 41/8 (2015), S. 1–22; Eric Neumayer: Unequal Access to Foreign Spaces: How States Use Visa Restrictions to Regulate Mobility in a Globalized World. In: Transactions of the Institute of British Geographers 31/1 (2006), S. 72–84.
26 Mau: Das globale Mobilitätsregime und die Ungleichheitsfrage (s. Anm. 4).
27 Rogers Brubaker: Staatsbürgerschaft als soziale Schließung. In: Staatsbürgerschaft. Soziale Differenzierung und politische Inklusion. Hg. v. Klaus Holz. Wiesbaden 2000, S. 73–91; Mackert: Staatsbürgerschaft. Eine Einführung. (s. Anm. 14).
28 Stein Rokkan: State Formation, Nation-Building, and Mass Politics in Europe: The Theory of Stein Rokkan. Oxford 1999.

heit zu.²⁹ Die Mitglieder reicher Nationen sichern ihren Nachkommen die Zugehörigkeit zu diesem Status, der oftmals mit einem attraktiven Bündel an sozialen Rechten, Bildungs- und Mobilitätschancen, gesundheitlicher Versorgung, diplomatischer Vertretung etc. einhergeht. Da ein Staat aber nicht nur die Mitgliedschaft, also den Zugang zur Staatsbürgerschaft verwaltet, sondern darüber hinaus auch den Zugang zum nationalen Territorium, ergänzen Einreisebestimmungen, insbesondere für Nicht-Mitglieder, diesen Modus sozialer Schließung. Die Einreisebestimmungen differenzieren aus einer einzelstaatlichen Perspektive zwischen »erwünschten« und »unerwünschten« Personengruppen und sind somit immer von Selektivität geprägt. Da in der Moderne alle Staaten der Erde nationale Grenzen gezogen und Einreisebestimmungen erlassen haben, soll hier die Frage gestellt werden, ob diese vielen einzelnen Mobilitätsregulationen in ihrer Gesamtheit eine bestimmte Struktur aufweisen und ob diese ungleichheitsrelevant ist. Manuela Boatcă unterstreicht, dass dafür eine globale Perspektive eingenommen werden muss, von der aus man »Muster selektiver Exklusion großer Segmente der Bevölkerung außerhalb nationalstaatlicher Grenzen von den gleichen Rechten«³⁰ identifizieren kann. Sollte sich ein solches Muster selektiver Mobilitätsrechte zeigen, könnten wir von einem globalen Mobilitätsregime sprechen. Eine sehr ungleiche Verteilung visa-freier Reisemöglichkeiten würde zeigen, dass Visabestimmungen als Instrument sozialer Schließung dienen, die es bestimmten Staaten erlaubt, Mobilitätschancen für ihre eigenen Bürger zu monopolisieren und andere von dieser Ressource auszuschließen.³¹

Um empirisch zu untersuchen, ob die Gesamtheit globaler Einreisebestimmungen gegenüber Nicht-Staatsbürgern eine bestimmbare und dabei nicht zufällige Struktur aufweist, wurde von der Autorin in Kooperation mit Kolleginnen und Kollegen ein Datensatz aufgebaut, der es erlaubt, die Visabestimmungen von über 167 Ländern miteinander zu vergleichen.³² Der Datensatz »Global Visa Net«³³ enthält für jedes dieser Länder von Afghanistan bis Zypern

---

29 Boatcă: Globale Ungleichheiten und gekaufte Staatsbürgerschaft (s. Anm. 1); Shachar: The Birthright Lottery (s. Anm. 9).
30 Boatcă: Globale Ungleichheiten und gekaufte Staatsbürgerschaft (s. Anm. 1).
31 Brubaker: Staatsbürgerschaft als soziale Schließung (s. Anm. 27).
32 In den Datensatz wurden nur Länder aufgenommen, die einen anerkannten Status in den Vereinten Nationen besitzen. Zudem wurden Insel- und Zwergstaaten nicht berücksichtigt.
33 Der selbst erstellte Datensatz basiert auf Informationen der International Air Transport Association (IATA), genauer den Travel Information Manuals von 1969 (Dezember), 2010 (Dezember) und 2014 (März). Die Daten für 1969 und 2010 wurden im Rahmen des DFG-geförderten Projektes »Vom Container zum offenen Staat? Grenzregimewandel und Personenmobilität« an der Universität Bremen unter der Projektleitung von Steffen Mau erhoben. Die Erweiterung des Datensatzes um den Zeitpunkt 2014 erfolgte dann ebenfalls durch die Autorin an der Universität Bonn unter Mithilfe von Anna Paulitsch. Allen Beteiligten an diesem empirischen Projekt gebührt größter Dank für ihre Unterstützung.

die Information, wohin ein Staatsbürger oder eine Staatsbürgerin dieses Landes zu den drei erhobenen Zeitpunkten 1969, 2010 und 2014 reisen konnte, ohne zuvor ein Visum beantragen zu müssen. Umgekehrt wird auch angegeben, aus wie vielen und aus welchen Ländern Personen zum Beispiel ohne Visum nach Afghanistan bzw. Zypern einreisen durften. Das Recht auf visa-freies Reisen wird als Bewegungsfreiheit und damit als Mobilitätschance interpretiert. Der »Visa Freedom Index« weist die Anzahl der visa-freien Reisemöglichkeiten aus, die für eine bestimmte Staatsbürgerschaft zur Verfügung stehen. Er stellt einen Indikator für die sozial-räumliche Autonomie dar, die mit dieser Staatsbürgerschaft verbunden ist. Durch die Begrenzung des Zugangs zu ihrer Staatsbürgerschaft nach bestimmten Kriterien begrenzen Nationalstaaten zugleich den Zugang zu den damit verbundenen Mobilitätsrechten.

III. Der Wert eines Passes

Die Studie »Global Visa Net« stellt einen Datensatz zur Verfügung, der Aussagen darüber erlaubt, welchen Bürgern der Weltgesellschaft qua ihrer Nationalität besonders viele visa-freie Reisemöglichkeiten offenstehen und für welche Bürger grenzüberschreitende Mobilität eher erschwert wird. Letztere müssen noch vor der Anreise gegenüber ihrem Zielland klären, ob sie eine Chance auf Einreise und Aufenthalt erhalten. Die Beantragung eines Visums ist aus Sicht des Individuums im Allgemeinen mit Zeit und Kosten verbunden.[34] So müssen immer ein Antrag sowie persönliche Dokumente eingereicht werden, meist wird eine Gebühr für die Bearbeitung des Antrags oder die Ausstellung erhoben (für ein Schengen-Visum derzeit € 60[35]), und oft wird verlangt, dass die Person persönlich in einer Botschaft oder einem Konsulat des Ziellandes erscheint. Persönliche Interviews dienen dazu, die Absichten, die mit der Reise verbunden sind, abzuprüfen, können aber mit weiten Reisen innerhalb des Herkunftslands verbunden sein.[36] Für andere Staatsbürger werden Visarestriktionen aufgehoben, weil aufgrund ihrer Nationalität angenommen wird, dass sie kein Sicherheitsrisiko bergen und freiwillig wieder ausreisen werden. Zudem versprechen sich viele Länder von der Einreise bestimmter Personengruppe einen ökonomischen, diplomatischen oder kulturellen Nutzen. Die Visapolitik unterstützt Zielländer dabei, grenzüberschreitende Mobilität zu steuern und dabei mög-

---

34 Lena Laube: Grenzkontrollen jenseits nationaler Territorien. Die Steuerung globaler Mobilität durch liberale Staaten. Frankfurt a. M. 2013.
35 Siehe Übersicht zu Visumsgebühren auf der Seite des Auswärtigen Amtes, https://www.auswaertiges-amt.de/blob/207818/518c700cf1ef1ed6f9ae9113752633ff/gebuehrenmerkblattdata.pdf [abgerufen: 12.7.2018].
36 Mau, Brabandt, Laube und Roos: Liberal States and the Freedom of Movement. (s. Anm. 22).

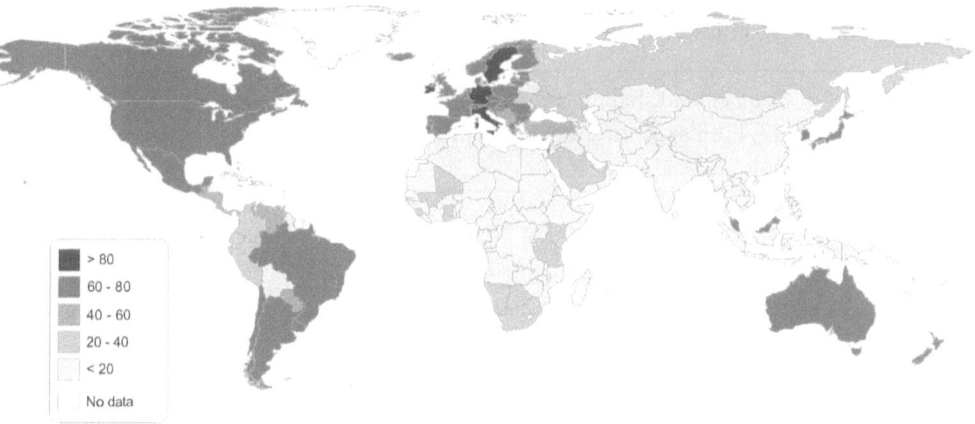

Abb. 1: Die geografische Verteilung von Mobilitätsrechten im Jahr 2014.
Eigene Darstellung, Quelle: Global Visa Net 2014 / IATA

lichst selektiv vorzugehen. Grenzöffnungs- wie auch Grenzschließungsinteressen gegenüber bestimmten Personengruppen sollen so gleichzeitig verwirklicht werden.

Abb. 1 zeigt, wie die Rechte auf visa-freies Reisen 2014 global verteilt waren. Die dunkel eingefärbten Länder bzw. deren Bürger besitzen besonders viele Mobilitätsrechte, während die heller eingefärbten Länder das untere Spektrum an Visafreiheit für ihre Bürger abbilden.

Während vielen Bürgern Europas, Ozeaniens, Nordamerikas und in Teilen Lateinamerikas mit über 70 Ländern, in die visa-frei eingereist werden kann, eine vergleichsweise hohe Anzahl von Reisemöglichkeiten zur Verfügung steht, sind die Pässe der meisten Staaten Afrikas und Asiens mit nur wenigen, vor allem wenigen überregionalen, Mobilitätsrechten ausgestattet (üblicherweise 1–25, siehe auch Tabelle 2). Bei dieser Zählung werden Optionen auf eine Visumserteilung bei der Einreise (»on arrival«) nicht als visa-freies Reisen gezählt, weil die Chance auf eine reibungslose Ausstellung des Visums an der Grenze je nach Herkunftsland stark variieren kann. Nur bereits vor Abreise zugesicherte Möglichkeiten zum Grenzübertritt werden hier als »Mobilitätsrecht« verstanden.

Dass der Wert dieses »Visa Freedom Index« so stark schwankt (zwischen 1 und 82 von 167 möglichen Optionen), zeigt einerseits starke Asymmetrien auf globaler Ebene, auf der einige Länder kaum und andere häufig mit diesem Privileg ausgestattet werden. Es zeigt aber auch, dass die Visumsfreiheit empirisch die Ausnahme bildet, während in der Regel für das grenzüberschreitende Reisen eine Pflicht zu vorheriger Visumsbeantragung besteht.

Die 10 attraktivsten Pässe	Anzahl der visa-freien Reisemöglichkeiten
Irland, Deutschland, Italien, Schweden, Dänemark, Finnland, Luxemburg, Malta, Niederlande, Schweiz	82–79

Die 10 am wenigsten attraktiven Pässe	Anzahl der visa-freien Reisemöglichkeiten
Somalia, Afghanistan, Südsudan, Pakistan, Myanmar, Eritrea, Äquatorial Guinea, Sudan, Nepal, Irak	1–3

Tabelle 1: Pässe der Welt und ungleiche Bewegungsfreiheit
Eigene Darstellung, Quelle: Global Visa Net 2014 / IATA.

Es ist mit Blick auf Mobilitätsrechte bereits von einer »global hierarchy of citizenship value« gesprochen worden,[37] an der sich Individuen orientieren, wenn sie danach streben, eine andere oder weitere Staatsbürgerschaft anzunehmen. Tabelle 1 zeigt, welche Pässe in einer solchen Hierarchie ganz oben stehen würden und welche Pässe ihre Besitzer mit der geringsten sozial-räumlichen Autonomie ausstatten.

Die Länder, die sich am oberen Ende dieses Rankings finden, sind allesamt in Nord-, Mittel- oder Südeuropa verortet, was neben der wirtschaftlichen und politischen Stärke dieser Weltregion[38] auch auf die große Bedeutung der EU als regionalem Mobilitätsraum hinweist.[39] Die Staaten der EU sowie der zum Teil nicht deckungsgleichen Schengen-Mitglieder erreichen schon durch die gegenseitige Befreiung von allen Visarestriktionen einen Spielraum für visa-freies Reisen in über 30 Länder.

Am unteren Ende finden sich ebenfalls die »üblichen Verdächtigen« der wirtschaftlich schwachen, autoritär regierten und von Bürgerkriegen aufgewühlten Regionen. Aus diesen Ländern werden einerseits Flüchtlingsbewegungen er-

---

37 Harpaz: Compensatory Citizenship: A Comparative Study of Dual Nationality in Serbia, Mexico and Israel (s. Anm. 17).
38 Lena Laube und Richard Heidler: Democratic Centre, Autocratic Isolates: The Changing Field of International Visa Policies. In: Journal of Ethnic and Migration Studies (DOI: https://doi.org/10.1080/1369183X.2016.1176906, 13 May 2016) (2016); Neumayer: Unequal Access to Foreign Spaces (s. Anm. 25).
39 Czaika, de Haas und Villares-Varela: The Global Evolution of Travel Visa Regimes (s. Anm. 4); Fabian Gülzau, Steffen Mau und Natascha Zaun: Regional Mobility Spaces? Visa Waiver Policies and Regional Integration. In: International Migration 54/6 (2016), S. 164–180.

Was ist (m)ein Pass wert? 255

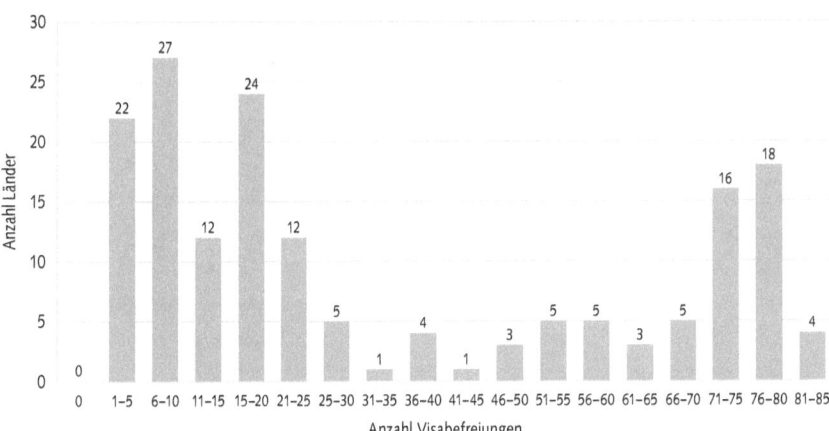

Tabelle 2: Die globale Mobilitätskluft.
Eigene Darstellung, Quelle: Global Visa Net 2014 / IATA.

wartet, andererseits besitzen diese Länder derzeit Regierungen, mit denen die Staatengemeinschaft nur zurückhaltend kooperiert.

Doch zeigt sich in der Verteilung von globalen Mobilitätsrechten nicht nur geografisch eine ungleichheitsrelevante Struktur, auch nominell haben wir es keineswegs mit einer Normalverteilung zu tun. Tabelle 2 zeigt die Häufigkeitsverteilung visa-freier Reisemöglichkeiten für 167 Länder der Erde.

Im unteren Bereich der Verteilung gibt es eine deutliche Häufung von Ländern. 58 Prozent aller Länder können ihren Staatsangehörigen nur 1–25 visa-freie Reisemöglichkeiten garantieren, nur 20 Prozent der Länder decken den weiten, mittleren Bereich von 26–70 freien Reisemöglichkeiten ab, und am oberen Ende der Verteilung finden sich nochmals 22 Prozent der Länder, die mit ihrer Staatsbürgerschaft zwischen 71 und 82 Reiseoptionen vergeben können. Dass sich so wenige Länder im Mittelfeld der Verteilung wiederfinden, haben wir an anderer Stelle als »global mobility divide« bezeichnet.[40] Diese globale Mobilitätskluft zeigt, dass es eine deutliche Struktur der ungleichen Verteilung von Mobilitätsrechten gibt und dass diese Gewinner und Verlierer hinsichtlich der Attraktivität ihrer Pässe produziert (siehe Tabelle 1). Diese Kluft darf man sich jedoch nicht als zu statisch vorstellen. Ende 2014 hat mit der Republik Moldau ein Land in dieser Hierarchie der Pässe einen erheblichen Sprung aufwärts gemacht. Mit der Befreiung von der Visumspflicht für die EU und den gesamten Schengen-Raum gewannen moldauische Bürger und Bürgerinnen mit einem Mal 32 visa-freie Reisemöglichkeiten hinzu (vormals 16,

---

40 Mau, Gülzau, Laube und Zaun: The Global Mobility Divide (s. Anm. 25).

Stand März 2014), was von vielen als Aufwertung des eigenen Passes wahrgenommen wurde.⁴¹ Dass so Visapolitik zu einem gewichtigen Verhandlungsgegenstand auf bilateraler Ebene (Moldawien–EU) geworden ist, wird später noch zur Sprache kommen (siehe Abschnitt V).

Wenn sich die erhebliche globale Ungleichheit hinsichtlich von Wohlstand und Mobilitätschancen nach dem Kriterium der Staatsangehörigkeit strukturiert, erstaunt es eigentlich nicht, dass nicht nur die Benachteiligten dieser Erde Praktiken des Umgangs entwickeln, die von der Passfälschung⁴² über sogenannte »Scheinehen und -partnerschaften«⁴³ bis zum Tunnelbau unter Grenzzäunen reichen. Auch für die Super-Reichen einer kosmopolitischen Elite, die jedoch aufgrund ihrer Staatsbürgerschaft Nachteile erleben, eröffnen sich neue Möglichkeiten, das oftmals starre System der Staatsangehörigkeitserlangung zu umgehen. In den folgenden Abschnitten über den käuflichen Erwerb von Staatsbürgerschaften und die strategische Aneignung einer doppelten Staatsbürgerschaft (IV) sowie über bilaterale Verhandlungen über Visaerleichterungen (V) wird die Frage zentral sein, ob das System der nationalen Zugehörigkeit und der daraus abgeleiteten Regulation von Zugang durch solche sozialen Praktiken transformiert oder in seiner Funktionsweise eher bestätigt wird.

IV. Nationalitäten strategisch erwerben

Ein aktuelles Phänomen der globalen Regulation von nationaler Zugehörigkeit und Mobilitätsrechten ist der käufliche Erwerb von Staatsbürgerschaften. So bieten einzelne Länder in der Europäischen Union und dem British Commonwealth gegenwärtig, im Rahmen von Citizenship by Investment-Programmen, eine schnelle und einfache Möglichkeit an, über Schenkung oder Investition direkt Staatsbürger des Landes zu werden. Diese Länder besitzen im Weltmaßstab allesamt eine hohe Attraktivität hinsichtlich der Mobilitätsrechte, wie etwa Zypern (76 Optionen für visa-freies Reisen), Malta (79), St. Kitts und

---

41 Siehe hierzu den Bericht der Deutschen Welle »Moldauer dürfen visafrei in die EU reisen«. Online unter: http://www.dw.com/de/moldauer-d%C3%BCrfen-visafrei-in-die-eu-reisen/a-17592329, [abgerufen: 12.7.2018].

42 Andreas Fahrmeir: Governments and Forgers: Passports in Nineteenth-Century Europe. In: Documenting Individual Identity: The Development of State Practices in the Modern World. Hg. v. Jane Caplan und John Torpey. Princeton, NJ 2001, S. 218–234; Mark B. Salter: Passports, Mobility, and Security: How Smart Can the Border Be? In: International Studies Perspectives 5/1 (2004), S. 71–91. Vgl. zu Praktiken der Passfälschung auch den Beitrag von Burcu Dogramaci in diesem Band.

43 Nora Markard: Eheschließungsfreiheit im Kampf der Kulturen. In: Die Regulierungen des Intimen. Hg. v. Ulrike Lembke. Wiesbaden 2017, S. 139–159.

Nevis (80) oder Grenada (72).[44] Weniger weitgehende Programme, die nicht die Staatsbürgerschaft, sondern einen erleichterten Weg zu einem dauerhaften, legalen Aufenthalt garantieren, bieten beispielsweise Großbritannien (78), Portugal (76) oder Ungarn (72) an. Die Kunden, die mit solchen Programmen erreicht werden sollen, sind Personen, für die globale Bewegungsfreiheit aus Gründen der Wirtschaftlichkeit, der Vermögenssicherung oder des Lebensstils zentral ist, und die sich auf legalem Weg durch Investition in dem Land eine Erweiterung ihres »Mobilitätsportfolios« kaufen wollen. Die Klientel für Citizenship by Investment-Programme stammt, wie ein Bericht des Internationalen Währungsfonds zeigt, hauptsächlich aus China und Russland sowie zunehmend aus Ländern des Mittleren Ostens.[45] Als wesentliche Gründe für den Kauf einer Staatsbürgerschaft ermitteln die Autoren der Studie erstens den Wunsch nach höherer Mobilität angesichts zunehmend restriktiver Mobilitätspolitiken gegenüber ihren Heimatländern, zweitens den Wunsch nach einem sicheren Rückzugsort bei einer Verschlechterung des geopolitischen Klimas sowie drittens finanzielle, insbesondere steuerliche Gründe.[46]

Die Website der Agentur Arton Capital präsentiert in ihrem »Global Citizenship Programm« die Kosten und Nutzen des Erwerbs einer weiteren Staatsbürgerschaft und fasst die länderspezifischen Vorteile zusammen. Neben den visuellen Reizen touristischer Ziele in den jeweiligen Ländern ist dabei die Angabe zentral, wie viele Reiseoptionen die jeweilige Nationalität dem Kunden einbringen würde. Diese Anzahl wird mit Faktoren wie den Kosten und der Schnelligkeit des Erwerbs (Grenada 3–4 Monate, Zypern 3 Monate) in einem Index zusammengefasst, um Kunden eine praktische Entscheidungshilfe an die Hand zu geben.[47] Die Kosten für den Erwerb einer Staatsbürgerschaft liegen zwischen etwa 150.000 und 3 Millionen US-Dollar. Zudem sehen die Programme unterschiedliche Formen der Investition ins Land vor, entweder über eine direkte Schenkung, den Erwerb eines Grundbesitzes oder von Staatsanleihen in der genannten Höhe. Der Umfang des geforderten Investments in den Programmen hängt nicht von der nationalen Herkunft des Kunden ab. Auch sind nicht systematisch bestimmte Nationalitäten von den Programmen ausgeschlossen. Dennoch garantieren zusätzliche Kriterien für die Eignung einer Bewerberin oder eines Bewerbers, dass es im Ermessen der nationalen Behörden

---

44 Die Daten für Grenada und St. Kitts beziehen sich auf das Jahr 2018, weil diese kleinen Inselstaaten in der Datenbank »Global Visa Net« nicht vertreten sind. Die Referenzgröße (N=167) sind dennoch die Länder des eigentlichen Samples, um die Vergleichbarkeit zu garantieren. Datenquelle sind ebenfalls die Angaben des TIM Manual der IATA. Sofern nicht weiter angegeben, werden die Daten des Visa Freedom Index für 2014 genutzt.
45 Xu, El-Ashram und Gold: Too Much of a Good Thing? (s. Anm. 3).
46 Xu, El-Ashram und Gold: Too Much of a Good Thing? (s. Anm. 3).
47 Siehe Website von Arton Capital, https://www.artoncapital.com/global-citizen-programs/program-overview [abgerufen: 12.7.2018]

bleibt, ob eine Person für das Programm geeignet ist. Nicht nur die finanziellen Kosten müssen gedeckt werden. Zudem muss eine Person, hier das Beispiel von Grenada, Kriterien genügen wie »einen herausragenden Charakter« haben und von »exzellenter Gesundheit« sein.[48] Weniger diffus sind dann noch die Bedingungen eines einwandfreien Führungsregisters und eines hohen persönlichen Vermögens.[49] Dies bedeutet nun, dass wiederum nicht jeder diese Investition tätigen kann und kein Recht auf den Erwerb besteht, sonst könnte beispielsweise das Problem der Staatenlosigkeit rein finanziell gelöst werden.

Im Kontext der Vergabepraxis wurde kritisiert, dass z. B. Malta die Agentur Henley & Partners für zehn Jahre als exklusiven Vertragspartner für ihr Citizenship by Investment-Programm eingesetzt hat, die im Auftrag Maltas auch die Bewerbung des Programms und das eigentliche Auswahlverfahren übernimmt. Hier findet somit nicht nur eine »Kommodifizierung«[50] oder »Vermarktung«[51] von Staatsbürgerschaft seitens des Staates statt. Der Handel mit der Ware Staatsbürgerschaft wird zudem noch privatisiert. In diesem Sinne forderte die maltesische Opposition, dass private Unternehmen nicht vom Verkauf des politischen Rechtebündels profitieren sollten.[52]

Es lässt sich gegenwärtig feststellen, dass der Verkauf von Staatsbürgerschaften und Aufenthaltstiteln einen gewissen Aufschwung erlebt. Das weltweit erste Citizenship by Investment-Programm legte die kleine Föderation St. Kitts und Nevis 1984 auf. Das Land, bestehend aus ca. 55.000 Einwohnern, erhebt keine Einkommenssteuer und bietet visa-freies Reisen im Commonwealth und in der EU. Da St. Kitts und Nevis nur ein Jahr vor der Einführung des Programms seine Unabhängigkeit von Großbritannien erlangt hatte, so argumentiert Boatcă, sei die Motivation dieses winzigen Staates in einer »alternativen Entwicklungsstrategie« zu suchen, die »in enger Verbindung zu einer kolonialen Vergangenheit [...] steht«[53] und die wirtschaftlichen Einnahmequellen des karibischen Inselstaates diversifizieren sollte. Es folgten Programme in Kanada (1986) und den USA (1990), die jedoch nur auf den Verkauf von Aufenthaltstiteln und nicht der Staatsbürgerschaft setzten. Kanada beendete 2014 sein Programm aufgrund von Sicherheitsbedenken, ökonomischer Ineffizienz und weil die Programme als Steuerschlupflöcher in Verruf geraten waren, nicht aber aufgrund mangelnder Nachfrage.[54]

---

48 Siehe Website von Arton Capital, https://www.artoncapital.com/global-citizen-programs/grenada [abgerufen: 12.7.2018].
49 Wallace Goodman: Naturalisation Policies in Europe (s. Anm. 15).
50 Boatcă: Globale Ungleichheiten und gekaufte Staatsbürgerschaft (s. Anm. 1).
51 Shachar: Citizenship For Sale? (s. Anm. 6).
52 Boatcă: Globale Ungleichheiten und gekaufte Staatsbürgerschaft (s. Anm. 1).
53 Boatcă: Globale Ungleichheiten und gekaufte Staatsbürgerschaft (s. Anm. 1).
54 Ayelet Shachar: The Marketization of Citizenship in an Age of Restrictionism. In: Ethics and International Affairs 32/1 (2018), S. 3–13.

Einen Aufwind verzeichnen Programme zur Erlangung der Staatsbürgerschaft oder des Aufenthalts seit 2008 hingegen in den ost- und südeuropäischen Mitgliedsstaaten der EU. Malta, Zypern, Ungarn, Portugal haben alle mit schweren Konsequenzen der Euro- und Finanzkrise zu kämpfen, ihre Pässe aber bieten Investoren viele Optionen visa-freien Reisens, eine EU-Bürgerschaft und damit auch eine Arbeits- und Aufenthaltsgenehmigung für die gesamte EU, sodass sich die Interpretation plausibilisiert, dass damit Krisenmanagement betrieben werden soll. Durch den Verkauf der Ressource nationaler Zugehörigkeit kann nach der Finanzkrise Geld ins Land geholt werden. Zudem bewirbt St. Kitts und Nevis seit 2009 sein Programm gezielt international und trug so zur verstärkten Wahrnehmung dieser Staatsbürgerschaftspraxis in den westlichen Medien und der Forschungsliteratur bei.[55] Die Programme betonen sowohl aus Sicht der offerierenden Länder als auch ihrer Kunden den instrumentellen Wert von Staatsbürgerschaft und nicht ihre Bedeutung für die Identität der Person oder für gesellschaftliche Werte wie Gleichheit und Solidarität.[56] Sie machen Staaten wie auch Bürger zu unternehmerischen Akteuren in der Staatsbürgerschafts- und Mobilitätspolitik und unterminieren damit den ideellen Wert der politischen Zugehörigkeit.[57]

Doch ist gerade der instrumentelle Wert bestimmter Staatsbürgerschaften variabel und hängt in einer globalisierten Welt von vielfältigen Faktoren, z. B. von den bilateralen Beziehungen eines Landes ab. So erscheint beispielsweise nicht gesichert, dass das kleine St. Kitts und Nevis nach einem möglichen EU-Austritt Großbritanniens noch den privilegierten Zugang zum EU-/Schengen-Raum behalten wird, oder ob die Reisefreiheiten für die Republik Moldau bestehen blieben, sollte sich die moldauische Regierung doch wieder stärker an Russland und seinen Interessen orientieren.

Die Staaten, die ihre Pässe oder Aufenthaltstitel verkaufen, müssen ein Interesse daran haben, im internationalen Ranking der angehäuften Mobilitätsrechte weit oben zu bleiben, sofern dies die eigentliche Ressource für die Attraktivität ihrer Ware darstellt. Bewertungen durch andere Länder und Konkurrenzbeziehungen können den Wert eines nationalen Passes im Positiven wie im Negativen erheblich beeinflussen. Deutlich wird hier, dass nicht nur zählt,

---

55 Mau, Brabandt, Laube und Roos: Liberal States and the Freedom of Movement (s. Anm. 22); Shachar und Bauböck (Hg.): Should Citizenship be for Sale? (s. Anm. 5).
56 Natürlich speist sich Kritik an dieser Praxis aus der Vorstellung, dass ein Individuum eine besondere Beziehung zu dem Staat haben sollte, dessen Nationalität er oder sie besitzt (Rainer Bauböck: Genuine links and useful passports: evaluating strategic uses of citizenship. In: Journal of Ethnic and Migration Studies Special Issue: Strategic Citizenship: Negotiating Membership in the Age of Dual Nationality [2018]).
57 Luca Mavelli: Citizenship for Sale and the Neoliberal Political Economy of Belonging. In: International Studies Quarterly 0 (2018), S. 1–12. Online unter: https://doi.org/10.1093/isq/sqy004 [abgerufen: 12.7.2018].

welche Rechte und Privilegien ein Land selbst gewährt, sondern auch, welche Privilegien ein Land für seine Staatsbürger bei anderen Staaten erwirken kann.

Obwohl die genannten Unternehmen versuchen, einen globalen Markt für Staatsbürgerschaften zu etablieren und mit Konzepten wie »globaler Staatsbürgerschaft« werben, geht es doch im Kern um den Wechsel von der einen nationalen Staatsbürgerschaft in eine andere, attraktivere, oder aber den Erwerb einer zusätzlichen Staatsbürgerschaft, die neue Optionen in einer mobileren Welt eröffnet. Henley & Partners sprechen auch an einigen Stellen korrekter von »alternativer Staatsbürgerschaft«.[58] Wer eine neue Staatsbürgerschaft strategisch erwirbt, wird dadurch kein Weltbürger, vielmehr ist er schon einer, wie eine Werbebotschaft von Arton Capital nahelegt:

> Global citizens are those present and future leaders who have the power to change our world to make it a better place, and who are capable of providing for its sustainable development. We are fortunate enough to be able to recognize global citizens among our clients, partners and friends. And we are here to empower them and involve them in the global citizen movement.[59]

Die Aneignung einer neuen Staatsbürgerschaft, sei es zur Absicherung, als Statussymbol oder zur Eröffnung von Lebenschancen, bestätigt den Betreffenden eher als bereits erfolgreich global agierende Person, als dass der freie Verkauf von Staatsbürgerschaften eine Chance für weniger privilegierte Personen darstellen würde. Globale Ungleichheit wird auf individueller Ebene damit eher verstärkt als abgebaut, weil die ohnehin Privilegierten sich weitere Privilegien einkaufen können bzw. ihr Vermögen einer nationalen Besteuerung entziehen können, die einen, wenn auch nur national, umverteilenden Effekt anstrebt.

Anders könnte eine globale Betrachtung auf Länderebene aussehen. Doch auch hier zeigt sich, dass die kleinen, wenn auch zeitweilig krisengeschüttelten Länder wie St. Kitts und Nevis, Malta oder Zypern gemessen am Bruttoinlandsprodukt pro Kopf (kaufkraftbereinigt) über mehr oder zumindest ähnlichen Wohlstand verfügen, nämlich zwischen 42.000 und 28.000 US-Dollar pro Kopf, als China oder Russland, woher viele der Investoren kommen, wo das BIP pro Kopf 2017 (kaufkraftbereinigt) nur zwischen 16.000 und 28.000 US-Dollar lag.[60] Globale Ungleichheit wird durch den Verkauf von Nationalitäten also sowohl auf individueller wie auch auf Länderebene reproduziert. Zudem wird die Bedeutung des Systems nationaler Zugehörigkeiten, von dem viele Rechte und Chancen abhängen, durch die Vermarktung unterstrichen und nicht etwa transformiert oder aufgebrochen.

---

58 Siehe https://www.henleyglobal.com/why-alternative-citizenship/ [abgerufen: 12.7.2018].
59 Siehe https://www.artoncapital.com/global-citizen/ [abgerufen: 12.7.2018].
60 Siehe Datentool des Internationalen Währungsfonds für 2017, http://www.imf.org/external/pubs/ft/weo/2017/02/weodata/weoselgr.aspx [abgerufen: 12.7.2018].

Die Attraktivität bestimmter Staatsbürgerschaften hinsichtlich ihrer Mobilitätsrechte zeigt sich des Weiteren in der Nachfrage von staatlichen Programmen, die Personen den Erwerb einer Staatsangehörigkeit anbieten, weil sie in einer besonderen Verbindung zu dem betreffenden Land stehen. Yossi Harpaz zeigt in einer wegweisenden Studie, dass Millionen Menschen in Lateinamerika, Osteuropa und anderswo seit den 1990er Jahren eine zweite, »kompensatorische« Staatsbürgerschaft angenommen haben.[61] Als Gründe für die Aneignung einer zweiten, dann doppelten, Staatsbürgerschaft, die seit den 1990er Jahren weltweit an Akzeptanz gewinnt, wurden von den befragten und betroffenen Personen sowohl das Ziel einer sozialen Absicherung, die Erweiterung von Möglichkeiten, insbesondere in Bezug auf Mobilität als »global feature«, sowie ein Statusgewinn genannt.[62] Die Fallstudien verdeutlichen die Breite des Phänomens dieser immer strategischen Aneignung einer zweiten Staatsbürgerschaft: Serbische Bürger nutzen den Zugang zu einer ungarischen Staatsbürgerschaft aufgrund ihrer ethnischen Zugehörigkeit. Mexikanische Eltern betreiben »Geburtstourismus« (birth tourism) in den USA, um ihren Kindern auf Basis des dort geltenden »ius soli« eine zweite attraktive Staatsbürgerschaft zu bieten. Und junge Israelis nutzen den erleichterten Zugang zu einer EU-Bürgerschaft, wenn ihre Eltern, Groß- oder Urgroßeltern aus Ländern der heutigen EU ausgewandert bzw. geflohen waren und in der Folge ausgebürgert wurden. Die beteiligten EU-Mitgliedstaaten bemühen sich mit dieser Einbürgerungspraxis um eine Anerkennung des Unrechts, das vielen der Vorfahren widerfahren ist und oftmals in einer längeren Staatenlosigkeit resultierte.[63] Auch die Nutzung von Steuererleichterungen und die Hoffnung, bei politischen Unruhen einen sicheren und sicher zugänglichen Zufluchtsort zu haben, können heute bei einer solchen Entscheidung eine Rolle spielen. Harpaz interpretiert die untersuchten sozialen Praktiken ebenfalls als einen instrumentellen, individualistischen Umgang mit Staatsbürgerschaft, der in der Regel mehr an Opportunitäten denn an Identifizierung mit dem Land der zweiten Staatsbürgerschaft orientiert ist, was der ursprünglichen Institution, die auf Loyalität und Zugehörigkeit basieren soll, widerspricht.[64]

Aus staatlicher Perspektive wird, wie in den genannten Fällen für Serben und Israelis, eine zusätzliche Mitgliedschaft dann angeboten oder verschenkt, wenn sich eine besondere Beziehung zu einem Nicht-Staatsbürger, z. B. über eine na-

---

61 Harpaz: Compensatory Citizenship: A Comparative Study of Dual Nationality in Serbia, Mexico and Israel (s. Anm. 17).
62 Harpaz: Compensatory Citizenship: A Comparative Study of Dual Nationality in Serbia, Mexico and Israel (s. Anm. 17), S. 2, 7.
63 Vgl. hierzu auch den Beitrag von Esther Weizsäcker in diesem Band
64 Harpaz: Compensatory citizenship: dual nationality as a strategy of global upward mobility (s. Anm. 1).

tionale oder ethnische Abstammung, begründen lässt.[65] So vorteilhaft solche Programme heute für die individuelle Teilnehmerin sein mögen, auch die Staaten verknüpfen damit eigene Interessen. Oftmals wird für eine zweite Staatsbürgerschaft nicht einmal der Nachweis eines festen Wohnsitzes im Land erwartet, sodass die Einbürgerung nicht unbedingt zur Einwanderung führt. Vielmehr erscheint es diesen Staaten erstrebenswert, wenn z. B. die Nachfahren von Auswanderern eine positive Beziehung zu den Heimatländern aufrechterhalten, neu aufbauen oder sich touristisch, politisch und finanziell engagieren. Dieses Phänomen der rechtlichen Mitgliedschafts- und Mobilitätssteuerung betrifft damit nicht so sehr den Gewinn von wohlhabenden Neubürgern, sondern die politische Adressierung einer Diaspora, die unter Umständen schon lange im Ausland angesiedelt ist. Seit einigen Jahrzehnten ist in vielen Weltregionen ein regelrechter Trend hin zum Ausbau von politischen Instrumenten zur Aufrechterhaltung von sozialen, politischen und ökonomischen Beziehungen zwischen dem Herkunftsland und seinen Emigranten zu verzeichnen.[66] Die nationale Zugehörigkeit als Geschenk oder Angebot an Emigranten und ihre Nachfahren wird besonders dann gern angenommen, wenn sie die Möglichkeit einer mehrfachen Staatsangehörigkeit umfasst und wenn diese zweite Nationalität eine hohe Attraktivität hinsichtlich von Mobilitätsrechten besitzt.[67] Will ein Auswanderungsland also den Kontakt zu seiner Diaspora stärken, kann es unter anderem auf das Hinzugewinnen von visa-freien Reisemöglichkeiten in andere Staaten als Argument für eine Naturalisierung setzen.

V. Migrations- und Grenzdiplomatie: Mobilitätsrechte als bilateraler Verhandlungsgegenstand

Aus Sicht der Personen, die eine bestimmte Staatsangehörigkeit haben oder erwägen, sich diese anzueignen, führt eine erhöhte Anzahl visa-freier Reisemöglichkeiten, wie zum Beispiel die Visafreiheit im gesamten EU/Schengen-Raum, zur Aufwertung des betreffenden Passes. Auch wenn bei der Betrachtung indi-

---

65 Anders ist der Fall des »ius soli« in den USA gelagert, weil hier zwar den Kindern aufgrund ihres Geburtsortes in den USA eine Staatsbürgerschaft angeboten wird, jedoch nicht mit dem staatlichen Interesse, diese Beziehung herzustellen. Aus diesem Grund wird diese Praxis in den USA auch vielfach als Ausnutzung der Staatsbürgerschaftsrechts kritisiert. Boatcă: Globale Ungleichheiten und gekaufte Staatsbürgerschaft (s. Anm. 1).
66 Luicy Pedroza und Pau Palop-García: Diaspora policies in comparison: An application of the Emigrant Policies Index (EMIX) for the Latin American and Caribbean region. In: Political Geography 60 (2017), S. 165–178; Agnieszka Weinar: From emigrants to free movers: whither European emigration and diaspora policy? In: Journal of Ethnic and Migration Studies 43/13 (2017), S. 1–19.
67 Harpaz: Compensatory Citizenship: A Comparative Study of Dual Nationality in Serbia, Mexico and Israel (s. Anm. 17).

vidueller Lebenschancen leicht aus dem Blick gerät, woher die rechtlichen Bedingungen für grenzüberschreitende Mobilität stammen, verweist die sozialwissenschaftliche Literatur doch auf die Verteilung von Mobilitätschancen und -rechten als einen politischen Prozess.[68] Was sich als ungleiche individuelle Handlungsressourcen oder als Autonomie zeigt, wird von Staaten, allein oder in Abstimmung mit anderen Staaten, konstruiert. So besitzt die Verteilung von Mobilitätsrechten keine zufällige Struktur, sondern ist ein Abbild ungleicher Machtstrukturen in den internationalen Beziehungen sowie ein Abbild der Einbindung eines Landes in den globalen Handel, supranationale Organisationen und den internationalen Tourismus.[69] Die Beobachtung, dass das Recht auf grenzüberschreitende Mobilität für Personen ein bedeutendes Gut geworden ist, das sogar zum Erwerb einer doppelten Staatsbürgerschaft animiert, wird insofern durch eine zweite Beobachtung bestätigt: Auch in der Politik wird zunehmend um die Frage gerungen, wer sich wohin unter welchen Bedingungen bewegen darf und wer welche Nationalität besitzt. Deutlich stehen diese Fragen in vielen nationalen Debatten und Wahlkämpfen auf der Agenda. Rechtspopulistischen Parteien gelingt es in vielen westlichen Demokratien, an der Frage nach Zugehörigkeit und gemeinsamen Werten ihr Profil zu schärfen. Doch nicht nur national, auch auf bilateraler Ebene lässt sich ein Bedeutungsgewinn des Themas Reisefreiheit feststellen. Dieser Trend korrespondiert mit der Einsicht, dass die Steuerung von Mobilität heute auf internationale Kooperation angewiesen ist. Um »unerwünschte« Personenmobilität frühzeitig zu verhindern, verlagern oder externalisieren seit Jahrzehnten viele Einwanderungsländer ihre Grenzkontrollen an vorgelagerte Orte in den Herkunfts- und Transitstaaten oder an Durchgangsorte wie Flughäfen oder auf Hoher See.[70] Durch eine Delegation von Kontrollaufgaben an andere Akteure begeben sie sich dabei zunehmend in eine Abhängigkeit von anderen Staaten, um die eigene Aufgabe der souveränen Zugangskontrolle meistern zu können. Um aber Herkunfts- und Transitländer zur Mitwirkung zu bewegen, hat sich seit den 2000er Jahren die politische Strategie verbreitet, Mobilitätschancen für deren Bürger als Anreiz in die Verhandlungen einzubringen. Erste Studien zu einzelnen Ländern und ihren Verhandlungen mit der EU belegen die Zentralität der Frage, ob Visaerleichterungen oder sogar die Aussicht auf visa-freien Zugang, z. B. in den Schengen-Raum, gewährt werden kann, damit im Gegenzug einer Unterzeich-

---

68 Christian Joppke: Why Liberal States Accept Unwanted Immigration (s. Anm. 23); Mau, Brabandt, Laube und Roos: Liberal States and the Freedom of Movement. Selective Borders, Unequal Mobility (s. Anm. 22).
69 Czaika, de Haas und Villares-Varela: The Global Evolution of Travel Visa Regimes (s. Anm. 4); Laube und Heidler: Democratic Centre, Autocratic Isolates (s. Anm. 38).
70 Lena Laube: Grenzkontrollen jenseits nationaler Territorien (s. Anm. 34).

nung von Rücknahmeabkommen, dem Ausbau von Flüchtlingslagern oder der Kontrolle von Land- und Seegrenzen zugestimmt wird.[71]

Die Visapolitik, die ohnehin die Mobilitätsrechte von Bürgern gegenüber einem anderen Staat regelt, bekommt eine zusätzliche bilaterale Dimension, weil ihre Liberalisierung als Tauschobjekt in die Verhandlungen über Migrationskontrolle Eingang gefunden hat. So wurde es offizieller Teil der Europäischen Nachbarschaftspolitik (ENP), frühzeitig mit potenziellen Beitrittskandidaten (wie zuletzt mit den westlichen Balkanstaaten) über eine erleichterte Einreise der Bürger in die EU zu verhandeln, diese Lockerungen aber auch an Forderungen nach internen, politischen Reformen zu knüpfen und diese auch zu überwachen, sofern eine Visaliberalisierung gewährt wurde.[72] Die EU-Mitgliedstaaten haben die Bedeutung dieses attraktiven Faustpfandes erkannt und lassen es sich (oder auch nur sein In-Aussicht-Stellen) teuer bezahlen. Zuletzt konnte man diesen Mechanismus in den Verhandlungen zwischen der EU und der Türkei beobachten, die in dem sogenannten EU-Türkei-Deal mündeten. Ein 72 Punkte umfassender und bislang nicht umgesetzter Katalog an Forderungen wurde aufgestellt, an dessen Ende dann die Visabefreiung für Türken in die EU gestanden hätte. Wie im bereits erwähnten Fall der Republik Moldau geht es auch gegenüber der Türkei de facto nicht mehr um einen Zwischenschritt hin zur Vollmitgliedschaft, sondern die Reisefreiheit für die Bürgerinnen und Bürger der verhandelnden Länder ist selbst zum Ziel geworden.

Die globalen Mobilitätsrechte, die eine Person mit einer bestimmten Nationalität besitzt, werden ihr von anderen Ländern zugestanden. Diese Beziehung (Staat – Nicht-Staatsbürger) erweitert sich um die zwischenstaatliche Ebene zwischen Herkunfts- und potenziellem Zielland von Migration oder Mobilität (Staat – Staat) und bildet ein neuartiges, außenpolitisches Feld, das jedoch mit vielfältigen anderen Themen wie Sicherheit, Kultur, Handel verbunden ist. Es wurde dafür der Begriff der »migration diplomacy« vorgeschlagen, der den Einsatz von Migrationsgesetzgebung zur indirekten Erreichung außenpolitischer

---

71 Sergio Carrera, Jean-Pierre Cassarino, Nora El Qadim, Mehdi Lahlou und Leonhard den Hertog: EU-Morocco Cooperation on Readmission, Borders and Protection: A model to follow? Brüssel 2016; Jean-Pierre Cassarino (Hg.): Unbalanced Reciprocities: Cooperation on Readmission in the Euro-Mediterranean Area. Washington 2010; Nils Coleman: European Readmission Policy. Third Country Interests and Refugee Rights. Leiden 2009; Caroline Schultz: Global Migration Governance: Deutschland als Mitgestalter internationaler Migrationspolitik. Policy Brief des SVR-Forschungsbereichs 2016–3. Sachverständigenrat deutscher Stiftungen für Integration und Migration, 2016; Florian Trauner und Imke Kruse: EC Visa Facilitation and Readmission Agreements: A New Standard EU Foreign Policy Tool? In: European Journal of Migration and Law 10/4 (2008), S. 411–438.

72 Florian Trauner und Emanuele Manigrassi: When visa-free travel becomes difficult to achieve and easy to lose: the EU Visa Free Dialogues after the EU's experience with the Western Balkans. In: European Journal of Migration and Law 16/1 (2014), S. 123–143.

Ziele bezeichnet.[73] Wie dieser Beitrag zeigt, ist jedoch eine konzeptionelle Engführung auf das Phänomen Migration in mehrfacher Hinsicht problematisch, weshalb der Begriff »migration and border diplomacy«[74], wie Içduygu und Üstübici ihn mit Blick auf Türkei-EU Beziehungen verwenden, vielversprechender erscheint. Dieses Konzept besitzt die nötige Offenheit, um nicht jede Grenzüberschreitung von Personen als Migrationsversuch zu werten und Mobilitätsregulation nicht mit Migrationskontrolle gleichzusetzen. Der hier gewählte Fokus auf die Wertigkeit von Pässen zeigt ebenfalls, dass der strategische Umgang mit Staatsbürgerschaft und Pässen keineswegs immer eine Migrationsbereitschaft beinhaltet. Vielmehr scheint die Hoffnung auf die Erlangung oder den Erhalt von Chancen auf kurzfristige, grenzüberschreitende Mobilität dieses internationale Politikfeld anzutreiben. Über die Perspektive auf die ungleiche Wertigkeit von Pässen hinsichtlich von Mobilitätschancen lässt sich sowohl die Attraktivität eines Wechsels für Individuen nachvollziehen als auch das Anliegen von Staaten, ihre Pässe durch Reisefreiheit in anderen Länder aufzuwerten. Gelingt eine solche Aufwertung, wie im Beispiel der Republik Moldau oder Maltas, kann dies zu einer gewissen Verschiebung der Kräfteverhältnisse auf internationaler Ebene führen. In einer hohen Attraktivität ihrer Pässe liegt gerade für kleine Länder eine Chance, mit größeren Staaten im Streit um Investoren, Handelsabkommen oder Steuereinnahmen zu konkurrieren. Hinzu kommt, dass eine solche Aufwertung oft im Interesse der eigenen Wähler liegt und Regierungen eine Möglichkeit bietet, Wahlkampfversprechen zu machen und auch einzulösen. Sie signalisieren so, in der Logik unternehmerischer Akteure, ihre Fürsorge und Investition in die Ressourcen der eigenen Bürger im internationalen Wettbewerb.

VI. Neubelebte Bedeutung von Staatsbürgerschaft und legitime Diskriminierung

Sowohl das Entstehen von Agenturen, die den Kauf von Staatsbürgerschaften vermitteln, als auch die Nachfrage nach den entsprechenden Programmen zeugten von einer Botschaft: Auf Staatsbürgerschaft kommt es an. Die hier beleuchteten aktuellen Phänomene des individuellen wie auch staatlichen Umgangs mit globalen Mobilitätschancen sprechen für eine Neubelebung der Bedeutung von Staatsangehörigkeit. Diese sehr unterschiedlichen Praktiken, die

---

73 Meredith Oyen: The Diplomacy of Migration: Transnational Lives and the Making of U.S.-Chinese Relations in the Cold War. Ithaca, NY 2015.
74 Ahmet Içduygu und Ayşen Üstübici: Negotiating Mobility, Debating Borders: Migration Diplomacy in Turkey-EU Relations. In: New Border and Citizenship Politics. Hg. v. Helen Schwenken und Sabine Ruß-Sattar. London 2014, S. 44–59.

auf die potenzielle Teilhabe an grenzüberschreitender Mobilität ausgerichtet sind, stellen Reaktionen auf das gegenwärtige von erheblicher Ungleichheit geprägte Mobilitätsregime dar. Wenn Mobilitätsrechte von der Nationalität einer Person abhängen und sehr ungleich verteilt sind, dann wird es für Personen rational, einen Wechsel der Staatsangehörigkeit anzustreben, zumal Einzelne kaum Einfluss auf die bilateralen Beziehungen zwischen dem eigenen Herkunftsland und den potenziellen Zielländern besitzen.

Zu einem ähnlichen Schluss, wenn auch mit Fokus auf den Aufenthaltsort, kam der prominente Ungleichheitsforscher und Ökonom der Weltbank, Branko Milanovic. In seinen historischen Analysen der globalen Einkommensverteilung zeigte sich, dass nicht mehr »Klasse« (class), sondern »Aufenthaltsort« (location) der wichtigste Einflussfaktor auf unser persönliches Einkommenslevel ist.[75] Zwei Bedingungen erklären laut Milanovic zwei Drittel der Varianz eines Individualeinkommens über alle Länder der Erde hinweg: Erstens das Durchschnittseinkommen des Landes, in dem wir uns aufhalten, und zweitens die Ausprägung der Ungleichheit[76] in diesem Land. Da eine Person allein diese beiden Bedingungen nicht verändern kann, erscheint Migration in ein reicheres und weniger von Ungleichheit geprägtes Land als erfolgversprechendere Option, als das eigene wirtschaftliche Fortkommen im Herkunftsland voranzutreiben.[77] Doch die Chancen, ohne Hürden in ein anderes Land zu reisen, sich dort Anknüpfungspunkte zu suchen und eine Emigration in dieses zu erwägen, was oft am Beginn einer Migrationsgeschichte steht, sind für die Bürger und Bürgerinnen der Weltgesellschaft sehr ungleich verteilt.

Im Gegensatz zu einer ökonomischen oder Bildungsbenachteiligung, bei der Betroffene zu eigenen Anstrengungen ermuntert werden, um diese diskriminierende Lage zu verlassen (und ihnen zum Teil dabei geholfen wird), gilt Gleiches nicht für die Diskriminierung nach Nationalität bei der Verteilung von Mobilitätsrechten. Der strategische Wechsel in eine andere Staatsbürgerschaft gilt längst noch als unüblich, unmoralisch und verdächtig. Der Bildungsstatus und

---

75 Branko Milanovic: Global Inequality: From Class to Location, from Proletarians to Migrants. In: Global Policy 3/2 (2012), S. 125–134.
76 Die Ungleichheit der Einkommensverteilung in einem Land wird üblicherweise anhand des Gini-Koeffizienten ermittelt. Dieser kann Werte zwischen 0 und 1 annehmen, wobei ein Wert von 0 bedeutet, dass es eine totale Gleichheit in der Einkommensverteilung gibt. Der Wert 1 hingegen würde bedeuten, dass nur einer Person das gesamte Volkeinkommen zukäme.
77 Natürlich sind der Aufenthaltsort und die rechtliche Zugehörigkeit zu eben dieser lokalen, nationalen Gemeinschaft nicht das Gleiche, doch sind bislang nur etwa 3 Prozent der Weltbevölkerung mobil und leben in einem anderen Land als dem ihrer Geburt und Abstammung. Weltweit kann man noch davon ausgehen, dass das Land des hauptsächlichen Aufenthalts für die meisten Menschen das Land ist, dessen Staatsbürgerschaft sie besitzen oder gern besitzen würden. Siehe zu dieser Argumentation Branko Milanovic: Global Inequality of Opportunity: How Much of Our Income Is Determined by Where We Live? In: The Review of Economics and Statistics 97/2 (2015), S. 452–460; hier: S. 453.

das Einkommen gehören zu den persönlichen Merkmalen, die als von der Person erworben gelten und auf deren Basis dann, zumal wenn zuvor Chancengleichheit bestand, Ungleichheit in westlichen Gesellschaften akzeptiert wird. Staatsbürgerschaft gehört dagegen klassisch in den Bereich der zugeschriebenen Merkmale, die der Person zum Beispiel seit Geburt von außen zugeordnet werden. Durch die Eröffnung des Wechsels und Kaufs von Staatsbürgerschaften findet eine Verschiebung von einem zugeschriebenen hin zu einem erworbenen Merkmal statt, was der bisherigen Ordnung der Vergabe von Privilegien widerspricht und vielfach auf Kritik stößt.

Der gegenwärtig praktizierte Erwerb von Staatsbürgerschaften ermöglicht einer ohnehin privilegierten mobilen Elite eine weitere Verbesserung ihrer Lage, was vielfach als ungerecht empfunden wird. Doch umgekehrt führt das gegenwärtige System der Vergabe von Staatsbürgerschaften bei Geburt und die weltweite Akzeptanz, dass Staaten ihre Grenzen selektiv gestalten dürfen, in einer immer mobileren Welt zu einer legitimierten Diskriminierung nach Staatsbürgerschaft mit weitreichenden Folgen, die auf diese systematische Art und Weise in Bezug auf Kategorien wie Alter, Geschlecht oder Religion schon lange nicht mehr geduldet würde.

Julia Schulze Wessel

Aushandlungen der Teilhabe
Demokratie, Exil und die Cities of Sanctuary

Mit der Ankunft vieler Flüchtlinge in Europa im Jahr 2015 ist eine bis heute anhaltende Diskussion über die Transformation demokratischer Staaten durch Flucht und Migration entstanden. Im öffentlichen Fokus stehen dabei vor allem Debatten um die Grenzen der Aufnahmebereitschaft, den anwachsenden Populismus und die Gefährdung der demokratischen Stabilität. Es gibt jedoch auch andere Reaktionen, die für die demokratischen Gesellschaften mindestens ebenso wichtig, jedoch viel weniger in der öffentlichen und wissenschaftlichen Auseinandersetzung präsent sind: Es sind die vielen tausend zivilgesellschaftlichen Initiativen, die vor allem zunächst lokal wirken und die Städte verändern. Sie geben alternative Antworten auf die Herausforderungen der Zeit.[1] Ein Beispiel für diese Antwort stellen die seit einigen Jahrzehnten weltweit wachsenden *Sanctuary Cities* dar.[2] In verschiedenen Formen haben sie die Idee einer sicheren Stätte für Menschen auf der Flucht aufgenommen.

Zu einer der ersten Sanctuary Cities in England gehört Sheffield. Seit Anfang der 2000er Jahre wird sie von rund 70 lokalen Initiativen, lokalen Netzwerken von Geflüchteten und lokalen Autoritäten wie der Gemeindevertretung getragen. In den Sanctuary Cities arbeiten die unterschiedlichsten politischen Gruppen, die Stadtverwaltung, Gemeindevertreter sowie weitere gesellschaftliche und kulturelle Organisationen zusammen. Das Besondere an diesem Zusammenschluss besteht darin, dass er nicht nur aus Staatsbürgerinnen und

---

[1] Werner Schiffauer, Anne Eilert und Marlene Rudloff (Hg.): So schaffen wir das. Eine Zivilgesellschaft im Aufbruch. Bielefeld 2017.
[2] V. a. in den USA, Kanada und Großbritannien erklären sich seit den 1980er Jahren Städte zu ›Sanctuary Cities‹, ›Cities of Sanctuary‹ oder ›Cities of Refuge‹. Sie stellen sich gegen staatliche Kontrollen und Abschiebungen und eröffnen Räume des Schutzes für Menschen mit prekärem rechtlichen oder ohne rechtlichen Status. Siehe dazu z. B.: Thomas Swerts: Non-citizen citizenship in Canada and the United States. In: Routledge Handbook of Global Citizenship Studies. Hg. von Engin F. Isin und Peter Nyers. Hoboken 2014, S. 295–303; hier: S. 299. Viele dieser Städte legen sich mit diesem Titel Selbstverpflichtungen auf, die über den Schutz hinaus die Teilhabe an politischen, kulturellen und gesellschaftlichen Gestaltungsprozessen von non-citizens möglich machen. Siehe z. B. Vicki Squire und Jennifer Bagelman: Taking not Waiting. Space, Temporality and Politics in the City of Sanctuary Movement. In: Citizenship, Migrant Activism and the Politics of Movement. Hg. v. Peter Nyers und Kim Rygiel. Abingdon 2012, S. 146–164; hier: S. 146.

Staatsbürgern des jeweiligen Landes, sondern auch aus Geflüchteten mit unterschiedlichen Aufenthaltstiteln besteht. Die Sanctuary Cities haben sich nicht nur zum Ziel gesetzt, ihre Städte für die Aufnahme von Menschen unterschiedlichen Rechtsstatus zu öffnen, sondern den Wandel mit diesen Menschen zusammen zu gestalten. So werden in diesen Sanctuary Cities Menschen, die über kein gesichertes Bündel an Staatsbürgerrechten verfügen, in politische, gesellschaftliche und kulturelle Gestaltungsprozesse mit eingebunden und zum eigenständigen Teil einer städtischen Gemeinschaft.[3]

Diese Stadtpolitiken können tradierte Vorstellungen von politischer Teilhabe in Demokratien herausfordern. Demokratien ruhen von jeher auf Begrenzungen auf. Sie sind in (national-)staatlich eingehegte Institutionen und Strukturen eingelassen, die es ihren jeweiligen Staatsbürgerinnen und -bürgern erlauben, jenseits willkürlicher Gewalt ihre Lebensverhältnisse kontrollieren und bestimmen zu können. Die Begrenzung wird konstitutiv gedacht für eine Ordnung, in der ›ein Volk‹ in Freiheit und Gleichheit über seine eigenen Angelegenheiten selbst entscheiden darf. Begrenzungen geben dem *demos* und damit der politischen Teilhabe einen Rahmen, innerhalb dessen die deliberativen Verfahren stattfinden und allgemein verbindliche Entscheidungen getroffen werden können.[4] Ohne Grenzen gibt es keine Demokratie – das ist eine weithin geteilte und gut begründete Überzeugung.[5] Selbst in kosmopolitischen Theorien bleiben partikulare staatliche Ordnungen bestehen, um demokratische Verfahren nicht zu gefährden. Demokratien sind offenbar weder als ›Weltgemeinschaft‹ noch als etwas Unbegrenztes zu denken.[6]

Die Sanctuary Cities begegnen auf empirischer Ebene Fragen, die auf demokratietheoretischer Ebene seit einigen Jahren immer stärker in den Fokus rücken: Es sind Fragen nach den Grenzen der Demokratie und ihrer Rechtfertigung[7] – sowohl auf theoretischer wie auf normativer als auch auf empirischer

---

3 Oh. A.: Cities of Sanctuary, Communities of Welcome. Online unter: http://citiesofmigration.ca/good_idea/cities-of-sanctuary-communities-of-welcome/ [abgerufen: 16.7.2018].
4 Ideen zu Demokratien jenseits fester Grenzziehungen sind noch sehr vage. Siehe z. B. James A. Chamberlain: Minoritarian Democracy: The Democratic Case for No Borders. In: Constellations 24/2 (2017), S. 142–153.
5 Seyla Benhabib: Kosmopolitismus und Demokratie. Eine Debatte. Frankfurt a. M. 2006; hier: S. 41.
6 Oliver Eberl und Peter Niesen: Immanuel Kant. Zum ewigen Frieden. Kommentar von Oliver Eberl und Peter Niesen. Berlin 2011; Otfried Höffe: Demokratie im Zeitalter der Globalisierung. München 2002; David Held: Democracy and the Global Order. From the Modern State to Cosmopolitan Governance. Cambridge 1995.
7 Siehe z. B. verschiedene Beiträge in: Annette Förster und Matthias Lemke (Hg.): Die Grenzen der Demokratie. Gegenwartsdiagnose zwischen Politik und Recht. Wiesbaden 2017.

Ebene.[8] Grenzen werden in diesen Diskussionen von ihrer Statik gelöst und als dynamische Größe gefasst. Die Dynamik entsteht durch die Einbeziehung der durch Grenzziehungen Ausgeschlossenen, deren Autonomie durch die territorialen, rechtlichen und politischen Grenzziehungen eingeschränkt wird.[9] Diese Perspektivverschiebung öffnet den Blick auf die Aushandlungsprozesse um Grenzziehungen, die als umstritten, umkämpft, verteidigt und infrage gestellt gefasst werden können. Zentral in diesen Auseinandersetzungen[10] um die Grenzen der Demokratie ist also die systematische Einbeziehung einer Position des ›Außerhalb‹ als eigenständige, ernst zu nehmende Perspektive.

Sie bekommt eine eigene Relevanz innerhalb des demokratischen Gefüges und stellt Fragen an demokratische Ordnungen, die innerhalb der Grenzen kaum aufgeworfen werden (können). Dieser Einbezug des Außerhalb soll hier als Position des Exils bezeichnet werden. Der Begriff des Exils kann mit Judith Shklar für diese Diskussion fruchtbar gemacht werden.

I. Positionen des Exils

Shklar ist eine der politischen Denkerinnen, für die die Erfahrung zum zentralen Begriff der Theoriebildung gehört. Von ihrer eigenen Erfahrung als Jüdin ausgehend, die vor den Nationalsozialisten in die USA fliehen musste, entwickelt sie ihren »Liberalismus der Furcht«[11], in dem sie die Erfahrung von Vertreibung, Rechtlosigkeit und Ausgestoßensein mit dem politischen Denken ihres US-amerikanischen Ankunftslandes zu einer eigenen Theorie verschmilzt. Ihr eigenes Denken kann als Position des Exils beschrieben werden:[12] Der Be-

---

8 Aufteilung idealtypisch. Siehe z. B. Isabell Lorey: Das Regieren durchlässiger Grenzen. Country Europa – ein Projekt von Marcelo Expósito und Verónica Iglesia, unter: http://eipcp.net/transversal/0311/lorey/de [abgerufen: 16.7.2018]; Arash Abizadeh: Democratic Theory and Border Coercion. No Right to Unilaterally Control Your Own Borders. In: Political Theory 36/1 (2008), S. 37–65.

9 Andreas Cassee: Globale Bewegungsfreiheit. Ein philosophisches Plädoyer für offene Grenzen. Berlin 2016.

10 Für diese Debatte stehen Denkerinnen und Denker wie Jacques Derrida, Seyla Benhabib, Bonnie Honig, Hannah Arendt, Judith Shklar und in gewisser Hinsicht auch Iris Marion Young prototypisch. Zur Debatte über die Grenzen der Demokratie haben auch andere Entwicklungen beigetragen: So wirft z. B. die Globalisierungsthese seit Jahren Fragen nach Veränderungen von Demokratien auf. Siehe z. B. Jean L. Cohen: Demokratie, Menschenrechte und Souveränität im Zeitalter der Globalisierung neu denken. In: Zeitschrift für Menschenrechte 1/2 (2007), S. 39–68.

11 Judith N. Shklar: Der Liberalismus der Furcht. In: Der Liberalismus der Furcht. Hg. von Hannes Bajohr. Berlin 2013, S. 26–66.

12 Andreas Hess: The Political Theory of Judith N. Shklar. Exile from Exile. New York 2014.

griff des Exils bezeichnet einen Ort des »relativen Neuankömmlings«[13], einen Ort, der die Erfahrungen der alten Welt, die Erfahrungen von Flucht, Verlust und Vertreibung mit an seinen neuen Ankunftsort trägt und diese Erfahrungen in distanzierter Zugewandtheit zur neuen Welt aufnimmt. Die Position des Exils stellt sich somit in den Gegensatz zur Assimilation, die die Vergangenheit vergessen lassen will. In ihrem berühmten Text ›Wir Flüchtlinge‹ erzählt Hannah Arendt von Versuchen der Überanpassung von Flüchtlingen. Da sie als Neuankömmlinge nirgendwo akzeptiert werden, entwickeln sie ihre Strategien, sich von ihrer Vergangenheit, von ihrem Schicksal und von ihrer Erinnerung zu lösen, um in die neue Gesellschaft aufgenommen zu werden.[14] Die Position des Exils steht dem entgegen. Sie nimmt vielmehr vergangene Erfahrungen in ihrer Eigenständigkeit als konstitutives Element der Erkenntnis und der Weltdeutung auf. Insofern ist die Position des Exils immer eine ambivalente Position, die sich zwischen mindestens zwei Welten verortet und damit Distanz und Kontingenzbewusstsein an seinen neuen Ort bringt.[15]

Exil bedeutet bei Shklar also kein Außerhalb, das in der Durchtrennung der Bezüge zwischen Individuum und politischer Ordnung gedacht ist, sondern im Gegenteil eine Position, die den Bezug, die Verbindung zwischen beiden deutlich macht, ohne dass sie ineinander aufgehen und sich wechselseitig integrieren können. Es ist kein melancholisches Zurückblicken auf das Verlorene, sondern verweist auf eine produktive Wendung dieser Erfahrung.[16] Die Position des Exils begründet damit eine besondere Beziehung zur Aufnahmegesellschaft und zeichnet sich durch ihren genuinen Grenzcharakter innerhalb des demokratischen Gefüges aus. Sie bezeichnet eine ambivalente Stellung, die ein Nichtmehr und Noch-nicht markiert und so direkt ›auf der Grenze‹ angesiedelt ist.

Im Folgenden möchte ich dieses Denken der Position des Exils als einer ernst zu nehmenden und konstitutiven Beziehung für moderne Demokratien als Ausgangspunkt nehmen, um Grenzverschiebungen und -aushandlungen innerhalb demokratischer Ordnungen nachzugehen. Diese Verschiebungen sollen am Gegenstand der (Staats-/Stadt-)Bürgerschaft deutlich gemacht und mit ih-

---

13 Hannes Bajohr: Judith Shklars Liberalismen. In: Judith Shklar: Liberalismus der Rechte. Berlin 2017, S. 7–19; hier: S. 8.
14 Hannah Arendt: Wir Flüchtlinge. In: Dies.: Zur Zeit. Politische Essays. Aus dem Amerikanischen von Eike Geisel. Berlin 1986, S. 7–21.
15 Dirk Auer: Paria wider Willen. Adornos und Arendts Reflexionen auf den Ort des Intellektuellen. In: Arendt und Adorno. Hg. von Dirk Auer, Lars Rensmann und Julia Schulze Wessel. Frankfurt a. M. 2006, S. 35–56; hier: S. 44.
16 Hess: The Political Theory of Judith N. Shklar (s. Anm. 12), S. 19. Eine inhaltlich ähnliche Unterscheidung zwischen verschiedenen Möglichkeiten der Rückwendungen zur Vergangenheit trifft Svetlana Boym in ihrem Buch: The Future of Nostalgia. New York 2011. Sie unterteilt in eine restaurative und eine reflektierende Form der Nostalgie. Während die eine den Verlust hervorhebt, ermöglicht die andere, verschiedene Räume der Erinnerung und Gegenwart gleichzeitig zu bewohnen.

nen die demokratietheoretischen Implikationen aufgezeigt werden. Die Idee der Bürgerschaft symbolisiert dabei den Kerngehalt einer jeden Demokratietheorie, denn in ihr schlägt sich die zentrale Idee der ›Herrschaft des Volkes‹ oder die in den modernen Revolutionen erkämpfte Volkssouveränität nieder. Veränderungen, Verschiebungen und Transformationen, die sich hier ergeben, haben damit unmittelbare Relevanz für die Verfasstheit der demokratischen Ordnung.

II. Stadtbürgerschaft – Staatsbürgerschaft

Die griechische Bürgerschaft der antiken *polis* kann als Urmodell aller Konzeptionen von Bürgerschaft bezeichnet werden. Sie war an ganz bestimmte Voraussetzungen und Qualifikationen gebunden und nahm in der antiken *polis* eine fundamentale Stellung ein.[17] Sie meinte viel mehr als bloße Einwohnerschaft, denn diese teilten die Bürger mit Frauen, Sklaven und Metöken. Bürgerschaft bedeutete, von allen Lebensnotwendigkeiten befreit sich der allgemeinen Sache widmen zu können.[18]

In der Neuzeit und mit dem Aufkommen des Denkens staatlicher Ordnungen wandelte sich der Bürgerbegriff. Die Städte als genuine Orte politischen Lebens, der Teilhabe und der Partizipation waren aus dem politischen Denken zwar nicht verschwunden und noch wichtiger Bezugspunkt,[19] aber die Entdeckung staatlicher Souveränität transformierte das Nachdenken über Bürgerschaft nachhaltig. Der zentrale Denker staatlicher Souveränität, Jean Bodin, ordnete im 16. Jahrhundert das Verhältnis von Bürger, Politik und Raum neu. Nun werden Bürger als Untertanen und ein umgrenzter Staat einander zugeordnet. Konkurrierende Machtzentren, überlappende Grenzräume und Rechtsordnungen, wie sie das Mittelalter kannte, werden vereinheitlicht. Bürger sind nicht mehr als Gestaltende politischer Ordnung gedacht, sondern vielmehr als Untertanen, die der Souveränität unterworfen sind.[20]

---

17 Manfred Riedel: Bürger, Staatsbürger, Bürgertum. In: Geschichtliche Grundbegriffe. Historisches Lexikon zur politisch-sozialen Sprache in Deutschland. Hg. von Otto Brunner, Werner Conze und Reinhart Koselleck. Stuttgart 1972, S. 672–725; hier: S. 672f.

18 »Ein Bürger im eigentlichen Sinne wird nun durch kein anderes Recht mehr bestimmt als das der Teilhabe an der Entscheidung und der Bekleidung eines Staatsamtes.« Aristoteles: Politik. In: Ders.: Politik. Hg. v. Eckart Schütrumpf. Hamburg 2012; hier: S. 83 (III.1). Allerdings unter der Einschränkung der Unterordnung des Individuums unter die allgemeinen Belange der Stadt: »Priority of the city over its individual members«, wie es Shklar ausdrückt. Judith N. Shklar: Obligation, Loyalty, Exile. In: Political Theory 21/1 (1993), S. 181–197; hier: S. 189.

19 Niccolò Machiavelli: Discorsi. Gedanken über Politik und Staatsführung [1531]. In: Ders.: Discorsi. Hg. v. Rudolf Zorn. Stuttgart 1977 (2. Aufl.).

20 Claudia Opitz-Belakhal: Ambivalenzen und Widersprüche. Jean Bodins Souveränitätskonzept im historischen Kontext. In: Souveränität. Theoretische und ideengeschichtliche Reflexionen. Hg. v. Samuel Salzborn und Rüdiger Voigt. Stuttgart 2010, S. 43–60; hier: S. 48–50.

In der modernen Demokratie fließen verschiedene, in der politischen Ideengeschichte entstandene Vorstellungen von Bürgerschaft zusammen und bilden den Kern, von dem aus die politische Ordnung ihre Legitimation erhält. Ihre zentrale politische Stellung leitet sich aus der Idee der Volkssouveränität ab, die zur Grundlage legitimer Ordnung wurde. *Staats*bürgerin zu sein, bedeutet nun, über ein Rechtsbündel an umfassenden Teilhaberechten zu verfügen: bürgerliche Rechte, politische Teilnahmerechte und soziale Rechte innerhalb eines umgrenzten Nationalstaats.[21] Durch die Idee des Zusammenfallens von Volk, Staat und Territorium wurde der *demos*, der über seine Angelegenheiten, d. h. auch über Grenzfragen souverän entscheiden konnte, immer in einer nationalstaatlichen Begrenzung gedacht.[22]

Insgesamt kann von einer wechselvollen Geschichte von Abgrenzung, Kämpfen und Aushandlungen, kurz dem genuinen Aufeinanderbezogensein von ›Bürger‹ und ›Untertan‹, Stadt-, Standes- und Staatsbürgerschaft gesprochen werden. In diesem Rahmen sind Ausweitungen und Verschiebungen von Rechten ausgehandelt und erkämpft worden.[23] Engin Isin hat in vielen seiner Arbeiten gezeigt, dass Bürgerschaft verstanden werden kann als »the battleground through which groups define their identities, stake their claims, wage their battles and articulate citizenship rights and obligations«.[24] Sie ist, auch darauf verweist Isin immer wieder, nicht lediglich als Status, sondern als Praxis zu verstehen; sie ist Ausdruck kontingenter Konfliktlinien, Grenzverschiebungen und Grenzsetzungen von Einschluss und Ausschluss.[25]

III. Fragen an demokratische Ordnungen – Positionen des Exils

So unterschiedlich Demokratievorstellungen von der Antike bis zur Gegenwart auch sind, so nimmt also die Figur des Bürgers eine zentrale Stellung ein. Er greift gestaltend in die politischen Prozesse ein, von ihm ausgehend werden demokratische Ordnungen legitimiert, und er symbolisiert, vor allem in der Moderne, das Recht auf Selbstbestimmung und Gleichheit. Diese Figur war seit der Antike scharf abgegrenzt gegenüber den Figuren, die über keine glei-

---

21 Thomas H. Marshall: Citizenship and Social Class. And Other Essays. Cambridge 1950.
22 Diese Perspektive hat lange Zeit die Forschungen auch zur Staatsbürgerschaft in Demokratien geprägt. Zur Kritik am methodologischen Nationalismus siehe: Andreas Wimmer und Nina Glick-Schiller: Methodological Nationalism and Beyond. Nation-State Building, Migration and The Social Sciences. In: Global Networks 2/4 (2002), S. 301–334.
23 Riedel: Bürger, Staatsbürger, Bürgertum (s. Anm. 17), S. 687–689.
24 Engin F. Isin und Bryan S. Turner: Citizenship Studies. An Introduction. In: Handbook of Citizenship Studies. Hg. v. Engin F. Isin and Bryan S. Turner. London 2002, S. 1–10.
25 Siehe z. B. Engin F. Isin: Citizenship in Flux. The Figure of the Activist Citizen. In: Subjectivity 29/1 (2009), S. 367–388.

chen (Staats)Bürgerrechte verfügten. Durch die Zeiten hindurch verweist die Figur des Bürgers ebenso auf ihre heterogenen Gegenfiguren, die als ihr konstitutives Außen konzipiert wurden. Im Gegensatz zur Position des Exils sind die klassischen Gegenfiguren immer in ihrer Trennung und unüberwindbaren Andersheit vom Bürger gedacht worden. In den Gegenfiguren repräsentierte sich das Gegenteil vom Bürger, sie verfügten weder über dessen Eigenschaften noch dessen Qualitäten. Insofern lebt in der politischen Theorie und Ideengeschichte die Figur des Staatsbürgers immer auch von seinen Gegenfiguren,[26] die zur Konstitutionsbedingung des ›Normalen‹[27] wurden.

Spätestens mit dem 20. Jahrhundert können Flüchtlinge, vor allem durch die normative Aufladung von Staatsbürgerschaft in republikanischen Ordnungsmodellen, als die zentralen Gegenfiguren zum Staatsbürger bezeichnet werden.[28] Sie symbolisieren nicht mehr einen naturrechtlich legitimierten Ausschluss, wie z. B. Frauen und Sklaven bei Aristoteles, sondern stehen für den illegitimen Verlust grundlegender Rechte, politischer Mitgliedschaft und eines angestammten Ortes, an dem sie bleiben können.[29] Sie werden konzipiert als Mängel- und Defizitwesen, die für die Durchtrennung jeglicher Bezüge zur politischen Ordnung und mit ihr auch zur politischen Teilhabe stehen[30] und den Staatsbürgern auf allen Ebenen entgegengesetzt sind.[31]

Mit dem Begriff der ›Positionen des Exils‹ in Anlehnung an Shklar soll eine wichtige Verschiebung innerhalb der Diskussion um die Grenzen der Demokratie ausgemacht werden. Die Position des Exils verweist zwar auch auf Verlust- und Deprivationserfahrungen, hebt jedoch nicht die Durchtrennung der Bezüge, sondern die besondere Beziehung zu demokratischen Ordnungen hervor. Damit wird die Produktivität dieser Figur in besonderer Weise betont: So führt z. B. die Figur des Flüchtlings zur Kritik an einseitigen und endgültigen Ausschlüssen innerhalb demokratischer Ordnungen,[32] zur Skepsis gegen-

---

26 Engin F. Isin: Being Political. Genealogies of Citizenship. Minneapolis 2002; hier: S. 231–275.
27 Judith Butler: Körper von Gewicht. Die diskursiven Grenzen des Geschlechts, Berlin 1995; hier: S. 21–49.
28 Hannah Arendt: Elemente und Ursprünge totaler Herrschaft. Antisemitismus, Imperialismus und totale Herrschaft [1955]: München 1991; James Bohman: Democracy across Borders. From Demos to Demoi. Cambridge 2007; hier: S. 8.
29 Matthew Price: Persecution Complex. Justifying Asylum Law's Preference for Persecuted People. In: Harvard International Law Journal 47/2 (2006), S. 413–466.
30 Arendt: Elemente und Ursprünge totaler Herrschaft (s. Anm. 28).
31 Julia Schulze Wessel: Hannah Arendts Politische Theorie des Flüchtlings. Über die Demontage des Kant'schen öffentlichen Rechts. In: Ambivalenzen der Ordnung. Der Staat im Denken Hannah Arendts. Hg. v. Julia Schulze Wessel, Christian Volk und Samuel Salzborn. Wiesbaden, S. 69–93
32 Bonnie Honig: Democracy and the Foreigner. Princeton 2003; Arendt: Elemente und Ursprünge totaler Herrschaft (s. Anm. 28).

über vorpolitischen Einheitserzählungen[33] und damit zur konstitutiven Einbindung von Außenbeziehungen in demokratietheoretische Überlegungen[34]. Ebenso werden Geflüchtete nicht als Opfer konzipiert, sondern als politische und in die Politik eingreifende Subjekte. Der Figur des Flüchtlings wird damit in diesen Zugängen eine eigene Präsenz in demokratischen Ordnungen zugestanden. Sie besetzen Positionen des Exils, die auf ihren Grenzcharakter verweisen und demokratische Ordnung hinterfragen, herausfordern und mitgestalten.

In verschiedenen Debatten ist also die einseitige Erzählung von Geflüchteten als reine Opfer und Unterworfene repressiver (Grenz-)Regime aufgebrochen worden. Arendts berühmte Überlegungen zur Staatenlosigkeit und Flucht,[35] Shklars Nachdenken über Bürgerschaft und Exil[36] oder Bonnie Honigs vielseitige Auseinandersetzungen mit den Bezügen zwischen Demokratien »and the Foreigner«[37] tragen andere Erzählungen dieser Gegenfiguren in die Politische Theorie. Zum einen werden sie als produktive Figuren verstanden, die nicht nur Repressionen unterliegen, nicht nur als Opfer konzipiert werden, sondern die zuvor unsichtbaren Grenzen nicht als statische, unhinterfragte Größen, sondern als Orte der Aushandlung sichtbar machen. Zum anderen werden sie als relevante Figuren in Fragen der Legitimation politischer Ordnung und dem Verhältnis zwischen Individuum und Staat, Individuum und sozialen Gruppen einbezogen. Das heißt, anstatt einfach nur Defizitfigur oder Mängelwesen zu sein, die über die Qualitäten einer Staatsbürgerin (noch) *nicht* verfügen, bringen sie bei diesen Denkerinnen etwas Eigenständiges in die demokratische Ordnung. Sie stehen für bislang Unsichtbares, Verborgenes, Noch-nicht-Gedachtes, das neue Perspektiven, Brüche und Spannungen in den althergebrachten Überzeugungen sichtbar macht.

Diese Einbeziehung des Außerhalb verhandelt die Grenzen der Demokratie und auch die Grenzen der Teilhabe neu. Das hat Honig z. B. an der Bibelfigur der Ruth und den Interpretationen dieses Kapitels deutlich gemacht: Die Figur der Fremden dient hier nicht der Bestätigung einer alten Ordnung, denn damit wäre ihre Eigenständigkeit verloren; vielmehr macht sie auf die ungedachten

---

33 Shklar: Obligation, Loyalty, Exile (s. Anm. 18), S. 195 f. Shklar bezieht sich hier auf den Nationalismus, der dauerhaft das Problem von Flucht produziere.
34 Jacques Derrida: Von der Gastfreundschaft. Wien 2001; Seyla Benhabib: Die Rechte der Anderen. Ausländer, Migranten, Bürger. Frankfurt a. M. 2008; Lorey: Das Regieren durchlässiger Grenzen (s. Anm. 8).
35 Arendt: Elemente und Ursprünge (s. Anm. 28), S. 422–470.
36 Shklar: Obligation, Loyalty, Exile (s. Anm. 18)
37 Honig: Democracy and the Foreigner (s. Anm. 32).

Ausschlüsse aufmerksam, hinterfragt tradierte Grenzziehungen und greift verändernd in die Aufnahmegesellschaft ein.[38]

Die vormals lediglich als Abweichung gefasste Gegenfigur des Bürgers konstitutiv in demokratietheoretische Überlegungen einzubeziehen, verändert auf mehreren Ebenen ihr Verhältnis zur politischen Ordnung. Zum einen setzt der Einbezug eine andere Konzeptualisierung dieser Figuren voraus. Waren sie als Gegenfigur lediglich Abweichung und Defizit, so kann ihnen mit Shklar ein gesonderter, produktiver und eigenständiger Ort innerhalb einer demokratischen Ordnung zugewiesen werden. Shklars demokratietheoretische Auseinandersetzungen sind geprägt von ihrem Denken des Exils.[39] Vor dem Hintergrund sowohl des Herkunfts- als auch des Aufnahmestaates lenkt sie die Aufmerksamkeit auf die brüchigen, unsicheren und ungeordneten Beziehungen zwischen politischer Ordnung und dem Individuum. Erfahrungen der Flucht und des Ausgestoßenseins aus sowohl sozialen wie auch rechtlichen, politischen und ökonomischen Beziehungen ebenso wie Erfahrungen des Ankommens verschaffen ambivalente Bezüge und eine spezifische Distanz zu Herkunfts- und Ankunftsstaaten. Viel mehr als eine reine Opferperspektive zu sein, ermöglicht die Position des Exils einen besonderen Blick auf bestehende demokratische Ordnungen, der aus den Erfahrungen des Nicht-mehr-dort und Noch-nicht-hier resultiert.

Zum zweiten bedeutet die Verschiebung, Momente der Aushandlung in den Blick zu nehmen. (Staats-)Bürgerschaft ist immer auch umkämpft gewesen, sie kann nicht als statisches Modell gefasst werden. Insofern ist Bürgerschaft auch immer Praxis, nicht nur ein zugewiesener Status.[40] Fragen nach legitimen politischen Subjekten, nach der Zusammensetzung des *demos*, sind damit auch immer gleichzeitig politische und unentschiedene Fragen.[41]

Mit Arbeiten wie denen von Shklar, Honig und Arendt kann so ein entscheidender Punkt deutlich gemacht werden: Sie alle zeigen mit ihren spezifischen Figuren des Exils, des Flüchtlings, des »Foreigners«, dass mit dem konstitutiven Einbezug von in der politischen Theorie klassischen Ausschlussfiguren Grenzziehungen politischer Ordnung ganz neu in den Blick rücken. Sie lenken die Aufmerksamkeit auf fundamentale und demokratietheoretisch unlösbare Legitimationsdefizite und Spannungen. So machte Arendt erst mit dem Aufkom-

---

38 Julia Schulze Wessel: Demokratien in Bewegung. Bonnie Honig und Julia Kristeva über die Ährenleserin Ruth. In: Parteien, Kirchen und Religionsgemeinschaften vor den Herausforderungen von Flucht und Migration in Europa. Hg. v. Oliver Hidalgo und Gert Pickel. Wiesbaden 2018, S. 49–67.
39 Shklar: Obligation, Loyalty, Exile (s. Anm. 18).
40 Isin: Citizenship in Flux (s. Anm. 25).
41 Martin Saar: Subjekt. In: Politische Theorie. 22 umkämpfte Begriffe zur Einführung. Hg. v. Gerhard Göhler, Mattias Iser und Ina Kerner. Wiesbaden 2004, S. 332–349.

men entrechteter Menschen die Grenzen und Aporien der Menschenrechte aus. Von dieser Kritik ausgehend denkt sie über ihr Recht auf Rechte nach:

> Daß es so etwas gibt wie ein Recht, Rechte zu haben [...] wissen wir erst, seitdem Millionen von Menschen aufgetaucht sind, die dieses Recht verloren haben und zufolge der neuen globalen Organisation der Welt nicht imstande sind, es wiederzugewinnen.[42]

Insbesondere die Verhältnisse zwischen Individuum und Staat ebenso wie zwischen Individuum und sozialen Gruppen stehen bei diesen Denkerinnen im Fokus der Betrachtung.

Ebenso stellt Shklar bedeutsame Fragen an demokratische Ordnungen aus der Position des Exils: »In short it might be a good idea to discuss issues raised by legal and political obligation not as issues of individual autonomy and legal doctrine, but more politically in terms of the prevailing policies of states as they affect excluded groups.«[43] Nach Shklar legen die Prozesse der Exklusion bzw. des Nicht-Zulassens zu grundlegenden Rechten von Bürgerschaft die Defizite gegenwärtiger Gesellschaften bloß. Gesellschaftlicher Zusammenhalt, der auf vorpolitischen Identitäten aufruht und von ihm ausgehend ausschließt, bezeichnet sie als »path of injustice [...] in a world of endless migration«.[44]

Diese seit einigen Jahren intensiv geführten Diskussionen verweisen auf eine elementare Verschiebung und Neuausrichtung politiktheoretischer Fragestellungen. Denn sobald die vormals als Gegenfiguren konzipierten Nicht-Mitglieder aufhören, lediglich Gegenfiguren zu sein, und in ihrer anspruchsberechtigten Position gegenüber demokratischen Ordnungen gedacht werden (auch als konkrete Rechtspersonen), verändern sich die tradierten Kategorien, Begriffe und Perspektiven – sowohl hinsichtlich der Flüchtlingsfigur als auch der Konzeptionen und Grundlagen demokratischer Ordnung. Wenn also mit der Opferperspektive und der Defiziterzählung gebrochen wird, so wirkt sich das unmittelbar auf die Grundlagen der Demokratie aus. Der *demos*, das zeigt sich in den Überlegungen Arendts, Shklars und Honigs, wird selbst brüchig und widersprüchlich, wenn vom Standort des Exils auf ihn geblickt wird. Die Flüchtlingsfigur aus ihrer Isolation und Passivität, aus ihrem Opferstatus und dem Unterworfensein zu lösen und sie als Gemeinschaftswesen und politische Subjekte zu denken, affiziert unmittelbar das Verständnis von Demokratie und stellt tradierte Grenzziehungen auf verschiedenen Ebenen infrage.

Die vielfachen empirischen wie theoretischen Arbeiten, die sich von den Defizit- und Opfererzählungen Geflüchteter absetzen und Handlungsfähigkeit,

---

42 Arendt: Elemente und Ursprünge totaler Herrschaft (s. Anm. 28), S. 462.
43 Shklar: Obligation, Loyalty, Exile (s. Anm. 18), S. 196. Damit zeigt Shklar gleichzeitig, dass die Position des Exils nicht nur auf Flüchtlinge zutreffen muss.
44 Shklar: Obligation, Loyalty, Exile (s. Anm. 18), S. 196.

politische Subjektivierung und Anspruchsberechtigung gegenüber Ankunftsstaaten hervorheben, haben damit Auswirkungen auf demokratische Institutionen und ihre Grenzziehungen. Das soll im Folgenden anhand empirischer Forschungen zur Stadtbürgerschaft, wie sie in sogenannten Sanctuary Cities oder Cities of Refuge praktiziert wird, verdeutlicht werden. Die Idee der Sanctuary Cities kann eine vorsichtige Antwort geben auf die hier angesprochenen Grenzkonflikte.[45]

IV. Aushandlungen der Teilhabe – Stadtbürgerschaften der Sanctuary Cities

Die Idee, die Stadt als umgrenzten Ort unmittelbar erlebter Politik, direkter Partizipation und Einmischung in die allgemeinen Angelegenheiten zu entwerfen, durchaus auch in direkter Opposition zur staatlichen Politik, ist in den letzten Jahren in verschiedenen wissenschaftlichen Disziplinen aufgenommen worden. Es ist vor allem Saskia Sassen, die Städte nicht nur als Orte transnational organisierter Unternehmen versteht, sondern auch als experimentelle Orte, die neue Formen von Bürgerschaft hervorbringen können. Die Transformation von Nationalstaaten aufgrund der Globalisierungsprozesse müssen, so Sassens These, auch ihre zentrale Institution, die Staatsbürgerschaft, verändern. Denn sie waren mit Beginn moderner Demokratien einander zugeordnet:[46]

> Im Kontext eines strategischen Ortes wie der globalen Stadt sind benachteiligte Menschen [...] nicht einfach nur marginal; sie erlangen in einem umfassenderen politischen Prozeß, der sich den Grenzen des offiziellen Gemeinwesens entzieht, eine bestimmte Präsenz. Diese Präsenz signalisiert die Möglichkeit einer Politik. Wie diese Politik aussehen wird, hängt von speziellen Projekten und Praktiken verschiedener Gemeinschaften ab.[47]

Die Sanctuary Cities können als Orte, an denen Menschen auch ohne Staatsbürgerrechte politische Präsenz erlangen können, gefasst werden. Sie verweisen darauf, dass in der Debatte um die Grenzen der Demokratie – ob implizit oder

---

45 Dennoch werden auch die Grenzen dieser Bürgerschaft der non-citizens deutlich. Es gibt keine Verpflichtung zu einer Zufluchtsstadt, das liegt im Ermessen der Bürgerinnen und Bürger sowie der lokalen Autoritäten. Die Grenzen dieser Initiativen machen deutlich, dass diese neuen Formen der Stadtbürgerschaft keine neue Utopie postnationaler Demokratie darstellen können. Aber sie eröffnen die Möglichkeiten, zum einen die Fokussierung zentraler demokratietheoretischer Fragen allein auf (Staats-)Bürgerinnen als politisch relevante Akteurinnen zu hinterfragen und zum anderen aus der Position des Exils demokratische Institutionen jenseits der tradierten Begriffe von eingehegter Gemeinschaft und Identität zu denken.
46 Saskia Sassen: Das Paradox des Nationalen. Territorium, Autorität und Rechte im globalen Zeitalter. Frankfurt a. M. 2008, S. 440–515.
47 Sassen: Das Paradox des Nationalen (s. Anm. 46), S. 511.

explizit – denjenigen, die nicht über ein gesichertes Bündel an Staatsbürgerrechten verfügen, eine elementare Bedeutung in den Aushandlungsprozessen um die Grenzen der Demokratie zukommt. Die zentrale Idee der Sanctuary Cities geht dabei über den konkreten Schutz und die individuelle Veränderung der lokalen Bedingungen für Geflüchtete hinaus. Das große Netzwerk der Sanctuary Cities arbeitet insgesamt an einer Veränderung der städtischen Strukturen, um Ankommen und Integration von Anfang an zu verbessern. Geflüchtete werden in diesen Prozessen zu Teilhabenden an politischen Auseinandersetzungen, die über ihr eigenes Interesse hinausgehend städtisches Leben unmittelbar mitgestalten. Darüber hinaus versuchen Sanctuary Cities auch Einfluss auf die Landespolitik zu nehmen[48] und verstehen sich explizit als Gegenentwurf zur staatlichen Asylrechtspraxis.[49] Isin nimmt die Idee der Stadt als Ermöglichungsraum von Politik auf, mit dem Ziel, Bürgerschaft jenseits nationalstaatlicher Zugehörigkeit konzipieren zu können.

Die Abkehr von der Opferperspektive schließt damit auch ein, Geflüchtete als politische Subjekte zu begreifen und sie als Teil politischer Aushandlungsprozesse zu verstehen. Traditionell markiert Staatsbürgerschaft die Zugehörigkeit zur politischen Gemeinschaft, definiert das Subjekt von Politik, eröffnet Handlungs- und Gestaltungsspielräume und gilt als Voraussetzung, um legitim in der Sphäre der Öffentlichkeit erscheinen zu dürfen.[50] Sowohl auf einer empirischen wie auch auf einer theoretischen Ebene wird der tradierte Zugriff auf die Subjekte von Politik in der Demokratie ebenso wie auf die Flüchtlingsfigur verschoben. Durch die Öffnung des politischen Aushandlungsprozesses werden Städte zu politischen Räumen auch für diejenigen, die als politische Subjekte nicht vorgesehen sind. Diese Praxis bricht die Dualität von Staatsbürgerin/Nicht-Staatsbürgerin[51] auf, indem Flüchtlinge zu einem Teil politischer Auseinandersetzungen werden, die ebenso mit ihren Ansprüchen, ihrem Gestaltungswillen und ihrer Kritik an ihren spezifischen Lebensbedingungen in der Öffentlichkeit erscheinen können. In den Sanctuary Cities sind es nicht mehr die Staatsbürgerinnen allein, die befähigt sind »*to initiate deliberation*«.[52]

Geflüchtete sind damit nicht nur diejenigen, die Hilfe empfangen. Sie stehen nicht außerhalb der Politik, sondern beteiligen sich aktiv an Stadtpolitik, »through which asylum seekers and refugees are free to make a full contribution

---

48 Squire und Bagelman: Taking not Waiting (s. Anm. 2); hier: S. 146–150.
49 Jennifer Bagelman: Sanctuary City. A Suspended State. London 2016; hier: S. 96.
50 Peter Nyers: Community without Status. Non-Status Migrants and Cities. In: Renegotiating Community. Interdisciplinary Perspectives, Global Contexts. Hg. v. Diana Brydon und William D. Coleman. Vancouver, Toronto 2008, S. 123–138; hier: S. 124.
51 Nyers: Community without Status (s. Anm. 50), S. 126.
52 Bohman: Democracy across Borders (s. Anm. 28), S. 52. Kursiv im Original.

to their cities and to engage with local communities«.[53] Die Idee der Sanctuary City geht also nicht in der Forderung nach gleichen Rechten für alle auf. Sie würde die Erzählung der Defizitfiguren und Mängelwesen nur bestätigen.[54] Sondern Migrantinnen und Geflüchtete nehmen sich hier das »Recht auf Politik«[55], wie Arendts Recht auf Rechte übersetzt werden kann, ohne über einen gesicherten Rechtsstatus zu verfügen. Sie sind hier unmittelbar in Aushandlungsprozesse eingebunden, nehmen sich und fordern auf diese Weise Rechte als Gleiche und verschieben damit die Grenzen von (Staats-)Bürgerschaft.

Sanctuary Cities wenden sich somit von der Opferperspektive ab, machen Geflüchtete ganz im Sinne Honigs zu produktiven Figuren, die in politische Auseinandersetzungen involviert und einbezogen sind, die ihre eigenen Ideen und Perspektiven mit einbringen und damit Ordnungen nicht nur bestätigen, sondern auch herausfordern und gefährden können. Sie öffnen Zugänge zur politischen Mitgestaltung, die Menschen mit abgestuften Rechtstiteln traditionell nicht offenstehen. In der Mitgestaltung und Beeinflussung der Stadtpolitik, in dem politischen Zusammenhandeln und der Etablierung von der Staatsbürgerschaft unabhängiger Solidaritäten werden Geflüchtete zu Nehmenden[56] von Rechten auf politische Teilhabe und Weltgestaltung, die ihnen im nationalstaatlichen Kontext nicht zugestanden werden. Positionen des Exils lassen so Ankunftsgesellschaften in einem »distorting mirror«[57] erscheinen.

Auch wenn es richtig ist, dass Sanctuary Cities nicht gegen staatliches Handeln gerichtet sind, sondern sich durchaus in dessen Logik bewegen können[58] und auch hierarchische Verhältnisse des Hilfe-Gebens und Hilfe-Nehmens reproduziert werden können,[59] so verweisen sie dennoch auf eine Einbindung in die Politik, die *vor* dem Rechtstitel liegt. Die Sanctuary Cities ermöglichen auf

---

53 Jonathan Darling, Craig Barnett und Sarah Eldridge: City of Sanctuary – a UK initiative for hospitality. Online unter: http://www.fmreview.org/sites/fmr/files/FMRdownloads/en/urban-displacement/darling-barnet-eldridge.pdf [abgerufen: 16.7.2018].
54 Hier auch Honig: Democracy and the Foreigner (s. Anm. 32).
55 Étienne Balibar: Gleichfreiheit. Politische Essays. Frankfurt a. M. 2012, S. 183. Daniel Loick: Wir Flüchtlinge. Überlegungen zu einer Bürgerschaft jenseits des Nationalstaates. In: Leviathan 45/4 (2017), S. 1–18; hier: S. 13.
56 Honig unterscheidet zwischen dem Bild des ›Foreigner‹ als Gebendem – wie er z. B. bei Rousseaus Gesetzgeber auftritt – und des ›Foreigner‹ als Nehmendem. Siehe dazu: Honig: Democracy and the Foreigner (s. Anm. 32). Siehe auch den dazu passenden Titel: Squire und Bagelman: Taking not Waiting (s. Anm. 2).
57 Andreas Hess: The Meaning of Exile. Judith N. Shklar's Maieutic Discourse. In: European Journal of Social Theory 32 (2016), S. 1–16; hier: S. 11.
58 Randy Lippert: Sanctuary Practices, Rationalities and Sovereignties. In: Alternatives 29/5 (2004), S. 533–555.
59 Bagelman: Sanctuary City (s. Anm. 49), S. 19.

kommunaler Ebene einen Zugang zu politischer Teilhabe. Diese hängt nicht am rechtlichen Status einer Person, ist also nicht an nationalstaatliche Strukturen und staatlich garantierte Staatsbürgerschaftsrechte gebunden.[60] Die in Neuzeit und Moderne durchgesetzte Überordnung des Staates über die Stadt wird hier vorsichtig aufgebrochen, beide werden vielmehr in Spannung zueinander gesetzt. Bürgerschaft wird so von dem durch einen Nationalstaat zugestandenen Status gelöst und stärker als Praxis, direkte Teilhabe und Teilnahme,[61] als selbstbewusste Aneignung des öffentlichen Raums verstanden: »Locating these practices at the level of the city, and not the state, is no small move since the sovereign state has historically claimed a monopoly over what counts as political space, identity, and practice.«[62] So verweisen die Sanctuary Cities auf die Spannung zwischen formaler Mitgliedschaft und Teilhaberechten.[63]

In der Stadtbürgerschaft geht es um Fragen der Teilhabe, um Zugang zu Ressourcen, um Zugang zur Mitgestaltung auf lokaler Ebene. Der Bezugspunkt ist nicht mehr allein der Nationalstaat, sondern Stadtbürgerschaft eröffnet einen neuen Raum politischer Aushandlungsprozesse und Teilhabemöglichkeiten. Anders als der tradierte Zugriff in der politischen Theorie, der Geflüchtete als Defizitfiguren beschrieben hat, überschreiten sie in ihrer Position des Exils die Grenzen der Teilhabe und verhandeln sie neu. Das Fehlen einer wechselseitigen *politischen* Verpflichtung und Loyalität, die Shklar in den modernen Flüchtlingen repräsentiert sah,[64] wird in der Praxis der Stadtbürgerschaft zumindest abgemildert. Damit werden auf kommunaler Ebene in das reziproke Verantwortungs- und Verpflichtungsverhältnis, das in demokratischen Ordnungen die Institution der Staatsbürgerschaft prägt, auch diejenigen eingebunden, die über unterschiedliche Rechtsstatus verfügen. Denn das Recht darauf, seine Anliegen öffentlich zu Gehör zu bringen oder auch seinen Dissens äußern zu können, zählt Shklar zu den elementaren Grundlagen liberal-demokratischer Ordnung. Aus der Position des Exils und der Erfahrung von prekären, instabilen Beziehungen zwischen Individuum und Staat bzw. sozialen Gruppen kann die begrenzte Reichweite der Grundlagen, auf denen der Zugang zur Politik beruht, neu ausgeleuchtet werden.

---

60 Loick: Wir Flüchtlinge (s. Anm. 55), S. 12.
61 Isin: Citizenship in Flux (s. Anm. 25); Étienne Balibar: Sind wir Bürger Europas? Politische Integration, soziale Ausgrenzung und die Zukunft des Nationalen. Hamburg 2003.
62 Nyers: Community without Status (s. Anm. 50), S. 124.
63 Saskia Sassen: The Repositioning of Citizenship. Emergent Subjects and Spaces for Politics. In: Berkeley Journal of Sociology 46 (2002), S. 4–26; hier: S. 6; Balibar: Sind wir Bürger Europas? (s. Anm. 61).
64 Shklar: Obligation, Loyalty, Exile (s. Anm. 18).

V. Das In-Frage-Stehen von Demokratien

Aus den Positionen des Exils auf politische Ordnung zu blicken, nimmt selbstverständlich gewordene, für die eingehegte Gemeinschaft unsichtbare Grenzziehungen in den Fokus. Verschiedene Strömungen moderner Demokratietheorie haben sich deswegen in den letzten Jahren und Jahrzehnten verstärkt zu Fragen und der Rechtfertigung des Ausschlusses gewendet. Auf normativer Ebene wird das sogenannte ›boundary problem‹ oder auch das demokratische Paradox[65] verhandelt. Im Kern dieser Debatte geht es um das unauflösbare Paradox, dass die Grenzen der Demokratien selbst nicht demokratisch bestimmt sind. Es bezeichnet die Aporie, dass Grenzen nationalstaatlich eingehegter Demokratien selbst nicht demokratisch legitimiert sein können. Die Sanctuary Cities können dieses Problem nicht lösen. Aber sie stellen eine Möglichkeit dar, die Grenzaushandlungen durch den Einbezug von Menschen mit unterschiedlichen Rechtstiteln zu demokratisieren.

Demokratien, die neben dem universellen menschenrechtlich begründeten Gleichheitsversprechen immer auch ein Versprechen auf eine besondere, unterscheidbare Gemeinschaft enthalten, entstehen auf undemokratischen Grenzziehungen, die eine Unterscheidung zwischen Staatsbürgerinnen und Nicht-Staatsbürgerinnen und damit zwischen politischer Teilhabe und Nicht-Teilhabe treffen. Auf empirischer Ebene treten diese Grenzkonflikte vielfach zutage – die Sanctuary Cities gehören auch dazu.[66] Werden wie in der Literatur zu den Sanctuary Cities Positionen des Exils zu relevanten Gegenständen politiktheoretischen Nachdenkens, werden auf den unterschiedlichen Ebenen diese zentralen Ordnungsfragen legitimer Teilhabe zum Gegenstand von Verhandlungen, potenzieller Neuausrichtung und Verschiebung. Ganz in diesem Sinne bezeichnen Squire und Bagelman die Einbeziehung von Menschen gleich welchen Rechtsstatus in die politischen Belange der Stadt auch als »grass-roots approach to political chance«.[67]

Nach Saskia Sassen sind es ironischerweise vor allem die »minoritized subjects«, unter die auch Geflüchtete gefasst werden können, die die Diskussion

---

65 Seyla Benhabib: Kosmopolitismus und Demokratie. Eine Debatte. Frankfurt a. M. 2006; hier: S. 41.
66 Diese Grenzkonflikte zeigen sich sowohl in den theoretischen Debatten über die Bedeutung der Sanctuary Cities als auch in ihrer empirischen Umsetzung. Zu der Ambivalenz in der konkreten Umsetzung siehe: Bagelman: Sanctuary City (s. Anm. 49).
67 Squire und Bagelman: Taking not Waiting (s. Anm. 2), S. 146; zu den Sanctuary Cities siehe z. B. auch Jonathan Darling: A City of Sanctuary. The Relational Re-Imagining of Sheffield's Asylum Politics. In: Transactions of the Institute of British Geographers 35/1 (2010), S. 125–140; hier: S. 125; Vicki Squire: From Community Cohesion to Mobile Solidarities. The City of Sanctuary Network and the Strangers into Citizens Campaign. In: Political Studies 59/2 (2011), S. 290–307; hier: S. 295.

um die Bedeutung von (Staats-)Bürgerschaft angestoßen haben.[68] In dieser Funktion besetzen Geflüchtete selbst die Position des Exils. Ihre Ausschluss- und Deprivationserfahrungen, ihre eigene Geschichte und politischen Überzeugungen lassen sie nicht hinter sich, sondern gestalten auf dieser Grundlage politisches Leben der Ankunftsgesellschaft mit. Sie werden zu produktiven Figuren, die neue Perspektiven auf althergebrachte Überzeugungen entwerfen und unhinterfragte Gewissheiten irritieren. Konkret symbolisiert in der Figur des Flüchtlings der Sanctuary Cities werden vor allem national eingehegte Demokratien, ihre grundlegenden (Rechts-)Institutionen und Legitimationsformeln auf den Prüfstand gestellt. Als diejenigen, die aus der tradierten Mitgliedschaft herausfallen, fordern sie die Selbstbeschreibung des national gefassten ›Wir‹, das auf der Erzählung einer wechselseitig solidarischen Gesellschaft aufruht, heraus.[69] Sie stehen für das Infrage-Stehen institutioneller Ordnungen, die die Freiheit von Nicht-Staatsbürgern schon immer eingeschränkt oder auch gänzlich vernichtet haben.

Positionen des Exils können so für ein Demokratieverständnis stehen, das auf Unfertiges, Vorläufiges, auf das Unentscheidbare, auf Offenheit und Kontingenz verweist. Die notwendige Unabgeschlossenheit von Demokratien wird hier durch die Figur des Flüchtlings, des ›Fremden‹, des Ankommenden symbolisiert. Werden sie nicht im Außerhalb angesiedelt, sondern in unmittelbaren Bezug zur demokratischen Ordnung gesetzt, so halten sie Leerstellen demokratischer Ordnung offen und zeigen durch ihren Grenzcharakter, dass Demokratien immer unfertige Ordnungen sind.

---

68 Saskia Sassen: Foreword: Membership and its Instabilities. In: Migration, Mobilities and the Arab Spring. Spaces of Refugee Flight in the Eastern Mediterranean. Hg. v. Natalia Ribas-Mateos. Cheltenham UK, Northampton USA, S. XII-XVI, hier: S. XIV
69 Honig: Democracy and the Foreigner (s. Anm. 32).

Gianluca Solla

Ohne
Noten zur Poetik und Politik der Migrationen

1. Das Bild, das diese kurzen Überlegungen zur Migration leitet, ist, wie es oft bei eindrücklichen Bildern ist, ein sehr schlichtes. Im Sommer 2017 befand ich mich an Bord des Schiffes Iuventa der deutschen NGO »Jugend Rettet« in der sogenannten SAR (Search and Rescue)-Zone vor der libyschen Küste. Abgesehen von einer kleinen Gruppe syrischer Familien, die vor dem Krieg geflohen waren, waren alle anderen der Tausenden MigrantInnen, die von der Iuventa-Crew oder anderen NGOs während der zwei Wochen meines Aufenthalts an Bord gerettet wurden, barfuß. Nicht, dass sie ihre Schuhe in der Hand festhielten, um sie nicht in den vollgestopften und halb gesunkenen Flößen zu beschädigen: Es gab einfach keine Schuhe. In seiner scheinbaren Banalität kann ein solches Detail von anderen Entbehrungen, Beraubungen und Verzichten erzählen. In meiner Erfahrung waren dies Menschen, die nicht nur ohne Schuhe waren, ohne angemessene Kleidung für die Überquerung des Mittelmeers, ohne Rechte, sondern auch Menschen, die sich ohne Schwimmwesten ins Wasser stürzten, ohne schwimmen zu können, oft ohne jemals das Meer gesehen zu haben und ohne Ahnung, dass jener Reichtum an Wasser nicht trinkbar war ...

Auf dem Weg nach Europa betrifft die Entbehrung oft scheinbar triviale Gegenstände des täglichen Gebrauchs wie Schuhe. Es betrifft in erster Linie die Körper, die als Protagonisten einer Geschichte auftauchen, die von Bedürfnissen spricht, nicht ohne zugleich vom Begehren zu zeugen. Das Fehlen von Schuhen ist stilles Zeugnis für die Jahre der Inhaftierung und der Sklaverei in den libyschen Gefängnissen und Lagern, durch die jene schuhlosen Menschen – bis auf wenige Ausnahmen – gegangen waren. Das Fehlen von Schuhen verweist auf die ständige Begleitung von Verletzungen, die die Gefängniswärter den Beinen zufügen. Das Fehlen von Schuhen charakterisiert jene, die nicht weit gehen dürften, aktuellstes Symptom für einen Zustand, in dem Migration bedeutet, in Illegalität, Ausbeutung, Armut zu stürzen.

2. Das zeitgenössische Denken hat vom Sprachpartikel »ohne« ausgiebig Gebrauch gemacht. Ich denke an sehr verschiedene Autoren wie Arendt, Benjamin, Agamben oder Rancière, und dazu Blanchot, Lévinas und Derrida und nicht zuletzt an Lacan. In seiner wiederkehrenden Präsenz kann das kleine Wort als Merkmal einiger der wichtigsten Reflexionen des 20. Jahrhunderts erkannt werden. Mit welchen Implikationen? Ohne dass hier die verschiedenen Ver-

wendungsformen des »Ohne« in zeitgenössischen philosophischen Reflexionen im Einzelnen analysiert werden könnten, lässt sich doch die Hypothese formulieren, dass die eindringliche und manchmal geradezu obsessive Wiederholung dieses »Ohne« im Lexikon der zeitgenössischen Philosophie nicht nur eine Veränderung der kulturellen und politischen Landschaft, sondern auch einen radikalen Paradigmenwechsel zum Ausdruck bringt, zum Beispiel in Bezug auf den Begriff des »Lebens«.

Wenn Maurice Blanchot beispielsweise von einer subjektlosen Subjektivität (*sans sujet*) spricht, weist dieses »*sans*« auf die Existenz von Subjektivierungsprozessen hin, die keiner Form der Individuation (»das Subjekt«) entsprechen, wie sie die Moderne bisher entworfen hat.[1] Durch den Verweis auf ein »Ohne«, das ein jedes Objekt bestreitet und zugleich bekräftigt, setzt und absetzt, werden die üblichen Modi des westlichen Diskurses und seine eigene Ordnung von der zeitgenössischen Philosophie unterlaufen. Jenseits der Frage, ob dies tatsächlich gelingt, lässt sich feststellen, dass es seitdem nicht mehr möglich ist, in den gewohnten Bahnen zu denken. Durch die Verwendung des »Ohne« bezeugt das Denken die Tatsache einer historischen und anthropologischen Unterbrechung, welcher Art auch immer.

Offensichtlich hat nicht nur die Philosophie auf das »Ohne« zurückgegriffen, um zu sagen, was schwer zu sagen ist. Geläufige und mittlerweile im allgemeinen Gebrauch verwendete Ausdrücke wie »landlos«, »rechtlos«, »würdelos«, »arbeitslos« und dergleichen zeigen in ihrem Auftreten die Evidenz eines weit verbreiteten Zustandes, der zu denken bleibt. Das Syntagma sagt etwas aus, indem es an eine Abwesenheit erinnert. Die Abwesenheit selbst wirkt als Signifikant, sie wird durch Entzug zum Wort. Es handelt sich nicht um eine bloße Abwesenheit, sondern um einen grundlegenden Verlust.

Ein solches Beharren auf den Formeln, die mit dem »Ohne« verbunden sind, kann zweifellos als ein Symptom der Schwierigkeit angesehen werden, zu sagen, was und wie viel nach einem Verlust übrig bleibt. Was bedeutet es zum Beispiel, »ohne« das zu sein, was immer als untrennbares Prädikat des menschlichen Lebens angesehen wurde? Als Zeichen des menschlichen Lebens bedeutet das »Ohne«, dass diese Präposition den Status einer neuen Begrifflichkeit, bzw. einer Quasi-Begrifflichkeit, in einer Epoche eines radikalen und unerhörten Verlustes annimmt. Es handelt sich darum, mangels anderer Begriffe einen unerhörten epochalen Verlust zum Ausdruck zu bringen, der das Antlitz des menschlichen Lebens verändert hat und der nicht aufhört zu geschehen.

3. In ihrem in der englischsprachigen jüdischen Zeitschrift »Menorah« in den USA veröffentlichten Essay *We refugees* (1943) stellt Hannah Arendt bekannt-

---

[1] Maurice Blanchot: L'écriture du désastre. Paris 1980, S. 89.

lich die neue Figur des Flüchtlings, die durch die ethnische Säuberung der Nationalsozialisten entstanden ist, als Existenz vor, die radikal vom Verlust gezeichnet ist. Verglichen mit den politisch verfolgten Menschen der Vergangenheit, die wegen ihrer Teilnahme am öffentlichen Leben vertrieben wurden, sind die von Arendt erwähnten neuen Flüchtlinge in erster Linie einzig als Menschen betroffen. Es sind Leute, die oft nicht einmal davon geträumt hätten, eine politische Meinung zu vertreten. Die Verfolgung, die sie betrifft, ist motiviert durch einen Rassenhass, der sie trifft und sie zu »Geächteten« (*outlaws*) erklärt. Sie stellen den sicher bemerkenswertesten und weitverbreiteten Fall dar, dass hier nichts anderes als das menschliche Leben als solches geschlagen, verfolgt und liquidiert werden kann. Da sind die jüdischen Flüchtlinge selbst Vertreter eines gemeinsamen menschlichen Zustands. Am Ende des Essays schreibt Arendt, dass es in dieser Situation zum ersten Mal »keine separate jüdische Geschichte mehr [gibt]; sie ist verknüpft mit der Geschichte aller anderen Nationen«[2].

Von welchem Verlust ist das Leben des Flüchtlings betroffen? In erster Linie ist es ein Bedeutungsverlust, der seine Ankunft in einem neuen Land markiert. So glücklich er sein kann im Gegensatz zu denen, die Europa nicht verlassen konnten, befällt den »Neuankömmling«[3] im fremden Land ein Schwindel. Er weiß, wenn auch vielleicht noch immer nur unbewusst, dass er nichts als ein Überlebender ist. Mit diesem Namen bezeichnen wir nicht nur denjenigen, der sich vor dem Tod gerettet hat, der über ihn verhängt war, sondern auch denjenigen, der von diesem Tod seelisch und körperlich gezeichnet ist. Sein Leben und das anderer ist gerettet worden. Aber, bemerkt Arendt, »die meisten von uns mußten mehrmals gerettet werden«[4]. Wenn ein Mensch so oft gerettet wurde, ist er von der absoluten Verletzlichkeit, die er in der Gegenwart des Terrors gefühlt haben muss, der ihn vernichten sollte, unwiderruflich gezeichnet.

Hier stellt sich für Arendt die Frage, ob es immer noch möglich ist, im herkömmlichen Sinne vom Leben zu sprechen: Diejenigen, die »Zeugen und Opfer von Schrecklichkeiten [wurden], die schlimmer sind als der Tod«, sind nicht mehr fähig [*able*], ein höheres Leben als das bloße Überleben zu entdecken.[5] »Leben« weist auf nichts anderes hin als das, was wir als »am Leben sein« definieren: die bloße biologische Feststellung, dass ein Tod noch nicht eingetreten ist, um einer singulären Existenz ein Ende zu setzen. Die Dürftigkeit dieses Zustandes, seine immense Fragilität, die unsre ist, macht die Grenzen, die das

---

2 Hannah Arendt: Wir Flüchtlinge. In: Dies.: Zur Zeit. Politische Essays. Aus dem Amerikanischen v. Eike Geisel. Hg. v. Marie Luise Knott. Berlin 1986, S. 7–21, hier: S. 21. (Engl. Original: We refugees. In: Menorah Journal 31 (1943), S. 69–77.)
3 Arendt: Wir Flüchtlinge (s. Anm. 2), S. 7.
4 Arendt: Wir Flüchtlinge (s. Anm. 2), S. 8.
5 Arendt: Wir Flüchtlinge (s. Anm. 2), S. 10.

Konzept des »Lebens« definieren, unsicher. Das führt am Ende von Arendts Artikel zur Beschreibung von Menschen [*human beings*], deren Schicksal die Verletzlichkeit ist, »nichts weiter als menschliche Wesen« [*nothing but human beings*][6]. In ihrer absoluten Evidenz signalisiert die Tautologie einen Schwindel in Arendts Text, der nicht nur von Flüchtlingen spricht, sondern von der Erfahrung ihres eigenen Flüchtlingsdaseins Zeugnis ablegt. Dieses Denken wagt zu hinterfragen, was es bedeutet, gerettet zu sein, und was »Leben« für Menschen noch bedeutet, die nichts anderes als Menschen sind. Einige Jahre später wird *The Origins of Totalitarianism* (1951) eine ausdifferenziertere Formulierung bringen, wenn von Menschen die Rede ist, die *alle* Qualitäten und spezifischen Beziehungen verloren haben – außer die menschlichen: »*people who had indeed lost all other qualities and specific relationships – except that they were still human*«[7]. Die Frage wird formuliert, was vom Menschen übrig bleibt, oder allgemeiner ausgedrückt, was vom Menschen in einem Leben übrig bleibt, das mit einer radikalen Entbehrung aller seiner Qualitäten und spezifischen Beziehungen konfrontiert ist.

4. ›Ohne Staat‹ [*stateless*], ›ohne Hoffnung‹ [*hopeless*], ›ohne Nutzen‹ [*useless*][8] werden diese Leben mit zu vielen Verlusten, zu vielen Beraubungen konfrontiert, um intakt zu bleiben oder zumindest um einen intakten Kern der eigenen Persönlichkeit inmitten der Geschichte zu sichern. Nur wer die radikale Differenz seiner Singularität vergisst, indem er sich allen Kulturen anpassen zu können glaubt, französischer als die Franzosen wird, weil er sich davor deutscher als die Deutschen fühlte und nun die neue US-amerikanische Heimat mit Begeisterung annehmen will, nur diese groteske, beinahe Flaubert'sche Karikatur eines überall assimilationswilligen Herrn Cohn, den Arendt erfindet, kann diesem Selbstbetrug erliegen. Inmitten allem Optimismus, den der Flüchtling dem Land, das ihn willkommen heißt, entgegenbringt, inmitten des Rauschs, in dem sich Cohn auf die jeweils neue Kultur einlässt, bleiben Menschenleben, die nicht nur den Staat verloren haben, sondern auch das »Zuhause und damit die Vertrautheit des Alltags«[9]; die ihre Arbeit verloren haben, das heißt das »Vertrauen« [*confidence*], »in dieser Welt irgendwie von Nutzen zu sein«; die ihre Sprache verloren haben und damit »die Natürlichkeit [ihrer] Reaktionen, die Einfachheit [ihrer] Gebärden und den ungezwungenen Ausdruck [ihrer] Gefühle«[10]; die ohne Verwandte und ohne Freunde sind, denn Letztere haben sie in Ghettos hinter sich gelassen oder sie wurden in Konzentrationslagern in

---

6 Arendt: Wir Flüchtlinge (s. Anm. 2), S. 19.
7 Hannah Arendt: The Origins of Totalitarianism, San Diego 1979, S. 299 (Hervorhebung G. S.).
8 Arendt: Wir Flüchtlinge (s. Anm. 2), S. 17, 19.
9 Arendt: Wir Flüchtlinge (s. Anm. 2), S. 7.
10 Arendt: Wir Flüchtlinge (s. Anm. 2), S. 8.

Europa getötet. Man könnte sagen, dass, wenn das Individuum die Lebensform der Moderne ist – als Ausdruck eines Ideals der ungeteilten Einheit, auf die das lateinische Wort »*individuus*« (= nicht geteilt) verweist –, diese Ära definitiv untergegangen ist: Es gibt keine Individuen mehr, nur gebrochene Leben. Offensichtlich können unsere Sprachen diesen Bruch noch nicht angemessen bezeugen, denn in der Alltagssprache wird von niemandem gesagt, dass er ein *Dividuum* ist, das heißt, ein Leben, das von diesem irreversiblen Bruch gezeichnet ist. Das »Ohne« ist jedoch das untrügliche sprachliche Zeichen dieses Bruchs, das auf ein Leben hinweist, das dieses »Ohne«, diese Quintessenz aller Entbehrungen, als sein eigentliches Merkmal trägt. Es zeugt vom Verlust dessen, was es in seinem Ausdruck verneint und zugleich offenbart. Ist es immer noch ein Leben? Oder ist es, wie für jene Migranten, die jeden Tag ohne Grab im Mittelmeer ertrinken, vielleicht etwas, für das wir es wagen sollten, einen neuen Ausdruck zu erfinden und über ein Leben ohne Leben, ein lebloses Leben zu sprechen? Ein solches Leben betrifft nicht nur Flüchtlinge, Staatenlose, Geächtete oder mittellose Migranten, sondern auch die Überlebenden, die das eigentliche Thema von *We refugees* sind. Denn sie sind bei näherer Betrachtung auch ohne Tod. Vielleicht ist dies das Schicksal der Überlebenden: Selbst die Möglichkeit des Todes wurde von ihnen abgezogen. Zumindest – argumentiert Arendt – »seit die Gesellschaft mit der Diskriminierung das soziale Mordinstrument entdeckt [hat], mit dem man Menschen ohne Blutvergießen [*without any bloodshed*] umbringen kann«[11]. Solch ein Tod, solch ein Töten, ist offensichtlich ein Verbrechen, das niemals vom Gesetz als Mord sanktioniert und als solches nicht als Verbrechen anerkannt wird. Das Leben wird nicht mehr getötet, geschweige denn es stirbt: Sogar die Möglichkeit des Todes wird ihm durch die Liquidation genommen.

5. Dieses Beharren auf Verlust, in dem genau das, was fehlt (der Staat, die Namen, die Hoffnung, die Schuhe …), nahezu obsessiv hervorgerufen wird, um den Mangel zu sagen und um auf seine Auswirkungen zu hören, hat uns dazu geführt, die emphatische Bedeutung des »Ohne« als Symptom einer Ära zu erkennen.

Welche ist die syntaktische Dynamik, die durch die Präposition »ohne« eingeführt wird? Sie manifestiert eine Sache und zugleich erklärt sie sie für abwesend: Es ist genau die Sache selbst, die aufgrund des vorangestellten »Ohne« ihren eigenen Mangel ausdrückt. Sie ist abwesend und gleichzeitig in ihrer Abwesenheit seltsamerweise präsent. Hier ist von keiner neutralen Abwesenheit die Rede: denn das, was das »Ohne« negiert, ist immer noch da, wie ein Spuk oder der tiefste Wunsch einer verlorenen Intimität (wie in Arendts Beispielen:

---

11 Arendt: Wir Flüchtlinge (s. Anm. 2), S. 20.

die Sprache, das Haus, die Freunde …). Gleichzeitig gewinnt damit die Abwesenheit materielle Konsistenz: »Ohne Rechte« bedeutet zum Beispiel nicht, dass es keine Rechte mehr gibt, sondern dass deren Abwesenheit den Mittelpunkt des Lebens und der Diskurse (selbst der Rechtsdiskurse) nun annimmt als die einzige existierende Realität.

Das ›Ohne‹, das die Rhetorik der politischen Philosophie spätestens seit Arendt durchzieht, lässt sich in dieser auch als Symptom ausmachen. Dieses Wort der psychoanalytischen Klinik steht für den Punkt, in dem etwas allein durch sein Zeichen sichtbar gemacht wird. Heute besitzt kaum etwas in einer Weise symptomatischen Charakter im Hinblick auf die sich aufdrängenden und zugleich verborgenen Fragen nach den Bedingungen des Menschseins wie die Migranten auf ihren Routen und in ihrem Begehren, nach Europa zu kommen. Diese Symptome sind wie Marx' Gespenst: Sie gehen um in Europa.

6. In den romanischen Sprachen bezieht sich das »Ohne« (*senza, sans, sin*) auf das lateinische Wort *absentia*, Abwesenheit, während sich das englische *without* auf einen anderen Raum bezieht, im Sinne von: außen, extern. Auch im Sinne eines Aus-gangs, einer Befreiung. Und wenn es tatsächlich etwas gäbe, das uns in dieser Abwesenheit, die durch das »Ohne« ausgedrückt wird, frei und freier machen würde? Das uns beispielsweise von der Illusion, dass Rechte an Menschenleben gebunden seien, befreit? Offensichtlich hat eine solche »Befreiung« nichts Tröstliches. Vielmehr weist sie auf die Notwendigkeit hin, dass das, was längst als das legitime und übliche Erbe des menschlichen Lebens angesehen wurde, neu definiert werden muss. Arendt hat diesen Zug in der Geschichte des Totalitarismus wohl begriffen: Sie hat die grundlegende Illusion offenbart, auf der der Glaube an »Menschenrechte« basierte. Wir wissen, dass Arendt diese historische Erfahrung des »ohne Rechte sein« zum Ausgangspunkt genommen hat, um das substanzielle Fehlen der Rechte zu zeigen, die denjenigen, die durch keinen Staat geschützt werden, nicht zur Verfügung stehen. »Ohne« lauter Dinge und Attribute zu sein, die man zuvor als mit dem Menschlichen verbunden verstanden hat, avanciert dadurch zu einer Erfahrung, die nicht nur die Flüchtlinge, sondern die Lebenden als solche betrifft. Es handelt sich um eine Erfahrung, deren Objekt abhandengekommen ist und deren Mangel nun das eigentliche Erfahrungsobjekt darstellt. An diesem Punkt ist es vielleicht nicht unfruchtbar, eine weitere Hypothese zur Diskussion zu stellen: Das »Ohne« betrifft das, was für jedes Menschenleben radikal heterogen und dadurch nicht anzueignen ist und bleibt.

Die Frage soll hier, noch einmal mit Bezug auf Arendts Text, zumindest an einem Punkt ausgeführt werden. Die Flüchtlinge (*we*) haben die Beziehung zu ihrer Sprache verloren: *We lost our language*. Was bedeutet es, den Verlust der Sprache zu erfahren? Offensichtlich nicht, dass der Besitz der Sprache verloren gegangen ist, da die Sprache weiterhin benutzt wird. Eher wird in der Sprache die Möglichkeit sichtbar, so wie später für andere Dimensionen des Lebens, Gebrauch von Eigentum oder Recht zu trennen. Für die Sprache gilt noch in besonderer Weise, dass sie nicht einfach verwendet wird, sondern dass sie für den Menschen den Ort seiner Subjektivierungen darstellt und damit die Bedingung, seine Subjektivität zu leben. So haben die Sprecher Zugang zur Sprache, diese stellt aber für sie keinen Gebrauchsgegenstand dar, sondern eine Lebensform. Aber sie können über sie als Sprecher nicht voll verfügen. Vielmehr erfahren sie Sprache – wie Freud in der *Psychopathologie des Alltagslebens* gezeigt hat – einzig in Form einer unterbrochenen Folge von Scheitern, Fehlern, Stolpern, Ausfällen, großer oder kleiner Vergesslichkeit ... Daher sind Sprechen und Versprechen nicht voneinander zu trennen. Nur zu diesem Preis wird die Signifikation als Prozess, der Bedeutung erzeugt, möglich. Der Sprecher erfährt seine Sprache nie als sicheren Besitz eines Objekts. Eher zeigt sie vielmehr an, was für das Subjekt konstitutiv ist und gleichzeitig unverfügbar bleibt.

Die Erfahrung von jemandem, der wie der Flüchtling die Sprache verloren hat – das heißt in Arendts Worten die Natürlichkeit der Reaktionen, die Einfachheit der Gesten, den Ausdruck der Gefühle –, zeigt ein »Ohne«, das in die Sprache eingeschrieben ist und dessen Erfahrung der Fremde, der Flüchtling, der Staatenlose, der mittellose Migrant verkörpern. Migrant zu sein ist nicht nur eine Lebensweise unter anderen: Es bedeutet für uns heute, dass diese Lebensform wesentlich in Beziehung zu dem steht, was in jedem menschlichen Leben meist vergessen wird. Dieses Verdrängte ist das Schwindelerregende der radikalen Entbehrung der mittellosen Migranten. Ihr »Ohne« ist das Symptom von Transformationen, die uns betreffen. In ihrer Erfahrung des »Ohne« sind die Migranten radikal menschlich – Menschen, *human beings*, die nichts als Menschen sind: *nothing but human beings* –, gerade weil sie durch ihre eigene Initiative einem Zustand ausgeliefert sind, den sie weder annehmen noch sich aneignen können, aber von dem ihr Leben überwältigt wird. Die Beziehung, die ein jeder Mensch zu seiner Sprache, seinen Gesten, seinen Gefühlen, seiner Kultur hat, ist zutiefst intim und zugleich kann sie ihm offenbar doch jederzeit streitig gemacht und genommen werden. Migrant zu sein, ist in diesem Sinne die radikale Erfahrung von Abwesenheit, die das »Ohne« anzeigt. In dieser fundamentalen Disjunktion stellt seine Existenz eine radikal menschliche Kondition heraus.

7. Wenn das »Ohne« als Spur einer Verletzlichkeit des Lebenden aufgefasst wird,[12] deren »Qualitäten oder spezifischen Beziehungen« ihm abgenommen werden können, besitzt eine solche Erkenntnis unerträglichen Charakter. Denn

---

12 Zum Begriff der Verletzlichkeit siehe Judith Butler: Gefährdetes Leben. Politische Essays. Frankfurt a. M. 2005, S. 36 f.

die Verletzlichkeit bleibt den Lebenden ungreifbar, obwohl sie davon stets berührt werden, und ist als solche nicht anzueignen, obwohl sie in gewisser Weise den Kern ihrer Erfahrung bildet. Lebende können ihre eigene Verletzlichkeit nur in der Blöße ihrer Körper ausstellen.[13] Wenn das »Ohne« etwas Unvermeidbares darstellt, das das menschliche Leben als solches betrifft, dann betrifft es auch das, was jedem einzelnen Leben seinen unbesitzbaren Charakter zuweist. Von diesem Charakter mag es keine Ahnung, sprich kein Wissen haben. So ist das »Ohne« in der Rede das Element, das die Selbst-Präsenz unterbricht, zerbricht und zerreißt, indem es sie entzieht. Es realisiert eine nicht-Koinzidenz, eine Distanz des Subjekts von sich selbst.

Am Schluss steht eine Arbeitshypothese. Wenn diejenigen, die in der Hoffnung zu überleben das Mittelmeer oder die Ostgrenzen Europas zu durchqueren versuchen, den Zustand einer weit verbreiteten Bedürftigkeit und Entbehrung enthüllen, die das menschliche Leben als solches betrifft, enthüllen sie einem satten und auf Sicherheit fixierten Europa die Realität eines brutalen Verlustes, der den »Menschen« als »nichts anderes als Mensch« betrifft. Der zornige Ton des Nationalismus, der die europäischen Rechtspopulismen prägt, ist insofern auch ein Symptom für eine tiefgehende Angst vor einer ›Invasion‹ durch Migranten aus anderen Kontinenten. Dass es ein bloßes Leben gibt, dem eine Heimat, ein Land, ein Staat abgezogen wurde, dem daher die Rechte entzogen wurden – das heißt, dass es ein Leben gibt, das das »Ohne« als eigentlichen Gegenstand seiner Erfahrung hat –, enthüllt den Charakter solcher Objekte des Begehrens wie Heimat, Staat, Rechte, usw. Es ist diese Enthüllung, die unerträglich und bedrohlich erscheint. Die Beraubung, von der die Körper dieser Frauen und Männer, die täglich versuchen, Europa trotz der oft unglaublichen Schwierigkeiten unter Einsatz ihres Lebens zu erreichen, zeugen, zeigt eine Beraubung, die jeden betrifft. Ihr »Ohne« ist das Zeichen einer Gewalt, die Menschen etwas entzogen hat, was anderen, die von der Katastrophe zunächst nicht unmittelbar berührt werden, als sicherer Besitz erscheint. Stattdessen wird das, was die Migranten entbehren (Staat, Papiere, Rechte …) – weshalb sie als bloßes Leben erscheinen, das Menschenhändlern, polizeilicher Abschreckung an den Grenzen, erzwungenen Abschiebungsmaßnahmen, infamen Lebensbedingungen in den Notunterkünften auf dem Weg und in unseren Ländern ausgeliefert ist –, zu nichts als symbolischen Hüllen, die Nacktheit und Verletzlichkeit bedecken und zugleich verleugnen.

Die Frage, die sich angesichts dieser Lage stellt, ist keineswegs, ob die Flüchtlinge mit ihren Kulturen, Bräuchen, politischen Überzeugungen demokratiefähig sind. Die eigentliche Frage nach der Demokratie ist eine Frage an die De-

---

13 Siehe dazu Giorgio Agamben: Homo Sacer. Souveräne Macht und bloßes Leben. Frankfurt a. M. 2002.

mokratie selbst. Als die Nicht-Schließung oder die Entfaltung, die die Demokratie mit sich bringt, erlaubt sie einen öffentlichen Raum, der ohne Eigentum und ohne Aneignung genutzt werden kann. Er gehört niemandem außer den Menschen, die einen solchen Raum mit ihrem Sprechen erleben und beleben. Daher lautet die Frage, die uns beschäftigt oder beschäftigen sollte: Wie kann dieses »Ohne« nicht als Defizit, sondern als Grundform der Partizipation gedacht werden? Wie kann das Fehlen von Bestimmungen eine Öffnung jenseits einer identitären Definition nationaler Gemeinschaft ermöglichen? Wie gelingt es ihr bereits, die Formen des Zusammenlebens zu bereichern? Wie kann das »Ohne« in seiner symptomatischen Dimension bewusst gemacht werden und zu einer Umstellung und Neudefinition unseres politischen Lexikons, inklusive von Begriffen wie Demokratie, Politik, Repräsentation und Zugehörigkeit anleiten?

Rezensionen

Ulrich Alexander Boschwitz: *Der Reisende*. Roman. Herausgegeben und mit einem Nachwort von Peter Graf. Stuttgart (Klett-Cotta) 2018. 303 S.

Der atemberaubende Roman spielt überwiegend in der Eisenbahn. Erzählt wird die Geschichte des Berliner Kaufmanns Otto Silbermann, der in der Reichspogromnacht gerade noch über den Dienstbotenaufgang aus seiner Wohnung fliehen konnte, während die SA-Häscher bereits an die Vordertür hämmerten, um ihn zu verhaften. Rat- und kopflos flieht er zu seinem leichtfüßigen, aber erfolgreichen und längst zum Nazi gewordenen Geschäftspartner in Hamburg. Der kann oder will ihm nicht helfen, zahlt ihm jedoch seine Geschäftsanteile von 40.000 Reichsmark aus, mit denen Silbermann zunächst nach Aachen reist in der naiven Annahme, mit großem Koffer schwarz über die Grenze nach Belgien fliehen zu können; sein Sohn lebt bereits in Paris. Prompt wird er von Grenzwächtern geschnappt und nach Deutschland zurückgeschickt. Die anschließende Odyssee auf der Bahn führt ihn immer wieder über Berlin in diverse Städte, denn in seine verwüstete Wohnung kann er nicht zurück. Schließlich wird ihm in der Bahn die Aktentasche mit dem Geld gestohlen, was ihn vollends aus der Bahn wirft. Als er bei der Polizei den Diebstahl anzeigen will, echauffiert er sich auf zweifelnde Nachfragen unter Verlust jeder Selbstkontrolle so sehr, dass der stramme NS-Beamte ihn nicht ins KZ einweist, sondern nachsichtig, auch mit Rücksicht auf seinen Frontkämpfer-Einsatz vor Verdun im Ersten Weltkrieg, in eine Irrenanstalt.

Die Bedeutung des Romans liegt einmal in der Handlungskomposition, die auf wenige Tage beschränkt detailliert die Spannung von Verfolgung und normalem NS-Alltag wiedergibt, in dem der Held zum »Paria« wird. Interessanter noch ist aber die Figurenzeichnung: Die Personen sind weder eindeutig gut noch schlecht, sondern verkörpern alle ambivalente Charaktere. Silbermann ist nicht nur unbeholfen und verunsichert, sondern auch ein penetranter Rechthaber ohne Selbstkontrolle. Immer wieder entspricht er jüdischen Klischees, verachtet seine Leidensgenossen, gerade wenn sie jüdisch aussehen und ihn gefährden könnten. Seine direkten Gesprächskontrahenten wie der Polizist oder sein Geschäftspartner zeigen andererseits neben ihrer Überlegenheit als Repräsentanten des Systems durchaus Mitgefühl für ihr anmaßend auftretendes Gegenüber. Schillernd werden ebenso die Mitreisenden in den Zügen gezeichnet.

Bemerkenswert ist der autobiografische Hintergrund des Romans. Geschrieben hat ihn der 23-jährige Emigrant in Paris in vier Wochen unmittelbar nach dem 9./10. November 1938. Bereits Anfang 1939 konnte eine englische Übersetzung in London und 1940 eine in New York unter dem Pseudonym John Grane erscheinen; 1945 folgte eine französische Ausgabe in Paris.

Nach der Übersiedlung zu seiner Mutter in London – der jüdische Vater war bereits 1915 gestorben – ist der Autor bei Kriegsausbruch interniert und auf dem berüchtigten Truppentransporter *Dunera* nach Australien deportiert worden, wo er das Manuskript für eine Neuauflage überarbeitet hat. Auf der Rückreise Ende Oktober 1942 ist das britische Schiff nordwestlich der Azoren torpediert worden. Mit dem 27-jährigen Boschwitz, der den überarbeiteten Text bei sich trug, ertranken mehr als 360 Passagiere. Die hier erschienene Ursprungsfassung, offenbar aus dem Besitz der Mutter, ist in den 1950er und 60er Jahren verschiedenen Verlagen vergeblich angeboten und von Heinrich Böll beworben worden. Das eindrucksvolle Werk wirkt nach 80 Jahren wie eine Flaschenpost.

Max Stein

Martina Wörgötter (Hg.): *Stefan Zweig. Positionen der Moderne*. (= Schriftenreihe des Stefan-Zweig-Centre Salzburg, Bd. 6). Würzburg (Königshausen & Neumann) 2017. 249 S.

Stephan Resch: *Stefan Zweig und der Europa-Gedanke.* (= Schriftenreihe des Stefan-Zweig-Centre Salzburg, Bd. 8). Würzburg (Königshausen & Neumann) 2017. 321 S.

Arnhilt Johanna Hoefle: *China's Stefan Zweig: The Dynamics of Cross-Cultural Reception.* Honolulu (University of Hawaii Press) 2017. 226 S.

Arturo Larcati, Klemens Renoldner, Martina Wörgötter (Hg.): *Stefan-Zweig-Handbuch. Leben – Werk – Wirkung.* Berlin (de Gruyter) 2018. 1.017 S.

Stefan Zweig: *Die Welt von Gestern. Erinnerungen eines Europäers.* Hg. u. komment. v. Oliver Matuschek. Frankfurt a. M. (S. Fischer) 2017. 700 S.

Stefan Zweig: *Sternstunden der Menschheit. Historische Miniaturen.* Hg. v. Werner Michler und Martina Wörgötter. (= Das erzählerische Werk. Salzburger Ausgabe, Bd. 1). Wien (Paul Zsolnay) 2017. 352 S.

In das vergangene Jahr fiel der 75. Todestag Stefan Zweigs (1881–1942) und damit das Jubiläum seiner posthum erschienenen Schriften *Die Welt von Gestern* und *Schachnovelle*, die zu seinen bekanntesten gehören. Aber nicht nur diese kalendarischen Anlässe haben die derzeitige bemerkenswerte Zweig-Renaissance ausgelöst. Ohne Übertreibung ist sowohl für die Wissenschaft als auch für breitere kulturelle Zusammenhänge festzustellen: Seit einigen Jahren ist Stefan Zweig lebendiger denn je! Seine Texte werden gelesen, zitiert, interpretiert und inszeniert, es gibt neue Dokumentarfilme und seit 2016 einen gefeierten Spielfilm über seine letzten Jahre im Exil. Initiativen des 2008 gegründeten Stefan Zweig Centres tragen ebenso zu dieser Wiederbelebung bei wie das gegenwärtige Interesse an der deutsch-jüdischen Kulturgeschichte und der *ethical turn* in der Germanistik. Auch das politische Klima in Europa und den USA, mit allseits erstarkenden nationalistischen Bewegungen, befördert die Erinnerung an die Zwischenkriegszeit und die damaligen Zeitkritiker.

Dennoch bleibt es eine erstaunliche rezeptionsgeschichtliche Wendung, dass gerade Stefan Zweig, dessen Werk seit 1945 in der westdeutschen Literaturhistoriografie und -kritik oft als zweitrangig und ›von Gestern‹ marginalisiert wurde – und dem man in der Exilforschung lange moralische Fragwürdigkeit oder zumindest idealistische bzw. geistesaristokratische Realitätsferne attestiert hat (exemplarisch nachzulesen bei Hans-Albert Walter) –, heute so große Beachtung erfährt (zur Rezeptionsgeschichte siehe meine Darstellungen in: *Arnold Zweig und Stefan Zweig in der Zwischenkriegszeit*, 2018). Gleich drei neue Bände sind 2017 in der Schriftenreihe des Stefan Zweig Centres erschienen: *Stefan Zweig. Positionen der Moderne* (Bd. 6) gilt, so die Herausgeberin Martina Wörgötter, Zweigs Auseinandersetzung mit den geistigen Strömungen seiner Zeit, womit nicht zuletzt die verbreitete These des rückwärtsgewandten, ›unmodernen‹ Schriftstellers hinterfragt werden soll. Die oft als »vermeintliche Tendenz zur Unentschlossenheit« beanstandete Zurückhaltung Zweigs, sich ideologischen Bewegungen anzuschließen oder politischen Aktivismus zu unterstützen, wird hier »im Sinne einer Ambivalenz [verstanden], die ihn gerade und umso mehr als einen ›modernen‹ Autor« kennzeichne (S. 8). Er verkörpere zudem »den Typus des modernen Intellektuellen nach Emile Zolas Konzept«, der, »auf der Grundlage seiner prinzipiellen Unabhängigkeit […], seine spezifische Autorität in den Dienst einer politischen Sache« stelle (S. 9 f.). Der Versuch, Zweig auf eine eindeutige Position und Identität festzulegen, führe notwendig auf »Irrwege« (S. 15). Man habe ihn vielmehr, wie es in diesem Band unternommen werde, »als Prisma einer produktiven Vielfalt an ›Positionen der Moderne‹« zu betrachten (S. 11). Die nachfolgenden sechs Beiträge beleuchten »situativ speziell[] Relationen und Konstellationen« (S. 15) wie Zweigs Rezeption von Hippolyte Taine (Jacques Le Rider), seine Verbindung zum Künstler und Friedensaktivisten Fritz von Unruh (Stephan Resch), seinen »anthropologischen« Ansatz zum Umgang mit den politischen Herausforderungen (Annette Büssgen), die Beziehungen zu Hermann Bahr (Reinhard Urbach) und dem italienischen Maler Alberto Stringa (Arturo Larcati) sowie Form und Inhalt seiner Kunstreferenzen (Konstanze Fliedl). Ergänzt werden sie durch Jean-Pierre Lefebvres Vorwort zu einer 2013 in Frankreich erschienenen Edition von Zweigs erzählerischem Werk (Übersetzung: Ines Schütz), das in erster Linie biografische Daten versammelt, aber auch Deutungen enthält – wobei verwendete Quellen nicht durchgängig genannt werden, was zumindest bei umstrittenen Behauptungen, wie etwa zu Zweigs Exhibitionismus, der dem französischen Lesepublikum als Faktum vorgestellt wird (vgl. S. 237), zu bedauern ist. Hervorzuheben sind Annette Büssgens Einsichten in Zweigs politisches Engagement, in dem sie Friedrich Schillers Forderungen eines ästhetischen Erziehungsprogramms zur Überwindung destruktiver menschlicher Affekte fortgesetzt sieht. Mit schlüssigen Argumenten zeigt sie, dass auch Zweig »die *politische* Problemstellung als eine im Kern *anthropologisch* verursachte« (S. 91) erkannte und sich fortan »als Zeitzeuge und literarisch arbeitender Intellektueller« (S. 94) dafür einsetzte, ein internationalistisches Bewusstsein und Toleranz zu fördern. Der Befund, dass Zweigs Weigerung, sich parteipolitisch oder anderweitig gruppenideologisch festzulegen, dem bis dahin unter Intellektuellen maßgeblichen Selbstverständnis entsprach, als »geistige[r] Führer, als Erzieher einer Gesellschaft« (S. 106) zu wirken, sowie der wichtige Hinweis auf die Geistesverwandtschaft mit Julien Benda, der 1927 den ›Verrat‹ dieser Zunft anklagte, die in seiner Sicht ihre moralische Unabhängigkeit zugunsten von Partikular- und Machtinteressen aufkündigte, weisen auf eine oft übersehene weltanschauliche Grundlage von Zweigs Haltung. Die damit verbundene Erkenntnis, dass für Zweig »die Anthropologie des 18. Jahrhunderts mit ihrem optimistischen Erziehungs- und Perfektibilitätsglauben […] in Geltung« (ebd.) geblieben ist, bestätigt freilich – ebenso wie Le Riders Feststellung, dass etwa Zweigs Enthusiasmus für die Essayistik Sainte-Beuves Auffassungen von ›modernen‹ Zeitgenossen wie Proust zuwiderlief – eher die These des unzeitgemäßen Zweigs als die Prämissen der Einleitung. Jedoch ist es ein wesentlicher Ertrag des Bandes, Zweigs regen Anteil am gesellschaftspolitischen Zeitgeschehen und sein Engagement als ›geistiger Führer‹ in seiner geistesgeschichtlichen Tradition nachvollziehbar zu machen sowie bisher kaum beachtete Beziehungen und Netzwerke zu beleuchten.

Auf Band 7 der Schriftenreihe (*Stefan Zweig. Jüdische Relationen*) folgt mit Band 8 erstmals eine Monografie. *Stefan Zweig und der Europa-Gedanke* steht unter der Zielsetzung, »jenseits von unkritischer Verklärung und pauschaler Verurteilung, seine Haltung zum Zeitgeschehen fundiert zu dokumentieren und zu bewerten« (S. 8). Stephan Resch hat sich in den letzten Jahren eingehend mit Zweigs pazifistischem Engagement beschäftigt und, oft anhand bisher unveröffentlichter Korrespondenzen, einige bisher kaum bekannte Beziehungen beleuchtet (etwa mit Henri Barbusse, Alfred H. Fried, Richard Coudenhove-Kalergi oder Fritz von Unruh). Auch der vorliegende Band gilt in hohem Maße Zweigs pazifistischer Überzeugung, die als wesentliche Grundlage seiner europaverbindenden Initiativen identifiziert wird. Nach »Vorüberlegungen« zum Forschungsstand und zum ideengeschichtlichen Kontext – Darstellungen des Europa-Diskurses vor 1933 mit Akzent auf Nietzsches Gedanken sowie verschiedener Pazifismus-Strömungen – wird Zweigs internationalistischer Werdegang in fünf chronologisch angeordneten Kapiteln betrachtet. Etwa ein Drittel des Buches (Kap. 2 u. 3) widmet Resch unter Einbeziehung seiner bisherigen Studien mit kleineren Anpassungen dem Zeitraum vor 1918, wobei der Wandel von Zweigs Anschauungen im Zuge des Kriegserlebnisses den Schwerpunkt bildet. Anhand von Zeitungsbeiträgen, Tagebuchaufzeichnungen und Briefen wird seine bekannte, anfangs widersprüchliche, später kompromisslos pazifistische Haltung abermals offensichtlich. Weitaus origineller sind die Einsichten über die 1920er Jahre (Kap. 4). Neben aufschlussreichen Darstellungen von Zweigs Verbindungen zu Barbusses Clarté- und Richard Coudenhove-Kalergis Pan-Europa-Bewegung verdeutlichen Werkanalysen, wie Zweig seine Überzeugungen auch literarisch verarbeitet hat. Nach einem knapp gehaltenen Exkurs zu Zweigs Amerika- und UdSSR-Bildern (Kap. 5) werden in Kapitel 6 die 1930er Jahre betrachtet. Neben viel Bekanntem (etwa zur Debatte um *Die Sammlung* oder um *Triumph und Tragik des Erasmus von Rotterdam*) zeigt der Blick auf Vortragstexte, *Castellio gegen Calvin* und zuletzt die Gegenüberstellung von *Brasilien. Ein Land der Zukunft* mit *Die Welt von Gestern*, wie sich Zweig um »Europa, den Frieden und das Schicksal der Juden« bemühte (S. 282).

Angesichts der ansonsten erfolgten Kontextualisierungen ist zu bedauern, dass das Geschichtsverständnis Zweigs nicht auf seine Grundlagen befragt, sondern lediglich die These eines »vage formulierten, objektiven Idealismus« (S. 256) angezweifelt wird (unter Verweis auf Ulrich Kittstein, *»Mit Geschichte will man etwas«. Historisches Erzählen in der Weimarer Republik und im Exil*, 2006). Denn die Einsichten der hier lediglich genannten DDR-Germanisten Hans Dahlke und Klaus Jarmatz deuten jenseits ihrer ideologiekritischen Perspektive auf eine im Westen nach 1945 fast vollständig ignorierte Dimension des Zweig'schen Werkes, die bis heute nur unzureichend untersucht ist. In formaler Hinsicht fallen einige Flüchtigkeiten auf, gerade bei den Quellenangaben (u. a. wird Zweigs *Die*

Entwertung der Ideen als Antwort auf Alfred H. Frieds *Der Vernunftmeridian* auf S. 150 ohne Referenz angeführt). Häufige Redundanzen sind zum Teil der Struktur geschuldet, durch die parallele Begebenheiten oft in separaten Unterkapiteln betrachtet werden. Von derartigen Schwächen abgesehen zeigt Resch aber inhaltlich überzeugend, »dass Zweigs europapolitische und pazifistische Schriften [...] integraler Bestandteil des literarischen Selbstverständnisses sind« und, »oft in komprimierter und pointierter Form, die ästhetischen, moralischen und politischen Ansichten [enthalten], die die Grundlage für Zweigs fiktionales Werk bilden« (S. 294). Dass er in diesem Zusammenhang auch weniger bekannte Texte wie die Legende *Die Augen des Ewigen Bruders* und das Drama *Adam Lux* betrachtet, gehört ebenso zu den Verdiensten des Bandes wie die Erhellung seiner Beziehungen zu namhaften Aktivisten der Zwischenkriegszeit. Inwieweit die im Resümee vorgenommene Bestätigung des Diktums vom »unpolitische[n] Schriftsteller«, der »kein treffsicheres Gespür für politische Entwicklungen« entwickeln konnte und oft »weltfremd und idealistisch« urteilte (ebd.), angesichts dieser Einsichten schlüssig ist, sei dahingestellt.

Ein weiterer, besonders durch seine transkulturelle Perspektive wichtiger Forschungsbeitrag ist die Studie der Germanistin und Sinologin Arnhilt Johanna Hoefle zu Zweigs Rezeption in China (*China's Stefan Zweig*). Hoefles durch umfassende Quellenstudien erbrachter Nachweis der unabhängig von den politischen Rahmenbedingungen andauernden enormen Beliebtheit Zweigs in der Volksrepublik, die stets mit einer lebhaften Auseinandersetzung mit seinen Texten (besonders mit seinem Novellenwerk) einherging und vielfältige, aus westlicher Perspektive überraschende Interpretationen gezeitigt hat, schärft den Blick für hierzulande tradierte, möglicherweise zu überprüfende Deutungsmuster.

Das *Stefan-Zweig-Handbuch*, vom Stefan Zweig Centre initiiert, wird 2018 erscheinen, lag für diese Rezension aber erst in der ersten Satzfassung vor. Arturo Larcati, Klemens Renoldner und Martina Wörgötter haben fast 70 Autor/innen – darunter viele ausgewiesene Zweig-Fachleute wie Susanne Buchinger, Mark H. Gelber, Rüdiger Görner, Stephan Resch, Jacques Le Rider oder Daniela Strigl – versammelt, um die Forschung auf den neuesten Stand zu bringen und Leben, Werk und Wirkung in einer kulturgeschichtlichen Einheit zu präsentieren. Das Ergebnis sind fast 1.000 Seiten, von denen nach einem biografischen Überblick (Klemens Renoldner) und einordnenden Darstellungen seines gesellschaftspolitischen, ideen- und literaturgeschichtlichen Kontextes rund die Hälfte der Werkanalyse gewidmet ist. Entstehung/Überlieferung, Inhalt und Rezeption/Forschung werden für die betrachteten Ausgaben und Texte bündig zusammengefasst, allerdings nicht chronologisch, sondern zunächst unterteilt nach Gattungen, was freilich im Einzelfall nicht immer ganz eindeutig ist (*Sternstunden der Menschheit, Brasilien. Ein Land der Zukunft* und *Die Welt von Gestern* werden sicherlich auch deswegen für sich stehend vorgestellt). Es folgen vergleichsweise kurze Darstellungen von Zweigs zeitkritischem und feuilletonistischem Wirken, zu seinen Tagebüchern, Briefen, Übersetzungen, Herausgeberschaften, Filmprojekten und seiner Autografensammlung. Letztere als Teil des Zweig'schen Werkes zu betrachten, scheint plausibel, allerdings wird durch diese Öffnung des Werkbegriffs erklärungsbedürftig, warum andere Initiativen, etwa seine verlegerischen Projekte, seine Bemühungen als literarischer Vermittler oder seine Unterstützungsprojekte für jüdische Flüchtende in den 1930er Jahren, nicht separat dargestellt werden.

Nach diesen Einzelbetrachtungen folgen Systematisierungen des Gesamtwerkes nach ästhetischen Gesichtspunkten (Kap. IV, u. a. zu Erzählformen, Stoff- und Motivwahl, Sprache und Stil) und weltanschaulichen Grundlagen (Kap. V, u. a. zu Geschichtsauffassung, Pazifismus, Humanismus, Europa-Konzeptionen, Freiheitsbegriff und Geschlechterbildern). Die Rezeptionsgeschichte (Kap. VI) und Editionsgeschichte (Kap. VII) werden auf ca. 120 Seiten und damit – angesichts der weltweiten Verbreitung seiner Schriften sowie der im Zeitverlauf bzw. jenseits des deutschen Sprachraums überaus unterschiedlichen Interpretationen – in sehr komprimierter Form betrachtet. Eine eingehendere Vorstellung dieses Großprojekts bleibt auf Grundlage der Druckfassung nachzutragen. Die konzeptionelle Herausforderung, Zweig und sein Wirken mit seinen historischen, philosophischen und ästhetischen Koordinaten vorzustellen, scheint überwiegend schlüssig gelöst. Fest steht bereits heute, dass dieses Handbuch, das auch ein fast 50-seitiges Verzeichnis der Forschungsliteratur als Ergänzung zu Randolph Klawiters verdienstvollen Bibliografien von 1991 und 1999 enthält, in der Zweig-Forschung künftig ein unverzichtbares Nachschlagewerk darstellen wird.

Die Werkedition wurde im Jubiläumsjahr ebenfalls um zwei wichtige Bände ergänzt: 75 Jahre nach der Erstveröffentlichung erschien bei S. Fischer die erste kommentierte Ausgabe von *Die Welt von Gestern*. Oliver Matuschek, Zweig-Biograph (*Stefan Zweig. Drei Leben*, 2006) und seit Jahren mit der Ordnung des Nachlasses betraut, hat auf knapp 200 Seiten neben einem Stellenkommentar kapitelweise Anmerkungen verfasst. Unter Rückgriff u. a. auf die erhaltenen Manuskriptfassungen, Briefe und Tagebuchaufzeichnungen sind Angaben zur Entstehung des jeweiligen Abschnitts, zum Teil zur Textgenese, Informationen zum historischen und biografischen Kontext des Berichteten, zur Bedeutung von Fremdwörtern oder Austriazismen sowie zu verwendeten Zitaten versammelt. Im Nachwort folgen weitere aufschlussreiche Informationen zur Geschichte dieser zwischen 1939 und 1941 im Exil entstandenen *Erinnerungen eines Europäers*, wobei auch auf Zweigs Quellen, seine schwankende Stimmungslage sowie mutmaßliche Rücksichtnahmen eingegangen wird. Matuscheks Kommentar bietet einem mit Zweigs Zeit und Sprache weniger vertrauten Lesepublikum hilfreiche Orientierung, liefert aber auch für wissenschaftliche Annäherungen einen wertvollen Überblick, etwa durch Angaben zur Faktualität und Fiktionalität des Textes sowie zahlreiche Verweise auf weitere Quellen und vorhandene Forschung. Eine historisch-kritische Edition gerade dieses vielschichtigen Vermächtnisses bleibt freilich ein Desiderat.

Als wissenschaftlich verantwortete kommentierte Studienausgabe sämtlicher erzählender Schriften Stefan Zweigs wird die auf sechs Bände angelegte *Salzburger Ausgabe* angekündigt, die 2017 mit *Sternstunden der Menschheit* eröffnet wurde. Diese Reihe, ebenso wie *Die Welt von Gestern* auf »ein philologisch nicht interessiertes und/oder geschultes Publikum« ausgerichtet, soll einen soliden Text sowie einen verlässlichen Überblicks- und Stellenkommentar bieten, allerdings keine historisch-kritische Präsentation (S. 313). Martina Wörgötter und Werner Michler haben für die vierzehn »historischen Miniaturen«, die im Laufe von drei politisch wechselvollen Jahrzehnten verfasst wurden, jeweils Daten zur Überlieferung (z. T. zum Erstdruck in Zeitungen) sowie zu verschiedenen Manuskript-Fassungen, zum Entstehungskontext sowie zu Zweigs Quellen zusammengetragen. Im Stellenkommentar folgen akribische Angaben zu genannten Ereignissen, Orten und Personen, aber auch erläuternde Hinweise zu inzwischen veränderten oder spezifisch Zweig'schen Konnotationen einzelner Begriffe sowie intertextuellen Verbindungen zu seinen anderen Texten. Abgerundet wird dieser für die zukünftige wissenschaftliche Auseinandersetzung mit den *Sternstunden* zweifellos maßgebliche Band durch ein Nachwort, in dem nicht nur mit schlüssigen Argumenten gegen die verbreitete These von Zweigs »konservative[m] Geschichtskonzept [...] mit weltgeschichtlichen Figuren, großen Männern und einer souveränen Vernachlässigung von sozialen Strukturen« opponiert wird (S. 413), sondern das auch Einblicke in die rhetorischen Grundlagen von Zweigs vielfach geschmähtem Stil bietet und zeigt, dass es sich lohnt, seine »Texte nicht nur *en gros* zu behandeln, sondern auch *en detail*« (S. 421). Die Publikation bei Paul Zsolnay (und nicht im ›Hausverlag‹ S. Fischer) stimmt indessen, wie schon die von Klemens Renoldner herausgegebene und kommentierte *Schachnovelle*-Ausgabe bei Reclam, mit der 2013 erstmals die von Zweig vorgesehene Textfassung publiziert wurde, in Hinblick auf eine Gesamtausgabe wenig zuversichtlich.

Zum 75. Todestag wird Stefan Zweig, so lässt sich resümieren, zeitgemäßer und zumeist politischer wahrgenommen als jemals zuvor seit seinem Ableben – und es ist kaum zu erwarten, dass das wissenschaftliche Interesse demnächst abebbt. Einerseits gibt es immer noch wenig bekannte Schriften, die Mensch und Werk in verändertem Licht erscheinen lassen. Andererseits bieten die methodischen Entwicklungen in den Kultur- und Medienwissenschaften neue Zugänge auch zu seinen viel besprochenen Texten, wie im Dezember 2017 eine Tagung zur *Schachnovelle* unter Beweis gestellt hat, bei der u. a. über topologische und psychopathologische Aspekte oder Geschlechterdifferenz diskutiert wurde. Mit Blick auf heutige gesellschaftspolitische Herausforderungen bleibt zu wünschen, dass die mögliche »Zukünftigkeit« (Amir Eshel) der Zweig'schen Schriften dabei ganz konkret bzw. »*en detail*« untersucht wird.

Jasmin Sohnemann

298 Rezensionen

Katja Leiskau, Patrick Rössler, Susann Trabert (Hg.): *Deutsche illustrierte Presse. Journalismus und visuelle Kultur in der Weimarer Republik.* (= Mediengeschichte, Hg. v. Susanne Lachenicht, Bd. 1). Baden-Baden (Nomos) 2016, 470 S.

Stiftung Deutsches Historisches Museum und Axel Springer Syndication GmbH, Berlin (Hg.): *Die Erfindung der Pressefotografie. Aus der Sammlung Ullstein 1894–1945.* Berlin (Hatje Cantz) 2017, 208 S.

Alfred Ehrhardt Stiftung (Hg.): *Foto-Auge Fritz Block. Neue Fotografie. Moderne Farbdias. Photo-Eye Fritz Block. New Photography. Modern Color Slides.* Text: Roland Jaeger. Berlin (Alfred Ehrhardt Stiftung) 2017, 20 S.

Monika Faber, Esther Ruelfs, Magdalena Vuković (Hg.): *Machen Sie mich schön, Madame d'Ora. Dora Kallmus. Fotografin in Wien und Paris 1907–1957.* Wien (Christian Brandstätter) 2017, 356 S.

Ingried Brugger, Lisa Ortner-Kreil (Hg.): *Man Ray.* Heidelberg (Kehrer) 2018, 240 S.

Jürgen Schadeberg: *The Way I See It. A Memoir.* Johannesburg (Picador Africa) 2017, 480 S.

Georg Stefan Troller: *Ein Traum von Paris. Frühe Texte und Fotografien.* Wiesbaden (Corso) 2017, 176 S.

Um den Exodus deutscher Fotografinnen und Fotografen nach der Zäsur der Machtübertragung von 1933 zu verstehen, lohnt ein Blick zurück. Nicht im Zorn, sondern in Erstaunen. Zwar fehlte es bislang nicht an wegweisenden Publikationen zur Fotografie der Zwischenkriegszeit wie den von Walter Uka (1947–2009) und Diethart Kerbs (1937–2013) herausgegebenen Büchern *Die Gleichschaltung der Bilder. Pressefotografie 1930–1936* (1983) und *Fotografie und Bildpublizistik in der Weimarer Republik* (2004). Ukas und Kerbs' Wegmarken folgend intensiviert nunmehr eine jüngere Generation von Kommunikations-, Zeitungs- und Fotoforschern ihre Untersuchungen.

Zum Abschluss des Digitalisierungsprojektes »Deutschsprachige illustrierte Magazine der Klassischen Moderne« der Sächsischen Landes- und Universitätsbibliothek in Dresden und der Universität Erfurt (www.illustrierte-presse.de) legen unmittelbar Beteiligte sowie weitere Referenten einen fast 500 Seiten umfassenden spannenden Tagungsband vor. Die Veröffentlichung widmen die Herausgeber Diethart Kerbs, den sie im Vorsatz mit Foto und Text als »Pionier im Bereich der Fotografiegeschichte« würdigen.

Den vier Kapiteln »Illustriertenpublizistik in ihrer Zeit«, »Millionenauflage: Zeitungsillustrierte und Beilagen«, »Die Welt im Magazin der Weimarer Republik« sowie »Zeitschriftenkonzepte zwischen Avantgarde und Massenmarkt« sind 17 Beiträge zugeordnet. Den Band beschließt ein beeindruckender, siebenseitiger Zeitschriftenindex. Neben Beiträgen grundsätzlichen Charakters wie zum Fotojournalismus in der Weimarer Republik, zu Pressezeichnern oder Bilderdiensten gesellen sich Einzelstudien u. a. zu *Schünemanns Monatsheften*, der *Arbeiter-Illustrierten-Zeitung*, dem *Querschnitt*, der Künstlerzeitschrift *a bis z* oder dem Magazin *Die Koralle*. So erfreulich die Breite des Untersuchungsspektrums und die gelegentliche Nutzung farbiger Bildvorlagen ist, so bescheiden fällt insgesamt der Umgang mit den durchaus interessanten Illustrationen aus. Bei professioneller Beschäftigung mit dem Foto und den Illustrierten erstaunt die schludrige Verwendung der Reproduktionen, die entweder zu kleinteilig präsentiert werden oder auf falsch gewähltem Papier schlicht ›absaufen‹. Angesichts des Verkaufspreises bleibt der Leserkreis für dieses Buch wohl eher auf den Kreis der happy few von Eingeweihten beschränkt. Und damit leider auch das Wissen um die ästhetisch wie inhaltlich vielschichtige Bedeutung der Magazine als Quellen zur Kultur- und Fotogeschichte.

Einen anderen Zugang wählte das Deutsche Historische Museum in Berlin. In Zusammenarbeit mit der Axel Springer Syndication zeigte das Haus Unter den Linden von Juni bis Oktober 2017 die Ausstellung »Die Erfindung der Pressefotografie«. Die Kuratoren konnten dabei auf das Millionen Fotografien umfassende Bildarchiv des Ullstein-Verlages zurückgreifen. Allein 340 Originale fanden den Weg in die Ausstellung, die in ihrer äußeren Gestaltung mit langen, umlaufenden Papierbahnen, die sich um senkrechte Metallrollen wanden, und im Raum verteilten Zeitungsstapeln an den Rotationsdruck und die Erstellung von Zeitungen erinnerte. Im Fokus stand die *Berliner Illustrirte Zeitung* (BIZ), das Flaggschiff des Verlages, die in besten Zeiten eine Auflage von zwei Millionen Exemplaren wöchentlich erzielte. Der parallel erschienene Katalog, der aufgrund richtiger Papierwahl in der Fotoqualität und selbst im Wiederabdruck von Zeitungsdoppelseiten keine Wünsche offenlässt, folgt der Einteilung der Ausstellung, somit der Chronologie vom Kaiserreich bis ins »Dritte Reich«. Epochen übergreifend beschäftigt sich das Kapitel »Fotografie als Material« mit Veränderung des Bildes durch Retusche, Montage bis hin zur bewussten Verfälschung und Manipulation. Während die Ausstellung eher der zeit- als der pressegeschichtlichen Information verpflichtet blieb, Aspekte wie die Arbeit der Bildagenturen und -redaktionen sowie Arbeitsbedingungen der Pressefotografen nur andeutungsweise thematisiert werden, überzeugt der in Typografie wie Bildpräsentation wohlgestaltete Katalog auch durch seine Textbeiträge. Unbedingt empfehlenswert ist der Artikel von Anton Holzer, dem Herausgeber der Zeitschrift *Fotogeschichte*, zur Bedeutung der BIZ, zum Stellenwert der Fotoreportage, zu Starfotografen sowie zur Funktion der Zeitung nach der Machtübertragung an die Nationalsozialisten. Ebenso lesenswert Patrick Rösslers Betrachtung der BIZ-»Schwestern«, der Magazine *Uhu, Der Querschnitt, Die Dame* und *Die Koralle*. Gemeinsam mit Konrad Dussel liefert Rössler zudem einen knappen, aber spannenden Einblick in ein weiteres von der Deutschen Forschungsgemeinschaft gefördertes Projekt zu den Standards der Bildberichterstattung.

Mit der Gleichschaltung der Presse und der »Arisierung« des Ullstein-Verlages konnten jüdische Redakteure und Fotografen ihre Arbeit nicht mehr fortsetzen; sie verloren ihre Anstellung, Aufträge wurden ihnen entzogen, der Chefredakteur Kurt Korff (1876–1938) emigrierte in die USA, ebenso Martin Munkacsi (1896–1963). Der als »König der Indiskreten« geadelte Erich Salomon (1886–1944) fiel den deutschen Besatzern 1943 in den Niederlanden in die Hände und wurde in Auschwitz ermordet. Die Modefotografin Else Neuländer-Simon (1900–1942), besser bekannt unter ihrem Künstlernamen »Yva«, wurde 1942 aus Berlin deportiert, der Ort ihres Todes ist wahrscheinlich Sobibor.

Ein weiterer Fotograf, der in die USA emigrieren konnte, war Fritz Block (1889–1955). Die ebenfalls in Berlin ansässige »Alfred-Ehrhardt-Stiftung« zeigte vom Juni bis September 2017 in ihren Räumlichkeiten eine kleine, aber feine Ausstellung unter dem Titel »Foto-Auge Fritz Block. Neue Fotografie. Moderne Farbdias.« Die Präsentation kuratierte der Hamburger Kunsthistoriker Roland Jaeger. Seit seiner 1996 veröffentlichten Dissertation über die Architekten Ernst Hochfeld und Fritz Block hat er Letzteren nicht mehr aus den Augen verloren, auch in Fachzeitschriften wie *Leica Fotografie International* über ihn publiziert. Die nun von ihm verantwortete Ausstellung – mit 130 Schwarz-Weiß-Abzügen, sogenannten Vintage Prints, und 20 Farbvergrößerungen aus dem Nachlass des Fotografen – dokumentierte Blocks kontinuierliche Entwicklung von der neusachlichen Fotografie der 1920er Jahre über die Reisefotografie zur Farbfotografie in den 1940er Jahren. Auch für Fritz Block, dessen Fotos vor 1933 in der illustrierten Presse erschienen und der an internationalen Fotoausstellungen teilnahm, endete die Beschäftigung als Fotograf nach dem Machtantritt der Nationalsozialisten. 1938 in die USA emigriert, wandte er sich dort der Farbfotografie zu; seit Ende der 1940er Jahre belieferte die »Dr. Block Color Production« Schulen und Hochschulen in den USA mit Diaserien zur Architektur, Kunst, Technik und Natur. Die Ausstellung und die 20-seitige deutsch/englische Begleitbroschüre dürfen getrost als Appetizer für die vom Zürcher Verlag Scheidegger & Spiess für den Herbst 2018 angekündigte und von Roland Jaeger verfasste Monografie über Fritz Block betrachtet werden.

Von Dezember 2017 bis März 2018 zeigte das Museum für Kunst und Gewerbe in Hamburg die Ausstellung »Madame d'Ora. Machen Sie mich schön«, von Juli bis Oktober 2018 wurde die Schau auch im Leopold Museum Wien präsentiert. Eine weitere Station soll das »Neue Galerie Museum for German and Austrian Art« in New York sein. Die Aufmerksamkeit gilt der aus Wien stammenden Fotografin Dora Philippine Kallmus (1881–1963), die 1907 gemeinsam mit ihrem Partner Arthur Benda in Wien das »Atelier d'Ora« gegründet hatte. Ausstellung wie Katalog stellen das Ergebnis erfolgreicher Zusammenarbeit zwischen dem Wiener Photoinstitut Bonartes und dem Museum für Kunst und Gewerbe dar, das einen Großteil des Nachlasses der Fotografin besitzt.

Während die Ausstellung in ihren sieben Themenblöcken einer konventionellen Hängung von Fotografien folgte, besticht der Katalog durch feine Ausstattung und großzügiges Layout. Drei Jahrzehnte nach der ersten Monografie über d'Ora liefern elf Autorinnen und Autoren detaillierte Einzelstudien zu den beruflichen Anfängen der Fotografin in Wien und Paris, ihrer Porträt- und Modefotografie, ihrer Zusammenarbeit mit Bildagenturen und dem Abdruck ihrer Fotografien in illustrierten Zeitschriften, wie *The Tatler, Die Dame, Uhu, Das Magazin, Vu,*

Der Ausstellungstitel stammt übrigens aus einem Artikel der Fotografin selbst, 1927 unter dem Titel »Die Pariserin wie ich sie sehe« in der Berliner *Revue des Monats* veröffentlicht.

Aus dem Reigen der Katalogbeiträge besonders hervorgehoben sei der Artikel des Historikers Jean-Marc Dreyfus, der die Flucht und das Überleben von Dora Kallmus in dem Dorf Lalouvesc im Département Ardèche schildert. Auch wenn sie zum Katholizismus konvertiert war, unterlag sie deutschen Anordnungen und französischen Gesetzen. Seit Juni 1942 hätte sie den Judenstern tragen müssen. Nach den Massenverhaftungen in Paris im Dezember 1942 floh Kallmus in die Abgeschiedenheit des südfranzösischen Dorfes. Anhand ihres Tagebuches dokumentiert Dreyfus kurz und einfühlsam das, wie er schreibt »banale Leben einer verfolgten Jüdin«. Ebenfalls empfehlenswert Peter Schreiners und Magdalena Vukovićs Beitrag »Porträts der Entwurzelung«, eine knappe Kommentierung der Fotografien von d'Ora in österreichischen DP-Camps zwischen 1946 und 1948. Zum besseren Verständnis der wahrlich irritierenden Fotografien d'Oras aus den Pariser Schlachthöfen zählt gewiss auch die Lektüre des Textes »Das Morbide und das Exzentrische« der Kunstgeschichtlerin Katharina Sykora.

Dank eines abwechslungsreichen Layouts drängen sich die Texte nicht auf, sondern stehen zur Intensivierung der optischen Eindrücke zur Verfügung. Denn die Illustration dieses Kataloges kann nur als beindruckend bezeichnet werden: beste Papierwahl, herrliche Reproduktionen und Scans in zuweilen Seitenformat füllender Präsentation, bewusst eingesetzte Farbaufnahmen jener Illustrierten, in denen d'Oras Aufnahmen auf dem Titel erschienen. Wen all diese Vorzüge noch nicht überzeugen, dem sei nur in Auszügen das Who's Who der Porträtierten empfohlen. Es reicht von Josephine Baker, Alban Berg, Marc Chagall, Maurice Chevalier, Coco Chanel, Colette über Emilie Flöge, Marc Henry, Gustav Klimt, Karl Kraus, Tamara de Lempicka, Max Liebermann bis zu Alma Mahler, William Somerset Maugham, Yehudi Menuhin, Pablo Picasso, Max Reinhardt, Arthur Schnitzler, um nur einige zu nennen. Auch jenseits dieses Namedroppings eine vorzügliche, eine vorbildliche Veröffentlichung!

Als im Mai/Juni 1928 in Paris der »Salon Indépendant de la Photographie«, die erste Ausstellung zur Avantgardefotografie stattfand, beteiligten sich neben Bérénice Abbot, André Kertész,

Dora Kallmus, Germaine Krull auch der in Philadelphia geborene Emmanuel Radnitzky, besser bekannt als Man Ray (1890–1976), an der Präsentation. Eine von Februar bis Juni 2018 im Kunstforum Wien gezeigte Werkschau stellte den bekannten Universalkünstler ins Rampenlicht.

Seit Juli 1921 lebte der Sohn russisch-jüdischer Eltern in Paris. Durch seinen lebenslangen Freund und Kollegen, den Maler und Objektkünstler Marcel Duchamp, mit dem er schon in den USA zusammengearbeitet hatte, lernte er sehr schnell den Kreis der Pariser Dadaisten, aber auch viele der in den 1920er Jahren in Paris lebenden und tätigen Künstler kennen. In seinem Studio im »Quartier de Montparnasse« porträtierte er namhafte Künstler der 1920er Jahre, die in diesem lebhaften Viertel wohnten und arbeiteten. In der französischen Hauptstadt intensivierte Man Ray seine Experimente mit Fotogrammen, der Belichtung von Gegenständen auf lichtempfindlichem Papier, die er mit Blick auf die eigene Kreativität als »Rayographie« bezeichnete.

Ausstellung wie Katalog würdigen die künstlerische Vielfalt Man Rays, seine Assemblagen, Zeichnungen und Collagen, Objekte, Fotografien und Filme, die nicht in strenger Chronologie und auch nicht in genrebezogener Abgrenzung präsentiert werden. Auch wenn seine Fotografien heute fester Bestandteil der Foto- und Kunstgeschichte sind und Kultstatus erlangt haben, sei an dieser Stelle nochmals auf sie verwiesen: Porträtaufnahmen von Georges Braque, Jean Cocteau, Paul Éluard, Max Ernst, James Joyce, Marcel Proust und Gertrude Stein. Das Katalogbuch ergänzt Fotografien von Salvador Dalí, Marcel Duchamp, Ava Gardner, Arnold Schönberg, Virginia Woolf sowie Solarisationen von André Breton, Dora Maar, Lee Miller und Meret Oppenheim. Angesichts sich verschlechternder Lebens- und Arbeitsbedingungen endete Man Rays erster Paris-Aufenthalt 1940. Über Spanien und Portugal floh er aus Paris und erreichte im Spätsommer 1940 die USA, in »tiefer Niedergeschlagenheit«, weil er das Gefühl hatte, »Bemühungen von zwanzig Jahren progressiver Anstrengung« hinter sich zurückgelassen zu haben. 1951 kehrte Man Ray nach Paris zurück, wo er 1976 starb.

Das facettenreiche Spektrum des Künstlers Man Ray dokumentiert der wohlgestaltete Katalog mit fast 80 Farb- und mehr als 150 Schwarz-Weiß-Abbildungen, ergänzt um vier wissenschaftliche Essays, deren eigenwillig gesetzte Fußnoten man mögen kann, aber nicht muss. Den Informationswert des Druckwerks erhöhen das Verzeichnis der ausgestellten Werke, die Auswahlbibliografie, die Auflistung der Einzelausstellungen, v. a. aber die illustrierte Biografie, die keiner tabellarischen Auflistung folgt, sondern mit Zitaten aus der 1963 veröffentlichten Autobiografie »Self Portrait« die Lebensodyssee Man Rays schildert.

Im letzten Jahr veröffentlichte der 1931 in Berlin geborene Jürgen Schadeberg seine Memoiren unter dem Titel *The Way I See it*. Das Titelfoto seiner fast 500 Seiten umfassenden Erinnerungen zeigt ihn als lässig gekleideten, rauchenden 17-Jährigen in Hamburg, um den Nacken hängend seine Leica-Kleinbildkamera. Nur sein jugendliches Alter und seine Unerfahrenheit als Fotograf ließen ihn dort noch zwei Jahre für die »Deutsche Presse-Agentur« arbeiten. Hatte er sich den Nationalsozialisten und deren Jugendorganisationen so gut es ging verwehrt, entzog er sich 1950 der mentalen Enge Nachkriegsdeutschlands, um in Südafrikas Johannesburg zu leben. Die dortigen politischen Verhältnisse ließen ihn allerdings sehr schnell zum Fotografen und Chronisten der Apartheid werden.

Auf mittlerweile fast sieben Jahrzehnte Berufstätigkeit zurückblickend, stellt er seine Jahre bei *Drum*, einem vorwiegend von der schwarzen Bevölkerungsmehrheit gelesenen Magazin, in den Mittelpunkt. Im Kapitel »The Drum Beat« beschreibt Schadeberg detailliert wie atmosphärisch packend die Entwicklung des Magazins zu einer politisch-engagierten Zeitschrift, schildert deren zuweilen chaotische Redaktionsarbeit und porträtiert deren Mitarbeiter. Ausführlich würdigte er seinen investigativ arbeitenden Kollegen Henry Nxumalo, dessen sozialkritische Reportagen in der Rubrik »Mr. Drum« erschienen. Die ihm gewidmeten Erinnerungen Schadebergs dokumentieren sowohl die alltägliche Rassentrennung in all ihren Facetten, aber auch das pulsierende kulturelle Leben im Johannesburger Stadtteil Sophiatown. Angesichts eines mehr als 200.000 Negative umfassenden Fotoarchivs fällt die Illustrierung des Buches geradezu schütter aus. Aber wie bislang nur Schadebergs wohl bekannteste Fotografie von Nelson Mandela in seiner ehemaligen Gefängniszelle auf Robben Island kennt, wird sich über die Fotos freuen, die den jungen Rechtsanwalt Nelson Mandela, die Sängerin Miriam Makeba, den 2018 verstorbenen Trompeter Hugh Masakela und, nicht zu vergessen, den 1957 ermordeten Journalisten Henry Nxumolo zeigen. Die lebhaften Erinnerungen des heute in Spanien lebenden Jürgen Schadeberg liefern unmittelbare Einblicke in das politisch-kulturelle Leben Südafrikas sowie in die Biografie eines bis heute tätigen Fotografen.

Nicht jeder wird den 1921 in Wien geborenen Fernsehjournalisten, Dokumentarfilmer und Schriftsteller Georg Stefan Troller auf Anhieb zu den emigrierten Fotografen zählen. Vielen wird Troller durch seine Fernsehserien »Pariser Journal« und »Personenbeschreibung« ein Begriff sein. Wem das Thema Emigration und Exil am Herzen liegt, der sollte seine 1988 veröffentlichte, humorvoll bis sarkastisch erzählte Autobiografie *Selbstbeschreibung* gelesen haben. Doch sei hier ausdrücklich auf seine neueste Veröffentlichung *Ein Traum von Paris. Frühe Texte und Fotografien* hingewiesen.

Der 1938 aus Wien vertriebene Troller floh über Prag nach Paris; nach neun Monaten Internierung in Frankreich gelangte er über Nordafrika im Sommer 1941 in die USA. Als amerikanischer Soldat, dessen Einheit deutsche Kriegsgefangene verhörte, kehrte er im letzten Kriegsjahr nach Europa zurück. Nach einem dreijährigen Studium in Kalifornien und einem kurzen Aufenthalt in Wien ließ er sich im November 1949 in Paris nieder.

Seine jetzt veröffentlichten Texte, Gedichte, kleine Feuilletons, geschrieben zwischen 1946 und 1988, schildern einen Annäherungsprozess an die französische Metropole, die ihm zunehmend vertrauter, auch zum Wohnsitz, aber nicht zum Zuhause wurde. Mit einer Leica, die er einem deutschen Soldaten während eines Patrouillengangs im Elsass abgenommen hatte, lief der junge Troller durch Paris. In seinem 1970 geschriebenen Text »Wanderungen« bezeichnete er sich selbst als »Bildchronist der kleinen, läppischen, aussterbenden Dinge«. Trollers »Traum von Paris« zeigt nicht die tausendfach reproduzierten Motive der Touristen, in seinem Fokus standen die heute nicht mehr existierenden Vororte, deren Straßen, Hinterhöfe, Clochards, Straßenverkäufer, Säufer, Bettler, Taubenzüchter, Kinder wie Alte. Die Fotografien aus den frühen 1950er Jahren, die erst vor Kurzem wiederentdeckt und nunmehr erstmals veröffentlicht wurden, charakterisierte Troller selbst als »Augenblickskunst«, als »Erlösung vom Wort« und Erinnerung an ein verlorenes Paris. Dort wurde Georg Stefan Troller im Dezember 2017 ein Verdienstorden der Republik Österreich verliehen. Eine späte Würdigung für den gebürtigen Wiener, der seit fast sieben Jahrzehnten mit amerikanischem Pass in Paris lebt. Wie Troller wiederholt bekundet hat: »Man emigriert eben auf Lebenszeit. Es gibt keine Wiederkehr.«

Wilfried Weinke

David Jünger: *Jahre der Ungewißheit. Emigrationspläne deutscher Juden 1933–1938.* (= Schriften des Simon-Dubnow-Instituts, Bd. 24). 2. Aufl. Göttingen (Vandenhoeck & Ruprecht) 2017. 440 S.

Der Forschungsansatz und breite thematische Zugriff der Leipziger Dissertation fanden offenbar solche Beachtung, dass innerhalb eines Jahres eine zweite Auflage nötig wurde. Der Autor präsentiert sein Thema aus der Perspektive von 1933, d. h. als zunächst offene Situation, in der sich die deutschen Juden mit der Herrschaft des Nationalsozialismus konfrontiert sahen, und nicht aus dem ex-post-Wissen über die Shoah. Auf vier Ebenen erstreckt sich dabei die Darstellung: 1. auf den frühen öffentlichen jüdischen Emigrationsdiskurs seit 1932, 2. die institutionellen Emigrationsplanungen der jüdischen Organisationen, 3. die neue Qualität von Emigrationsentscheidungen nach den Nürnberger Gesetzen seit 1935, und schließlich 4. auf die individuellen Emigrations- und Lebensplanungen. Sortiert sind die institutionellen und individuellen Zeugnisse nach den drei jüdischen Strömungen, den Zionisten, der kleinen fraktionierten Minderheit der strenggläubigen jüdischen Orthodoxie und der größten Gruppe der akkulturierten Liberalen. Zeitlich gegliedert ist die Untersuchung in die drei Phasen des pragmatischen Abwartens 1933/34, der wachsenden Verunsicherung ab 1935 und des totalen Bruchs im Selbstverständnis von der Emigration zur Flucht ab 1937/38.

Zunächst führte die Bedrohung durch die NS-Politik nur zu neuem jüdischen Selbstbewusstsein, zur Solidarität, zum Erstarken jüdischer Organisationen und zu neuem Optimismus über die Existenz einer eigenen jüdischen Kultur, separiert von der deutschen. Bei der Emigrationsfrage taten sich jedoch tiefe Gegensätze auf. Die Zionisten setzten auf die nationalistische Karte der Auswanderung nach Palästina, die Orthodoxen betrachteten den Nationalsozialismus zunächst ebenfalls als positive Herausforderung, weil er den Rückzug in die Religion und den Glauben befördere, während die Liberalen vorerst weiterhin der Vorstellung anhingen, dass die Herrschaft Hitlers eine vorübergehende Erscheinung sei und der Kampf um die Gleichberechtigung fortgesetzt werden müsse. Das änderte sich erst ab 1935 mit den forcierten Ausgrenzungen und immer aggressiveren Repressionen.

Kernaussage des Bandes ist, dass die NS-Machtübertragung 1933 zunächst nicht als Bruch empfunden wurde, da über die in der Forschungsliteratur bereits häufiger kontrovers diskutierte Frage »Gehen oder Bleiben« schon vorher gesprochen worden war und die Auseinandersetzungen danach weiterhin von tiefen Ambivalenzen, Zweifeln und Widersprüchen gekennzeichnet blieben. Die mit der zunehmenden Ausgrenzung ab 1935 immer wichtiger werdende Option für die Emigration bedeutete aber noch lange nicht deren tatsächliche Umsetzung. Subtil schildert der Autor diesen verworrenen Prozess der Meinungsbildung, Lion Feuchtwanger zitierend, der im Nachwort seines Romans *Exil* die hilflosen Bemühungen herausstellte »das Alte festzuhalten, während wir uns nach dem Neuen sehnten, wie wir das Neue fürchteten, während wir doch erkannten, daß es das bessere sei ...«.

Die Stärke des Bandes liegt in der Zusammenschau von jüdischen Organisationen und individuellen Wahrnehmungen, wobei die institutionelle Ebene, die in der Forschungsliteratur bereits ausführlich analysiert worden ist, hier erneut unnötig breit wiederholt wird. Origineller sind dagegen die Rezeptionen der sogenannten Ego-Dokumente, von denen exemplarisch etwa die veröffentlichten und in unterschiedlichen Zusammenhängen bereits ausführlich gewürdigten Tagebücher von Hertha Nathoff, Victor Klemperer und Willy Cohn genannt seien.

Problematisch ist die pauschale Zielgruppen-Identifikation der Juden, die weitgehend den Zuschreibungen der Nationalsozialisten folgt. Hier und da relativiert der Autor seine Aussagen zwar, aber das bleibt unsystematisch. Der Leser erfährt, dass die Emigration in den Anfangsjahren 1933/34 nicht aus religiösen, sondern aus politischen oder – nach dem Judenboykott am 1. April 1933 – aus ökonomischen Gründen erfolgte. Von Letzteren sei eine große Anzahl aber alsbald nach Deutschland zurückgekehrt. Nach dem Reichstagsbrand seien viele Juden überhastet als politische Linke geflohen, sodass sich politisches Engagement und jüdische Herkunft »nicht vollständig trennen« lassen (58). Die im Emanzipations- und Akkulturationsprozess verloren gegangenen Bindungen an den Glauben der Vorfahren und die Entwicklungen neuer, politischer Identitäten, welche dann nach 1933 in nicht wenigen Fällen zu neuen Selbstreflexionen, Rekonversionen oder einer Art »Trotzjudentum« (Herbert Freeden) geführt haben, thematisiert der Autor nicht weiter, obwohl sie seinen Klärungen weitere Kontur hätten geben können.

Max Stein

Thomas Hardtke, Johannes Kleine, Charlton Payne (Hg.): *Niemandsbuchten und Schutzbefohlene. Flucht-Räume und Flüchtlingsfiguren in der deutschsprachigen Gegenwartsliteratur.* (= Deutschsprachige Gegenwartsliteratur und Medien, Bd. 22). Göttingen (V&R unipress) 2017. 326 S.

Fluchtbewegungen und die Figur des Geflüchteten prägen (spätestens) seit 2015 nicht nur den tagespolitischen Diskurs, sondern auch die Literaturlandschaft. Dabei geht die »deutschsprachige Literatur, die Flüchtlingsfiguren behandelt und Flucht-Räume in den Blick nimmt, weit über aktuelle Entwicklungen und derzeitige politische Aushandlungsprozesse hinaus«. Dies liegt laut den Herausgebern daran, so auch der Leitgedanke der Anthologie, dass Literatur »über soziale und politische Anliegen kulturell reflektiert nachzudenken« vermag (10). Der Sammelband ist das Ergebnis zweier Tagungen: zum einen der Tagung *Gastfeindschaft – Aporien im Umgang mit dem Anderen*, die im November 2015 in Berlin stattgefunden hat, und einer sich daran anschließenden Arbeitstagung im Februar 2016 in Greifswald. Die Fokussierung des Bandes auf deutschsprachige Texte der Gegenwart sieht sich mit dem Problem der Datierung konfrontiert. Die Bestimmung des historischen Beginns dieser Gegenwart auf die frühen 1990er Jahre wirkt etwas beliebig und wird nicht weiter ausgeführt. In fünf Themenbereichen (»Identität und Identitätslosigkeit«, »Orte und Ortlosigkeit«, »Erzählstrategien«, »Historische Fluchtsujets« und »Literatur und Diskurs«) und insgesamt 17 Beiträgen wird ein breites Spektrum an Gegenwartstexten analysiert, die damit teilweise erstmals Gegenstand wissenschaftlicher Betrachtung werden.

Die Aktualität der teils gerade erst erschienenen Texte (vgl. z. B. den Artikel von Alexandra Ludewig: *Jenny Erpenbecks Roman »Gehen, Ging, Gegangen«[2015]* [269–285]) bewirkt dabei allerdings, dass sich stellenweise auf Rezensionen oder gar Autoreninterviews als ›Sekundärliteratur‹ bezogen wird. Wenn die Beiträger hingegen wissenschaftlich arbeiten, so ist positiv hervorzuheben, dass sie größtenteils aktuelle Forschungsliteratur heranziehen. Mit der Perspektivierung auf Figurationen und Topografien geraten in den jeweiligen Untersuchungen strukturelle und ästhetische Repräsentationsstrategien in den Blick, die – und das ist eine große Stärke des Sammelbandes – in den wenigsten Fällen biografisch und autorzentriert ausgerichtet sind. Das spiegelt sich in der Aufnahme von Texten wider, deren Autoren nicht notwendig einen ›Migrationshintergrund‹ haben. So entsteht ein diskursanalytisches Vorgehen, das von der »methodologische[n] Vorannahme [ausgeht], dass Flüchtlinge literarisch über Figurationen und Narrative konstruiert werden« (18).

Auf diese Weise wird der z.T. subversive Einfluss kultureller Repräsentationen auf politische Debatten nachgezeichnet. Dabei rückt immer wieder eine konkrete Arbeit an den Begriffen ins Zentrum der Aufmerksamkeit, die stereotypisierende Bezeichnung befragt und in Bewegung versetzt. Allerdings findet in der Einleitung trotz der ausdrücklichen Formulierung dieses Anliegens (12) keine Reflexion der prominenten Debatte um das Diminutivsuffix innerhalb des Begriffs ›Flücht-ling‹ statt. In dieser Diskussion sind Forderungen nach einer alternativen Form (z. B. Geflüchteter) laut geworden. Hier hätte der Band sprachlich ein Zeichen setzen können. An anderer Stelle verfolgt die Anthologie aber sehr richtungsweisende Ziele wie etwa das ehrgeizige, über den Band hinausreichende Anliegen, die Trennung von Migrationsliteratur- und Exilliteraturforschung aufzuheben. Wie lohnend ein Dialog zwischen beiden Disziplinen sein kann, führt der Band innerhalb des Themenbereichs »Historische Fluchtsujets« und insbesondere der Artikel von Hanna Maria Hofmann vor, die Abbas Khiders *Der falsche Inder* und Anna Seghers' *Transit* einer vergleichenden Lektüre unterzieht (97–121). Aus diesen transhistorischen und transnationalen Sujets ergibt sich den Herausgebern zufolge das Infragestellen der »literaturwissenschaftlichen Praxis, die nationalphilologische Traditionen weiterführt« (19). Auch findet eine transmediale und somit interdisziplinäre Öffnung des Themas statt, wenn beispielsweise das 2015 erschienene Hörspiel *Illegale Helfer* Maxi Obexers von Ivo Theele (287–303) oder Elfriede Jelineks postdramatischer Theatertext *Die Schutzbefohlenen* von David Österle (139–155) analysiert werden.

Zusammenfassend lässt sich festhalten, dass der Sammelband viele impulsgebende Artikel versammelt, die den Fluchtdiskurs aus unterschiedlichen Perspektiven gewinnbringend befragen.

Jasmin Centner

Veit Johannes Schmidinger: *Transit Belgien. Deutsche Künstler im Exil 1933–1945*. München (Allitera Verlag) 2017. 311 S.

Unter der Gewaltherrschaft des Nationalsozialismus kam es in Deutschland und (dem 1938 ›angeschlossenen‹) Österreich zu einem beispiellosen Massenexodus von Künstler/innen. Zu den bis heute weitgehend unbekannten Exilländern gehört Belgien. Doch bevor Deutschlands Nachbar 1940 von der Wehrmacht besetzt wurde, hatten viele Kunstschaffende in Antwerpen, Brüssel oder der Küstenstadt Ostende Schutz gesucht. Siebzehn von ihnen porträtiert Veit Johannes Schmidinger in *Transit Belgien*. 2007 hatte der Verfasser, ein promovierter Germanist, zusammen mit Wilfried F. Schoeller den vergleichbaren Band *Transit Amsterdam* vorgelegt. Am stärksten vertreten in seinem Belgien-Buch ist die Literatur – mit elf Autor/innen: Jean Améry, Salamon Dembitzer, Hertha Fuchs, Hans Henner, Hermann Kesten, Irmgard Keun, Thomas und Klaus Mann, Joseph Roth, Adolf Unger und Stefan Zweig. Hinzu kommen die Maler Felix Nussbaum, Karl Schwesig und Leo Breuer (der auch Bildhauer war), der Schauspieler und Sänger Ernst Busch, der Sänger Joseph Schmidt und der Pazifist Ernst Friedrich, der zu Zeiten der Weimarer Republik das weltweit erste Antikriegsmuseum gegründet hatte. Dass deutschsprachige Verfolgte nach Belgien flohen, wird in dem Werk u. a. mit einer laxen Anwendung der strengen Abschottungsgesetze und mit einer großen Hilfsbereitschaft durch Privatpersonen (Bekannte, Freunde, Verwandte und Kollegen), Religionsgemeinschaften und politische Organisationen begründet. Die Stadt Antwerpen etwa wurde zu einem wichtigen Exilort wegen ihrer »große[n] jüdische[n] Gemeinde« (167) und des »außergewöhnliche[n] Engagement[s] der Sozialistischen Partei Flanderns« (169). Ein wesentlicher Grund war zudem der Hafen von Antwerpen, der »das Ziel der meisten Emigranten [bildete], die nach Belgien flüchteten« (165). Da Belgien von den Exilant/innen oft nicht als erste Wahl, sondern als Durchgangsstation betrachtet wurde, um sich von dort aus in ein anderes Land zu begeben (49), ist *Transit Belgien* ein treffender Titel für das (mit annähernd 100 Abbildungen) reich bebilderte Buch.

Die Leistungen der Studie bestehen zum einen in der Bekanntmachung und Beschreibung von Belgien als einem Exil- und Transitland und zum anderen in der Darstellung der Beziehungen exilierter Künstler/innen untereinander. Da viele Namen in mehreren Kapiteln auftauchen, wäre ein Personenverzeichnis wünschenswert gewesen. Die Tatsache, dass Primärwerke nicht oder bestenfalls nur kurz und oberflächlich analysiert werden, sollte man dem Buch hingegen nicht vorhalten. Statt um ein *close reading* geht es Schmidinger um ein anderes Anliegen. Im Vorwort des Buches heißt es: »Die damalige Flucht der Künstler aus Deutschland, ihre zumeist illegale Einreise nach Belgien, ihre Suche nach einer Unterkunft, ihre Erfahrungen mit der Fremdenpolizei und ihren Helfern, ihr Eintauchen in die belgische Gesellschaft, ihre Deportation, ihr geheimes (Über)Leben während der Besatzung – ihr Leben und Denken, ihr Schreiben und Malen in und über Belgien ist eines der schicksalsreichsten Kapitel der deutsch-belgisch-österreichischen und europäischen Geschichte.« (8)

Die biografisch und werkbiografisch angelegten Porträts sind in größere Kapitel eingebunden, die sich nach chronologischen und geografischen Kriterien richten. So geht das erste Kapitel von den Bücherverbrennungen des Jahres 1933 aus, die mit einem Heine-Zitat als »Vorspiel« (11) der NS-Verbrechen gedeutet werden. Es folgen eine Einleitung zum »Exil in Belgien« sowie längere Kapitel zu Ostende, dem kurzzeitigen »Zentrum der deutschen Exilliteratur« (73) im Sommer 1936, Brüssel und Antwerpen. Anschließend geht es, so der Kapiteltitel, um die Flucht »Von Österreich nach Belgien«. Mit den Kriegsjahren befassen sich die Kapitel »Krieg«, »Besetzt« und »Befreit«. Der Kriegsbeginn in Belgien markiert eine deutliche Zäsur im Hinblick auf Belgien als Exilland. Am 10. Mai 1940 beschlossen die belgischen Behörden, die sich im Land aufhaltenden deutschen Männer (wie Ernst Busch, Hans Henner und Felix Nussbaum) in südfranzösische Lager zu deportieren. »Jeder, der Deutsch sprach, war auf einmal ein möglicher Feind« (235). Da das Vichy-Regime bald darauf mit Deutschland kollaborierte, wurden die in Belgien verhafteten Juden von Frankreich aus weiter nach Auschwitz deportiert. »Auch für sie wurde Belgien [...] zum ungewollten Durchgang« (291), heißt es im Nachwort. Der Text, der ohne komplizierten Fachwortschatz auskommt, mutet populärwissenschaftlich, zuweilen literarisch-essayistisch an – man beachte etwa die zahlreichen unvollständigen Sätze wie z. B. den Beginn des Keun-Porträts: »Ostende, April 1936. Ein kleines Hotel am Hafen, in der Nähe des Bahnhofs. Im Zimmer eine Frau, 25-jährig [...]« (100). Unabhängig vom Stil weist das Werk erhebliche Qualitätsmängel auf, die spätestens dem Lektor vor der Drucklegung hätten auffallen müssen. Schon im Inhaltsverzeichnis fehlen die Titel von zwei Unterkapiteln; bei einem dritten ist eine falsche Seitenzahl angegeben. Ähnliche Unzulänglichkeiten findet man im ganzen Buch. Wenn Endnotenziffern inmitten eines Blockzitats auftauchen (76), nicht hochgestellt (105) oder mit einem Hashtag versehen sind (79), ist einiges schiefgelaufen. Mit der Angabe seiner Quellen nimmt es der Verfasser ohnehin nicht so genau. Immer wieder tauchen Zitate auf, die zwar als solche gekennzeichnet sind, aber keine Quellenangabe aufweisen. Auch wenn es sich zumeist um eine kurz vorher oder kurz nachher genannte Quelle handeln mag, bleibt das Kürzel »ebd.« in einem wissenschaftlichen Werk unerlässlich. Ebenso unerwähnt bleiben die Quellen der statistischen Daten, die auf den Seiten 49, 52–55, 234–237 und 268 angeführt werden. An einigen Stellen verweist der Verfasser auf Quellen, die er dem Leser dann aber vorenthält. Die Charakterdarstellung Hans Henners entnimmt er angeblich den »Zeugnisse[n], die wir von ihm finden« (172). Um welche Dokumente es sich hierbei handelt, erfährt man nicht. In Anbetracht dieser und ähnlicher Mängel fallen einige fehlerhaft geschriebene Namen (»Viki Baum«, »Siegmund Freud« und »Anette Kolb«, 78; »Karl von Ossietzky«, 163) und kleinere Inkonsequenzen wie das Oszillieren zwischen den Namen Hertha Fuchs und Hertha Ligeti oder den Titeln *Visum für Amerika* und *Visum nach Amerika* kaum noch ins Gewicht. Wenn Autor und Lektor gründlicher gearbeitet hätten, wäre *Transit Belgien* vielleicht ein gutes Buch geworden. So jedenfalls bleibt vieles Stückwerk.

Christian Palm

Philipp Heß: *Ein deutscher Amerikaner. Der kosmopolitische Demokrat Hans Simons 1893–1972.* (= Beiträge zur Geschichte des 20. Jahrhunderts, Bd. 24). Göttingen (Wallstein Verlag) 2018. 379 S.

Hans Simons gehörte zu den Mitgliedern der legendären, 1933 an der New School for Social Research in New York gegründeten University in Exile, die zur Zuflucht von einigen der typischen Repräsentanten der Weimarer Republik wurde. Zu deren Selbstverständnis gehörte das eingreifende politische Handeln mit der Absicht, der dauernd krisengefährdeten ersten deutschen Demokratie ein stabiles gesellschaftliches und ökonomisches Fundament zu schaffen. Anders als die Mehrheit dieser *Refugee Scholars*, v. a. Sozialwissenschaftler und einige höhere Verwaltungsbeamte aus dem Reich und aus Preußen mit ihren staatsinterventionistischen Erfahrungen, die eine exponierte Rolle für die Gestaltung des amerikanischen New Deal spielten, ist der ebenfalls zu den prominenten Weimarer Beamten gehörende Simons ein von der Forschung bisher wenig beachteter Außenseiter geblieben. Die Gründe dafür erhellt Heß' verdienstvolle Biografie. Der Sohn des ehemaligen Reichsgerichtspräsidenten, deutschen Außenministers und kurzfristigen interimistischen Reichspräsidenten nach Friedrich Eberts Tod, Walter Simons, hatte nicht nur durch solche Sozialisationsvorgaben, sondern auch durch schnelle Kompetenzaneignung eine breit fundierte Verwaltungskarriere auf der höheren Ministerialebene in verschiedenen Ressorts im Reich und in Preußen machen können, u. a. als persönlicher Referent des dortigen Innenministers sowie als Regierungspräsident verschiedener preußischer Provinzen. Bedeutender aber war Hans Simons' Tätigkeit als Direktor der für den Nachwuchs demokratischer Funktionsträger konzipierten Berliner Hochschule für Politik, als Verbandsmanager, so in der Deutschen Liga für den Völkerbund und insbesondere in der Geschäftsführung der 1928 gegründeten internationalen

Lincoln-Stiftung für einen transnationalen Studenten- und Wissenschaftleraustausch. Auffallend sei, so der Biograf, dass sich der politische Horizont des liberal-konservativen Beamten Simons nach den Erfahrungen des Weltkriegsteilnehmers und den erlebten Widerständen der alten Eliten gegen das neue republikanische System nach 1918 immer weiter nach links verschoben habe. Gegen Ende der Republik hatte er sich als demokratischer und europäisch denkender Sozialist auf dem linken Flügel der Sozialdemokratie positioniert, sodass er beim Putsch des Reichskanzlers von Papen gegen die amtierende Preußische Regierung 1932 mit zu den sofort aus ihren Ämtern Vertriebenen zählte.

Die endgültige Entlassung erfolgte wenige Monate später nach § 4 des NS-Beamtengesetzes vom April 1933 aus politischen Gründen. Im Unterschied zu seinen an der University in Exile untergekommenen Kollegen stürzte Simons zunächst ins Nichts. Mit Aushilfsjobs, u. a. als Vertreter, sicherte er zunächst notdürftig den Familienunterhalt. Trotz seiner britisch-amerikanischen Kontakte über die Lincoln-Stiftung und des Engagements der Ansprechpartner in diversen philanthropischen Fördereinrichtungen misslang zunächst der Absprung ins Exil, da ihm, dem Verwaltungsexperten und Wissenschaftsmanager, der wissenschaftliche Qualifikationsnachweis durch Veröffentlichungen fehlte. Akribisch und detailliert beschreibt die Biografie diesen aufreibenden, mit Hoffnungen und Enttäuschungen verbundenen Prozess. Seinem Freund und ehemaligen Ministerialkollegen Arnold Brecht, der bereits an der University in Exile tätig war, gelang es 1935 schließlich, ihm nach der Absage eines anderen dorthin berufenen Wissenschaftlers eine zunächst nur kurzfristige Anstellung zu beschaffen. Dort konnte sich Simons so erfolgreich durchsetzen und mit alsbald folgenden Publikationen v. a. zu aktuellen Fragen des Völkerrechts, zum Scheitern des Völkerbundes, zur aggressiven deutschen Außenpolitik und überhaupt zum verbrecherischen Charakter des Nationalsozialismus die nötigen, in den Darstellungskanon der University in Exile passenden wissenschaftlichen Qualifikationen vorweisen, dass seine Tätigkeit verstetigt wurde.

Nicht nur solche Passagen werfen ein Licht auf die Stärke und Qualität der Biografie, für die das Material in umfangreichen Recherchen gesammelt werden musste. Wie auch in anderen Fällen gibt es von dem Emigranten Hans Simons keinen geschlossenen Nachlass, einzelne Briefe und Textsplitter finden sich an unterschiedlichsten Fundstellen. Er selbst hat kurz vor seinem Tode sogar einen Großteil seiner Papiere vernichtet, weil er kein Gegenstand der Geschichtsschreibung werden wollte – vermutlich aber auch, weil dem einstigen Erfolgsmenschen in den höchsten deutschen Verwaltungsetagen nach 1918 der jähe Absturz und die gebrochene eigene Biografie selbst unheimlich geblieben waren, wobei auch die prekären Familienbeziehungen eine Rolle gespielt haben könnten. Der prominente Vater hatte sich nach 1933 von den Nationalsozialisten vereinnahmen lassen, er starb 1937. Hans Simons' Sohn aus erster Ehe, ein begeistertes Mitglied der Marine-Hitlerjugend und danach Freiwilliger der Wehrmacht, sollte von Hitler 1944 persönlich das Ritterkreuz mit Eichenlaub überreicht bekommen. Eine Schwester war Assistentin des NS-Kronjuristen Carl Schmitt und heiratete den nicht weniger NS-affinen Verfassungsrechtler Ernst Rudolf Huber, eine andere, ebenso glühende Nationalsozialistin beging Selbstmord beim Untergang des Dritten Reiches.

Als überzeugter Anhänger der zivilen, in der Weimarer Republik nicht gestaltbaren Werte wie in den USA war der 1940 eingebürgerte Simons alsbald auf schroffe Distanz zu den ehemaligen Landsleuten gegangen. Nach Kriegsausbruch sorgte er als Dekan der Graduate Faculty an der New School – in der die University in Exile aufgegangen war – für deren Ausrichtung auf *War and Peace Research* und war nach dem Kriegseintritt der USA auch für einige Zeit in der von Emigranten dominierten Denkfabrik des Office of Strategic Services tätig, dem ersten amerikanischen Geheimdienst. Seine Kenntnisse qualifizierten ihn später zum nachgefragten Mitarbeiter in der amerikanischen Besatzungsbehörde von 1947 bis 1949, für die er insbesondere als *Liaison Officer* beim Parlamentarischen Rat darauf achtete, dass in dessen Beratungen zur vorläufigen Verfassung, dem künftigen Grundgesetz, die amerikanischen Vorgaben, etwa eine dezentrale Verwaltung, der Föderalismus und der wirtschaftliche Ausgleich zwischen starken und schwachen Regionen berücksichtigt wurden.

Diese Tätigkeit beendete seine Ausflüge in die engeren Bereiche der Wissenschaft; nach seiner Rückkehr in die USA wirkte er ab 1950 zunächst als Präsident der New School für mehr als zehn Jahre wie einst als Wissenschaftsmanager in Deutschland und anschließend mit Eintritt des

Ruhestands als langjähriger Berater der Ford Foundation für Bildungs- und Universitätsentwicklungen in Indien und Lateinamerika; mehrfach evaluierte er außerdem die Wissenschaftskultur in Deutschland, v. a. an der Freien Universität Berlin, die von der Stiftung besonders gefördert wurde.
Das alles wird mit Sorgfalt und Umsicht analytisch valide vorgestellt. Kleinlich wäre daher, einige Ungenauigkeiten auf die Waagschale zu legen – der amerikanische Ökonom an der Columbia University Edwin R. A. Seligman war nie Direktor der New School, dem emigrierten Sozialwissenschaftler Eduard Heimann ist der Vorname seines Vaters Hugo verpasst worden – oder an der manchmal durchbrechenden Verehrung des Autors seinem »Helden« gegenüber herumzukritteln.

Claus-Dieter Krohn

Hermann Haarmann, Christoph Hesse (Hg.): *Briefe an Bertolt Brecht im Exil (1933–1949)*. 3 Bde. Berlin, Boston (de Gruyter) 2014, 2028 S.

»Denken in Extremen«, so lautete der Titel der Ausstellung, die die Berliner Akademie der Künste von Oktober 2017 bis Januar 2018 zeigte. Sie galt der (Arbeits-)Freundschaft von Walter Benjamin (1892–1940) und Bertolt Brecht (1898–1956). Beide hatten sich schon in der Weimarer Republik kennengelernt, nach 1933 lebten beide im Exil, der eine in Frankreich, der andere bis 1939 in Dänemark. Jenseits der drei Besuche Benjamins in Brechts Zufluchtsort bei Svendborg boten allein Briefe die Chance zum gedanklichen, freundschaftlichen Austausch. Auch wenn der Brief nur Ersatz für die direkte Kommunikation von Angesicht zu Angesicht sein kann, weist er doch laut Benjamin eine besondere Eigenart auf: »Es ist das Eigentümliche der brieflichen Äußerung, auf Sachliches nie anders als in engster Bindung an Persönliches hinzuweisen.«
Dieser Satz könnte leitmotivisch über der hervorragenden, mehr als 2.000 Seiten zählenden Edition stehen, die schon 2014 erschienen ist (und an dieser Stelle endlich gewürdigt werden soll). Sie erschien zum Abschluss eines zehnjährigen Forschungsprojekts, das eine Gesamtschau aller im Exil an Brecht geschriebener Briefe zum Ziel hatte. Dass dieses Mammut-Projekt realisiert werden konnte, verdanken die Herausgeber der Förderung durch die Fritz-Thyssen-Stiftung, der Freien Universität Berlin, der Stiftung Preußische Seehandlung, der Wall AG und nicht zuletzt der Hamburger Stiftung zur Förderung von Wissenschaft und Kultur, die sich in der Person ihres Vorstandes Jan Philipp Reemtsma als Retter in der Not erwies.
Eine erste Prognose hinsichtlich der erfassbaren Briefe ging von ca. 500 aus. Schon nach zwei Jahren ergaben die Recherchen mehr als 1.500 Briefe an Brecht. Die sein 16 Jahre währendes Exil umfassenden Bände teilen sich in drei Zeitblöcke. Band 1 enthält Briefe aus der Zeit zwischen 1933 und 1936. Nach Stationen in der Tschechoslowakei, der Schweiz und Frankreich war Brecht unter das dänische Strohdach geflohen und lebte fortan in Skovsbostrand auf der Insel Fünen. Band 2 umfasst den Zeitraum von 1937 bis 1945. In diesen Jahren verließ Brecht Dänemark und emigrierte über Schweden und Finnland in die USA, wo er sich im kalifornischen Santa Monica niederließ. Band 3 versammelt Briefe aus den Jahren 1946 bis 1949, als Brecht nach dem Ende des Zweiten Weltkriegs Kontakte zu Freunden in Europa knüpfte. Nach seiner Anhörung vor dem »House Committee on Un-American Activities« hatte er die USA verlassen und war über Zürich nach Berlin zurückgekehrt.
Der Abdruck der Briefe erfolgt chronologisch, beginnend mit einem Brief des Bühnenverlages Felix Bloch Erben vom 27.2.1933 an Brechts Wohnsitz in der Berliner Hardenbergstraße bis hin zu einem Brief Ernst Rowohlts vom 1.6.1949 an den wieder in Berlin lebenden Brecht. Der Abdruck erfolgt mit Nennung des Verfassers/der Verfasserin, von Ort und Datum. Die Anmerkungen bieten biografische Informationen zu den Verfassern wie Lebensdaten, Berufe, Angaben über Fluchtwege, Tätigkeiten im Exil sowie zum Verhältnis des oder der Schreibenden zu Brecht. Allein das Namensregister umfasst 28 Seiten, ein Kaleidoskop der aus Deutschland oder dem später von deutschen Truppen besetzten Europa Vertriebenen und Verbannten. Wer die Lust am entdeckenden Lesen noch nicht verloren hat, kommt bei der Spurensuche auf seine Kosten. Denn der chronologische Abdruck der Briefe verführt selbst bei gezieltem Nachschlagen zu über die Fundstelle hinausgehender Lektüre, um zu erfahren, wer sich zum gleichen Zeitpunkt oder am folgenden Tag, in der gleichen Woche an Brecht gewandt hat.

So vermittelt sich ein Geflecht von Korrespondenzen, in dem es um Unsicherheit und Vereinsamung, Ablehnung und Wertschätzung, um Selbstvergewisserung und Meinungsaustausch, um pure Existenzsicherung und Publikationsmöglichkeiten ging. Neben den unmittelbaren Angehörigen, Freunden und Beratern wie Stefan Brecht, Martin Domke, Elisabeth Hauptmann, Karl Korsch, Ferdinand Reyher und Margarete Steffin zählen Vertreter unterschiedlicher Berufsgruppen dazu. Unter den Schriftstellern waren es: Martin Andersen-Nexö, Johannes R. Becher, Walter Benjamin, Hermann Borchardt, Fritz Erpenbeck, Lion Feuchtwanger und Arnold Zweig. In diesen Chor der gleichgesinnten, wohlmeinenden Freunde mischt sich in der Person von Bernard von Brentano auch eine kritische Stimme. Von Küsnacht bei Zürich schrieb er im Januar 1935 an Brecht und kritisierte diesen wegen seiner ambivalenten Haltung gegenüber der Sowjetunion: »Wenn Sie aus Moskau schrieben, und Ihr Brief wäre aufgemacht worden, könnten Sie heute in einem Konzentrationslager darüber nachdenken, ob Stalin ein mittelmässiger Schriftsteller ist!« Grundsätzlicher noch bemerkte Brentano: »Die Vereine [gemeint waren die sozialistischen Parteien] dagegen sind wie dressierte Hunde, welche jede fremde Gewalt anbellen, aber vor der eigenen winseln. Das ist weder politisch noch rev.« Brentano monierte das Fehlen politischer Literatur, von Biografien über Karl Liebknecht und Rosa Luxemburg: »Es ist einfach nichts vorhanden. Aus zwei Gründen: 1. warf der Verein [gemeint war die kommunistische Partei] ja alles was lesen und schreiben konnte hinaus; 2) war die Angst vor Russl. viel zu gross, sodass man nicht wagen konnte, etwas über Rosa zu schreiben.«

Im gleichen Monat hatte Walter Benjamin aus San Remo an Brecht geschrieben und ihm mitgeteilt, dass seine Dänemark-Reise noch ungewiss sei. In wenigen Sätzen schilderte er die eigene Arbeitssituation: »Lieber Brecht, ... Horkheimer hat mir geschrieben, daß er in Amerika ein Stipendium für mich auftreiben will, mit dem ich auf ein Jahr hinüber kommen kann. Die Sache ist ganz unbestimmt. Aber ich habe natürlich geschrieben, daß ich annehmen würde ... Hier ist es im übrigen recht passabel was die äußeren Umstände angeht. Dagegen übersteigt die Isolierung – von Menschen, von Informationen, von Arbeitsmitteln – oft das Erträgliche.« Als er im Frühjahr 1939 erfuhr, dass Brecht plane, Dänemark zu verlassen, schrieb Benjamin an Margarete Steffin, dass diese Nachricht seine »bärbeissige Verfassung« nur veredeln und ihn zu »melancholischen Träumereien« einladen würde: »Die Schachpartien im Garten sind nun auch dahin.«

Aus dem Bereich des Theaters und der Theaterkritik stammen Briefe von Slatan Dudow, Herbert Ihering, Fritz Kortner, Per Knutzon und Erwin Piscator. Welch tiefe Einblicke die in dieser Edition abgedruckten Briefe in die verletzte Seele der Exilanten gewähren, bezeugt auf eindringliche Weise Erwin Piscators in New York verfasster Brief vom März 1939 an den noch in Europa lebenden Brecht: »Lieber Bert, dieser Brief kommt nicht aus M.[oskau] und nicht aus P.[aris] – er kommt aus NEW Y.[ork] ... Oh, ich bin manchmal so müde ... ich könnte den Kopf tief in die Erde stecken – um zum Schweigen zu kommen und zur Stille. Ich habe Sehnsucht nach uns von früher – nach unserer Sprache – auch nach unserem Kampf – Ich habe Sehnsucht – glaube mir – nach Dir. Was wir getan haben, gesprochen und gewollt – das gibts nicht mehr ... unsere Verbannung ist die schlimmste – denn in einer Wüste zu sitzen – und die schweigenden Himmel anzuschweigen ... Wer hält das aus??«

Selbstverständlich wurde Brecht auch während des Exils von Verlagen wie Felix Bloch Erben, Allert de Lange, deren Besitzern und Mitarbeitern wie Wieland Herzfelde, Walter Landauer, Kurt Reiss und Fritz Wreede umlagert und umworben. Letzteres galt insbesondere nach Brechts Rückkehr nach Europa und Deutschland, als Kurt Desch, Henry Goverts, Ernst Rowohlt und Peter Suhrkamp um Brecht und den Druck seiner Werke wetteiferten.

Korrespondenzpartner aus dem Bereich der Musik waren Kurt Weill und Hanns Eisler, zu ihnen gesellte sich der Maler George Grosz. Seit Anfang der 1920er Jahre mit Brecht befreundet, aber im Gegensatz zu diesem in kritischer Distanz zur kommunistischen Politik wandte sich der in die USA emigrierte und in New York lebende Maler und Grafiker im August 1934 an Brecht. Grosz bedankte sich für den 1934 erschienenen Band *Lieder Gedichte Chöre*, kritisierte aber Brechts Gedicht »Verschollener Ruhm der Riesenstadt New York«: »Mit dem Gedicht New-York hast Du begreiflicherweise ... weil Du es ja nur vom Hörensagen kennst ein bischen daneben gehauen ... im Vergleich zum angstfüllten Europa herrscht hier ein tolles Leben ... von wegen ausgestorben oder gar tot.«

Rezensionen

Grosz fordert Brecht auf, seine Voreingenommenheit, seine Vorurteile, abzulegen: »Du solltest Dir dies lausige vermostrichte Europa auch einmal von außen ansehen Bert, von einem englisch sprechenden Lande aus ... ein paar Jahre Amerika würden Dir sehr gut tun. Heimweh setze ich bei Dir ja nicht voraus.« Schon allein wegen George Grosz' Sprachwitzes lohnt die stöbernde Lektüre dieser Briefedition! Auch wenn er sich bezogen auf Brechts amerikanisches Exil irren sollte, begann Grosz sein Schreiben trotz aller Frotzeleien mit einem freundschaftlichen »Dear Bertie!«

»Dear Bertie!« – mit diesen Worten überschrieb auch der Herausgeber Hermann Haarmann seine – 59 Seiten kurze – Einleitung der Briefedition. Er zeichnet Brechts Weg ins Exil nach, streift dessen Einschätzung der politischen Situation nach der Machtübertragung an die Nationalsozialisten sowie der Dauer des Exils. Haarmann schildert Brechts ambivalentes Verhältnis zu den stalinistischen »Säuberungen«, der Verhaftung, Verurteilung und des Todes der Schauspielerin Carola Neher, des Schriftstellers Ernst Ottwalt, der Verhaftung und Erschießung Sergej Tretjakows. Nur in Zwiesprache mit sich selbst, in seinem »Journal Dänemark«, sprach Brecht von einem »beamtenmäßig propagierten dünnen blutlosen proletarischen Humanismus«. Haarmann verweist auf den einsamen Tod einer der engsten Freundinnen Brechts, der Schauspielerin und Schriftstellerin Margarete Steffin in Moskau. Er skizziert Brechts im Exil fortgesetzte Arbeit an dem Konzept des epischen Theaters, sein Leben in den USA, die Auseinandersetzung über Theater und Literatur mit dem Schriftsteller Fritz Erpenbeck, der nach seiner Rückkehr aus dem sowjetischen Exil Leiter der Hauptabteilung Darstellende Kunst und Musik beim Ministerrat der DDR wurde. Trotz aller Heterogenität des Brecht'schen Exils beschließt Hermann Haarmann seine Einleitung mit Wohlwollen für den Autor und Dramaturgen, wenn er aus dessen vielleicht bekanntestem Exil-Gedicht »An die Nachgeborenen« zitiert: »Ihr, die Ihr auftauchen werdet aus der Flut / In die wir untergegangen sind / Gedenkt / Wenn ihr von unseren Schwächen sprecht / Auch der finsteren Zeit / Der ihr entronnen seid.« Als dieses Gedicht in dem Band *Svendborger Gedichte* 1939 veröffentlicht wurde, bedankte sich der damals noch in Nizza lebende Heinrich Mann umgehend bei Brecht für die Zusendung: »Sie gehen Ihres sicheren Weges, und Ihr Wort kommt manchmal weither, aus Zeiten, die wenige kennen sollen. Die Nachgeborenen, die Sie um Nachsicht bitten, werden von Ihnen viel zu lernen haben ... Sie kennen das Geheimnis, Ihren Leser stolz zu machen.«

Wer sich auf diese umfassende, vielschichtige, sorgfältige Briefedition einlassen kann, wird nicht nur viele unerwartete und überraschende Entdeckungen machen. Angesichts heutiger kurzatmiger Kommunikationsformen wie SMS- und Twitter-Nachrichten bieten die drei Bände tiefe Einblicke in die heute leider kaum mehr gebräuchliche Briefkultur. So subjektiv die einzelnen Briefe verfasst sein mögen, stellen sie nicht zu unterschätzende Quellen für die Exilforschung dar, die sowohl von den persönlichen Befindlichkeiten als auch den keineswegs sorglosen Lebensumständen der Exilanten künden. Dass der mittlerweile emeritierte Kommunikationshistoriker Haarmann, der auch Herausgeber der zehnbändigen Schriftenreihe »akte exil« ist, deren »Neue Folge« gerade mit einem Band zu Lion Feuchtwanger in Moskau eine begrüßenswerte Fortsetzung erfährt [vgl. die nachfolgende Besprechung], im März 2016 mit dem Verdienstkreuz der Bundesrepublik Deutschland ausgezeichnet wurde, ist mehr als verdient. Die von ihm gemeinsam mit seinem Mitarbeiter Christoph Hesse herausgegebene Briefedition als famos zu bezeichnen, kann das ihnen gebührende Lob und den Dank für ihre Arbeit nur unzureichend bündeln.

Wilfried Weinke

Anne Hartmann: »*Ich kam, ich sah, ich werde schreiben*«. *Lion Feuchtwanger in Moskau 1937. Eine Dokumentation.* (= akte exil. neue folge, Bd. 1). Göttingen (Wallstein) 2017, 456 S.

Lion Feuchtwangers in nur wenigen Wochen nach seiner sechswöchigen Moskau-Reise von Ende November 1936 bis Anfang Februar 1937 geschriebenes Buch *Moskau 1937* provozierte eine der großen Kontroversen des Exils. Es war als Antwort auf André Gides kurz zuvor erschienenes Werk *Retour de l'U.R.S.S.* konzipiert, in dem der französische Schriftsteller und Kommunist mit gewaltigem publizistischen Echo einen äußerst kritischen Bericht über die Verhältnisse in der Sowjetunion gegeben hatte. Feuchtwangers Replik spitzte die öffentliche

Debatte weiter zu. Gegenüber standen sich dabei zwei Lager. Dem einen bestätigte Gides Bericht nur das, was längst evident war, das in der Stalin'schen Diktatur verkomme, einst rationale Gesellschaftsexperiment des Bolschewismus, in das die westliche Linke große Erwartungen gesetzt hatte. Die 1936 begonnenen Schauprozesse, der nahezu die gesamte alte russische Revolutionselite aber auch die meisten der in die Sowjetunion vom Faschismus verfolgten kommunistischen Flüchtlinge zum Opfer fielen, zeigten das. Es sei daran erinnert, dass mehr deutsche kommunistische Funktionsträger unter Stalins Terror umkamen als durch die Nazis. Auf der anderen Seite stand das von Feuchtwanger argumentativ angeführte Lager, das angesichts der Appeasement-Politik der westlichen Demokratien gegenüber dem Nationalsozialismus in der Sowjetunion den einzigen vernunftgeleiteten Bündnispartner im antifaschistischen Kampf sah. Wie der agierte, konnten die Zeitgenossen im Mitte 1936 begonnenen Spanischen Bürgerkrieg sehen; dort waren nicht die Putschgeneräle General Francos, sondern die republikanischen Bürgerkriegsparteien der Hauptgegner.

Diese Frontlinien des antifaschistischen literarischen und politischen Exils sind bekannt. Was die Dokumentation Anne Hartmanns zu einem einzigartigen Schlüsselwerk macht, ist die minutiöse Rekonstruktion des Kontextes der Vorbereitungen, sodann der Reise Feuchtwangers und schließlich ihrer Wirkungen. Angeregt dazu hatte die Autorin ein Zufallsfund in einem Moskauer Archiv, die Berichte der Dolmetscherin Feuchtwangers während seines Moskau-Aufenthalts an ihre Vorgesetzten. Im Unterschied zu Gide, der die Sowjetunion bis hin in den Kaukasus besuchte, hatte sich Feuchtwanger nur in Moskau aufgehalten.

Der in 3 Teile gegliederte Band – eine mustergültig informierende 100-seitige Einleitung, eine Sammlung von Auszügen aus Briefwechseln Feuchtwangers mit Freunden und Kollegen v. a. in Moskau und Paris sowie aus seinen Tagebüchern, schließlich eine Dokumentensammlung von Geheimdienstberichten, Zeitungsartikeln Feuchtwangers und publizistischen Reaktionen in der Exilpresse – liefert ein differenziertes und farbiges Bild, das einerseits die Vorwürfe der Kollegen gegen Feuchtwanger modifiziert, er sei naiv und ahnungslos, seine Schrift ein Missgriff gewesen. Nach den Berichten der Dolmetscherin und seiner russischen Gesprächspartner war da kein kriterienloser Sowjetenthusiast nach Moskau gekommen, sondern einer, der durchaus die fortschreitende Verkrustung der sowjetischen Gesellschaft unter dem ständigen Druck der alles kontrollierenden Bürokratie durchschaute und das auch offen ansprach. Andererseits hofierten die sowjetischen Organisatoren der Reise sowie seine Gesprächspartner Feuchtwanger auf jede erdenkliche Art, um mit diesem prominenten Gast nicht den gleichen Reinfall zu erleben wie mit André Gide.

Nach der kulturellen Wende Anfang der 1930er Jahre, d. h. der Abkehr vom sozialistischen Realismus hin zum »Erbe« des bürgerlichen Humanismus, wurden diese westlichen Intellektuellen zu den wichtigsten Multiplikatoren im propagandistischen Kampf gegen den Faschismus und die internationale Isolation der Sowjetunion. Kern der von dem deutschen kommunistischen Medien-Impresario Willi Münzenberg schon 1933 bei der sogenannten Braunbuch-Kampagne praktizierten Strategie war die Funktionalisierung unverdächtiger bürgerlicher Eliten für die Ziele der Kommunistischen Partei, ohne dass die selbst in Erscheinung trat. Die großen Schriftstellerkongresse in Moskau 1934 und Paris 1935 markierten dafür den internationalen Rahmen.

Vor diesem Hintergrund ist die Naivität Feuchtwangers noch größer gewesen als ihm seine Kritiker vorwarfen, denn offenbar schien er nicht bemerkt zu haben, wie er von der sowjetischen Seite in ihren Dienst genommen worden ist. Vielmehr sonnte er sich in Moskau in seiner Prominenz, die seiner enormen Eitelkeit schmeichelte und ihm sogar ein – ziemlich zäh verlaufenes – Gespräch mit Stalin einbringen sollte. Die Schauprozesse haben ihn nicht weiter berührt, in Trotzki sah er der Stalin'schen Linie entsprechend nur einen Helfershelfer des Faschismus, und dass seine engsten Reiseorganisatoren Michail Kolzow und Maria Osten kurz nach Ende seiner Reise verhaftet und erschossen wurden, findet keine Erwähnung in seinem Tagebuch oder seinen Briefen. Auch später, nach dem Hitler-Stalin-Pakt 1939 oder der Abrechnung Nikita Chruschtschows mit den Verbrechen Stalins auf dem XX. Parteitag der KPdSU 1956 modifizierte Feuchtwanger nie sein – als Schluss des Moskau-Buchs – pathetisch formuliertes dreifaches »Ja« zur Sowjetunion. Nach der Weiteremigration 1940 aus Frankreich in die USA galt er dort als fellow traveller; die amerikanische Staatsbürgerschaft ist ihm trotz mehrfacher Bemühungen nie verliehen worden.

Claus-Dieter Krohn

Henrik Rosengren: *Fünf Musiker im Schwedischen Exil. Nazismus – Kalter Krieg – Demokratie.* Aus dem Schwedischen übersetzt von Helmut Müssener. (= Schriftenreihe Musik im »Dritten Reich« und im Exil, Bd. 19). Neumünster (von Bockel Verlag) 2016, 439 S.

Der schwedische Historiker und Pädagoge Henrik Rosengren analysiert und beschreibt in einer gründlich und umfassend recherchierten Studie das Exil von fünf bedeutenden Musikern, die wegen ihrer jüdischen Herkunft vor der Naziherrschaft aus Deutschland und Österreich nach Schweden fliehen mussten. Diese von ihm als »Exulanten« bezeichneten Persönlichkeiten konnten sich dauerhaft und erfolgreich in die schwedische Gesellschaft und in das schwedische Musikleben integrieren. Bereits in mehreren vorherigen Publikationen hatte sich Rosengren mit diesen Themen der schwedischen Musikgeschichte befasst. Der Germanist Helmut Müssener, ausgewiesener Kenner des deutschsprachigen Exils in Schweden, hat dieses Werk übersetzt.

Der Autor begnügt sich nicht mit einer parallelen Darstellung der Lebensläufe von Maxim Stempel, Ernst Emsheimer, Richard Engländer, Hans Holewa und Herbert Connor. Sein Ziel ist es, Leben und Schaffen der fünf Musiker zu beschreiben und ihre Biografien in den breiteren politischen, kulturellen und musikwissenschaftlichen Zusammenhang zu stellen. Auf diese Weise erhält der Leser ein weit gefächertes Bild der Entwicklung des europäischen Musiklebens im 20. Jahrhundert von der Zwischenkriegszeit bis zum Kalten Krieg (ca. 1965).

Antisemitische Tendenzen gab es nicht nur in Deutschland, Österreich und in der Sowjetunion, sogar im Zufluchtsland Schweden hatten Juden unter Ressentiments und Verfolgung zu leiden. Auch der herrschende Antikommunismus überschattete das Leben der Exilanten. Tragisch war der Fall des in Odessa geborenen Musikers Maxim Stempel, der in Schweden sowohl seine kommunistische Loyalität als auch seine jüdische Herkunft verbergen musste. Oder der des jüdischen Bankierssohns Ernst Emsheimer aus Frankfurt, der nach Leningrad auswanderte und nur durch eine zweite Emigration dem stalinistischen Terror entkommen konnte. Zudem war ein Einmarsch der Nazis in Schweden in den Jahren um 1940 eine reale Möglichkeit, diese Gefahr hing wie ein Damoklesschwert über dem Land wie den Geflüchteten.

In der Zeit, als die verfolgten jüdischen Musiker nach einem Zufluchtsland suchten, war das Musikleben in Schweden eher bescheiden und bot ihnen nur geringe Aussichten auf eine berufliche Karriere. Die fünf von Rosengren beschriebenen Exilmusiker waren auf vielen Gebieten musikalisch aktiv, arbeiteten für Rundfunk, Presse, in Wissenschaft und im Konzertbetrieb. Erfolge stellten sich bald ein: Richard Engländer begründete die Tradition der alljährlichen Aufführung der *Johannes-Passion* von Johann Sebastian Bach. Die Universität Uppsala verlieh ihm die Ehrendoktorwürde. Hans Holewa hatte es als dreifacher Außenseiter besonders schwer. Er war Jude und Kommunist sowie Anhänger und Verfechter der modernen Musik. Ihm gebührt das Verdienst, die in Schweden bis dahin unbekannte moderne Zwölftontechnik und den Komponisten Arnold Schönberg bekannt gemacht zu haben. Gemeinsam mit Maxim Stempel spielte Holewa vierhändig auf dem Klavier eine Bearbeitung der 7. Sinfonie von Dimitri Schostakowitsch, meist »Leningrader Sinfonie« genannt, die an die Leiden der Bevölkerung während der deutschen Belagerung erinnert.

In allen Fällen waren die Exilanten ein Gewinn für die schwedische Musikkultur. Nach Kriegsende standen sie vor der schwierigen Entscheidung einer Rückkehr in einen der beiden neuen Staaten in Deutschland. Die Loyalität zum deutschen Kulturerbe war stark. Doch gleichzeitig mussten die Musiker feststellen, dass nach 1945 Musikwissenschaftler mit nationalsozialistischer Vergangenheit ihre Karriere fortsetzen konnten, während den Opfern der Nazi-Diktatur nicht die gebührende Anerkennung zuteilwurde.

Jede der fünf Biografien steht für sich und kann als eigenständiger Beitrag gelesen werden. Mit der von Rosengren verwendeten einleitenden Bemerkung »wie bereits oben erwähnt« weist er häufig auf bereits dargelegte Inhalte hin, Wiederholungen finden sich manchmal in kurzen Abständen. Einem aufmerksamen Leser könnte das als redundant erscheinen. Diese Kritik soll aber die Bedeutung des Werkes nicht schmälern. Dem Autor Rosengren ist es gelungen, die Lebensschicksale der fünf Musiker zu einer Einheit zusammenzufügen und daraus eine stimmige und gut lesbare Kollektivbiografie zu »komponieren«.

Elisabeth Benz

Albert M. Debrunner: *»Zu Hause im 20. Jahrhundert«. Hermann Kesten. Biographie.* Wädenswil (Nimbus) 2017. 412 S.

Hermann Kesten vorzustellen, hieße die Eulen von Nürnberg nach Riehen zu tragen. Doch weder die Stadt, in der er aufwuchs, noch der Ort seines Todes genügen, um das komplexe Leben des Schriftstellers zu erfassen, den die Zeitläufte zum Weltbürger machten. Berlin, Paris, Sanary-sur-Mer, Nizza, New York, Rom und Basel waren Lebensstationen des umtriebigen Autors, Herausgebers, Lektors und Lebensretters. Und schon diese Zuordnungen erweisen sich als unzulänglich, weil Kesten – natürlich – alles in einer Person war.

So hoch die Anerkennung berühmtester Dichterkollegen und -freunde über viele Jahre gewesen sein mag, so häufig die Presse über Kesten schrieb, so eklatant dürftig fiel bislang die literaturwissenschaftliche Beachtung und Würdigung des vielleicht meistgelesenen und auch meistübersetzten deutschen Autors des letzten Jahrhunderts aus. Zwar erschien 2005 mit dem von Walter Fähnders und Hendrik Weber herausgegebenen Band *Dichter – Literat – Emigrant* eine erste komplexere Veröffentlichung über Hermann Kesten, doch auch danach fehlte es an einer Biografie über ihn. Abhilfe schafft nun der promovierte Basler Gymnasiallehrer Albert M. Debrunner, der Kesten Anfang der 1990er Jahre persönlich kennenlernte. »Ich bin dem Jahrhundert begegnet!«, so schilderte der junge Debrunner gegenüber seinen Eltern den ersten Kontakt mit dem Schriftsteller, eine nachhaltige Faszination, die ihn für die nächsten 25 Jahre beschäftigen sollte.

Auf etwas mehr als 400 Seiten rekonstruiert der Biograf Leben und Werk seines 1900 in Podwoloczyska/Galizien geborenen und 1996 in Riehen bei Basel verstorbenen Protagonisten. Die Lebensbeschreibung gliedert sich in sieben Kapitel, deren Überschriften von Kestens Selbstäußerungen stammen. Der Chronologie folgend behandelt der erste Abschnitt Kestens Schulzeit und Studienjahre, seine ersten Veröffentlichun-

gen in der Berliner Zeitschrift *Das Stachelschwein*, der Münchner Wochenschrift *Die Jugend* wie in der *Frankfurter Zeitung*, wo 1926 auch Kestens erste Erzählung »Vergebliche Flucht« abgedruckt wurde. Animiert durch seinen Freund Fritz H. Landshoff schrieb er seinen Roman *Josef sucht die Freiheit*, der im März 1928 erschien, mit dem Kleist-Preis ausgezeichnet wurde und Kestens literarischen Durchbruch markierte.

Landshoff war es auch, der Kesten eine Stelle als Lektor in dem von ihm geleiteten Gustav Kiepenheuer-Verlag in Berlin anbot. Die nächsten fünf Jahre Kestens dort bilden das zweite Kapitel in Debrunners Biografie. Gleichzeitig mit Kesten begann auch Walter Landauer im September 1928 seine Tätigkeit bei Kiepenheuer, der für Kesten von Bedeutung bleiben sollte, als er nach 1933 Verlagsleiter der deutschen Abteilung des Amsterdamers Allert de Lange-Verlages wurde. Neben weiteren Romanen, einer Novellensammlung und einem Drama, die bei Kiepenheuer erschienen, zeichnete Kesten auch als Herausgeber verantwortlich, so der 1929 veröffentlichten Anthologie *Vierundzwanzig neue deutsche Erzähler*, in der er, wie er schrieb, »die besten Vertreter der Nachkriegsgeneration« vereinte. Am 10. September 1932 publizierte er einen entschieden politischen Artikel im *Berliner Tageblatt*. Unter der Überschrift »Der unsichtbare Staat« hieß es: »Zu einer Zeit, da ein großer Teil eines so geduldigen, großen und tüchtigen Volkes verführt wird, sollten die deutschen Arbeiter ... und auch die Bürger nicht vergessen, dass es nicht genug ist, sich die Demokratie schenken zu lassen, sondern daß man die Demokratie auch erkämpfen muß.«

Für den wahrheits- wie freiheitsliebenden Autor jüdischer Herkunft gab es im nationalsozialistischen Deutschland keinen Platz mehr. Im März 1933 floh er mit seiner Frau Toni zuerst nach Paris. Im ersten Brief an seinen Freund Ernst Toller schrieb er: »Ich lebte nur sechs Wochen im ›Dritten Reich‹ ... eine hinreichende Schule für einen Romancier, eine instruktive Vorhölle.« Im dritten und vierten Kapitel seiner Biografie über Kesten folgt Alfred Debrunner dem Heimatvertriebenen ins europäische wie amerikanische Exil, schildert seine Tätigkeit als Lektor des Amsterdamer Allert de Lange-Verlages, seine Zusammenarbeit mit Klaus Mann an der Zeitschrift *Die Sammlung*, seine Reisen und Aufenthalte in Paris, an der französischen Mittelmeerküste, in Nizza, wo er 1934 mit Heinrich Mann und Joseph Roth unter einem Dach lebte. Kenntnisreich informiert Debrunner über Kestens Exilveröffentlichungen, u. a. seine Romane *Der Gerechte* (1934) sowie *Die Kinder von Gernika* (1939), aber auch über seine Internierung als »feindlicher Ausländer« in den Lagern Colombes und Nevers, seine weitere Flucht in die USA im Mai 1940, sein Engagement im »Emergency Rescue Committee« für in Europa verfolgte Kollegen und Künstler. Wegen seiner diversen Initiativen und unzähligen Briefe bezeichnete ihn Stefan Zweig im Februar 1941 als »Schutzvater und geradezu Schutzheiliger aller über die Welt Versprengten«. Debrunner würdigt aber auch die publizistischen Aktivitäten Kestens, so dessen Zusammenarbeit mit Klaus Mann für die Anthologie *Heart of Europe. An Anthology of Creative Writing in Europe 1920–1940* (1943), die englische Anthologie zu Prosatexten von Heinrich Heine sowie dem autobiografisch geprägten Zeitroman *The Twins of Nuremberg* (1946).

Die drei letzten Kapitel beschäftigen sich mit der Nachkriegszeit. Kesten, der seit 1949 amerikanischer Staatsbürger war, kehrte im gleichen Jahr erstmals nach Europa zurück, zählte aber nicht zu den frühen Remigranten. Bis 1969 lebte er mit seiner Frau Toni abwechselnd in New York und Rom, nach ihrem Tod 1977 dann in Basel. Debrunner verweist auf Kestens neuerliche Rolle als Literaturvermittler, die insbesondere den verfemten Schriftstellern Joseph Roth und René Schickele galt. Zeitlebens war Kesten, so Manès Sperber, ein »tätiger Menschenfreund«, der die Kontakte zu seinen schreibenden Kollegen pflegte und wiederholt Gelegenheit fand, seiner Leidenschaft für die deutsche Literatur und deren literarischen Vertreter zwischen Buchdeckeln Ausdruck zu verleihen, so in seiner Essaysammlung *Meine Freunde die Poeten* (1953/1959), *Dichter im Café* (1959), *Lauter Literaten* (1963). Ein Jahr später war er Herausgeber des Buches *Literatur im Exil. Briefe europäischer Autoren 1933–1949*, das einen intimen Einblick in die Welt der Emigranten und des Exils ermöglichte. Auch die 1964 von Kesten herausgegebene Publikation *Ich lebe nicht in der Bundesrepublik* galt jenen Emigranten, die nach 1945 nicht nach Deutschland zurückgekehrt waren. In beeindruckenden Stellungnahmen begründeten Max Brod, Richard Friedenthal, Hans Habe, Jakov Lind, Walter Mehring, Robert Neumann, Kurt Pinthus und andere ihre Entscheidung.

Debrunner verweist darauf, wie eine junge deutsche Schriftstellergeneration den jüdischen Autor ausgrenzte, als Hans-Werner Richter, der Spiritus Rector der »Gruppe 47« im Januar 1961 schrieb, dass Kesten als »nicht zu uns gehörig« anzusehen sei. Gleichwohl blieb Kesten durch Reden und Artikel eine durchaus sichtbare und streitbare Figur des deutschen Literaturbetriebs, nicht zuletzt durch seine Mitgliedschaften in der Deutschen Akademie für Sprache und Dichtung sowie des PEN-Zentrums der Bundesrepublik Deutschland, dessen Präsident er von 1972 bis 1976 war. Nach dem früh verliehenen Kleistpreis erhielt Kesten nicht nur den Georg-Büchner-Preis (1974), den Nelly-Sachs-Preis (1977), sondern auch die Ehrenbürgerschaft der Stadt Nürnberg (1981).

Die nun vorliegende material- und zitatgesättigte Biografie Albert M. Debrunners schließt eine Lücke in der Beschäftigung mit Hermann Kesten und eröffnet zugleich die Chance einer intensiveren Würdigung dieser Jahrhundertgestalt. Einen weiteren Schritt in diese Richtung unternahm der Nimbus-Verlag im Frühjahr 2018, als er in seiner Reihe »Unbegrenzt haltbar« Kestens 1949 im Amsterdamer »Querido«-Verlag erstmals veröffentlichten Roman *Die fremden Götter* erneut publizierte. Auch Kestens 1966 erschienener Roman *Die Zeit der Narren* verdient eine neuerliche Beachtung.

Wilfried Weinke

Max Beck: *Günther Anders' Gelegenheitsphilosophie. Exilerfahrung – Begriff – Form.* Mit einem Vorwort von Konrad Paul Liessmann. Wien (Klever Verlag) 2017, 132 S.

Max Becks Buch kreist die Gelegenheitsphilosophie Günther Anders wie im Untertitel angegeben von drei verschiedenen Ausgangspunkten ein. Im ersten Teil macht er sich für eine stärkere Würdigung von Anders' wenig beachteter mittlerer Schaffensperiode, der kalifornischen Exilzeit, stark und zeichnet diese vor dem Hintergrund eines philosophiehistorischen Anspruchs nach. Im zweiten Teil wird der Begriff der »Gelegenheitsphilosophie« anhand von Anders' Gedanken zu einer möglichen Form des Philosophierens in dessen eigenem Werk beleuchtet. Der dritte Teil führt in die Darstellungsformen der Gelegenheitsphilosophie ein, wobei Tagebuch, Essay, Aphorismus und Dialog als für diese charakteristisch dargestellt werden.

Die Betrachtung von Anders' Biografie möchte dessen Gelegenheitsphilosophie nicht als reines Exilphänomen bestimmen, sie zeigt jedoch, dass deren Entstehung mit der Exilerfahrung verknüpft ist, insbesondere mit der – v. a., aber nicht nur wirtschaftlich – prekären Situation von Anders. Beck verortet diesen persönlich wie philosophisch mit der Tradition seines ehemaligen Lehrers Martin Heidegger brechend und gleichzeitig außerhalb des Kreises der Kritischen Theorie stehend. Für die Rekonstruktion der kalifornischen Exilzeit sichtete Beck verschiedene Nachlässe in Archiven, darunter auch unveröffentlichte Dokumente und leistet so einen Beitrag zum Schließen einer Forschungslücke.

Im zweiten Teil liegt das Hauptaugenmerk auf dem Typoskript *Gelegenheitsphilosophie* aus Anders' Nachlass im Literaturarchiv der Österreichischen Nationalbibliothek. Häufig zitiert der Autor auch aus dessen nach der Rückkehr nach Europa erschienenem Hauptwerk *Die Antiquiertheit des Menschen*. Er zeichnet verständlich nach, wie Gelegenheitsphilosophie für Anders nicht die Vermittlung zweier getrennter Sphären des Alltags und der Philosophie ist, sondern dass diese beiden Bereiche als vermittelte Einheit erkannt werden. Beck erläutert, dass Anders dem »Singulären« als Gegenstand der Philosophie Bedeutung beimisst, da auch das Erleben des Einzelnen immer mit dem Allgemeinen verwoben ist, eine Dichotomie von Erleben und Denken nicht vorliege. Durch ihre konstellative Methode will die Gelegenheitsphilosophie »vom Einzelnen ausgehend Allgemeines […] erörtern, ohne jenes gleich mit diesem zuzudecken« (S. 63). Kritisch hinterfragt wird Anders' Herangehensweise dabei nur am Rande. Dafür erklärt Beck dessen Ablehnung der Systemphilosophie ausführlich mit Überlegungen zur Bedeutung von System und Systematik in der Philosophie unter Bezügen auf den Deutschen Idealismus einerseits und Theodor W. Adorno andererseits, zu welchem Anders selbst eine inhaltliche Ähnlichkeit in dieser Frage sah.

Für den dritten Teil fügt Beck Definitionen und Beschreibungen der vier genannten literarischen Formen – Tagebuch, Essay, Aphorismus, Dialog – mit Zitaten von Anders zusammen und macht so plausibel, dass gerade diese Formen charakteristisch wie passend für die Gelegenheitsphilosophie sind. Insbesondere gilt dies für den Aphorismus, welchem sich auch Beck in seiner Betrachtung eingehend widmet. Dabei verdeutlicht er dessen antisystematischen Anspruch, den er mit dem Essay gemeinsam hat. Es scheint, als sei der erste Teil des Buches inhaltlich weniger notwendig mit den beiden folgenden verknüpft als diese untereinander. In der Gesamtbetrachtung kann Becks kurzes Buch jedoch als interessanter Einstieg sowohl in Anders' Biografie als auch in das Konzept der titelgebenden Gelegenheitsphilosophie gelesen werden.

Lene Greve

Moritz Wagner: *Babylon – Mallorca. Figurationen des Komischen im deutschsprachigen Exilroman.* Stuttgart (J. B. Metzler) 2017. 396 S.

In seiner Dissertation *Babylon – Mallorca. Figurationen des Komischen im deutschsprachigen Exilroman* liefert Moritz Wagner die ausstehende Analyse komischer und humoristischer Schreibweisen im autothematischen Exilroman mit der Absicht, das Komische als ernst zu nehmende Strategie der modernen Exilpoetik zu rehabilitieren. Mit dem Verweis auf den seit Ovid fassbaren Klagetopos sowie auf aktuelle Schreckensbilder von Geflüchteten zeigt Wagner, dass die Verknüpfung von Komik und Exil zunächst einen Widerspruch darzustellen scheint. Auch die Exilforschung hat hauptsächlich das Pathos und die Topoi der Trauer und Anklage als die Ausdrucksmöglichkeiten fokussiert, die es SchriftstellerInnen im Exil erlaubten, dem resignativen Verstummen zu entgehen.

Um zu erklären, warum gerade das Komische dazu prädestiniert sei, die Exilerfahrung zur Darstellung zu bringen, formuliert Wagner sieben transhistorische Prämissen zur Bestimmung struktureller Affinitäten von Exil und Komik, die die vermeintlich widersprüchlichen Pole harmonisieren sollen: etwa die »prekäre[n] Grenzstrukturen«, die in beiden Kontexten vergleichbare Phänomene (u. a. Ausgrenzung, Begrenzung, Grenzüberschreitung) hervorbringen (S. 15). Jeweils für sich betrachtet treffen diese Bestimmungen auf beide Gegenstände zu. Auf Komikseite handelt es sich aber um eine abstrakte, strukturelle Beschreibung, wie sie in Komiktheorien des 20. Jahrhunderts nach Joachim Ritter vertreten wurden, während die Exildarstellungen weniger strukturell, sondern konkret inhaltlich aufzufassen sind. Die Vermischung der Ebenen Struktur und Inhalt setzt sich fort, wenn Wagner Exil und Komik mit prekären Ordnungs-, Freiheits-, Transformations- und Krisenstrukturen kennzeichnet. Die im Weiteren dargestellten historischen Komiktheorien werden demgemäß unter der Frage ausgewählt, ob und wie sie für das Exilthema anschlussfähig sind. So entgeht Wagner dem in so gut wie allen komiktheoretischen Arbeiten monierten und auch von ihm reflektierten Problem, dass eine einhellige Definition von Komik entweder unmöglich sei oder noch ausstehe.

Wagner verknüpft die Darstellung der Komiktheorien und der komischen Gattungen unmittelbar mit Charakterisierungen des Exils. So zeigt er zum Beispiel die Gemeinsamkeit auf, dass sowohl Komik als auch Exil einen wie auch immer gearteten Konflikt involvieren. Diese Konflikte seien zwar nicht per se komisch (im Falle des Exils ja sogar eher unkomisch), sie trügen aber das Potenzial in sich, komisiert zu werden. Damit beschreibt Wagner *Bedingungen* für die Möglichkeit von Exilkomik. Da er mit Rekurs auf Dieter Lamping zutreffend festhält, dass nichts prinzipiell vor Komisierung gefeit ist (S. 12 f.), müssen Bedingungen dieser Art aber ohnehin bei jedem komisierten Gegenstand zu finden sein. Gleichwohl resultiert hieraus, dass der angenommene Widerspruch zwischen Exil und Komik keinesfalls in den Gegenständen selbst liegt. Somit wäre zu folgern, dass die Behauptung des Widerspruchs v. a. moralischer Natur ist. Eine kritische Analyse dieser Setzung markiert Wagner unter Verweis auf den Diskurs »nach Auschwitz« zurecht als Desiderat.

Nach der komik- und gattungstheoretischen Fundierung widmet sich die Arbeit sodann den Funktionsweisen der Komik in den drei Romanen *Babylonische Wanderung oder Hochmut kommt vor dem Fall* (1934) von Alfred Döblin, *Die Schildkröten* (1939) von Veza Canetti und *Die Insel des zweiten Gesichts. Aus den angewandten Erinnerungen des Vigoleis* (1953) von Albert Vigoleis Thelen. Wagner zeigt überzeugend, dass den komischen Erzählverfahren die Funktion zukommt, die Wahrnehmung des Exils als eine enthciterte und verkehrte Welt zu reflektieren und zu transformieren. Dies geschieht zum Beispiel durch die textuelle Demontage der Pole Macht und Ohnmacht, aber ebenso durch die Ausstattung von Erzähler und Protagonist mit »Humor als einer besonderen, sich selbst erkennenden Lebenseinstellung«, die der Bewältigung exilischer Leiderfahrungen dient. Nicht zuletzt darin zeige sich »die ernsthafte Konstituierung einer *komisierenden* Poetik des Exils« (S. 209). Zudem ergibt sich aus der Analyse der Textverfahren laut Wagner die erneute Widerlegung der in der Forschung zeitweilig vertretenen These vom ästhetischen Regress exilischen Schreibens. Moritz Wagners Dissertation kommt das wichtige Verdienst zu, die vorhandenen komischen Schreibweisen in der Exilliteratur als narrative Krisenmodelle mit einer ihnen eigenen Dialektik von Melancholie und Heiterkeit kenntlich zu machen. Sie belegt die These, dass das Exil in komischen Romanen als »entheiterte«, »verkehrte« und »entfremdete« Welt vorkommt, auf die mit den verschiedenen Mitteln der Komisierung kompensatorisch reagiert wird. Dies wird den Forschungsblick zukünftig vermehrt auf das komische Schreiben im Exil lenken, welches nicht nur als Randphänomen, sondern auch als zentrale Eigenschaft von Texten analysiert werden muss. Zu berücksichtigen wären dabei etwa Gattungen abseits des Romans, aber ebenso Texte des Nach-Exils sowie Literarisierungen aktueller Exile, die in den letzten Jahren zu einem wichtigen Fokus der Exilliteraturforschung geworden sind.

Philipp Wulf

Kurzbiografien der Autorinnen und Autoren

Viola Alianov-Rautenberg, Dr. des., Studium der Geschichte und Germanistik in Oldenburg, Hamburg und Haifa. Promotion bei Prof. Stefanie Schüler-Springorum (Berlin) und Prof. Deborah Bernstein (Haifa) zu: *Liftmenschen in the Levant. Gender and the German-Jewish Immigration to Palestine in the 1930s*. Veröffentlichungen: »Zwischen Ideologie und Überleben: Offene Fragen zum ›Chug Chaluzi‹ im Berliner Untergrund 1943–1945«. In: *transversal. Zeitschrift des Centrums für jüdische Studien* 2/2010; »Schlagsahne oder Shemen-Öl? Deutsch-jüdische Hausfrauen und ihre Küche in Palästina 1936–1940«. In: *Tel Aviver Jahrbuch für deutsche Geschichte* 41 (2013); »Alte und neue Rollen. Jeckische Hausfrauen zwischen Bürgerlichkeit, Zionismus und Existenzkampf«. In: Anja Siegemund (Hg.): *Deutsche und zentraleuropäische Juden in Palästina und Israel*. Berlin 2016.

Sylvia Asmus, Dr. phil., Studium der Germanistik, Kunstgeschichte und Kunstpädagogik in Frankfurt a. M., Studium der Bibliothekswissenschaft in Berlin, 2010 Promotion. Seit 2011 Leiterin des Deutschen Exilarchivs 1933–1945 und des Ausstellungsbereichs der Deutschen Nationalbibliothek in Frankfurt a. M. Mitglied im Wissenschaftlichen Beirat der Gesellschaft für Exilforschung e. V.; Ausstellungen (Auswahl): »… mehr vorwärts als rückwärts schauen …« – *Das deutschsprachige Exil in Brasilien 1933–1945*. Ausstellung und Begleitbuch in Kooperation mit Marlen Eckl 2013; *Fremd bin ich den Menschen dort*. In Kooperation mit dem Deutschen Literaturarchiv, 2012. Publikationen (Auswahl): »… mehr vorwärts als rückwärts schauen …«. *Das deutschsprachige Exil in Brasilien 1933–1945*. Hg. mit Marlen Eckl. Berlin 2013; *So wurde ihnen die Flucht zur Heimat. Soma Morgenstern und Joseph Roth, eine Freundschaft*. Hg. mit Heinz Lunzer und Victoria Lunzer-Talos. Bonn 2012.

Lidia Averbukh, Dipl. sc. pol., Studium der Politikwissenschaft an der Hochschule für Politik der Universität München, ist seit 2016 Doktorandin der Bundeswehruniversität München und arbeitet als Wissenschaftliche Mitarbeiterin an der Stiftung Wissenschaft und Politik in Berlin im Rahmen des Projekts »Israel in einem konfliktreichen regionalen und globalen Umfeld: Innere Entwicklungen, Sicherheitspolitik und Außenbeziehungen«. Ihr thematischer Schwerpunkt sind innergesellschaftliche Dynamiken und Rechtssysteme.

Kurzbiografien der Autorinnen und Autoren   317

Doerte Bischoff, Prof. Dr., ist Professorin für Neuere Deutsche Literatur in Hamburg mit Leitung der Walter A. Berendsohn Forschungsstelle für deutsche Exilliteratur. Forschungsschwerpunkte in den Bereichen Exilforschung, Literatur und Transnationalität, deutsch-jüdische Literatur, Holocaust-Erinnerung, Literatur und materielle Kultur sowie Rhetorik und Gender. Publikationen u. a. *Poetischer Fetischismus. Der Kult der Dinge im 19. Jahrhundert* (München 2013), *Ausgesetzte Schöpfung. Figuren der Souveränität und Ethik der Differenz in der Prosa Else Lasker-Schülers* (Tübingen 2002). (Mit-)Herausgeberin des Internationalen Jahrbuchs *Exilforschung* (Mitkonzeption der Bände 32/2014: *Sprache[n] im Exil*; 31/2013: *Dinge des Exils)* sowie u. a. der Bände *Exil – Literatur – Judentum* (München 2016); *Literatur und Exil. Neue Perspektiven* (Berlin 2013) und *Herkünfte. Historisch – ästhetisch – kulturell* (Heidelberg 2004).

Burcu Dogramaci, Prof. Dr., Studium der Kunstgeschichte und Germanistik in Hamburg. 2000 Promotion. 2005 Förderpreis des Aby M. Warburg-Preises. 2007 Habilitation. 2008 Kurt-Hartwig-Siemers-Wissenschaftspreis. Seit 2009 Professorin für Kunstgeschichte an der Ludwig-Maximilians-Universität München. 2016 ERC Consolidator Grant des Europäischen Forschungsrates. (Mit-) Herausgeberin des Internationalen Jahrbuchs *Exilforschung*. Forschungen zu Exil und Migration, Stadt und Architektur, Fotografie, Skulptur, Mode. Aktuelle Publikationen: *Fotografie der Performance. Live Art im Zeitalter ihrer Reproduzierbarkeit*. Paderborn 2018; *Passagen des Exils/Passages of Exile* (Jahrbuch Exilforschung 35/2017). Hg. mit Elizabeth Otto. München 2017; *Kunst und Gesellschaft zwischen den Kulturen. Die Kunsthistorikerin Hanna Levy-Deinhard im Exil und ihre Aktualität heute*. Hg. mit Irene Below. München 2016; *Heimat. Eine künstlerische Spurensuche*. Köln 2016.

Andreas Fahrmeir, Prof. Dr., Studium der mittleren und neueren Geschichte, Geschichte der Naturwissenschaften und englischen Philologie in Frankfurt a. M. und Montreal; Promotion 1997 in Cambridge; wiss. Mitarbeiter am Deutschen Historischen Institut in London, Habilitation 2001 in Frankfurt a. M.; 2004 Professur für europäische Geschichte des 19. und 20. Jahrhunderts in Köln, 2006 Professur für Neuere Geschichte in Frankfurt a. M. Seit 2008 Mit-Herausgeber des Rezensionsjournals *sehepunkte*; seit 2012 Mit-Herausgeber der *Historischen Zeitschrift*. Veröffentlichungen zur Geschichte der Migrationskontrollpolitik, zur Geschichte von Eliten und zur allgemeinen europäischen Geschichte, zuletzt *Die Deutschen und ihre Nation: Geschichte einer Idee*. Stuttgart, Ditzingen 2017.

Corry Guttstadt, Studium der Turkologie und Geschichte an der Universität Hamburg, M. A. in Turkologie 2005, Promotion in Geschichte 2009, ihre Dissertation *Die Türkei, die Juden und der Holocaust* (Berlin 2008) wurde auch ins

318 Kurzbiografien der Autorinnen und Autoren

Türkische (Istanbul 2012) und Englische (Cambridge, MA 2013) übersetzt. 2011/12 Projektmanagerin am Anne-Frank-Zentrum in Berlin, seitdem Arbeit als selbstständige Autorin, Übersetzerin und Wissenschaftlerin; Dozentin am Fachbereich Turkologie der Universität Hamburg, Mitarbeiterin am Türkei-Europa-Zentrum Hamburg. Neuere Publikationen: *Wege ohne Heimkehr – Die Armenier, der Erste Weltkrieg und die Folgen, eine literarische Anthologie*. Berlin 2014; *Bystanders, rescuers or perpetrators? The Neutrals and the Shoah*. Hg. mit Thomas Lutz, Bernd Rother und Yessica San Roman. Berlin 2016; »›Responses to the Holocaust‹? Turkish policy towards the Jews 1933–1945«. In: Francis R. Nicosia und Boğaç A. Ergene (Hg.): *Nazism, the Holocaust, and the Middle East – Arab and Turkish Responses*. New York 2018; *MUESTROS DEZAPARESIDOS – Chemins et destins des Judéo-Espagnols de France*. Hg. mit Henriette Asseo, Annie Cohen, Alain de Toledo, Xavier Rotea (erscheint 2018).

Claus-Dieter Krohn, Prof. i. R. für Neuere Geschichte. Promotion 1973 in Hamburg, anschließend wissenschaftlicher Assistent an der Freien Universität Berlin, Habilitation 1979; lehrte bis 2007 Kultur- und Sozialgeschichte an der Leuphana Universität Lüneburg. Zahlreiche Arbeiten zur Wirtschafts-, Sozial- und Theoriegeschichte des 19. und 20. Jahrhunderts und zur Exilforschung; Mitherausgeber des Internationalen Jahrbuchs *Exilforschung* seit 1986, des *Handbuchs der deutschsprachigen Emigration 1933–1945* (1998) und des *Biographischen Handbuchs der deutschsprachigen wirtschaftswissenschaftlichen Emigration nach 1933* (1999). Wissenschaftlicher Berater des in Berlin zu gründenden Exil-Museums.

Lena Laube, akademische Rätin am Forum Internationale Wissenschaft (FIW) der Universität Bonn. Sie studierte Soziologie in Berlin, Wellington und Bremen und promovierte 2012 an der Universität Bremen zum Wandel von Grenzregimen seit den 1970er Jahren. In Bonn forscht sie in der Abteilung für Demokratieforschung des FIW zu Fragen der politischen Inklusion, der globalen Mobilitätssteuerung und der Territorialität von Grenzkontrollen. Sie ist Mitglied des Netzwerks ›Grundlagen der Flüchtlingsforschung‹. Neuere Publikationen: *Grenzkontrollen jenseits nationaler Territorien. Die Steuerung globaler Mobilität durch liberale Staaten*. Frankfurt a. M. 2013; »The Global Mobility Divide: How Visa Policies have Evolved Over Time«. In: *Journal of Ethnic and Migration Studies* 41/8 (2015) (zusammen mit Steffen Mau, Fabian Gülzau und Natascha Zaun); »›Asyl fängt ja erst an, wenn er [der Flüchtling] wirklich hier ist.‹ Der Wandel europäischer Visapolitik und seine Implikationen für den Zugang zu Asylverfahren in der EU«. In: Christian Lahusen und Stephanie Schneider (Hg.): *Asyl verwalten. Theoretische Perspektiven und empirische Befunde zur bürokratischen Bearbeitung eines gesellschaftlichen Problems*. Bielefeld 2017.

Charlton Payne, Dr. 2007 Promotion an der Universität von Kalifornien, Los Angeles (UCLA), zuvor Stipendiat des Graduiertenkollegs »Die Figur des Dritten« in Konstanz. 2008–2009 wiss. Mitarbeiter an der Universität Konstanz. 2010 Fellow am Kulturwissenschaftlichen Kolleg des Exzellenzclusters »Kulturelle Grundlagen von Integration« in Konstanz. 2011–2013 Postdoktorand an der Universität Erfurt. 2014/2015 Fellow am Alfried Krupp Wissenschaftskolleg Greifswald. 2015/2016 DAAD P.R.I.M.E. Fellow an der Universität Erfurt und am German Department der UC Berkeley. 2016–2017 Gastprofessor am German Department der UC Berkeley. Seit Dezember 2017 Editor für interne Kommunikation bei der Carl Zeiss AG. Aktuelle Veröffentlichungen (als Mitherausgeber und Beiträger): *Niemandsbuchten und Schutzbefohlene: Flucht-Räume und Flüchtlingsfiguren in der deutschsprachigen Gegenwartsliteratur* (2017) und »Passports« Sonderheft der Zeitschrift *symplokē* Bd. 25.1–2 (2017).

Miriam Rürup, Prof. Dr., Studium der Geschichte, Soziologie und Europäischen Ethnologie in Göttingen, Tel Aviv und Berlin, Promotion 2006 an der TU Berlin. Wiss. Mitarbeiterin an der Stiftung Topographie des Terrors in Berlin, am Simon Dubnow Institut in Leipzig, wiss. Assistentin am Seminar für Mittlere und Neuere Geschichte der Universität Göttingen und wiss. Mitarbeiterin am Deutschen Historischen Institut in Washington D.C. Seit 2012 Direktorin des Instituts für die Geschichte der deutschen Juden in Hamburg. Veröffentlichungen (Auswahl): *Alltag und Gesellschaft*. Paderborn 2017 (= Perspektiven deutsch-jüdischer Geschichte); »Legal Expertise and Biographical Experience. Statelessness, Migrants, and the Shaping of New Legal Knowledge in the Postwar World«. In: *Geschichte und Gesellschaft* 43 (2017); »Von der Offenheit der Geschichte: Der Umgang mit Staatenlosigkeit und die weltbürgerliche Idee«. In: Bernhard Gissibl, Isabella Löhr (Hg.): *Bessere Welten, Kosmopolitismus in den Geschichtswissenschaften*. Frankfurt a.M. 2017.

Julia Schulze Wessel, PD Dr., Studium der Sozialwissenschaften an der Universität Oldenburg, Promotion 2005 an der TU Dresden, Habilitation an der TU Dresden. Wiss. Mitarbeiterin am Hannah Arendt Zentrum Oldenburg, wiss. Mitarbeiterin am Lehrstuhl für Politische Theorie und Ideengeschichte an der TU Dresden, Professurvertretungen in Leipzig und an der TU Dresden, seit 2017 Vertretung der Professur »Politische Theorie mit besonderer Gewichtung der neuzeitlichen und modernen politischen Theorie« an der Universität Leipzig. Veröffentlichungen (Auswahl): »Grenzfigur Flüchtling. Nationale Grenzziehungen und neue Räume des Politischen«. In: *Mittelweg 36* (2018); *Grenzfiguren – Zur Politischen Theorie des Flüchtlings*. Bielefeld 2017; »Politische Proteste in den Grenzen der Demokratie um die Grenzen der Demokratie«. In: Matthias Lemke, Annette Förster (Hg.): *Die Grenzen der Demokratie*. Wiesbaden 2017; *Ideologie der Sachlichkeit. Hannah Arendts politische Theorie des Antisemitismus.* Frankfurt a. M. 2006.

Gianluca Solla, Prof. Dr., Professur für Theoretische Philosophie an der Universität Verona, zuvor Gastdozent am Center für Advanced Studies der LMU München und Leiter des Centro Studi sulle Categorie politiche dell'Europa (Verona). Forschungen zur Gerechtigkeitstheorie der Namenlosen; publizierte zuletzt u. a. *Memoria dei senzanome. Breve storia dell'infimo e dell'infame.* Verona 2013; als Mithg.: *Il corpo delle immagini. Per una filosofia del visibile e del sensibile.* Genova 2008; *Schatten der Freiheit. Schelling und die politische Theologie des Eigennamens.* München 2006; »Sprich als letzter«. Zeugenschaft – Ersetzung – Stellvertreter. In: *Singularitäten: Literatur – Wissenschaft – Verantwortung.* Hg. v. Marianne Schuller und Elisabeth Strowick. Freiburg 2001.

Sonja Wegner, Dr., Studium der Geschichte und Germanistik an der Universität Essen, Promotion am Institut für Antisemitismusforschung der TU Berlin; freie Historikerin und Publizistin; zurzeit Arbeit u. a. an einem Gedenkstättenprojekt für die Opfer der Diktatur in Uruguay. Forschungsschwerpunkte: Exil in Uruguay (Südamerika), Flucht aus Deutschland nach Kriegsbeginn 1939; Migration und Menschenrechte. Publikation: *Zuflucht in einem fremden Land. Exil in Uruguay 1933–1945.* Berlin 2013.

Esther Weizsäcker, Dr., LL.M., arbeitet als Rechtsanwältin und Autorin in Berlin. Ihre Schwerpunkte sind Arbeits- und Ausbildungsmigration, Anerkennung ausländischer Berufsqualifikationen und Staatsangehörigkeitsrecht. Sie hat in Berlin und London Rechtswissenschaften studiert und an der HU Berlin über »Grundrechte und freiwillige Migration« promoviert.

Burkhardt Wolf, PD Dr., Literatur- und Kulturwissenschaftler, Übersetzer; z. Z. Heisenberg-Stipendiat der DFG, Gastprofessor an der IU Bloomington und Vertretungsprofessor an der HU Berlin; zuvor Doktorand und Postdoktorand an den Graduiertenkollegs »Codierung von Gewalt« (HU Berlin) und »Reiseliteratur und Kulturanthropologie« (Paderborn) sowie wiss. Mitarbeiter an der Bauhaus-Universität Weimar und der HU Berlin. Forschungen v. a. zur Diskursgeschichte von Gewalt und Risiko; Poetik des Affekts; Kultur- und Mediengeschichte der Seefahrt; zu Bürokratie und Archiv in der Literatur; zur Wissenspoetik von Gouvernementalität und Ökonomie; Monografien u. a. *Die Sorge des Souveräns. Eine Diskursgeschichte des Opfers.* Zürich, Berlin 2004; *Fortuna di mare. Literatur und Seefahrt.* Zürich, Berlin 2013.

Exilforschung. Ein internationales Jahrbuch

Herausgegeben im Auftrag der Gesellschaft für Exilforschung /
Society for Exile Studies von Bettina Bannasch, Doerte Bischoff,
Burcu Dogramaci, Claus-Dieter Krohn und Lutz Winckler

Band 1 / 1983
Stalin und die Intellektuellen und andere Themen
391 Seiten

»... der erste Band gibt in der Tat mehr als nur eine Ahnung davon, was eine so interdisziplinär wie breit angelegte Exilforschung sein könnte.«

Neue Politische Literatur

Band 2 / 1984
Erinnerungen ans Exil
Kritische Lektüre der Autobiographien nach 1933 und andere Themen
415 Seiten

»Band 2 vermag mühelos das Niveau des ersten Bandes zu halten, in manchen Studien wird geradezu außergewöhnlicher Rang erreicht ...«

Wissenschaftlicher Literaturanzeiger

Band 3 / 1985
Gedanken an Deutschland im Exil und andere Themen
400 Seiten

»Die Beiträge beschäftigen sich nicht nur mit Exilliteratur, sondern auch mit den Lebensbedingungen der Exilierten. Sie untersuchen Möglichkeiten und Grenzen der Mediennutzung, erläutern die Probleme der Verlagsarbeit und verfolgen ›Lebensläufe im Exil‹.«

Neue Zürcher Zeitung

Band 4 / 1986
Das jüdische Exil und andere Themen
310 Seiten

Hannah Arendt, Bruno Frei, Nelly Sachs, Armin T. Wegner, Paul Tillich, Hans Henny Jahnn und Sergej Tschachotin sind Beiträge dieses Bandes gewidmet. Ernst Loewy schreibt über den Widerspruch, als Jude, Israeli, Deutscher zu leben.

Band 5/1987
Fluchtpunkte des Exils und andere Themen
260 Seiten

Das Thema »Akkulturation und soziale Erfahrungen im Exil« stellt neben der individuellen Exilerfahrung die Integration verschiedener Berufsgruppen in den Aufnahmeländern in den Mittelpunkt. Bisher wenig bekannte Flüchtlingszentren in Lateinamerika und Ostasien kommen ins Blickfeld.

Band 6/1988
Vertreibung der Wissenschaften und andere Themen
243 Seiten

Der Blick wird auf einen Bereich gelenkt, der von der Exilforschung bis dahin kaum wahrgenommen wurde. Das gilt sowohl für den Transfer denkgeschichtlicher und theoretischer Traditionen und die Wirkung der vertriebenen Gelehrten auf die Wissenschaftsentwicklung in den Zufluchtsländern wie auch für die Frage nach dem »Emigrationsverlust«, den die Wissenschaftsemigration für die Forschung im NS-Staat bedeutete.

Band 7/1989
Publizistik im Exil und andere Themen
249 Seiten

Der Band stellt neben der Berufsgeschichte emigrierter Journalisten in den USA exemplarisch Persönlichkeiten und Periodika des Exils vor, vermittelt an deren Beispiel Einblick in politische und literarische Debatten, aber auch in die Alltagswirklichkeit der Exilierten.

Band 8/1990
Politische Aspekte des Exils
243 Seiten

Der Band wirft Schlaglichter auf ein umfassendes Thema, beschreibt Handlungsspielräume in verschiedenen Ländern, stellt Einzelschicksale vor. Der Akzent auf dem kommunistischen Exil, dem Spannungsverhältnis zwischen antifaschistischem Widerstand und politischem Dogmatismus, verleiht ihm angesichts der politischen Umwälzungen seit 1989 Aktualität.

Band 9/1991
Exil und Remigration
263 Seiten

Der Band lenkt den Blick auf die deutsche Nachkriegsgeschichte, untersucht, wie mit rückkehrwilligen Vertriebenen aus dem Nazi-Staat in diesem Land nach 1945 umgegangen wurde.

Band 10/1992
Künste im Exil
212 Seiten. Zahlreiche Abbildungen

Beiträge zur bildenden Kunst und Musik, zu Architektur und Film im Exil stehen im Mittelpunkt dieses Jahrbuchs. Fragen der kunst- und musikhistorischen Entwicklung werden diskutiert, die verschiedenen Wege der ästhetischen Auseinandersetzung mit dem Faschismus dargestellt, Lebens- und Arbeitsbedingungen der Künstler beschrieben.

Band 11/1993
Frauen und Exil
Zwischen Anpassung und Selbstbehauptung
283 Seiten

Der Band trägt zur Erforschung der Bedingungen und künstlerischen wie biografischen Auswirkungen des Exils von Frauen bei. Literaturwissenschaftliche und biografische Auseinandersetzungen mit Lebensläufen und Texten ergänzen feministische Fragestellungen nach spezifisch »weiblichen Überlebensstrategien« im Exil.

Band 12/1994
Aspekte der künstlerischen Inneren Emigration 1933 bis 1945
236 Seiten

Der Band will eine abgebrochene Diskussion über einen kontroversen Gegenstandsbereich fortsetzen: Zur Diskussion stehen Literatur und Künste in der Inneren Emigration zwischen 1933 und 1945, Möglichkeiten und Grenzen einer innerdeutschen politischen und künstlerischen Opposition.

Band 13 / 1995
Kulturtransfer im Exil
276 Seiten

Das Jahrbuch 1995 macht auf Zusammenhänge des Kulturtransfers aufmerksam. Die Beiträge zeigen unter anderem, in welchem Ausmaß die aus Deutschland vertriebenen Emigranten das Bewusstsein der Nachkriegsgeneration der sechziger Jahre – in Deutschland wie in den Exilländern – prägten, welche Themen und welche Erwartungen die Exilforschung seit jener Zeit begleitet haben.

Band 14 / 1996
Rückblick und Perspektiven
231 Seiten

Methoden und Ziele wie auch Mythen der Exilforschung werden kritisch untersucht; der Band zielt damit auf eine problem- wie themenorientierte Erneuerung der Exilforschung. Im Zusammenhang mit der Kritik traditioneller Epochendiskurse stehen Rückblicke auf die Erträge der Forschung unter anderem in den USA, der DDR und in den skandinavischen Ländern. Zugleich werden Ausblicke auf neue Ansätze, etwa in der Frauenforschung und Literaturwissenschaft, gegeben.

Band 15 / 1997
Exil und Widerstand
282 Seiten

Der Widerstand gegen das nationalsozialistische Herrschaftssystem aus dem Exil heraus steht im Mittelpunkt dieses Jahrbuchs. Neben einer Problematisierung des Widerstandsbegriffs beleuchten die Beiträge typische Schicksale namhafter politischer Emigranten und untersuchen verschiedene Formen und Phasen des politischen Widerstands: z. B. bei der Braunbuch-Kampagne zum Reichstagsbrand, in der französischen Résistance, in der Zusammenarbeit mit britischen und amerikanischen Geheimdiensten sowie bei den Planungen der Exil-KPD für ein Nachkriegsdeutschland.

Band 16 / 1998
Exil und Avantgarden
275 Seiten

Der Band diskutiert und revidiert die Ergebnisse einer mehr als zwanzigjährigen Debatte um Bestand, Entwicklung oder Transformation der historischen Avantgarden unter den Bedingungen von Exil und Akkulturation; die Beiträge verlieren dabei den gegenwärtigen Umgang mit dem Thema Avantgarde nicht aus dem Blick.

Band 17/1999
Sprache – Identität – Kultur
Frauen im Exil

268 Seiten

Die Untersuchungen dieses Bandes fragen nach der spezifischen Konstruktion weiblicher Identität unter den Bedingungen des Exils. Welche Brüche verursacht die – erzwungene oder freiwillige – Exilerfahrung in der individuellen Sozialisation? Und welche Chancen ergeben sich möglicherweise daraus für die Entwicklung neuer, modifizierter oder alternativer Identitätskonzepte? Die Beiträge bieten unter heterogenen Forschungsansätzen literatur- und kunstwissenschaftliche, zeithistorische und autobiografische Analysen.

Band 18/2000
Exile im 20. Jahrhundert

280 Seiten

Ohne Übertreibung kann man das 20. Jahrhundert als das der Flüchtlinge bezeichnen. Erzwungene Migrationen, Fluchtbewegungen und Asylsuchende hat es zwar immer gegeben, erst im 20. Jahrhundert jedoch begannen Massenvertreibungen in einem bis dahin unbekannten Ausmaß. Die Beiträge des Bandes behandeln unterschiedliche Formen von Vertreibung, vom Exil aus dem zaristischen Russland bis hin zur Flucht chinesischer Dissidenten in der jüngsten Zeit. Das Jahrbuch will damit auf Unbekanntes aufmerksam machen und zu einer Erweiterung des Blicks in vergleichender Perspektive anregen.

Band 19/2001
Jüdische Emigration
Zwischen Assimilation und Verfolgung, Akkulturation und jüdischer Identität

294 Seiten

Das Thema der jüdischen Emigration während des »Dritten Reichs« und Probleme jüdischer Identität und Akkulturation in verschiedenen europäischen und außereuropäischen Ländern bilden den Schwerpunkt dieses Jahrbuchs. Die Beiträge befassen sich unter anderem mit der Verbreitungspolitik der Nationalsozialisten, richten die Aufmerksamkeit auf die Sicht der Betroffenen und thematisieren Defizite und Perspektiven der Wirkungsgeschichte jüdischer Emigration.

Band 20/2002

Metropolen des Exils

310 Seiten

Ausländische Metropolen wie Prag, Paris, Los Angeles, Buenos Aires oder Shanghai stellten eine urbane Fremde dar, in der die Emigrantinnen und Emigranten widersprüchlichen Erfahrungen ausgesetzt waren: Teilweise gelang ihnen der Anschluss an die großstädtische Kultur, teilweise fanden sie sich aber auch in der für sie ungewohnten Rolle einer Randgruppe wieder. Der daraus entstehende Widerspruch zwischen Integration, Marginalisierung und Exklusion wird anhand topografischer und mentalitätsgeschichtlicher Untersuchungen der Metropolenemigration, vor allem aber am Schicksal der großstädtischen politischen und kulturellen Avantgarden und ihrer Fähigkeit, sich in den neuen Metropolen zu reorganisieren, analysiert. Ein spezielles Kapitel ist dem Imaginären der Metropolen, seiner Rekonstruktion und Repräsentation in Literatur und Fotografie gewidmet.

Band 21/2003

Film und Fotografie

296 Seiten

Als »neue« Medien verbinden Film und Fotografie stärker als die traditionellen Künste Dokumentation und Fiktion, Amateurismus und Professionalität, künstlerische, technische und kommerzielle Produktionsweisen. Der Band geht den Produktions- und Rezeptionsbedingungen von Film und Fotografie im Exil nach, erforscht anhand von Länderstudien und Einzelschicksalen Akkulturations- und Integrationsmöglichkeiten und thematisiert den Umgang mit Exil und Widerstand im Nachkriegsfilm.

Band 22/2004

Bücher, Verlage, Medien

292 Seiten

Die Beiträge des Bandes fokussieren die medialen Voraussetzungen für die Entstehung einer nach Umfang und Rang weltgeschichtlich singulären Exilliteratur. Dabei geht es um das Symbol Buch ebenso wie um die politische Funktion von Zeitschriften, aber auch um die praktischen Arbeitsbedingungen von Verlagen, Buchhandlungen etc. unter den Bedingungen des Exils.

Band 23/2005
Autobiografie und wissenschaftliche Biografik
263 Seiten

Neben Autobiografien als Zeugnis und Dokument sind Erinnerung und Gedächtnis in den Vordergrund des Erkenntnisinteresses der Exilforschung gerückt. Die »narrative Identität« (Paul Ricœur) ist auf Kommunikation verwiesen, sie ist unabgeschlossen, offen für Grenzüberschreitungen und interkulturelle Erfahrungen; sie artikuliert sich in der Sprache, in den Bildern, aber auch über Orte und Dinge des Alltags. Vor diesem Hintergrund stellt der Band autobiografische Texte, wissenschaftliche Biografien und Darstellungen zur Biografik des Exils vor und diskutiert Formen und Funktionen ästhetischen, historischen, fiktionalen und wissenschaftlichen Erzählens.

Band 24/2006
Kindheit und Jugend im Exil
Ein Generationenthema
284 Seiten

Das als Kind erfahrene Unrecht ist vielfach einer der Beweggründe, im späteren Lebensalter Zeugnis abzulegen und oft mit Genugtuung auf ein erfolgreiches Leben trotz aller Hindernisse und Widrigkeiten zurückzublicken. Kindheit unter den Bedingungen von Verfolgung und Exil muss also einerseits als komplexes, tief gehendes und lang anhaltendes Geschehen mit oftmals traumatischen Wirkungen über mehrere Generationen gesehen werden, andererseits können produktive, kreative Lebensentwürfe nach der Katastrophe zu der nachträglichen Bewertung des Exils als Bereicherung geführt haben. Diesen Tatsachen wird in diesem Band konzeptionell und inhaltlich anhand neu erschlossener Quellen nachgegangen.

Band 25/2007
Übersetzung als transkultureller Prozess
305 Seiten

Übersetzen ist stets ein Akt des Dialogs zwischen dem Selbst und dem Anderen, zwischen kulturell Eigenem und Fremdem. Übersetzen bedeutet insofern auch deutende Vermittlung kultureller Verschiedenheit im Sinne einer »Äquivalenz des Nicht-Identischen« (P. Ricœur). Ein kulturtheoretisch fundierter Übersetzungsbegriff ist daher geeignet, die traditionelle Exilliteratur aus den Engpässen von muttersprachlicher Fixierung und der Fortschreibung von Nationalliteraturen herauszuführen. Er regt dazu an, das Übersetzen als Alternative zu den Risiken von Dekulturation bzw. Akkulturation aufzufassen und nach Formen der Lokalisierung neuer Identitäten zu suchen, welche in der Extraterritorialität der Sprache und in der Entstehung einer interkulturellen »Literatur des Exils« ihren Ausdruck finden. Der Band präsentiert Überlegungen und Analysen zu Übersetzern und Übersetzungen von bzw. durch Exilautorinnen und -autoren (u. a. Hermann Broch, Heinrich Mann, Hans Sahl, Anna Seghers). Er enthält Studien zu Sprachwechsel und Mehrsprachigkeit sowie Beispiele eines Schreibens »zwischen« den Sprachen (Walter Abish, Wladimir Nabokov, Peter Weiss), die eine geografische und zeitliche Entgrenzung der »Exilliteratur« nahelegen. Ein Register aller Beiträge der Bände 1 bis 25 des Jahrbuchs rundet den Band ab und gibt einen Überblick über den Stand der Exilforschung.

Band 26/2008
Kulturelle Räume und ästhetische Universalität
Musik und Musiker im Exil
263 Seiten

Das Themenspektrum des Bandes reicht von allgemeinen Überlegungen zum Doppelcharakter von Musik als »Werk und Zeugnis« über Musik in Exilzeitschriften, die Migration von Musiker/Komponisten-Archiven, die Frage nach »brain drain« und »brain gain« in der Musikwissenschaft bis zum Beitrag von Musikern in der Filmindustrie und einer Fallstudie zum Exil in Südamerika.

Band 27/2009
Exil, Entwurzelung, Hybridität
254 Seiten

Vor dem Hintergrund des Begriffs Hybridität, einem der Schlüsselbegriffe in den Kulturwissenschaften, versammelt der vorliegende Band Beiträge, die dazu anregen sollen, Vertreibungen und Entwurzelungen sowie die damit verbundenen Integrationsprozesse unter differenten gesellschaftspolitischen Verhältnissen, insbesondere auch im Zeichen der heutigen Massenwanderungen zu vergleichen.

Band 28/2010
Gedächtnis des Exils
Formen der Erinnerung
276 Seiten

Mit dem Zurücktreten der Zeitzeugen haben sich die Formen der Wahrnehmung des Exils verändert: Gedächtnis und Erinnerung bilden Ausgangspunkt und Rahmen der wissenschaftlichen Auseinandersetzung. Der Band stellt Institutionen des kulturellen Gedächtnisses wie Archive und Bibliotheken vor und untersucht Formen der Erinnerung und des Vergessens am Beispiel von Ausstellungen, Schulbüchern und literarischen Texten.

Band 29/2011
Bibliotheken und Sammlungen im Exil
272 Seiten

Private Bibliotheken sind Spiegelbilder von Interessen und Leidenschaften ihrer Eigentümer, sie dokumentierten einst sozialen Aufstieg und Ansehen in der bürgerlichen Kultur. Der Nationalsozialismus hat wesentliche Teile davon zerstört, eine Mitnahme dieser Überlieferung ins Exil war die Ausnahme. Bisher ließen sich immerhin überlebende Zeitzeugen ansprechen, doch solche Informationsquellen versiegen allmählich, sodass »Archive« zur künftigen Basis der Forschung werden. Während es im Bereich der Nachlassermittlung bereits umfassende Kenntnisse gibt, ist das Wissen über die verlorenen, zerstörten oder geretteten Bibliotheken derzeit noch unterentwickelt. Daher richtet der vorliegende Band den Blick auf dieses Überlieferungssegment. Dabei geht es nicht allein um die Texte, sondern auch um die Materialität, Ästhetik und haptische Bedeutung von Büchern jenseits ihrer Funktion.

Band 30/2012
Exilforschungen im historischen Prozess
358 Seiten

Die Exilforschung ist auf dem Wege der Historisierung. Eine übergreifende Bilanz steht indes noch aus. Nach drei Jahrzehnten seines Erscheinens erhellt der neue Band des Jahrbuches, wie sich die Exilforschung als eigenes Forschungsfeld entwickelt hat. Exemplarisch werden Eindrücke von den Forschungsaktivitäten in einzelnen Ländern und den transnationalen Netzwerkaktivitäten vermittelt. Auf systematische Fragestellungen und aktuelle Forschungsinteressen wird hingewiesen. Neben jüngeren Wissenschaftlerinnen und Wissenschaftlern gehören zum Kreis der Autoren einige Akteure der ersten Stunde mit ihren Deutungen aus der Doppelperspektive von beteiligtem Zeitzeugen und distanziert analysierendem Historiker.

Band 31/2013
Dinge des Exils
394 Seiten

Neben den traditionellen Bereichen der politischen Geschichte des Exils und der Erforschung von Exilliteratur sind in den letzten Jahren neue kulturwissenschaftliche Fragestellungen in den Blick der Exilforschung gerückt. Mit den »Dingen des Exils« werden in dieser Dokumentation Gegenstände fokussiert, in denen sich Erinnerungen an die verlorenen Heimaten, an das Herausgerissen- und Unterwegssein, aber auch an das Ankommen und an die Erfahrung differenter Bedeutungszuschreibungen in unterschiedlichen kulturellen Kontexten symbolisch verdichten. Zugleich zeigt das charakteristische Fremdwerden der Dinge infolge der Exilsituation die Bedeutung materieller Kultur auf, die hier interdisziplinär aus literaturwissenschaftlichen, historischen, kunst- bzw. musikwissenschaftlichen und archivwissenschaftlichen Perspektiven erkundet wird.

Band 32 / 2014
Sprache(n) im Exil
361 Seiten

»Aus einem Land kann man auswandern, aus der Muttersprache nicht« – mit diesen Worten behauptet Schalom Ben-Chorin, der 1935 als Fritz Rosenthal aus Deutschland nach Palästina emigrierte, den Anspruch auf kulturelle Zugehörigkeit jenseits staatlicher Machtansprüche und territorialer Grenzziehungen. Traditionelle Vorstellungen von sprachlicher Verwurzelung und einer zwingenden Verbindung von Sprache und Nation werden hier infrage gestellt. Das Exil verändert jedoch nicht nur Einstellungen zur Herkunftssprache, sondern erzwingt auch eine existenzielle Auseinandersetzung mit fremden Sprachen. Sprachpraxis und -denken Vertriebener reflektieren auf vielfältige Weise Prozesse von Sprachwechsel, (Selbst-)Übersetzung, Sprachmischung, Sprachverlust oder -bewahrung. Die Beiträge des Bandes erkunden, auf welche Weise das Exil »in fremden Sprachen« Einstellungen gegenüber einzelnen Sprachen, aber auch gegenüber Fragen von Ein- und Mehrsprachigkeit auf spezifische Weise prägt und verändert. In Bezug auf neuere linguistische Untersuchungen sowie aktuelle kulturwissenschaftliche Forschungen werden Dokumente und literarische Zeugnisse des Exils neu gelesen. Manche Textzeugnisse, die bisher nicht beachtet wurden, kommen so erstmals in den Blick. Zugleich leisten die Beiträge in ihrer Fokussierung auf die Bedeutung von Sprache(n) unter den spezifischen Bedingungen des Exils auch einen Beitrag zur Ausdifferenzierung linguistischer und kulturwissenschaftlicher Forschungen zu Sprachwechsel und Mehrsprachigkeit sowie zum vielfältig ideologisierten Konzept der Muttersprache.

Band 33 / 2015
»Kometen des Geldes« Ökonomie im Exil
320 Seiten

Der Titel »Kometen des Geldes« geht auf einen 1933 erschienenen Essayband des später in die USA emigrierten Schriftstellers Paul Elbogen zurück, der berühmte Wirtschaftskapitäne porträtiert. Kometenhafte ökonomische Erfolge gelangen im Exil jedoch nur selten. In den Studien und Fallgeschichten dieses Bandes kommen ausführlich dokumentierte ökonomische Aspekte des kulturellen Exils und die Arbeit von Hilfsorganisationen zur Sprache. Sie beleuchten bislang weitgehend unerforschte materielle Lebensbedingungen von Personen unterschiedlicher sozialer, ideologischer und professioneller Zugehörigkeit in allen Phasen des Exils, wobei auch die Enteignungen 1933/38 in familiären und Firmennetzwerken thematisiert werden. Die Beiträge beschäftigen sich mit Berufsgruppen wie Bankiers, Geschäftsleuten, Wissenschaftlern, Schriftstellern und Künstlern sowie mit dem wirtschaftlichen Beitrag der Vertriebenen zur Entwicklung in den Fluchtländern. Analysiert werden ferner die Kostenstrukturen in den französischen Internierungslagern sowie der Tauschverkehr als Überlebensstrategie in gesellschaftlichen Randbereichen. Der Band zeigt dabei ebenfalls, wie ergiebig die nochmalige Lektüre von bereits bekannten Quellen und (literarischen) Dokumenten des Exils im Kontext des Themas sein kann.

Band 34/2016
Exil und Shoah
407 Seiten

Der Band lotet Berührungspunkte und Überschneidungen der Forschungsgebiete Exil und Shoah aus. Er zeigt nicht nur, wie komplex und weitreichend diese beschaffen sind, sondern auch wie prägend das aus Exil und Shoah synthetisierte Wissen für den wissenschaftlichen und künstlerischen Diskurs weit über die Nachkriegszeit hinaus war. Aus unterschiedlichen Perspektiven und im Kontext unterschiedlicher Disziplinen fragen die in dem Band versammelten Beiträge nach den Folgen, die das Wissen um die Shoah und um ihr Ausmaß unter deutschsprachigen Exilanten und Emigranten in ihren literarischen Zeugnissen und wissenschaftlichen Arbeiten erkennen lässt; von wesentlichem Interesse sind dabei auch Zeugnisse, literarische Werke und wissenschaftliche Werke aus der Zeit des sogenannten Nachexils. Abgesehen von der Frage nach den Auswirkungen der Erfahrung von Exil und Shoah auf individuelle Biografien und Lebensentwürfe, geht es in den Beiträgen dabei immer auch um die Frage nach den künstlerischen, wissenschaftlichen und philosophischen Neuorientierungen, die diese Erfahrungen verlangten und bewirkten. Dazu gehört auch das Nachdenken über grundlegende Fragen der deutschen und europäischen Kultur und Geschichte, des Antisemitismus und der menschlichen Psychologie, zu dem sich viele Exilantinnen und Exilanten unter dem Eindruck des Holocausts gezwungen sahen. Darüber hinaus wird die sich ständig befragende und neu konstituierende Fortschreibung der Erfahrung von Holocaust und Exil in Texten, die bisher nicht eindeutig diesen Bereichen zugeordnet wurden, analysiert und bewertet.

Band 35/2017
Passagen des Exils / Passages of Exile
320 Seiten

Die aktuellen Fluchtbewegungen über das Mittelmeer und ihre oft tragischen Verläufe haben die Bedeutung der Fluchtwege für die Forschung nachdrücklich exponiert. Der interdisziplinäre Sammelband »Passagen des Exils« nimmt diese Routen als künstlerische, filmische und literarische Resonanzräume im 20. Jahrhundert und der Gegenwart in den Blick. Neben den 20 wissenschaftlichen Beiträgen und literarischen Essays enthält dieser Band drei Short Stories der Schriftstellerin und Widerstandskämpferin Lisa Fittko. Diese bislang unveröffentlichten Kurzgeschichten widmen sich Fittkos eigener Flucht von Europa nach Kuba.

The current flight of refugees crossing the Mediterranean Sea, trips which often take tragic turns, has exposed the pressing importance of researching escape routes. »Passages of Exile,« an interdisciplinary edited volume, takes a closer look at these routes as spaces of artistic, filmic, and literary resonance from the twentieth century to the present. Alongside its twenty original scholarly and creative essays, this book includes three previously unpublished short stories by author and Nazi resistance fighter Lisa Fittko that engage her own passage of escape from Europe to Cuba.

Ausführliche Informationen über alle Bücher des Verlags im Internet unter:
www.etk-muenchen.de

> # Frauen und Exil
> Herausgegeben von Inge Hansen-Schaberg

Kristina Schulz
Wiebke von Bernstorff
Heike Klapdor (Hg.)
Band 11
Grenzüberschreitungen
Migrantinnen und
Migranten als Akteure
im 20. Jahrhundert
etwa 220 Seiten, s/w-Abb.
ca. € 32,– (D)
ISBN 978-3-86916-722-0
Erscheint im Dezember 2018

Grenzüberschreitungen sind eine Herausforderung. Das gilt für das Passieren nationaler Grenzen, das bis in die jüngste Vergangenheit ein von Formalitäten geprägter Akt und eine existenzielle Erfahrung ist. Das trifft aber auch auf Praktiken von Grenzziehungen und Grenzüberschreitungen zu, die Neuankömmlinge in der Ankunftsgesellschaft erleben und mitunter auch selbst vornehmen.

Grenzen passieren – Grenzen ziehen: Der Band befasst sich mit Erfahrungen der Grenzüberschreitung. Er fragt nach subjektiven Wahrnehmungsweisen von freiwilligen und erzwungenen Wanderungen sowie nach individuellen Handlungsspielräumen und deren Begrenzungen.

et+k

edition text+kritik · 81673 München · www.etk-muenchen.de

TEXT+KRITIK
Zeitschrift für Literatur

auch als eBook

Heft 221
Terézia Mora
Gastherausgeber: Klaus Siblewski
100 Seiten, € 24,– (D)
ISBN 978-3-86916-776-3

»In ihren Romanen und Erzählungen widmet sich Terézia Mora Außenseitern und Heimatlosen, prekären Existenzen und Menschen auf der Suche (…).
Dies geschieht suggestiv und kraftvoll, bildintensiv und spannungsgeladen – mit ironischen Akzenten, irisierenden Anspielungen und analytischer Schärfe.«

Deutsche Akademie für Sprache und Dichtung zur Verleihung des Georg-Büchner-Preises 2018

Das Heft umfasst neben Analysen der prägnanten Themen, Motive und Erzählformen ihrer Romane und Erzählungen sowie ihrer Poetik und Werkpolitik, ein langes Gespräch mit ihrem Lektor Klaus Siblewski sowie eine Bibliografie der Werke und der Arbeiten über ihr Werk.

edition text+kritik · 81673 München · www.etk-muenchen.de

neoAVANTGARDEN

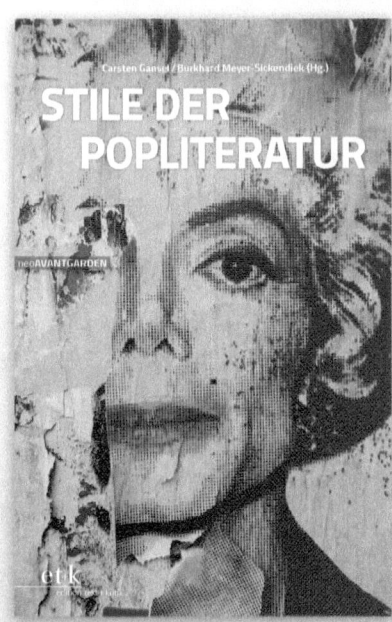

Carsten Gansel /
Burkhard Meyer-Sickendiek (Hg.)
Band 8
Stile der Popliteratur
Versuch einer intermedialen Differenzierung
2018, 286 Seiten, € 36,–
ISBN 978-3-86916-673-5

Wenn man die Forschungsdiskussionen zur Popliteratur mit denjenigen zur Popmusik vergleicht, dann fällt auf, dass für die fiktionalen Texte eine präzise Klassifizierung in Subgattungen wie Pop, Punk, Jazz oder Hip-Hop fehlt. Popmusik hingegen lässt sich auf Grund spezifischer Soundpatterns und Rhythmen in solche Genres unterteilen. Vor diesem Hintergrund untersucht der neoAVANTGARDEN-Band 8, wie sich der Import musikalischer Stilrichtungen auf die Schreibverfahren jener Texte auswirkte, die als Popliteratur diese verschiedenen Musikrichtungen zum Gegenstand haben. Mit Beiträgen zu Autoren wie Rolf Dieter Brinkmann, Rainald Goetz, Benjamin von Stuckrad-Barre und Wolfgang Herrndorf.

et+k

edition text+kritik · 81673 München · www.etk-muenchen.de

Musik
in der edition text+kritik

Inga Mai Groote /
Stefan Keym (Hg.)

**Russische Musik
in Westeuropa
bis 1917**
Ideen – Funktionen –
Transfers
2018, 326 Seiten,
s/w-Abb., Notenbeispiele
€ 44,–
ISBN 978-3-86916-702-2

›Russische Musik‹ konfrontierte die westeuropäischen Nachbarn ab den 1860er Jahren mit einem neuen Repertoire, das ebenso befremdete wie faszinierte. Der Band bietet, ausgehend vom Ansatz der Kulturtransferforschung, erstmals einen länderübergreifenden Vergleich, wie russische Musik nach Westeuropa gelangte, wie sie dort wahrgenommen und für eigene Bedürfnisse genutzt wurde. 16 Fallstudien legen neue Fakten zur Verbreitung russischer Werke vor, beleuchten wichtige Vermittler (wie Franz Liszt, Hans von Bülow, Sergej Kusevickij oder den Impresario Bernhard Pollini) und arbeiten die unterschiedliche Resonanz auf das russische Repertoire heraus.

et+k

edition text+kritik · 81673 München · www.etk-muenchen.de

www.ingramcontent.com/pod-product-compliance
Lightning Source LLC
Chambersburg PA
CBHW020607300426
44113CB00007B/548